근대전환기 서구문명의 수용과 민족운동

이 저서는 2018년 대한민국 교육부와 한국연구재단의 지원을 받아 수행된 연구임
(NRF-2018S1A6A3A01042723)

메타모포시스 인문학총서 005

근대전환기 서구문명의 수용과 민족운동

초판 1쇄 발행   2020년 12월 30일

저 자 ㅣ 성주현
펴낸이 ㅣ 윤관백
펴낸곳 ㅣ 선인

등 록 ㅣ 제5-77호(1998.11.4)
주 소 ㅣ 서울시 마포구 마포대로 4다길 4 곳마루 B/D 1층
전 화 ㅣ 02) 718-6252 / 6257
팩 스 ㅣ 02) 718-6253
E-mail ㅣ sunin72@chol.com

정가   38,000원
ISBN   979-11-6068-335-6   93900

· 잘못된 책은 바꿔 드립니다.

메타모포시스 인문학총서 005

근대전환기 서구문명의
수용과 민족운동

성주현

 도서출판 선인

숭실대학교 한국기독교문화연구원은 1967년 설립된 한국기독교문화
연구소를 모태로 하고 1986년 설립된 〈기독교사회연구소〉와 통합하여
확대 개편함으로써 명실공히 숭실대학교를 대표하는 인문학 연구원으
로 발전하여 오늘에 이르렀다. 반세기가 넘는 역사 동안 다양한 학술
행사 개최, 학술지 『기독문화연구』와 '불휘총서' 발간, 한국기독교박물
관 소장 자료의 연구에 주력하면서, 인문학 연구원으로서의 내실을 다
져왔다. 2018년 한국연구재단의 인문한국플러스(HK+) 사업 수행기관으
로 선정되며 또 다른 도약의 발판을 마련하였다.

본 HK+사업단은 "근대전환공간의 인문학 - 문화의 메타모포시스"라는
아젠다로 문·사·철을 아우르는 다양한 연구자들이 학제간 연구를 진행
하고 있다. 개항 이래 식민화와 분단이라는 역사적 격변 속에서 한국의 근
대(성)가 형성되어온 과정을 문화의 층위에서 살펴보는 것이 본 사업단의
목표다. '문화의 메타모포시스'란 한국의 근대(성)가 외래문화의 일방적 수
용으로도, 순수한 고유문화의 내재적 발현으로도 환원되지 않는, 이문화들
의 접촉과 충돌, 융합과 절합, 굴절과 변용의 역동적 상호작용을 통해 형성
되었음을 강조하려는 연구 시각이다.

본 HK+사업단은 아젠다 연구 성과를 집적하고 대외적 확산과 소통
을 도모하기 위해 총 네 분야의 기획 총서를 발간하고 있다. 〈메타모포
시스 인문학총서〉는 아젠다와 관련된 연구 성과를 종합한 저서나 단독

저서로 이뤄진다. 〈메타모포시스 번역총서〉는 아젠다와 관련하여 자료적 가치를 지닌 외국어 문헌이나 이론서들을 번역하여 소개한다. 〈메타모포시스 자료총서〉는 숭실대 한국기독교박물관에 소장된 한국 근대 관련 귀중 자료들을 영인하고, 해제나 현대어 번역을 덧붙여 출간한다. 〈메타모포시스 대중총서〉는 아젠다 연구 성과의 대중적 확산을 위해 기획한 것으로 대중 독자들을 위한 인문학 교양서이다.

　동양과 서양, 전통과 근대, 아카데미즘 안팎의 장벽을 횡단하는 다채로운 자료와 연구 성과들을 집약한 메타모포시스 총서가 인문학의 지평을 넓히고 사유의 폭을 확장하는 데 기여할 수 있기를 바란다.

2020년 11월

숭실대학교 한국기독교문화연구원 HK+사업단장

장경남

서문

본서는 한국연구재단 인문학플러스(HK+) 지원사업 숭실대학교 한국기독교문화연구원의 〈근대공간의 인문학, 문화의 메타모포시스(Metamorphosis)〉 1단계 3차년도 「메타모포시스인문학총서」 시리즈의 일환으로 출판되었다. '메타모포시스'란 생물학적 영어로 '변태(變態)'를 의미하지만, 사회적 의미로는 '변용(變容)'으로 해석되고 있다. 이러한 관점에서 본 사업단은 개항 이후 외래문명의 수용이 한국 근대사회를 형성하는데 어떠한 방식으로 변용되고 활용되어 오늘에 이르렀는지를 탐구하고 있다. 이러한 아젠다에 부합하는 논제를 모아 『근대문명의 수용과 한국 사회의 변용』을 간행하게 되었다.

본서는 크게 3부로 구성되었다. 제1부는 「근대문명의 수용과 한국사회의 변용」으로 4개의 논문을 수록하였다. 첫 번째 논문 「대한협회의 '민'에 대한 인식과 근대 민권운동」은 개항 이후 전통 시대 '민'이 근대적 '국민'이 되는 과정 속에서 나타난 근대 사회단체의 대표적인 대한협회를 새롭게 조명하고 그 역사적 의의를 되살펴 봄으로써 현대 한국사회의 시사점을 제시하고자 하였다. 대한협회의 민권은 국민의 생명과 재산 보호라는 차원을 넘어서 이를 위한 국민교육을 전개하고자 하였고, 이를 위해 적극적으로 활동하였다. 대한협회는 이를 토대로 전근대 정치체제인 전제군주제를 폐기하고 입헌정체의 전환을 제기하였다. 그리고 이를 위해 정당의 필요성을 주장하였다. 나아가 대한협회는 민권을 보호하기 위해 적극적으로 활동하였다. 대한협회의 민권운동은 두 가지였다 하나는 민권계몽운동이었고, 다른 하나는 민권침해저지운동이었다. 전자는 본회와 지회가 연설회를 통해 적극적으로 계몽하였으며, 후자는 부정한 관리로부터 재산이 침탈 내지 침해를 당하였을 때는 지회와 본회가 연결되어 적극적으로 대응하였고, 부당한 조치를 철회시켰다. 대표적인 활동이 평양의 대한협회 회원 '김진구재산피침사건'이었다. 이외에도 지회에서 민권침해저지운동에 적극적으로 대응하였다는 것은 당시 '민'에 대한 인식과 민권에 대한 인식의 변화가 적지 않았음을 잘 보여주고 있다고 할 수 있다.

두 번째 논문 「근대전환기 철도의 부설과 근대 관광의 형성」은 근대의 상징인 철도가 부설됨에 따라 근대적 의미의 관광이 어떻게 형성되었는지를 추적해보고 있다. 철도는 산업과 운송의 수단이었지만 관광에도 커다란 영향을 미쳤으며, 근대관광이라는 새로운 틀을 만들었다. 철도가 부설됨에 따라 역이 들어서고, 역을 매개체로 하여 관광지가 탄생되기도 하였다. 이들 관광지 중에는 이미 관광지로서 알려진 곳도 있지만 철도가 부설됨으로서 전국적인 관광지로 새롭게 부상되었다. 이러한 관광지는 크게 네 부류로 나누어 볼 수 있다. 첫째는 역사 유적지이다. 역사 유적지로는 신라의 수도였던 경주, 고조선과 고구려의 수도였던 평양, 고려의 수도였던 개성, 태봉의 수도였던 철원, 백제의 수도였던 부여과 공주, 그리고 조선의 수도였으며 당시 정치 경제 행정의 중심지였던 경성이 대표적이라 할 수 있다. 이밖에 고찰이나 성터가 있었던 곳은 철도가 부설되고 역이 생기면서 새로운 관광지로 조명받기 시작하였다. 둘째는 자연명승지이다. 자연명승지로는 금상, 장수산, 지리산 등이 대표적이라 할 수 있다. 이들 자연명승지는 철도가 놓이기 전에는 지역 주민들에게만 개방되었지만 철도가 부설되고 역이 생기면서 전국적으로 유명한 관광지로 새롭게 탄생하였다. 셋째는 근대산업 또는 문화시설이다. 이들 시설은 수원의 권업모범장과 농림학교, 진영의 촌정농장 등이 대표적이라 할 수 있다. 일제의 우월성과 일본인의 자긍심을 불러일으키는 근대산업시설을 보여주기 위한 것이었다. 넷째는 일본 관련 유적지이다. 일본 관련 유적지는 초량의 청강성태군 초혼비 등으로 많은 편은 아니었지만, 일본인의 정체성을 확인시켜주는 역할을 하기도 하였다. 이러한 가운데서도 관광을 통해 심신의 여유로움을 찾고자 하였으며, 금강산과 역사유적지를 관광함으로서 한민족의 자긍심을 갖기도 하였다.

세 번째 논문 「일제강점기 도로사업 추진과 지역주민의 동향」은 크게 두 가지 관점에서 1920년대를 중심으로 도로사업 추진과 관련된 내용을 다루고자 하였다. 첫째는 지역주민의 도로부설의 유치를 위한 진정운동에 대해 살펴보았다. 이를 통해 지역주민의 도로에 대한 인식을 확인해 볼 수 있었다. 둘째는 도로 개수 및 수선에 따른 도로품평회가 지역적으로 어떻게 진행되었는지, 그리고 이 과정에서 동원된 부역에 대한 동향을 파악하고자 하였다.

일제강점 이후 식민통치의 일환으로 인식되었던 도로는 1920년대 들어 점차 변화되었다. 군사적 목적에서 경제적 이익으로 전환이었다. 이러한 인식의 변화에서 지역에서는 도로부설을 적극적으로 진정하였다. 도로부설진정운동은 주민대회를 개최하거나 도로기성회를 조직하였고, 군청 또는 도청에 진정서를 제출하였다. 나아가 조선총독을 면담할 정도로 적극적이었다.

한편 총독부는 1910년대 제1기 치도사업을 강제적 토지수용과 부역으로 일정한 성과를 달성하였다. 하지만 3·1운동 이후 이른바 '문화통치'라는 식민정책의 변화에 따라 제2기 치도사업은 상황이 여의치 않았다. 이에 총독부는 道와 郡을 중심으로 도로품평회를 개최하였다. 자발적인 도로품평회도 없지 않았지만 대부분 관 주도하에 추진되었다. 도로품평회는 지역 교통기관의 보장 내지 지역발전에 적지 않은 효과를 가져왔지만, 주민들로부터 적지 않은 불만이 제기되었다. 과중한 부역과 농번기에 개최된 도로품평회는 원성의 대상이 되었다. 그럼에도 불구하고 도로품평회는 지역의 발전에 적지 않게 기여하였다고 볼 수 있다.

네 번째 논문 「일제강점기 수원의 도시공간의 변화」는 일제강점기 수원의 근대적 식민도시로의 재편과 발전, 도시입안계획을 살펴보았다. 그 연장선에서 개항 이후 일본인이 수원에 이주하면서 이들이 도시형성에 미친 영향, 관공서 등 근대건축물의 설치에 따른 도시공간의 변화, 그리고 일제 말기 입안되었던 도시계획에 대해 검토하였다.

일제의 조선 침략이 본격화 된 개항 이후 형성된 식민지 도시는 크게 두 종류의 도시 형태로 분류할 수 있다. 하나는 개항도시로서 개항장과 개시장으로 지정되어 새로운 경제중심의 신도시로 성장한 곳이며, 다른 하나는 전통도시로서 개항 이전부터 도시지역으로 기능하였고 개항 이후 나름대로 지방행정의 중심으로 성장한 도시이다. 개항도시가 근대사회의 새로운 특징으로 표현되는 대표적 도시였지만, 기존의 전통도시도 개항도시보다는 상대적으로 성장하지는 못하였으나 전반적인 사회구조 속에서 일정하게 근대적 성격을 띠는 도시로 성장하였다. 수원도 이러한 전통도시로서의 한계를 지니고 있지만 강점기 동안 점차 근대적 도시로 성장 발달하였다고 할 수 있다.

제2부는 「근대전환기 동학·천도교의 변용」으로 4개의 논문을 수록하였다. 첫 번째 논문 「동학농민혁명기의 격문 분석」은 반봉건 반외세의 상징인 동학농민혁명의 초기인 고부기포, 무장기포, 백산대회를 통해 반포한 격문을 분석하였다. 고부기포의 격문은 두 가지로 하나는 준비과정에서 발표되었던 '격문'이고, 다른 하나는 '사발통문'이었다. 이들 격문의 주요 내용은 간신과 탐관오리의 학정과 도탄에 빠진 民, 그리고 보국안민을 맹세하고 있다. 즉 고부기포의 당위성을 밝히고 있다. 따라서 고부기포의 첫 단계를 알려주는 격문의 주요 내용은 '반봉건 성격'을 그대로 보여주고 있다.

무장기포의 격문은 이른바 '포고문'이다. 포고문의 내용은 인륜의 보편적 인식, 탐관오리의 행태, 민중들의 피폐한 생활, 보국안민의 대책 등을 담고 있다. 그렇지만 무장기포 포고문은 다분히 유교적 내용을 담고 있지만, 동학의 핵심적인 내용인 '보국안민'과 '제세안민'할 것을 표방하였다. 그러나 고부기포의 반봉건 반외세의 성격보다 한 걸음 후퇴한 반봉건적 성격이 보다 강조되었다고 할 수 있다. 무장기포는 외세의 침략 즉 반외세에 대한 인식보다는 부패한 사회현실을 개혁하고 국가를 위기로부터 구하기 위해 죽음을 맹세한다는 반봉건적 인식이 컸던 것으로 판단된다.

백산대회의 격문은 '창의문'으로 알려져 있다. 이 격문은 창생을 도탄에서 건지고, 국가를 반석 위에 두고 한다는 동학농민혁명의 목적을 분명하게 밝히고 있다. 그리고 이를 위해 안으로는 탐학한 관리의 처결, 밖으로는 외세의 구축이라는 반봉건적, 반제국적 성격을 강조하였다. 뿐만 아니라 동학농민군은 자신들의 목적을 이루기 위해서 유교적 지배질서에 고통 받고 있는 민중들의 동참을 호소하고 있다. 이러한 의미에서 동학농민군이 백산에서 각지에 파송한 격문은 '혁명'임을 선포하는 함축적인 뜻을 내포한 것이라 할 수 있다.

이로 볼 때, 고부기포는 반봉건·반외세와 연합전선의 성격을, 무장기포는 반봉건적 성격을, 그리고 백산대회는 반봉건·반외세와 연합전선의 성격을 보여준다고 할 수 있지 않을까 한다.

두 번째 논문「동학농민혁명의 근대사적 의미」는 근대화 과정의 한 축을 담당하였던 동학과 동학농민혁명의 전개과정을 통해 근대사적 의미를 추적하였다. 조선은 건국 이후 통치이념의 성리학은 철저한 신분제를 지키려고 하였다. 조선후기 실학이 등장하면서 사회개혁을 시도하였지만 성리학적 한계를 벗어나지 못하였다. 성리학과 신분제라는 봉건적 사회는 19세기 이르러 봉건적 사회질서의 붕괴와 서세동점이라는 안팎의 커다란 위기에 처하였다. 이와 같은 시기 이를 극복하기 위해 동학이 창도되었고, 나아가 근대화 과정의 한 획을 마련한 동학농민혁명으로 이어졌다. 동학과 동학농민혁명은 중세라는 봉건적 사회를 근대적인 사회의 토대를 마련하였다는 점에서 적지 않은 의미를 던져주고 있다. 그런 점에서 동학농민혁명은 한국근대사에서 매우 역사적 의미를 가지는 민족운동이며 농민운동, 종교혁명이었다고 할 수 있다.

나아가 이로 볼 때 동학농민혁명은 한국근대사에서 그동안 유지되어오던 전근대적 사회체제를 붕괴시키고 근대사회로 가는 길을 마련하는데 토대가 되었다고 할 수 있다. 당시 동학농민혁명에 참가한 동학군들이 직접 근대사회를 만들지는 못하였다. 그러나 개화 인사들은 동학농민군들이 요구하는 폐정을 수용하여 근대적 개혁을 단행함으로써 한국근대사의 새장을 열었다고 할 수 있다.

세 번째 논문 「동학·천도교의 위생인식과 근대적 변용」은 근대전환기 동학 천도교의 근대적 위생인식과 이를 통한 실천적 사례, 그리고 심신수양과 관련성에 대하여 살펴보았다. 동학은 성리학 이데올로기의 조선정부로부터 탄압을 받았지만, 교세를 확장해나갔다. 동학은 시천주의 만민평등사상, 후천개벽의 혁세사상, 그리고 척왜양의 보국안민사상을 제시하여 당시 일반 민중의 호응을 받았다. 또한 이와 같은 혁신적 사상을 기반으로 교세를 확장해 나갔다. 이와 더불어 동학이 교세를 확장하는데 크게 영향을 미친 것은 '위생의식'이었다. 조선후기 호열자라 불리는 콜레라를 비롯하여 장티푸스 등 전염병이 유행하였다. 이러한 시기에 동학은 '청결을 통한 위생'을 강조하였다. 이에 따라 일반사회에서는 전염병에 많은 희생을 감내해야 했지만, 동학교인들은 무사히 넘길 수 있었다. 이에 따라 동학을 하면 '전염병도 피해 간다'는 소문이 돌았고, 많은 민중들이 동학에 귀의하였다. 이를 통해 동학교단은 사회변혁을 전개하는 기반을 마련하기도 하였다.

네 번째 논문 「동학·천도교를 통해 본 손병희의 이상과 현실」은 손병희가 동학에 입도한 이후, 그가 추구하고자 하였던 이상과 현실의 상황을 간략히 살펴보았다. 한말 기울어져가는 조선이 해결해야 할 과제는 봉건질서의 극복과 서세동점의 서구열강의 침략이었다. 그리고 일제강점기 민족적 과제는 독립이었다. 손병희는 이 과정에서 동학을 통한, 동학·천도교의 최고책임자로서 자신의 이상을 실현하고자 하였다.

손병희는 동학에 입도할 당시 삼재팔난이 빨리 와서 망해버렸으면 좋겠다는 생각도 없지 않았지만, 동학이 가지고 있는 평등사상과 민족주의의식에 매료되어 동학에 입도하였다. 이후 철저한 종교인으로 탈바꿈하였다. 동학의 신앙자유획득을 위한 교조신원운동에 참여하였으며, 척왜양창의운동에서는 충의대접주로 선임되었다. 이를 계기로 동학의 지도자 반열에 들었다고 할 수 있다. 이를 계기로 동학교단의 핵심 지도자로 그 역할을 다 하고자 하였다.

손병희는 자신의 이상을 실현하기 위해 반봉건 반외세의 동학농민혁명, 근대화의 갑진개화운동, 전 민족의 거사였던 3·1운동을 직접 참여하고, 지도자로 역할을 다하였다. 그는 이를 통해 근대적 국민국가를 목표로 하였지만 현실적으로 뜻을 이루지는 못하였다. 그렇지만 그가 지도하였던 천도교는 민주제로서의 확립을 통해 그 이상을 실현하였다고 할 수 있지 않을까 한다.

이러한 점에서 손병희는 반봉건, 반외세의 동학을 근대문명을 수용함으로써 천도교로 탈바꿈하였다고 할 수 있다. 동학에서 천도교로 탈바꿈하게 된 가장 중요한 요소는 서구의 근대성이었으며, 이는 메타모포시스의 전형이라고 평가할 수 있다.

제3부는 「일제강점기 종교계 민족운동」 역시 4개의 논문을 수록하였다. 첫 번째 논문 「3·1운동 민족대표와 만세시위의 전국적 확산」은 3·1운동을 준비하고 전개하는 과정에서 민족대표의 지방 네트워크와 역할에 대하여 살펴보았다. 우선 민족대표는 종교 조직을 통한 지방 네트워크가 강고하게 형성되었다는 점이다. 이는 민족대표가 3·1운동에서 민족대표로서 서명만 한 것이 아니라 교구, 교회, 사찰이라는 종교조직을 통해 지방과의 네트워크가 강고하게 형성되었음을 알 수 있다. 이러한 민족대표와 지방 네트워크는 3월 1일 서울뿐만 아니라 지방으로까지 확산하는데 있어서도 가장 중요한 역할이라고 할 수 있다고 판단된다.

또한 민족대표들은 3·1운동을 전국화, 대중화, 지방화에 적극적인 역할을 하였다. 천도교의 지방 네트워크 즉 지방교구 조직은 3·1운동을 지방으로 확산하는데 중요한 매개체였으며, 여기에는 민족대표의 역할이 절대적이라고 평가할 수 있다. 그리고 천도교가 지방에서 3·1운동에 보다 적극적으로 참여한 것은 천도교에서 정한 3·1운동 방책의 하나인 '대중화'를 그대로 실행하였던 것이다. 이러한 점은 천도교뿐만 아니라 기독교와 불교에서 마찬가지였다. 이러한 점에서 민족대표는 독립선언서에 서명하는 것으로 그 역할이 끝난 것이 아니라 실제적으로 3·1운동이 전국화, 대중화하는데 핵심적인 역할을 하였다고 평가할 수 있다.

두 번째 논문「수원지역 천도교인의 3·1운동과 제암리학살사건」은 수원지역의 3·1운동에서 천도교를 중심으로 한 종교적 배경과 만세시위 전개과정, 천도교인의 역할, 그리고 일제의 보복만행과 제암리학살사건에 대하여 살펴보았다.

수원지역의 3·1만세운동은 대체로 종교단체의 활동이 다른 지역보다 두드러지게 나타나고 있다. 천도교의 경우 1860년 4월 5일 동학이 창도된 이후 1861년에 이미 경기도 남부지역에 포교가 되었으며, 1880년대에는 수원지역에 포교될 정도로 널리 알려졌다. 이러한 동학은 1894년 동학혁명의 기본 조직으로 활동하였으며 1905년 동학이 천도교로 이름을 재정립한 후에는 근대적 조직인 교구로 전환 교육운동을 비롯하여 다양한 활동을 전개하였다. 이들은 동학혁명과 개화운동을 거치면서 종교활동과 민족운동의 주체로 성장하였다. 특히, 우정면과 장안면의 천도교 지도자인 백낙렬과 김흥렬은 반일외세의 동학혁명에 참여한 바 있으며, 3·1운동 민족대표 손병희의 지도를 받으면서 항일민족의식을 배양하였을 뿐만 아니라 3·1운동이 일어나자 앞장서서 만세운동을 준비하고 주도하였다.

수원지역의 3·1만세운동은 전주민이 참여하는 계획적이고 민중적인 성격을 지니고 있다. 앞서 살펴본 바와 같이 천도교인은 서울과 수원에서 3·1만세시위가 일어나자 즉시 이에 호응하였다. 특히 서울에서 만세시위에 참여하였던 백낙렬과 김흥렬은 고향으로 돌아와 전주민이 참여하는 만세시위를 전개하기로 하고, 이를 위해 구장회의와 면사무소와 주재소 방화반, 순사 살해반을 편성하는 등 매우 주도면밀하게 계획하였으며, 그리고 전주민을 동원하였으며 단순히 만세시위로 그치지 않고 주재소와 면사무소 방화, 순사 참살 등 적극적이고 공세적인 만세시위로 발전하였다. 또한 면단위 만세운동에서 1천 명 또는 2천 명의 동원은 적지 않은 의미를 지닌다고 할 수 있다.

그리고 우정면과 장안면의 만세운동에 대한 일제의 보복은 비인도적인 탄압의 만행의 탄압과 축소 왜곡으로 이어지고 있다. 우정면과 장안면에서 만세시위가 점차 지속화 폭력화되자 일제는 보다 강력한 진압을 위해 일본군을 동원했다. 이미 3월 31일 발안장 시위가 있은 직후 경기도 장관과 수원군수에게 군대지원을 요청하였다. 특히 일제는 가와바다(川端) 순사가 참살되는 격한 시위는 천도교가 주동하였다고 판단하고, 천도교 전교실을 비롯하여 집집마다 수색하는 한편 방화를 하였다. 그리고 마침내는 제암리에서 37명이, 고주리에서 6명이 각각 학살하였다.

세 번째 논문 「1930년대 만주지역 천도교와 문화운동의 전개」는 1930년대 만주지역에 포교된 천도교의 조직과 활동을 살펴보았다. 천도교의 만주지역 포교는 1900년대 초부터 이루어졌지만 이 시기의 포교는 개인적 또는 만주를 접경으로 하고 있는 교구를 중심으로 전개되었다. 1919년 3·1운동 이후 북경에 전교실이 설치를 계기로 해외포교에 대한 중요성을 크게 인식하였으며, 교단적으로도 적극 후원하였다. 이러한 포교에 의해 1920년대 말 15개의 군단위 종리원과 10여 개의 면단위 종리원이 설립 유지되었다. 이중 1930년대 초에는 3개의 종리원이 감소되었다. 그러나 이후 흥경현종리원, 영안현종리원, 도문종리원, 장백현종리원, 대동구종리원, 공주령종리원, 금불사종리원 등이 새로 설립되거나 재건되었다. 이중 대동구종리원은 만주지역에 만주인을 중심으로 교세를 형성하였던 재리교를 개종시켜 천도교로 흡수한 사례라고 할 수 있다.

1930년대 천도교의 주요 활동은 국내와 마찬가지로 신문화운동이 주류를 이루고 있다. 3·1운동 이후 국내에서 전개한 신문화운동은 청년당의 중앙집권적 조직에 의해 만주지역 청년단체와 직접적인 연결고리가 되었다. 1920년대 말 국내에서 도단위의 광역단체가 설립되자 만주지역에서도 통일임강당부가 설립되어 각 청년단체의 신문화운동을 적극 후원하는가 하면 청년단체의 일원화를 위해 당원훈련, 접을 통한 자학, 부문운동 진작 등을 전개하였다. 이밖에도 각 청년단체에서는 제등행렬, 씨름대회, 동화대회, 교양강좌 등 천도교의 사회화를 위한 통속운동을 갖기도 하였다.

이러한 청년단체의 신문화운동과 농민사의 이익획득운동과 교육활동은 만주지역 한인 사회의 의식을 향상시키는데도 일정한 역할을 담당하였다고 할 수 있다.

네 번째 논문 「일제하 민족종교의 비밀결사와 독립운동자금 모금운동」은 일제강점기에 드러나 민족종교의 국권회복운동과 이를 위한 독립운동 자금모금운동을 살펴보았다. 일제의 강점기 민족종교의 국권회복운동은 천도교를 비롯하여 태을교계 등 대부분의 민족종교가 비밀결사운동으로 전개되었다. 일제는 민족운동세력의 기반을 파괴하기 위해 무력적인 탄압과 조직적인 파괴공작을 획책하였다. 이러한 현상은 민족운동단체에만 한하지 않고 민족종교에 대해서도 그대로 적용되었다. 즉 민족의식이나 민족정신의 부활을 주장하는 민족종교를 탄압하였다. 이에 따라 민족종교의 활동은 대부분이 지하활동을 모색하지 않을 수 없었으며, 이는 비밀결사운동으로 전개하였다. 1910년대 대표적인 민족종교의 비밀결사를 통한 국권회복운동은 천도교의 천도구국단, 태을교와 청림교 등의 비밀결사운동이 있다. 1920년대에는 천도교는 결사대 형태로, 태을교계는 여전히 비밀결사를 통한 국권회복운동을 전개하였다. 그리고 1930년대는 천도교의 경우 조국광복회 또는 천도교청년당의 오심당 등이 있으며, 그 밖의 민족종교의 활동은 그 자체가 비밀결사운동이었다. 정도교, 선도교, 청림교, 삼도교 등이 대표적이라 할 수 있다.

민족종교의 독립운동자금 모금운동은 일제강점기 내내 이루어지고 있다. 그리고 모금된 독립운동자금은 자체의 민족운동뿐만 아니라 상해임시정부 또는 국외독립운동단체에 지원되었다. 천도교의 경우 대표적인 독립운동자금 모금운동은 이종일과 보성사가 주최였으며, 3·1운동 직후에는 '성미'라는 명목으로 독립운동자금을 모금하였다. 태을교의 경우는 '치성금'이라는 명목을 통해 독립운동자금을 모금하였으며, 정의부 등 국외독립운동단체와 제휴를 통해 새로운 변신을 추구하기도 하였다. 그리고 경우에 따라서는 부호를 협박 강요하는 사례도 없지 않았다.

일제강점기 민족종교의 국권회복운동과 독립운동자금 모금운동은 종교의 기본적인 활동이었다고 할 수 있다. 이는 민족종교가 본질적으로 지니고 있는 교의에서 비롯되고 있다. 즉 민족종교가 추구하는 본질적인 교의는 한국이 세계의 중심이 된다는 것이며, 이는 곧 민족사상 또는 민족정신의 발현이었다. 또한 민족종교의 정치변혁사상은 동학사상을 연원으로 하고 있으며, 동학이 19세기 민중에게 희망을 주었듯이 민족종교의 국권회복운동과 독립운동자금 모금운동은 일제강점기 민중에게 새로운 희망을 주는 민족운동이라는 의의를 지니고 있다.

본서는 〈근대공간의 인문학, 문화의 메타모포시스(Metamorphosis)〉라는 사업단의 아젠다에 맞추어 기존의 발표된 논문과 연구 성과를 바탕으로 한 것이다. 때문에 보이지 않는 한계를 지닐 수밖에 없다. 그럼에도 근대전환기 서구의 근대문물이 수용되면서 한국사회가 어떻게 변화되고 변용되었는지를 규명하는데 적지 않은 성과가 있다고 확신한다.

본서는 본 사업단은 연구 성과를 「메타모포시스인문학총서」 시리즈로 출판하고 있다. 제1권은 『한국기독교박물관 자료를 통해본 근대의 수용과 변용』(한명근 외, 선인, 2019), 제2권은 『근대전환기 문학·예술의 메타모포시스』(장경남 외, 선인, 2019), 제3권은 『메타모포시스 시학』(전영주, 선인, 2019), 제4권은 『근대 사상의 수용과 변용(Ⅰ)』(문시영 외, 선인, 2020)을 출판한 바 있다. 그리고 제5권인 본서를 통해 한국 근대사회의 변용에 대한 심도있는 연구성과를 확인할 수 있을 것으로 판단된다.

본서를 출간하는데 많은 분들의 도움과 배려가 있었다. 숭실대학교 한국기독교문화연구원에서 〈근대공간의 인문학, 문화의 메타모포시스(Metamorphosis)〉라는 아젠다를 연구하는 과정에서 『근대전환기 한국사회의 변용과 민족운동』을 출판할 수 있는 기회를 준 장경남 원장과 연구원에게 고마움을 전한다. 아울러 게으름으로 부족한 원고를 잘 다듬어서 좋은 책으로 새롭게 빛을 볼 수 있게 해준 도서출판 선인의 윤관백 사장과 편집부에 특별히 감사함을 표한다. 본서에서 발견되는 부족한 부분은 전적으로 필자의 연구 역량 탓이다. 여러 선학의 질정을 바란다.

숭실대학교 사업단 연구실에서

2020년 12월

저자 성주현 삼고

제2부　근대전환기 동학·천도교의 변용

제3부 일제강점기 종교계 민족운동

제1부
근대문명의 수용과 한국사회의 변용

대한협회의 '민'에 대한 인식과 근대민권운동

Ⅰ. 머리말

대한협회는 한말인 1907년 11월 10일 서울에서 조직되어 1910년 9월 국권피탈 직후까지 활동한 정치단체이다. 대한협회 관련 연구는 한말 애국계몽운동 단체에서 비교적 많은 연구성과가 축적되었지만 시기적으로는 1900년대가 집중적으로 연구되었다. 대한협회 관련 연구는 40여 편에 달하며, 다양한 관점에서 연구되었다.

대표적인 연구는 『대한협회(1907~1910) 연구』이다.[1] 이 연구는 대한협회에 관한 최초의 박사학위 논문으로 대한협회의 조직 배경과 설립과

---

[1] 김항구, 「대한협회(1907-1910) 연구」, 단국대학교 사학과 박사학위논문, 1997.

정, 자강독립론, 활동 등을 분석한 바 있다. 그리고 대한협회 지회에 대한 연구로는 유영렬,[2] 전재관,[3] 김일수,[4] 박민영,[5] 김정미,[6] 김희수[7] 등의 연구가 있다. 이외에도 이태훈,[8] 최미숙[9] 등이 있다. 다만 지회와 관련된 연구는 지회의 독립적인 조직과 활동보다는 인물과 관련되어 연구되었다.

대한협회 관련 연구는 무엇보다도 대한협회의 성격에 대한 연구가 관심의 대상이었다. 연구자의 관점에 따라 대한협회는 정치적 활동과 성격에 따라 크게 세 가지로 나누어 볼 수 있다. 첫째는 애국단체로 보는 견해,[10] 둘째는 이와 반대로 친일단체로 보는 견해,[11] 셋째는 애국과 친일의 성격을 동시에 지녔다고 보는 견해[12]이다. 그러나 2000년대

2) 유영렬, 「대한협회 지회 연구」, 『국사관논총』 67, 국사편찬위원회, 1996.
3) 전재관, 「한말 애국계몽단체 지회의 분포와 구성 - 대한자강회 · 대한협회 · 오학회를 중심으로」, 『숭실사학』 10, 숭실대학교 사학회, 1997.
4) 김일수, 「대한제국 말기 대구지역 계몽운동과 대한해협 대구지회」, 『민족문화론총』 25, 영남대 민족문화연구소, 2002.
5) 박민영, 「1908년 경성의병의 편성과 대한협회 경성지회」, 『한국근현대사연구』 4, 한국근현대사연구소, 1996.
6) 김정미, 「李相龍의 국권회복운동론 - 대한협회 안동지회 활동을 중심으로」, 『한국근현대사연구』 11, 한국근현대사학회, 1999.
7) 김희수, 「대한협회 진주회의 결성과 활동」, 『역사와교육』 21, 역사와교육학회, 2015.
8) 이태훈, 「韓末 大韓協會 主導層의 國家認識과 資本主義 近代化論」, 『學林』 21, 연세대학교 사학연구회, 2000.
9) 최미숙, 「大垣丈夫 硏究 - 大韓自强會와 大韓協會의 活動을 中心으로」, 숙명여대 대학원 석사학위논문, 1996.
10) 유영렬, 『대한제국기의 민족운동』, 일조각, 1997; 신용하, 「한말 애국계몽사상과 운동」, 『한국사학』 1, 정신문화연구원, 1980.
11) 이현종, 「대한협회의 조직과 활동에 관한 성격」, 조항래 편, 『1900년대의 애국계몽운동연구』, 아세아문화사, 1993; 국사편찬위원회, 『한국독립운동사 1』, 1965; 김도형, 「한말 계몽운동의 정치론 연구」, 『한국사연구』 54, 한국사연구회, 1986; 박찬승, 「한말 자강운동론의 각 계열과 그 성격」, 『한국사연구』 68, 한국사연구회, 1990.
12) 박성수, 「애국계몽단체와 합방반대운동」, 『한국근대사』, 학연사, 1968; 한명근, 「대

이후 대한협회 관련 연구는 매우 희소할 정도로 관심의 대상에서 벗어나 있어 새로운 시각에서 연구할 필요가 있다고 본다.

대한협회는 1907년 11월 10일 윤효정(尹孝定)·장지연(張志淵) 등 이전의 대한자강회 간부들과 천도교의 대표로서 권동진(權東鎭)·오세창(吳世昌) 등이 참여하여 10명으로 조직되었다. 대한자강회가 해산된 지 겨우 3개월 만에 그 구성과 목적이 크게 다르지 않은 대한협회가 창립될 수 있었던 것은 일제가 한국의 배일적인 지식인들을 한 단체로 규합하고 회유하여 적극적이고 직접적인 반일투쟁에의 참여를 막기 위한 것으로 풀이된다.

대한협회의 강령을 보면 "교육의 보급, 산업의 개발, 생명재산의 보호, 행정제도의 개선, 관민폐습의 교정, 근면저축의 실행과 권리, 의무, 책임, 복종의 사상을 고취"라는 7개 항목으로 되어 있다. 대한협회는 국가의 부강, 교육과 산업의 발달을 추구하였는데 이를 위하여 국민의 거국적인 협조로 정치·교육·산업을 강구하여 국민의 자질을 향상시키고자 하였다. 또한 관인, 폐습의 교정, 근면 저축의 실행, 권리·의무·책임·복종 등 국민의식의 고취를 목적으로 하였다. 그러나 실제 활동에서는 주권수호 등의 정치활동을 하기에는 적지 않은 한계가 있었다. 조직 활동의 강화, 월보 간행, 회관건립사업의 추진, 인권옹호 등이 주요 활동이었으며, 때로는 항일·친일의 모호한 성격도 보이고 있다.

이 연구는 대한협회가 근대적 주체로서 '민'을 어떻게 인식하는가 하는 점을 통해 대한협회의 성격을 규명하는 표상 분석이다. 연구에 활용될 주요 사료는 대한협회 이념을 나타내는 강령 및 각종 대회 결의

한협회의 현실정치론-3파연합운동과 합방인식론을 중심으로」, 『숭실사학』 12, 숭실대학교사학회, 1998.

안, 주요 인사들의 잡지 기고문 및 관련 기사, 회고록, 관련 신문기사 중 논설과 기고문, 그리고 대한협회에서 간행한 『대한협회회보』13)와 『대한민보』14) 등이 해당된다. 특히 대한협회에서 발행한 『대한협회회보』와 『대한민보』를 중점적으로 분석하고자 한다. 이들 기관지는 대한협회의 '민' 의식을 파악할 수 있는 주요 사료이다. 뿐만 아니라 대한협회는 37개의 지회와 5천여 명의 회원을 거느린 전국적 조직이자 한말 대표적인 애국계몽운동 단체였다. 그러므로 본부와 지회의 활동 역시 대한협회 연구에서 매우 중요한 자료이다. 이러한 점에서 대한협회 주도층의 인식은 대한협회 이념 및 성격에 직접 반영되었다. 대한협회가 한말 근대적 주체로서 '민' 의식의 성장에 미친 영향을 살펴보기 위해서는 주도층이 발표하거나 기고한 문건을 분석할 필요가 있다.

Ⅱ. 근대 '민'의 의식 형성과 민권의 개념

한말 '민'에 대한 인식은 실학과 동학을 거치면서 새롭게 인식되기 시작했다. 전통적 성리학 이데올로기의 민권은 '民惟邦本'이라는 민본사상에서 비롯되었다. 이 민유방본은 사서삼경 중 서경에 나오는 것으로

---

13) 『대한협회회보』와 관련된 연구는 전성규, 「『대한협회회보』의 국가관과 '복종' ― 어휘사와 개념사적 관점에서」, 『개념과 소통』 15, 한림대학교 한림과학원, 2015.6가 있다.

14) 『대한민보』와 관련된 연구는 박지훈, 「대한협회의 『대한민보』(1909~1910) 발간과 시사만화 연재의 성격」, 『역사민속학』 44, 민속원, 2014.3; 전은경, 「『대한민보』의 독자란 〈조림〉과 근대계몽기 지식인 독자의 서사적 글쓰기」, 『대동문화연구』 83, 성균관대학교 출판부, 2013.9; 박용규, 「대한제국 말기 『국민신보』의 특성과 역할 ― 민족지와의 대립 관계를 중심으로」, 『한국언론학보』 56:2, 한국언론학회, 2012.4 등이 있다.

"백성을 가까이 생각해야 하며, 얕잡아 봐서는 안 된다(不可下). 백성이야말로 나라의 근본이니, 근본이 튼튼해야 나라가 편안한 법이다"라는 구절에서 연원을 밝히고 있다. 이를 맹자는 보다 적극적으로 해석하였다. 맹자의 "民爲貴 社稷次之 君爲輕"[15]에서 밝히고 있듯이, "백성은 귀하고, 사직은 그 다음이고 임금은 가볍다"라고 하여, 민을 중요하게 인식하였다.

이러한 인식은 조선후기 실학자들에 의해 새롭게 인식되었다. 정약용은 '탕론'에서 "천자는 여러 사람이 추대해서 만들어진다"[16]고 하여, 천자 즉 군주도 민중에 의해 추대된다는 논리를 정립했다.[17] 정약용은 하늘 아래 모든 인간은 수평적 관계로 인식하는 기반 위에서 모든 통치자는 민의에 의해 선출되어야 하고 통치자가 민을 위한 정치를 베풀지 못하면 민의에 의해 개선되어야 한다고 보았다.

정약용은 맹자의 민본주의적 사상에서 보다 진일보하여 민중을 정치의 주체로 인식하였다. 이러한 정약용의 인식은 근대적 민권사상의 원형,[18] 주권재민적인 민권사상이라고 평가되고 있다.[19] 뿐만 아니라 실사구시의 실학은 사농공상의 차별에 대해 사민평등론을 제기하였다.

정약용의 민권에 대한 인식은 보편적으로 확산되지는 못했지만 한말 개신유학자들에게 적지 않은 영향을 주었다. 유길준은 『서유견문』에서 "인간의 권리는 天受한 公道이니 (중략) 사람 위에 사람이 없고,

---

15) 「盡心章句下」 14장, 『맹자』.
16) 정약용, 「탕론」, 『다산시문집』 11, 한국고전번역원 한국고전종합DB.
17) 조광, 「정약용의 민권의식연구」, 『아세아연구』 56, 고려대학교 아세아문제연구소, 1976, 103쪽.
18) 전정희, 「개화사상에서의 민(民)의 관념」, 『정치·정보연구』 7:2, 한국정치정보학회, 2004, 91쪽.
19) 김영덕, 「조선후기의 사상—민권의식의 성장」, 『한국사상사대계』 5, 한국정신문화연구원, 1992, 50쪽.

사람 아래에도 사람이 없나니, 천자도 사람이요 필부도 사람이다"[20]라고 하여, 인간평등권을 명확하게 주장하였다. 또한 박은식은 민권을 보편적 유교의 원리로 이해하였다. 즉 순자의 '尊君權'보다 맹자의 '民爲重'을 더 중요하다고 보았다. 그렇지만 맹자보다는 순자의 설이 더 중요하게 인식되었기 때문에 그동안 민권이 제약받았다고 판단하였다.[21]

한편 한말 민중을 대상으로 교세를 확장한 동학교단은 1892년과 1893년에 걸쳐 민회운동을 전개한 바 있다. 성리학이데올로기의 조선정부로부터 이단으로 취급받던 동학교단은 신앙의 자유를 획득하기 위해 1892년 10월 공주, 11월 삼례에 이어 1893년 1월 광화문에서 교조신원운동을 전개하였다. 이어 이해 3월 보은 장내에 수만 명의 교인들이 모여 척왜양창의 집회를 개최하였다. 이를 진압하기 위해 파견된 어윤중은 동학교인의 집회를 '민회' 또는 '민당'이라고 보고하였다. 그리고 이를 '태서의 민권과 같다'고 표현하였다.[22] 동학교단의 사회운동은 이듬해 '민'에 의한 개혁으로써 동학농민혁명으로 이어졌다.

동학농민군은 반상의 차별 철폐를 통한 신분해방 이외에도 양반 중심의 지배체제 개선, 향촌사회와 전국 단위의 지배 권력을 장악하여 변혁사업을 추진하고자 하였다.[23] 이를 위해 동학농민군은 호남 일대에 집강소를 설치하여 이른바 '민정' 즉 '민권에 의한 통치'를 추진할 수 있었다. 그러나 동학농민혁명은 일본과 정부군에 의해 진압되어 비록 사회변혁을 이끌어 내는 데는 성공하지 못했지만 '민권'에 대한 새로운

---

20) 유길준, 「인간의 권리」, 『서유견문』.

21) 박은식, 「유교구신론」, 『서북학회월보』 10, 서북학회, 1909.3.

22) 황현, 『매천야록』, 갑오 이전.

23) 박찬승, 「동학농민전쟁의 사회·경제적 지향」, 『한국민주주의론』 3, 창작과비평사, 75쪽.

인식의 전환을 가져왔으며 갑오개혁에 반영되었다. 이는 동학농민군이 주장하는 민권이 어느 정도 수용되었다는 점에서 근대적 민권의 개념이 성립되었다고 할 수 있다. 이처럼 동학의 민권론은 신분 차등 없이 정치참여를 가능하게 했다는 점에서 '국민주권적인 자유민권의식의 선구'로 파악하기도 했다.[24]

동학농민혁명을 통해 형성되기 시작한 근대적 민권론은 독립협회를 통해 보다 구체적으로 확립되었다. 독립협회의 민권론은 '평등권'으로 제시되었다. 독립협회는 기관지 『독립신문』 창간호에서 "상하 귀천을 달리 대접하지 아니하고 모두 조선 사람으로만 알고 조선만을 위하여 공평히 인민에게 말할 것"이라고 하여, 인민은 평등하다는 권리를 천명하였다.[25] 나아가 '법률이란 상하·귀천·빈부·세력의 유무를 불문하고 공평하다'는 논리에 따라 사람은 누구나 법적으로 동일한 처우를 받아야 한다는 법률적 평등을 주장하였다.[26] 독립협회 회원들은 신분의 차별 없이 전국 인민에게 교육의 기회를 균등하게 하고, 능력에 따라 공무 담당을 균등하게 해야 한다는 민의 기회균등론을 제시하였다.[27]

독립협회는 '인민의 생명과 재산을 보호'하는 것이 정부가 해야 할 가장 중요한 일이라고 하였다.[28] "법률이란 것은 인민의 목숨과 재산을 보호하는 일대 혈맥"[29]이라 하여, 법률에 의거하여 인민의 신체와 재산권의 자유를 보장하고자 하였다. 독립협회는 인민의 신체와 재산

24) 신인철, 「동학과 전통사상」, 『동학과 전통사상』, 모시는사람들, 2004, 19쪽.
25) 『독립신문』 1896.4.7.
26) 『독립신문』 1896.7.11.
27) 『독립신문』 1896.12.12.
28) 『독립신문』 1898.4.10.
29) 『독립신문』 1898.10.20.

권의 자유를 지배층의 압제와 수탈로부터 보호되어야 할 가장 기본적인 민권이라고 인식했다. 따라서 독립협회는 민이 재판에 의거하지 않고 사사로이 형벌을 가하지 못하게 하는 처벌의 법률주의, 법관이 발부하는 영장 없이 체포나 구금을 할 수 없게 하는 영장제도, 재판에 의하여 신고되기 전에는 범죄자로 취급하지 못하게 하는 범죄용의자의 인신보호, 피고인의 재판청구권과 신속한 공개재판, 피고인의 진술권과 변호인 조력권, 타인의 범죄에 의해 처벌받지 못하게 하는 형벌개별의 원칙 등에 따라 私刑·고문·연좌법 등 전근대적인 민의 학대 요인을 제거하고 보다 근대적인 법률에 의한 권리의 보장을 요구하였다.[30]

독립협회는 민권론을 언론 출판 집회 결사의 자유로 확대하고자 하였다. 독립협회는 "언론자유는 天生權利"라고 하여, 언론의 자유를 천부의 권리로 보았다. 언론의 자유가 보장되지 않기 때문에 공론이 없으며, 공론이 없으면 민의 생명과 재산을 포함한 권리가 유린된다고 하였다.[31] 이처럼 민의 의사 표현의 자유를 천부의 기본 권리로 보았을 뿐만 아니라 국가권력으로부터 민권의 유린을 방지하는 한편 국가 중흥의 첩경이 바로 민력이라고 파악하였다. 뿐만 아니라 독립협회 기관지인 『독립신문』을 통해 언론의 자유를 주장하면서 민권을 확립하는 데 적지 않게 기여했다.

독립협회는 결사와 집회를 통해서 민권운동을 보다 구체적으로 사회화하였다. 독립협회 회원들은 결사와 집회를 민권의 하나로 인식하고 1898년 3월 초부터 10월까지 수천 명이 참가하는 대규모의 집회를 10여 차례 이상 개최하였으며, 결사의 성격을 가지고 있는 만민공동회

---

[30] 유영렬, 『한국근대사의 탐구』, 경인문화사, 2006, 123~124쪽.
[31] 『독립신문』 1899.1.10.

를 개최하여 11월 초부터 12월 말까지 50여 일간 집회를 가진 바 있다. 특히 만민공동회는 정부에서 파견된 관료가 참석하였다는 점에서 민권이 크게 신장하였음을 알 수 있다.

이외에도 독립협회는 '나라'라는 것은 "백성들이 모두 합심하여", "여러 사람이 의논하여" 만든 것이라고 하였으며,[32] "임금과 정부와 백성이 동심협력하여 나라를 세웠나니"[33]라고 하여, 군주 중심이 나라가 아닌 민과 함께 나라를 만든 것이라고 인식하였다. 즉 국가 기원에 대한 군주와 민의 계약설인 군민계약설을 주장하였다. 이를 근거로 하여 "당초에 나라 생긴 본의는 여러 사람이 의논하여 전국에 있는 인민을 위하여 각색 일을 마련하는 것이요, 각색 관원도 백성을 위하여 만든 것",[34] "정부가 백성을 말미암아 된 것이요, 백성이 정부를 위하여 난 것이 아니라"[35]고 하여, 국가와 정부는 '민을 위하는 것'이라고 인식하였다. 이러한 인식은 헌의 6조에 잘 드러나고 있다.

대범 나라는 백성으로써 근본을 삼고, 임금은 백성으로써 權을 세워 일백 관원을 베풀었은 즉 (중략) 무엇이 백성의 權이 방종하고 임금의 權이 작은 것이 있사오리까.[36]

이는 민은 국가와 정부의 근원이며, 통치권은 민으로부터 나온다고 평가할 수 있다. 그동안 국왕이 국가의 주인이라는 전통적 이데올로기

---

32) 『독립신문』 1897.4.17.
33) 『독립신문』 1899.12.15.
34) 『독립신문』 1897.4.17.
35) 『독립신문』 1898.11.26.
36) 『독립신문』 1898.11.21.

에서 벗어나 민이 국가의 주인이라는 의식을 보다 분명하게 드러낸 것이라 할 수 있다. 이와 같은 민권의식에 따라 독립협회는 민권운동을 보다 적극적으로 전개하였는데, 이를 구체적으로 살펴보면 다음과 같다.

1898년 3월 중순 독립협회 회원 이원긍과 지석영 등 4명이 구속되자 그 사유를 밝히라고 요구하였다. 그럼에도 불구하고 이들 4명은 유언비어 유포죄로 재판도 없이 10년 유배형에 처해졌다. 독립협회는 법부대신에게 "국가의 표준은 법률에 있으므로 이들 4명의 죄상은 재판으로 적절하게 처리되어야 한다"는 항의문을 발송하였다. 그 결과 이원긍, 지석영 등은 이 해 6월 말 특별 석방되었다.[37] 또 이 해 5월 법부대신 겸 고등재판소 재판장 이유인이 판사 마준영을 시켜 홍재욱의 재산을 탈취하려는 사건이 발생하였다. 독립협회는 공개재판을 요구하고, 재판과정에서 재판의 편파성을 항의하는 한편 판사 마준영을 고발하여 해임시키고 이유인도 재판장에서 물러나도록 하였다.[38] 6월에는 경무사 신석희가 위조범으로 투옥된 최학래의 재산을 몰수하는 사건이 발생하였다. 독립협회는 재산몰수의 근거를 제시할 것을 요구하였다. 신석희가 선례에 따라 재산을 몰수하였다고 해명하자 내부대신에게 신법으로 보장된 재산권이 구법에 의해 침해될 수 없다고 강경하게 항의하였다. 그 결과 최학래는 재산을 다시 찾을 수 있었다.

이외에도 독립협회는 민권 보장의 방책으로 민선의회 형식을 갖춘 중추원 설립운동을 전개하였고, 그 결과 1898년 11월 관선 25명, 민선 25명으로 구성되는 근대의회의 성격을 가진 중추원 관제를 반포하였다. 1898년 9월 고종독살미수사건 때는 내각 퇴진운동을 전개하여 이

---

37) 유영렬, 『개화기의 윤치호연구』, 한길사, 1985, 118쪽.
38) 유영렬, 『개화기의 윤치호연구』, 119쪽.

를 성사시키기도 하였다. 특히 박정양 등 진보적 성향을 가진 내각이 수립되자 민권은 크게 신장되었다.

Ⅲ. 『대한협회회보』에 나타난 민권 인식

대한협회의 민권인식은 대한자강회의 천부권을 계승하고 있다. 대한자강회의 민권론은 서세동점의 국가적 위기에서 자강운동론을 주장하였는데, 자강의 방략으로 '민권'의 옹호와 강화하는 민권의식을 고취하고자 하였다. 대한자강회의 설태희는 "天降生民에 均賦自由",[39] 김성희는 "民各有所賦之自由權하니"[40]라고 하여 자연권 사상의 관점에서 민의 권리를 제기하였다. 이와 같은 인식에서 이들은 "人民도 (중략) 享自由生存之權利ᄒ니"[41]라고 하며 민의 자유와 생존의 권리를, 또 "苟使爲民者로 平等自由ᄒ며"[42]라고 하여 역시 민의 평등과 자유의 권리를 인간의 기본권으로 보호를 주장하였다. 뿐만 아니라 "생명과 재산을 안전케 해야 한다"[43]고 하여, 생명권과 재산권까지 기본적 민원으로 확대하여 인식하였다. 대한자강회에서 활동한 이들은 대한자강회가 해산된 후 대한협회에 참여하였다. 이는 대한자강회의 민권인식은 대한협회에 그대로 이어졌다고 할 수 있다.

---

[39] 설태희, 「抛棄自由者爲世界之罪人」, 『대한자강회월보』 6, 대한자강회, 1906.12, 19쪽.
[40] 김성희, 「공업설」, 『대한자강회월보』 10, 대한자강회, 1907.4, 29쪽.
[41] 설태희, 「抛棄自由者爲世界之罪人」, 20쪽.
[42] 김성희, 「공업설」, 29쪽.
[43] 윤효정, 「국가적 정신을 불가불 발휘」, 『대한자강회월보』 8, 대한자강회, 1907.2, 8쪽.

그렇지만 대한협회의 민권인식은 대한자강회의 자연권 내지 천부권의 선언적 표명과 기본권의 법률 보호라는 차원을 넘어 국가권력과 민권의 관계 즉 참정권의 문제로 확대되었다. 이러한 인식은 대한협회 기관지인 『대한협회회보』를 통해 드러나고 있다.

　　윤상현은 민권 중에서도 자유권을 보다 강조하였다. 즉 "자유는 천부의 관직이요 인생의 양식"이라고 하였다. 나아가 자유가 있는 나라는 발전하고 자유가 없는 나라는 망한다고 하여, 문명국가는 피와 땀으로서 자유를 쟁취하였다고 밝히고 있다.[44] 그리고 이 자유권을 확보하기 위해서는 인민의 각성이 우선되어야 한다고 하였다.[45]

　　이와 같은 민의 권리 즉 민권은 아무리 작더라고 타인의 침해가 불가하다고 하였다. 내각 즉 국가는 '생명과 재산 보호하여야 책임이 있다'고 하였다.[46] 그리고 "今日 一部를 棄ᄒ고 明日 一部를 失ᄒ야 漸漸 積累ᄒ야 全部를 失홈에 至ᄒ면 各自의 生命을 何以保存홀가. 且 權利의 伸屈이 人道衰隆에 密接흔 關係가 有ᄒ니 엇지 漫忽ᄒ기 可ᄒ리오"[47]라고 하여 민권의 보장을 확립하고자 하였다.

　　나아가 국가의 성쇠는 '국민의 권리사상의 강약에 伴來'에 달려 있다고 주장하면서, 당시 일반인의 각성을 강조하기도 하였다.[48] 이러한 점에서 볼 때 대한협회는 민이 그 중심에 있다고 하였다.[49] 그리고 그 본

---

44) 윤상현, 「자유성」, 『대한협회회보』 10, 대한협회, 1909.1, 3쪽.
45) 윤상현, 「자유성」, 4쪽.
46) 김성희, 「정당의 사업은 국민의 책임」, 『대한협회회보』 1, 대한협회, 1908.4, 30쪽.
47) 이상직, 「권리는 국민의 당연한 의무」, 『대한협회회보』 4, 대한협회, 1908.4, 50쪽.
48) 이상직, 「권리는 국민의 당연한 의무」, 50~51쪽.
　　"國家의 盛衰ᄂ 國民의 權利思想 强弱에 <50> 伴來ᄒᄂ 者ㅣ라. 然則 爲國民者ㅣ 權利를 愛重ᄒ야 此를 行使홈은 卽 國家 公私益上에 遵守ᄒ기 可흔 義務ㅣ니 我同胞ᄂ 思想이 爲何腐敗ᄒ야 終不反魂고. 嗚呼라 我同胞ᄂ 勉之勉之ᄒ야 各自의 權利를 堅守ᄒ야 些少라도 外人에게 讓與치 말지어다."

질은 생명과 재산의 보호였다.[50] 그렇기 때문에 국가의 정무 두 가지 중 하나는 '인민의 보호와 발달'이라고 하였고, '인민의 안녕 행복을 발달케 하고 사법 사무는 인민의 자유 권리를 보호한 것'이라고 하였다.[51]

이와 같은 민권에 대해 대한협회는 첫째는 법률에 의해 보호되어야 하며, 둘째는 정당을 통해서도 이를 실현된다고 보았다. 먼저 법률에 의해 보호되어야 한다는 민권의식을 살펴보자.

설태희는 법률이 있은 후에야 민권을 보유할 수 있다고 한 바[52] 있다고 하였다. 이와 관련하여 석진형은 법률이 의한 민권보호는 이미 서구 문명국에서는 보편적 현상이라고 하였다. 즉 문명국은 '법치국, 법치정치, 법치국민'이라고 하면서 민권을 국가가 법률로 보장하고 있다고 강조하였다. 그리고 국리민복에 적합한 법률을 확립하고 민권을 옹호해야 한다[53]고 하여 법치주의적 입장을 표명하였다.[54] 때문에 대한협회는 법률의 중요성을 강조하였다.

法律은 一般 國民 卽 團體 各員의 意思 及 行爲를 制限ᄒᆞᄂᆞᆫ 者로 人民 共同生存의 要件된 者ㅣ라. 故로 法律은 政治家, 學者, 實際家에 對ᄒᆞ야만 硏究ᄒᆞᆯ 價値가 有ᄒᆞᆯ 뿐 안이라 一般 人民도 亦 本國法律의 槪要를 知得ᄒᆞᆯ 必要가 有ᄒᆞᆫ지라.[55]

49) 권동진, 「大韓協會頌」, 『대한협회회보』 1, 1908.4, 11쪽. "會ᄂᆞᆫ 大韓之土也요 大韓之民也라."
50) 윤효정, 「연설 제1회 총회시 ─ 대한협회의 본령」, 『대한협회회보』 1, 대한협회, 1908.4, 48쪽.
51) 변덕연, 「국민과 정치의 관계」, 『대한협회회보』 7, 대한협회, 1908.10, 29쪽.
52) 설태희, 「법률상 人의 權義」, 『대한자강회월보』 8, 대한자강회, 1907.2, 17쪽.
53) 석진형, 「법률의 필요」, 『대한협회회보』 2, 대한협회, 1908.5, 27~28쪽.
54) 김명구, 「한말 대한협회계열의 정치사상」, 『부대사학』 21, 효원사학회, 1997, 4쪽.

즉 법률은 '일반 국민, 단체 개인의 의사와 행위를 제한하는 것으로 인민 공동생존의 요건'이라고 하였다. 그리고 법률은 정치가나 학자 등에 의해 연구할 가치가 있을 뿐만 아니라 인민 즉 일반인도 법률의 기본적 지식을 알아야 한다고 하였다. 이러한 관점에서 법률이 왜 필요한가를 보다 분명하게 인식해야 한다고 하였다. 그래야 민권을 스스로 보호받을 수 있다고 보았다.[56]

또한 민권을 보장받기 위해 저항권을 인정하고자 하였다. 이는 정당방위권이라고 하였는데, 다음과 같다.

> 正當防衛權이라 홈은 吾人이 無理의 危急혼 暴行이나 脅迫을 當홀 時에 己의 腕力으로써 此를 防衛ᄒ는 行爲를 法律이 罪로 論치 안이ᄒ고 此에 防衛ᄒ는 權을 與ᄒ는 者 | 라. 然而 今日과 갓치 社會公權이 發達되야 國家ᄂᆞᆫ 一般個人의 生命身體財産을 保護ᄒ는 職務를 有ᄒ야 一私人의 加害所爲라도 公權의 力을 依ᄒ야 處置ᄒ고 個人의 腕力으로 施行키 不得ᄒ는 바어ᄂᆞᆯ[57]

> 蓋 吾人 權利의 保護를 一切히 國家公權의 作用에 專屬홀진듸 國家公權의 威力이 理論上 如何히 强人ᄒ다 홀지라도 無限혼 事實에 對ᄒ야 無限혼 危害를 到底히 悉皆代表ᄒ야 防衛키 不能홀지라. 故로 法律은 吾人의 權利를 保護ᄒᆞᆫ 同時에 公力의 未及ᄒ는 바 卽 更히 回復홀 道가 無혼 境遇에 當ᄒ야 스스로 防衛ᄒ는 權을 與홈이니 만일 如斯히 危急혼 境遇에 對ᄒ야

---

55) 번덕연, 「인민은 법률을 해석할 필요가 유함」, 『대한협회회보』 6, 대한협회, 1908.9, 32쪽.

56) 김성희, 「정당의 사업은 국민의 책임」, 29쪽. "法律一定之後에ᄂᆞᆫ 政府民人이 不相侵權이 爲主要點也라."

57) 정달영, 「정당방위권을 허한 이유와 기허하는 범위」, 『대한협회회보』 10, 대한협회, 1909.1, 32쪽.

法律이 防衛權을 不與흠으로 吾人의 身體生命이 暴行脅迫을 當ㅎ야 更히 回復흘 道가 無흔 域에 當ㅎ면 國家는 如何흔 利益的 效力이 有ㅎ리오 反히 法律이 吾人을 保護치 아니흠이라 可謂홀지라. 然흔 故로 警察行政이 如何히 明詳흠지라도 危急ㅎ야 回復흘 道가 無흘 巨害를 當ㅎ는 境遇에는 一私人의 腕力으로 防衛ㅎ는 權을 公認ㅎ느니 實로 法律이 個人의 權利保護ㅎ는 責任을 完全無缺케 ㅎ쟈는 理由에 起因흠이로다.[58]

즉 국가는 일반개인의 생명 신체 재산을 보호하는 직무가 있으며, 이를 타인으로부터 위해가 있을 때는 정당방위권을 인정해야 한다고 하였다. 또한 법률로서 권리를 보호해야 하고, 스스로 방위하는 권을 부여하여야 한다고 하였다. 따라서 정당방위권을 인정해야 하는 이유는 "更히 回復지 못흘 身體生命에 對ㅎ는 危害를 防衛흠이오 其 容易히 回復흘 道가 有흔 境遇에는 勿論 防衛權을 不認ㅎ는 者ㅣ니 然則 正當防衛權의 許ㅎ는 範圍는 更히 回復흘 道가 無흔 危急의 暴行이나 脅迫에 止흠이 可ㅎ도다"라고 하여, 신체와 생명에 대한 방위 즉 사회적으로는 개개인의 민권을 침해당하지 않고 유지할 수 있는 최소의 저항권이라 할 수 있다.

그러기 위해서는 국가권력과 민권의 관계 참정권을 보다 분명하게 설정하고자 하였다. 이 시기 참정권은 국민은 국가에 대한 권리가 있는데, 이를 공권이라고 하였으며, 공권의 첫째가 참정권이라고 하였다.[59] 한광호는 참정권에 대해 다음과 같이 밝히고 있다.

國家의 機關이 되야 活動ㅎ고 又는 國家 機關의 組織에 參與ㅎ는 權利는

---

58) 정달영, 「정당방위권을 허한 이유와 기허하는 범위」, 32~33쪽.
59) 한광호, 「외국인의 공권급공법상의무」, 『서우』 10, 서우학회, 1907.1, 14쪽.

普通을 參政權이라 謂홈이라. (중략) 參政은 國民의 權利라.[60]

즉 참정권은 국가 기관 조직에 참여하는 것이고, 이것은 국민의 권리라고 하였다. 또한 김익용은 "參政權은 憲法上 人民이 議員 被選擧權及 選擧ᄒᆞᄂᆞᆫ 權 及 一定ᄒᆞᆫ 資格이 有ᄒᆞᆫ 以上은 官吏되ᄂᆞᆫ 等 權을 云홈이라"[61]이라 하여 국가조직에 참여하는 것 외에 의원 피선거권과 선거권까지 참정권에 포함시키고 있다.

그렇지만 이와 같은 참정권에 대해 한광호는 "同一ᄒᆞᆫ 內國人이라도 何人을 不問ᄒᆞ고 許與ᄒᆞᄂᆞᆫ 者ㅣ 아니니 婦人, 未成年者, 瘋癲白痴者 等은 此等權利에 參與홈을 不得홈"[62]이라고 하여, 일정한 자격을 갖추어야 한다는 제한적 참정권을 주장하였다.

당시 이와 같이 인식되었던 참정권의 법위에 대해 윤효정은 다음과 같이 밝힌 바 있다.

政治會本旨난 必也 國民多數의 大團體을 形成ᄒᆞ야 人民思想을 統一ᄒᆞ기에 在호ᄃᆡ 無論某國ᄒᆞ고 政治의 意을 含有한 者난 大槪 中等 以上 人格에 在ᄒᆞ고[63]

우선 윤효정은 '정치에 뜻을 품은 자는 중등 이상의 인격을 가지고 이어야 한다'고 하여, 제한적 참정권을 주장하였다. 그렇다면 '중등 이상의 인격을 갖춘' 의미는 어디에 두고 있을까 하는 것이다. 이에 대해

---

60) 한광호, 「외국인의 공권급공법상의무」, 15쪽.
61) 김익용, 「今日 吾人의 國家에 對ᄒᆞᆫ 義務 及 權利」, 『서북학회월보』 1, 서북학회, 1908.6, 30쪽.
62) 한광호, 「외국인의 공권급공법상의무」, 15쪽.
63) 윤효정, 「연설 제1회 총회시 – 대한협회의 본령」, 45쪽.

윤효정은 중등 이상의 인격을 갖춘 것으로 '종교단체'를 부연하여 설명하고 있다. 당시 국내에는 종교단체로서 유교를 비롯하여 기독교, 천도교, 천주교, 불교 등을 거론하였다. 종교단체의 신자는 다양한 신분으로 구성되었다. 즉 종교단체는 상하귀천으로 차별성과 제한성을 두지 않은 단체였다. 윤효정이 비록 '중등 이상의 인격이 재'하여야 한다고 하였지만 실제적으로는 종교가 가지고 있는 평등성을 염두에 두었다고 할 수 있다.

이러한 점은 대한협회가 국민주권의 방안으로 의미하고 있는 민권을 주장하였다고 평가할 수 있으며, 참정권 역시 국민 전체를 대상으로 한 참정권을 의미한다고 할 수 있다. 즉 "本協會난 何宗敎의 信者를 不拘ᄒ고 國民의 本分上 同一主義를 抱持하 人은 擧皆團體共合ᄒ야 一大勢力을 形成ᄒ기로 希望ᄒ난 바요"[64]라고 하여, 신분에 관계없이 누구나 참여하는 정치적 활동을 추구하였다. 그러나 실제적으로는 대한협회의 구성원은 신저작가, 신역작가, 신문가, 잡지가, 소설가, 유학생, 紳士, 學士, 志士 등이었다.[65] 그렇지만 '국민의 聲', '국민의 智', '국민의

[64] 윤효정, 「연설 제1회 총회시 – 대한협회의 본령」, 46쪽.
[65] 윤효정, 「我會의 本領」, 『대한협회회보』 9, 대한협회, 1908.12, 64쪽.
"我國近年에 新著作家도 槪我會友며 新飜譯家로 槪我會友며 新聞家 雜誌家 도 槪我會友며 以至於小說家도 槪我會友며 外國의 留學ᄒ야 螢牕雪案에 歲月을 消磨ᄒ고 政治法律의 學理를 專修ᄒ던 者도 槪我會友며 政海風濤의 失手舊夢으로 十年鄰邦에 文明을 感歎ᄒ던 者도 槪我會友며 私立學校의 許立者 及 敎授者도 槪我會友며 現時東京留學靑年의 志氣가 英勃ᄒ야 第二世의 國家恢復을 擔任ᄒ을 者도 槪我會友의 子姪이며 商社銀行 等 主務人員과 拓殖會社의 委員株主가 槪我會友니 蓋 我大韓協會의 會友一同은 皆 政見이 有ᄒ며 學問이 有ᄒ며 資産이 有ᄒ을 뿐 아니라 重之而經驗에 當ᄒ 紳士며 學士며 志士의 結合으로 忠實히 國家隆運과 國民幸福의 增進을 負担ᄒ야 各 地方의 支會를 設立하고 全國 思想을 統一ᄒ야 國民의 智로써 會智를 作ᄒ며 國民의 聲으로써 會聲을 作ᄒ며 國民의 心으로써 會基를 作ᄒ야 民國進興의 氣運을 迅速케 ᄒᄂ 者ㅣ니 엇지 區區히 政權爭奪을 目的ᄒᄂ 者리오. 且 今 我國의 政治主權을 掌握ᄒ 者ㅣ 特有ᄒ야 政黨의 野心으로 容易히 互

心'으로 여론을 주도하고자 하였다.

이와 같은 대한협회가 주장하였던 참정권의 범위에 대해서 '부르주아적 사회세력' 또는 '상층민'으로 제한하였다고 보았다.[66] 그렇지만 대한협회 구성원이 앞서 살펴보았듯이 신저작가, 지사 등 상층부로 구성되어 있다 하더라도, 구성원들의 참정권만을 인정하지는 않았다. 대한협회는 본령의 해석에서도 밝히고 있듯이 국민의 지혜와 국민의 소리를 통해 여론을 형성하고자 하였다는 점은 보편적 참정권 즉 국민주권을 주창하였다고 할 수 있다.[67]

대한협회는 여론을 통한 정치적 활동을 통해 참정권을 확보하고자하였다. 설태희는 헌법을 논하면서 '인민의 국가에 대한 권리'를 참정권이라고 하였다.[68] 즉 헌법으로 참정권을 보장하여야 한다고 인식하였다. 그렇지만 참정권은 권리가 아니라 국가의 흥륭과도 직결된다고보았다. 김성희는 "夫日本國之興隆은 卽由乎人民之發達而因勢而利導者는 政府也오 大韓國之衰頹는 卽由乎政府之專制而默認而暗助者는 民人也라. 民人知愚之相反이 一何至此오 要而論之면 不知參政權이 在己而自棄其責任也라"[69]라고 하였는데, 이는 일본과 한국의 인민의 민지발달 여하에 따라 국가의 부강이 달려 있다고 한 것으로 여기에는 참정권에 대한 이해도가 중요하다고 판단하였다. 뿐만 아니라 외교상으로 볼 때 독립국이 될 것인가 보호국이 될 것인가 여부도 이와 관련이

相 爭奪키 不得홈은 以上 論者와 愚人을 除흔 以外에는 一人도 更無홀 듯ᄒᆞ오."
66) 정승교, 「1904년~1910년 자강운동의 국민교육론」, 서울대 국사학과 석사학위논문, 1994, 58쪽.
67) 유영렬, 「애국계몽파의 민족운동론」, 『국사관논총』 15, 국사편찬위원회, 1990.
68) 설태희, 「헌법서언」, 『대한협회회보』 3, 대한협회, 1908.6, 29쪽.
69) 김성희, 「논외교상 경험적 역사」, 『대한협회회보』 8, 1908.11, 5쪽.

있다고 본 것이다.

대한협회는 민권의 보장을 위해서는 정치체제의 변화가 무엇보다도 중요하게 인식하였다. 당시 전제군주제의 체제를 적어도 입헌군주제로 전환하고, 군주의 권한을 제한함으로써 민권을 보장받고자 하였다. 입헌군주제에 대해서는 주로 윤효정, 설태희 등이 『대한협회회보』를 통해 주장하였다. 윤효정은 대한자강회 시절부터 입헌군주제의 도입을 제기하였다. 그는 국권 회복을 위해서는 자강이 필요하고 자강을 위해서는 애국심이 토대가 되어야 한다고 보았다. 이를 위해서는 현재의 전제군주제를 폐지하고 입헌군주제로 전환해야 한다고 주장하였다. 윤효정은 경세가의 가장 중요한 임무는 건강한 애국심을 양성 발달케 해야 하는데, 이는 전제군주제에서는 불가능하다고 보고, 근대적 입헌군주제로의 전환이 절실하다고 하였다. 전제군주제 아래서는 국민의 생명과 재산 등 민권이 보장될 수 없기 때문에 애국심이 생겨날 수 없다고 하였다.[70] 이에 비해 입헌군주제는 군민 동체이며 공의에 의해 국사의 결정이 이루지고 있다고 하였다. 따라서 법제를 확립하고 민권을 공고히 하여 그 생명과 재산을 안전케 하고 자치의 제도를 실시하고, 선거법을 채용하여 점차 국정참여의 권리를 부여하여 군민이 同治하고 거국이 일치할 수 있도록 입헌군주제의 필요성을 강조하였다.[71]

원영의 역시 입헌군주제를 주창하였다. 원영의는 정치체제를 군주정체와 공화정체로 구분하고, 전자는 인군이 주권을 장악하는 정체이고 후자는 군과 신민이 '共相和議'하는 정체라고 하였다. 그리고 군주

---

[70] 윤효정, 「專制國民은 無愛國思想」, 『대한자강회월보』 5, 대한자강회, 1906.11, 19~22쪽 참조.
[71] 윤효정, 「專制國民은 無愛國思想」, 19쪽.

정체는 다시 전제와 입헌으로 나누고 있는데, 전제는 독재이며 인군이 생사여탈권을 가지고 있다고 했고, 입헌은 公立成憲하여 법률로서 국가를 통치하는 것이라고 하였다.[72] 이와 관련하여 그는 "人種은 專制를 持久키 不能홀 故로 人民의 國政에 參預ᄒᆞᆫ 强勸力을 許與ᄒᆞ니 此ᄂᆞᆫ 立憲政治의 所由起로다"[73]라고 하여, 입헌군주제는 정치진화에 의해 당연한 것이라고 하였다.

원영의는 가장 바람직한 정치체제는 민주정체이지만 당시 조선의 상황에서는 입헌군주제가 가장 적절하다고 보았으며, 전제군주제에서 입헌군주제로의 전환을 촉구하였다. 그가 지향한 입헌군주제의 모델은 영국이었다. 즉 "憲政의 完備로 論ᄒᆞ건ᄃᆡ 憲政의 始祖ᄂᆞᆫ 英國이라. 七百年 前부터 專制를 立憲으로 變호ᄃᆡ 其 間에 變故를 屢生ᄒᆞ다가 今日에 至ᄒᆞ야ᄂᆞᆫ 立憲政體가 完全無缺ᄒᆞᆫ 狀態를 成ᄒᆞ고 其餘 歐洲 各國은 專制를 立憲으로 變홀 時에 多大ᄒᆞᆫ 騷亂이 相繼흠으로 各國의 憲政 成就가 數十年에 不過ᄒᆞ니 其 久近과 優劣의 差別이 不無흠은 何故오 各國의 憲政은 學問議論으로 由ᄒᆞ야 成흠이오 英國의 憲政은 實際上으로 由ᄒᆞ야 進흠으로 他國보다 優勝ᄒᆞ도다"[74]라고 하였다. 입헌군주제의 원조는 영국이었으며, 실제상으로도 다른 나라보다 영국이 완비하였다고 하다고 인식하였다. 그런 점에서 원영의는 영국식 입헌군주제를 도입할 것을 주장한 것이다.

『대한협회회보』의 대표적인 정치논설가 설태희도 입헌제를 주장하였다. 그는 "一國을 成立維持코자 ᄒᆞ면 반다시 憲章이 有ᄒᆞᄂᆞ니 此 憲

72) 원영의, 「정체개론」, 『대한협회회보』 3, 대한협회, 1908.6, 27쪽.
73) 원영의, 「정치의 진화」, 『대한협회회보』 5, 대한협회, 1908.8, 26쪽.
74) 원영의, 「정체개론」, 28쪽.

章이 無ᄒ면 國家라 稱키 難ᄒ도다"하여, 헌법이 국가 정체의 핵심 요인으로 보았다. 그리고 헌법이 존재해야 하는 이유를 "一國의 保存은 元首 一人의 能堪훌 바 안인즉 不得不 一國人의 共同力에 依ᄒ야 成立될 것이오. 又 一國의 維持는 元首 一人의 能辦훌 바 안인즉 不可不 一國人의 共同力을 湏ᄒ야 進行될지니 此ㅣ 憲法 所謂 人民의 國家에 對훈 權利(參政權) 及 義務(納稅 兵役)라"[75]하였는데, 이는 '국가는 일개인의 소유가 아니라 국인의 공유'인 까닭에 입헌제를 도입해야 한다고 한 것이다.

김성희 역시 『대한협회회보』를 통해 입헌군주제를 강조하였다. 그는 국가멸망의 원인이 전제정치에 있다고 보고, 현 시점은 전제에서 입헌의 전환기라고 하면서 입헌정체의 채용을 주장하였다.[76] 김성희는 입헌정체의 특질은 대의제에 있다고 그 지위와 역할을 다음과 같이 제시하였다.

> 一 代表 全數 國民ᄒ야 爲統一政體 事
> 一 君權 民權을 法典上制限 事
> 一 立法部之 權利를 保維 事
> 一 行政官之 行爲를 監督 事[77]

그리고 정부의 역할에 대해서도 다음과 같이 제시하였다.

第一 在私人에 不爲之事와 不可爲之事와 欲爲不能之事는 皆政府ㅣ 爲之

---

75) 설태희, 「헌법서언」, 29쪽.
76) 김성희, 「국민적 내치와 국민적 외교」, 『대한협회회보』 4, 대한협회, 1908.7, 27쪽.
77) 김성희, 「국민적 내치와 국민적 외교」, 29쪽.

ᄒ며

第二. 雖屬私人之事ᄂ 若補助而生公益者則政府ㅣ 必補助之ᄒ며

第三. 民業之有害於公益者ᄂ 政府가 不可不停止之니[78]

이와 같은 인식에 따라 김성희는 입헌대의제를 통하여 국민의 자유와 권리를 보장하고 국민이 국가의 책임자가 되는 국가를 국민적 국가라고 규정하였다. 그리고 我韓 즉 조선도 헌법 발표와 국회의 설립으로 국민국가를 구성해야 한다고 주장하였다.[79]

대한협회는 민권보장을 위해 전제군주제에서 입헌정체로의 전환을 주창하면서 더 나아가 정당의 역할을 강조하였다. 즉 과거의 붕당은 공의보다는 사리에 치우치는 私黨으로 평가하고, 근대의 정당은 정치적 동일한 주의를 가진 자들이 國利民福을 위해 공의를 존중하는 公黨의 필요성을 적극 제기하였다.[80] 이러한 인식은 안국선의 「정당론」에서 잘 드러나고 있다.

붕당은 국가와 사회에 해를 끼침이 심한 자로되, 정당은 금일 진보한 정치상에 불가피한 필요 기관이라. 정부가 비록 책임내각을 조직한다 할지라도 정당의 조직이 완전치 못하면 그 열매를 보기 어려우며, 인민이 비록 다수 정치를 실행코자 할지라도 정당의 성립이 없으면 그 유익함을 거두기 어려우니, 이는 구미 각국에 屢驗한 바라. 고로 정당의 분립이 없는 국가는 없다.[81]

78) 김성희, 「국민적 내치와 국민적 외교」, 31쪽.

79) 김성희, 「국민적 내치와 국민적 외교」, 32쪽.

80) 김성희, 「정당의 사업은 국민의 책임」, 30~32쪽.

81) 안국선, 「정당론」, 『대한협회회보』 3, 대한협회, 1908.6, 24쪽.

즉 정당은 인민이 다수 정치를 위해서는 반드시 성립되어야 하고, 정당이 성립해야 국민의 권리를 보장할 수 있는 유익함을 거둘 수 있다고 인식하였다. 김성희도 「정당의 책임」이라는 글에서 "정부로 하여금 부득불 감독을 받게 하는 것이 국민적 정당의 책임"[82]이라고 하여, 국민의 권리 즉 민권이 보장되는 국민국가를 지향하였다.

Ⅳ. 대한협회 지회를 통한 민권운동의 전개

대한협회의 '민'에 대한 인식은 민권인식으로 잘 드러나고 있다. 대한협회의 민권인식은 자연권에 의한 생명과 재산을 보장받을 권리와 정부와의 관계 속에서 갖는 참정권이 핵심이라고 할 수 있다. 이에 따라 대한협회의 민권운동은 크게 두 가지 방안으로 나타나고 있다. 하나는 일반 민중에게 민권에 대한 계몽활동이고, 다른 하나는 민권 침해 저지 활동이다. 전자는 주로 연설이나 토론, 강연을 통해 전개되었으며, 후자는 주로 지회에서 일어나고 있는 민권 침해에 대한 적극적인 대응으로 나타나고 있다.

민권계몽활동은 무엇보다도 일반대중에게 민권의식을 고취 내지 함양시키는 것이었다. 이러한 활동은 민권의식이 국가의 흥융과 직결된다고 인식하였기 때문이다. 이상직은 '국가의 성쇠는 국민의 권리사상 강약에 반래'[83]한다고 하여 민권의식이 국가의 성쇠의 중요한 요인으로 밝히고 있다. 이러한 측면에서 대한협회는 대국민 민권계몽운동에

---

82) 김성희, 「정당의 책임」, 『대한협회회보』 3, 대한협회, 1908.6, 22쪽.
83) 이상직, 「권리는 국민의 당연한 의무」, 50쪽.

주력하였다. 이를 위해 대한협회는 연설원을 두었다. 연설원은 평의회를 통해 결성하였는데 첫 연설원은 윤효정과 정운복이었다.[84] 연설의 주제도 각각 분담을 하였는데, 윤효정은 '대한협회의 본령'을, 정운복은 '정당의 책임'을 각각 맡았다. 첫 연설은 1907년 11월 24일 평의회에서였다. 윤효정의 연설 전문은 다음과 같다.

本題난 甚히 重大ᄒ야 會長이나 副會長이 演義 說明함이 可하나 評議會의 推選을 被하야 不似한 尹孝定이 如此重大한 問題로 此 會第一 演壇에 先登하난 光榮을 有ᄒ니 責이 重ᄒ고 辯이 拙ᄒ야 滿場諸位의 傾聽을 難副ᄒ나 幸히 恕聽ᄒ심을 望ᄒ오.

大抵 設會하난 趣旨가 一種에 止치 안이ᄒ야 或은 敎育을 主ᄒ며 或은 殖産을 主ᄒ며 或 農商業을 主ᄒ며 或 慈善的을 主ᄒ야 各其一事內에서 硏究發展을 計圖ᄒ되 惟政治會난 現時의 國政으로써 萬般事爲를 講究ᄒ야 政府의 採用을 要求ᄒ며 社會의 改良을 實行ᄒ난 者니 故로 國民多數의 同情을 得한 者ㅣ 안이면 國論이라 謂ᄒ기 不足ᄒ고 國論으로 定한 者ㅣ 안이면 政府에 採用과 社會에 實行ᄒ기 不足함으로 政治會本旨난 必也 國民多數의 大團體을 形成ᄒ야 人民思想을 統一ᄒ기에 在ᄒ되 無論某國ᄒ고 政治의 意을 含有한 者난 大槪 中等 以上 人格에 在ᄒ고 中等 以上 人格은 大槪 宗敎의 思想을 含有한 者니 故로 本協會가 各 宗敎에 對한 關係如何를 先論하깃소.

夫國內의 各 個人은 其 住居하난 地域이 相殊하고 其 從事하난 職業이 各異할지라도 均是 國土에 生育하야 此 國語를 同用하며 此 國史에 同載하난 者난 國家 社會에 同一ᄒ 目的을 有하난 故로 相倚相扶하야 同一한 方向에 進行치 안이함이 不可한지라 故로 宗敎의 異同으로써 親疎을<45>分치 안이 하나니 何者오 各人의 自由라 國家의 聚團中에난 儒敎도 有하고 耶穌敎도 有ᄒ고 天道敎도 有ᄒ고 天主敎或 佛敎가 有함애 其 何敎을 信仰함은 各人의 自由요 他의 制縛을 受할 者ㅣ 안이며 且何敎을 尊信하던지 國民의

84) 「본회역사 及 결의안」, 『대한협회회보』 1, 1908.4, 39쪽.

權利 義務에난 相異할배 無한 즉 政府난 此를 不可不一視함과 갓치 政黨도 亦此를 一視치 안이함이 不可한질 故로 本協會난 何宗敎의 信者를 不拘ᄒ고 國民의 本分上 同一主義를 抱持하 人은 擧皆團體共合ᄒ야 一大勢力을 形成ᄒ기로 希望ᄒ난 바요.

團體을 形成ᄒ야 意思를 發表한 以上은 或 他團體로 더부러 意思의 相違가 全無ᄒ기 不能ᄒ니 或 反對黨이 有한 境遇에난 政見의 異同으로써 決코 敵視함이 不可ᄒ니 何者오 異見을 持ᄒ야 互相攻擊함은 國家의 對한 眞理 實益의 發見이 各異할 뿐이오 國民 同胞의 其人을 疾視함은 안이니 譬喩컨딕 毘露峯上頂에 登ᄒ난 者ㅣ 峰南峰北에 路程이 各異ᄒ나 其 東海를 向ᄒ야 日出을 觀코져 ᄒ난 意見은 均一한 즉 其 前進ᄒ난 路程의 各異함을 仇敵으로 疾視함은 實노 愚劣者의 見識이라. 然이나 若或 政府의 當局者가 其 威權을 自恃ᄒ며 其 勢力을 利用ᄒ야 不正한 行動과 壓制의 命令으로 國家 民人의 不利한 点이 有할 境遇에난 然히 稈其不適當함을 聲明ᄒ야 國利民福을 擁護함은 卽 政黨의 本分인즉 本協會의 性質中에 惡意로써 他人이나 他社會을 非難攻擊함을 含有치 안이 ᄒ얏스나 國家의 利害休戚에 關한 事에난 正正堂堂한 論議로써 當局者의 反省을 要求할지며 又 國民을 警醒指導ᄒ난 点에도 正義에 依ᄒ며 國情에 鑒ᄒ야 立論ᄒ기로 勉勵ᄒ려니와 從來 我國의 黨派난 國利民福의 正義公道를 不由ᄒ고 私權의 軋轢으로써 國家進運을 阻害ᄒ던 事를 鑒戒ᄒ고 高尙한 品位에<46>卓立ᄒ야 國法範圍에 不脫ᄒ며 文明軌道를 實踐ᄒ야 國家進運을 計圖함은 實노 本協會의 主眼이라 可謂ᄒ겟소.

現今 各地에 蜂起ᄒ난 義兵에 對ᄒ야난 其 精神인즉 或 愛國ᄒ난 衷情에 出ᄒ다 ᄒ난 者ㅣ 不無ᄒ나 其 行動을 論ᄒ면 所謂 祖國의 思想으로써 反히 祖國을 斲喪ᄒ난 者로 認ᄒ야 本協會난 其 行動에 對ᄒ야 非議를 執ᄒ노니 何者오. 現今의 政治運動은 世界列國의 同情如何함을 先察ᄒ고 我國 利害의 乘除가 如何함을 考究치 안이 함이 不可ᄒ니 萬一 我의 行動이 國家 前途에 如何한 影響이 波及함을 計慮치 안이ᄒ고 義名暴行을 敢爲ᄒ면 國家을 深淵에 擠陷ᄒ야 拯救할 方法이 無ᄒ기에 至할가 是懼ᄒ난 故로 本協會

난 義兵의 精神에난 諒察이 有ㅎ나 義兵의 行動에난 絕對的 非議를 執ㅎ야 速히 鎭定ㅎ고 國民의 四業에 各歸함을 切望ㅎ난 同時에 政府當局者가 或 注意에 欠缺ㅎ며 或 機宜를 失誤ㅎ야 國民의 誤解 反抗心를 引起함으로 原 來良民으로 ㅎ야곰 遂히 無政府의 狀態를 演出케 ㅎ야 友邦의 賢勢費貲와 蒼生의 魚肉靡爛이 今日 現狀을 呈出ㅎ난 鈍澁手腕은 責任이 有한 政府가 其責을 辭ㅎ기 恐難하다 하며 於是乎 余난 全國 義兵首領者에게 警告하야 日 日本協會난 國家의 利害休戚을 雙肩에 擔負하고 設立한 者인즉 國家의 前途난 本協會에 一任하고 速히 暴行을 中止하야 各自 本業에 從事히고 正 當한 國民의 權利 義務를 確守하라 하겟소.

嗚呼라 我國은 亞細亞大陸東隅에 僻在하야 世界文明에 進步가 失時함으 로 今에난 先進文明國의 指導에 依하야 國事를 整理하고 人文을 獎勵하야 自今 以後로 國民이 協同一致하야 文明을 吸收ㅎ고 施政을 改善하야 能히 國富國强을 增進하며 列國에 並肩함을 期日可待할새 本協會난 <47> 其 講 究할 綱領을 明揭함이 七條가 有하니 一은 敎育의 普及이오. 二난 産業의 開發이오. 三은 生命 財産의 保護요. 四난 行政制度의 改善이오. 五난 官民 弊習의 矯正이오. 六은 勸勉 貯蓄의 實行이오. 七은 權利.義務.責任.服從의 思想을 鼓吹라 如此한 原素로써 本協會가 刱設된 것이니 多數한 國民의 正 當한 政見이 團合하기를 待ㅎ야 我國 政治의 原素가 되고져 하노니 凡我有 志愛國하시난 士君子諸位난 一倍奮發하야 陸續入會하시기를 不勝懇望하 오.[85]

윤효정은 「대한협회의 본령」이라는 제목으로 연설을 했다. 그 내용 은 대한협회의 취지와 목적, 활동 등을 설명한 것으로 그 핵심이 '國利 民福'였다는 점에서 민권과 직간접으로 맥을 같이 하고 있다. 연설원으 로는 윤효정과 정운복 외에 남궁억, 정교, 안창호 등이 활동하였다.

민권계몽 연설은 본부뿐만 아니라 지회가 설립되는 과정에서 적극

[85] 윤효정, 「연설 제1회 총회시」, 46~48쪽.

적으로 추진되었으며, 지회에서도 민권과 관련된 연설이 진행되었다. 대한협회 본부와 지회에서 각종 연설이 추진되었는데, 이를 정리하면 아래 〈표 1〉과 같다.

〈표 1〉 대한협회 본부와 지회에서의 연설 목록[86]

주최	일시	제목	연설자	비고
중앙본회	1908.1.11	단체의 효력	남궁억	
		정당의 득실	정교	
	1908.2.8	지방의 현상	정운복	
		아국의 전도	안창호	
	1908.4.11	시국의 급무론	윤효정	
		민권의 여하	김명준	
	1908.12.28	사회의 효과는 열성의 성숙	김광제	
	1908.12.10	객관적 폐해와 故舊의 관습	김광제	
	1908.12.13	新之要는 在悔하니 可戒者 誤解	김광제	
	1908.12	我會의 本領	윤효정	
		治國之要在乎得人	정운복	
	1909.2.13	償邪와 正論	윤효정	
		정부의 책임	권동진	
		단체의 행동	김광제	
		여론의 가치	정운복	
대구지회	1908.2.18	정치의 기인, 정부조직의 원의, 정당의 기인, 정당의 정신, 국민의 현상, 본회 전도의 추향	서봉기	달본 소학교
	1908.7.28	대한협회는 민성의 기관	윤효정	
	1908.2.12	미상	윤효정	
	1908.3.30	본회의 칠강령	이일우	
		시간존행이 단체의 밀접관계	이은우	
		사회교육이 급무	최대림	
	1908.5.28	대한협회는 民聲의 기관	윤효정	
		사회에 진보할 점	이은우	
	1908.6.13	역사는 국민의 특성 발휘하는 요소	이윤	
		꿈는 甘의 本	김봉업	
	1908.7.13	원동력은 타동력을 출산	이쾌영	

86) 이 목록은 『대한협회회보』에서 정리하였다.

		단체의 효력	서기하	
	1908.9.15	心病者의 拒醫忌藥하는 습성은 大方家 감화적 수단	이은우	
전주지회	1908.2.27	국민 전도의 여하	조병수	
		본회 유지방침	정운복	
	1908.3.25	정당의 목적	이중익	서문 외 군자정
	1908.3.26	현시 인민의 사상과 아회 전도 방침	권동진	육영학교
군산지회	1908.5.1	본회의 主旨	권동진	군산항
	1908.9.12	以産業開發이 乃富强之源	이수영	
		생명재산의 보호가 遂使人民으로 先曉法律	한승복	
의주지회	1908.5.21	사법상 관과 민의 권리	채수현	명륜당
		생명 재산의 보호	정운복	
		국민의 폐습	조상순	
		법률과 민생의 직접 관계	심의성	
		회와 회원의 관계	윤효정	
	1908.8.8	본회 취지	양백록	
		我韓 情形의 指南은 협회	김인순	
		국민 단합의 효과	백용석	
철산지회	1908.1.26	사회와 국가의 관계	박치훈	
		羈絆은 依賴의 결과	김재건	
	1908.2.5	법률은 인민의 생명	박치훈	
	1908.10.10	단체가 在於相愛	김재건	
	1908.12	落心은 生於暗昧	박치훈 안호	
단천지회	1908.1.13	사회의 정신	설태희	
	1908.5.24	본회의 장래	주병임	
영흥지회	1908.1.21	본회의 취지 찬성	이인표	
		본회 명의	양승렬	
		회무 실행	방진성	
		단체의 主旨	계봉우	
	1908.2.8	사회성립은 단체에 在하고 단체의 효과는 애정에 재하다	김희수	
	1908.3.22	단체의 효력	주승후	

해주지회	1908.4.11	사회의 현상과 단체의 목적, 본회의 장래	이희목	
	1908.10.14	사회의 목적	한기준	
		所感一則	박창진	
	1908.12.12	정치가의 책임	박원교	
		교육자와 주의	유훈영	
포천지회	1908.8.6	본회 취지와 지회의 장래	윤효정	우편 취급소
	1908.8.13	본회 유지방침	임헌재	
		지식은 권리의 기인	이철주	
		고금의 폐습	박희인	
	1908.9.12	종교의 主旨	이만주	명륜당
		명륜당의 本領	박희인	
		본회의 장래	임헌재	
		국민의 사대죄	이해조	
진주지회	1908.7.11	정당은 국가의 기본	이규범	
		국가와 교육의 관계	김갑순	
	1908.9.13	애국의 의무	태성엽	객사문전
		본회의 급무	김갑순	
	1908.10.10	국민의 전도	김갑순	
		습관의 개량	강주준	
창성지회	1908.3.4	會의 단체 효력	강석황	
		7강령	허신출 자	
영유지회	1908.2.17	국민 폐습	조상순	
		본회 목적	박용관	
		희망이 성취	김이태	
	1908.3.18	단체의 효력	김이태	
		專制의 습관	박긍제	
	1908.4.16	회원의 회무관계	조상순	
		교육보급 문제	김이태	
	1908.7.14	국민의 의무	석태하	
		방청의 병원	이성태	
	1908.11.17	장래의 희망	김희태	
		영원 발전	박정운	
부안지회	1908.9.6	사회의 의무와 교육의 정신	김광제	
	1908.9.12	재산의 보존은 생명의 養源	김정제	

	1908.9.7	六波의 습관을 벽파한 연후에 可以自保	김광제	광흥학교
흥덕지회	1908.10.3	사회의 원인이 국가의 관계	이대수	
정읍지회	1908.9.7	세계 대세의 기인	김광제	
만경지회	1908.9.18	사회의 원인과 효과	김광제	명륜당
남해지회	1908.7.22	국법 범위와 문명궤도에 전진하는 의의	한영석	
		교육보급	이종협	
	1908.8.20	국민 단체의 효과	한영석	
		대한협회 4자의 의의와 7강령	김영두	
운산지회	1908.4.11	단체의 효력	어용헌	
		교육의 취지	이주식	
		희망의 有益	조상순	
장단지회	1908.10.7	단체는 영웅을 做成하는 기관	윤종구	
		본회 취지와 목적	유해임	
光州지회	1908.10.8	悔也者는 新之因이요 光之素	김광제	
남평지회	1908.10.9	사회의 진취는 열성의 所到	김광제	
목포지회	1908.11.30	사회의 기인과 열성의 효과	김광제	
성주지회	1908.11.11	정당의 기인과 본회의 主旨	윤효정	
금구지회	1908.12.1	사회의 성질	김광제	
개성지회	1908.12.17	본회의 취지	여병현	
		본회의 전진	김중환	
		개성지회의 필요	손봉상	
함열지회	1908.12.21	사회의 성질	김광제	
함안지회	1909.1.11	我韓의 현상과 我會의 本領	김광제	
	1909.2.5	國之興亡과 民之盛衰가 社會團體在	이종화	
		新學門의 必要	조인한	
	1909.2.14	良工의 心法은 隨材任事	김정제	
제주지회	1908.6.13	교육보급	김희식	
		식산의 개발	송문옥	
	1908.11.14	국민의 전도 如何	김시학	
	1908.12.12	계급정부는 국민의 仇敵	김희식	
	1908.12.28	團體而心不團이면 의무는 불가	전군익	
	1909.2.7	본회의 유지방침	안길상	
		교육의 보급	전공익	
		단체의 효력	부유근	
		改舊從新	강석빈	

		시세의 향방	모학수	
덕원지회	1909.1.9	我國 실업의 관념	이정화	
		사립학교의 설립과 주의	남성우	
구성지회	1908.2.19	時勢	김재준	
		一心丹이 活我同胞之良藥	김병조	

〈표 1〉에 의하면 대한협회 중앙본부와 대구지회가 각각 8회, 영유지회와 제주지회가 각각 5회로 비교적 연설회를 활발하게 개최하였다. 이외에도 의주지회·해주지회·철산지회가 4회, 진주지회·영흥지회·포천지회·함안지회가 각각 3회씩 연설회를 개최하였다. 이들 연설회의 장소는 소학교, 명륜당, 육영학교, 광흥학교 등 교육기관과 군자정, 군산항, 객사문 등 야외 광장을 이용하였다. 이러한 장소는 많은 사람이 모일 수 있고, 연설의 효과를 최대한 살릴 수가 있는 곳이었다. 즉 일반 민중과 함께 할 수 있는 곳이라 할 수 있다.

연설의 주요 내용을 살펴보면 첫째 대한협회의 취지·강령·조직·유지, 둘째 근대정치 소개를 통한 사회의식의 고취, 셋째 근대사상과 교육의식 전파, 넷째 국내외 정세 소개를 통한 민족의식 고취, 다섯째 민권 보장과 실업 장려 등이다.

이들 연설은 이처럼 다양한 주제이지만 종국에는 대한협회가 중점으로 내세우고 있는 민권과 직간접적으로 맥을 같이 하고 있다. 대한협회의 본령은 민권과 밀접한 관계를 유지하고 있기 때문에 대한협회의 취지나 목적 등은 민권과 유기적인 관계를 지니고 있다. 이는 교육과 실업도 마찬가지라고 할 수 있다.

그러나 무엇보다도 중요한 것은 민권에 대한 대응이라고 할 수 있는데, 이러한 점은 민에 대한 재산권 침해에 대한 저지활동이라고 할 수 있다. 이는 주로 중앙보다는 지회를 중심으로 전개되었는데, 그 본질은 '생명과 재산 보장'이라는 가장 기본적인 민권을 보장받기 위한 활동이라고 할 수 있다.

평양지회는 회원 金鎭龜가 부당하게 관리에게 재산을 빼앗기는 사건이 발생하자 '金鎭龜財産被侵事件'으로 규정하고 적극적으로 대응하였다. 1908년 2월 28일 특별총회를 열고 辨理書를 평양군수에게 제출하였다.[87] 이어 3월 2일 다시 특별총회를 개최하고 김진구의 청원을 받아 이를 관찰사와 검사실에게 전달했다. 3월 7일 총회에서는 총대를 선출하여 관으로부터 답변서가 늦은 이유를 질의하도록 하고 이를 사회 일반에 통지하였다. 3월 9일에는 이 사건과 관련된 변리서와 답변서 등 문건을 중앙 본회에 보고하고, 3월 13일에는 침탈한 김진구의 재산을 돌려줄 것을 요구하는 명령서를 제출하였다.[88]

중앙 본회에서는 1908년 3월 13일 특별평의회를 열고 윤효정과 이건호를 조사변리위원으로 평양으로 파견하였고, 심의성을 재경변리위원, 이우영을 총무대변으로 선정하고 사건을 처무하도록 하였다.[89] 이어 13일 특별평의회를 열고 평양지회에서 개최한 연설회에 정운복, 심의성, 안창호 등 3인을 선정하여 파견하였다.[90]

평양지회는 3월 21일 명륜당에서 김진구재산피침사건을 사회화하기 위해 연합연설회를 개최하였다. 이날 연설회에서는 채수민의 '사법상 官과 民의 권리', 정운복의 '생명재산의 보호', 조상순의 '국민의 폐습',

87) 「본회역사」, 『대한협회회보』 3, 대한협회, 1908.6, 59쪽.
88) 「본회역사」, 『대한협회회보』 5, 대한협회, 1908.8, 61쪽.
89) 「회중기사」, 『대한협회회보』 2, 대한협회, 1908.5, 59~60쪽.
90) 「회중기사」, 『대한협회회보』 2, 60쪽.

심의성의 '법률과 민생의 직접 관계', 심의성의 '會와 會員의 관계' 등의
연설을 하였다. 또한 연설회는 영유지회와 선천지회, 당지의 각 회사, 서
북학회, 민단, 상업회의소, 야소교회 관계자 등 7백여 명이 참석할 정도
로 성황을 이루었다.[91] 김진구재산피침사건은 대한협회가 생명재산의
기본권리에 대해 적극적으로 대처해 나가는 가장 대표적인 사건이었다.

덕원지회도 회원 이동호가 부당하게 재산을 빼앗기는 被侵事件이
일어나자 1908년 3월 14일 특별평의회를 열고 그 사실을 조사하기로 하
고 3월 26일 특별통상회에서 左右議 10인을 선정하여 토론한 후 변리
서를 덕원부윤에게 제출하였다.[92] 고창지회는 1908년 8월 헌병보조원
5명과 순사 2명이 작당하여 민간에 작폐하고 富民을 폭도 관련자로 조
작하여 토색질을 하는 등 민폐를 끼치자 이들을 고발하여 체포하도록
하였다.[93] 직산지회는 1908년 2월 27일 특별총회를 열과 당지의 堤堰,
總屯, 淉稅의 폐단을 중앙본회에 보고하자,[94] 본회는 소관 관청과 교섭
하기로 하였다.[95]

이외에도 진주지회는 1908년 11월 14일 道郡警財 4개의 관리들이 부
당하게 세금을 거두는데 문제를 제기하고 각처에 질문 총대를 파견하
여 항의하여 결국 이해 11월 30일 이후 부당한 세금 즉 시장세를 폐지
하도록 하였으며,[96] 부안지회는 1908년 10월 3일 평의회를 열고 '병오
년의 결세탕감조'를 각 面과 洞에서 시행하지 않으므로 이를 조사하여

91) 「회중기사」, 『대한협회회보』 2, 61쪽.
92) 「본회역사」, 『대한협회회보』 3, 60쪽.
93) 「지방단신」, 『대한민보』 1909.8.22.
94) 「회중기사」, 『대한협회회보』 2, 59쪽.
95) 「회중기사」, 『대한협회회보』 2, 60쪽.
96) 「본회역사」, 『대한협회회보』 9, 1908.12, 58~60쪽; 김희수, 「대한협회 진주지회의
    결성과 활동」, 『역사와교육』 21, 역사와교육학회, 2015.10, 524~525쪽.

시행토록 하였다.[97] 경주지회[98]와 남원지회[99]도 부당한 세금 징수에 대한 폐단을 제거하였다.

이와 같이 대한협회는 관헌의 민간 재산침해를 저지하고, 부당한 세금징수를 시정하는 등 재산보호에 적극 대처를 실천하였다. 이는 기존의 군권을 통한 관권이 민에 대한 권리를 침해하는 것을 보다 적극적으로 보호하려는 민권운동이었다. 대한협회는 군권의 제한을 통해 민권을 확대해 나가는 근대적 민권운동을 특히 지회를 통해 활발하게 추진해 갔다는 점을 확인할 수 있다.

Ⅴ. 맺음말

1906년 창립되어 교육진흥과 식산흥업을 주지로 삼고 계몽운동에 앞장서서 일제의 침략정책에 항거, 투쟁하던 대한자강회(大韓自强會)가 일제 통감부에 의하여 강제 해산된 뒤 대한자강회의 고문이던 오가키(大垣丈夫)가 이토(伊藤博文)의 내락을 얻어 1907년 11월 10일 윤효정(尹孝定)·장지연(張志淵) 등 이전의 대한자강회 간부들과 천도교의 대표로서 권동진(權東鎭)·오세창(吳世昌) 등을 참여하여 10명으로 대한협회가 조직되었다.

특히 대한자강회가 해산된 지 겨우 3개월 만에 그 구성과 목적이 크게 다르지 않은 대한협회가 창립될 수 있었던 것은 일제가 한국의 배일적인 지식인들을 한 단체로 규합하고 회유하여 적극적이고 직접적

---

97) 「본회역사」, 『대한협회회보』 12, 1909.3, 55~56쪽.
98) 「지방단신」, 『대한민보』 1909.7.29; 1909.10.9.
99) 「지방단신」, 『대한민보』 1910.1.29; 1910.2.6.

인 반일투쟁에의 참여를 막기 위한 것으로 풀이된다.

대한협회의 강령을 보면 "교육의 보급, 산업의 개발, 생명재산의 보호, 행정제도의 개선, 관민폐습의 교정, 근면저축의 실행과 권리, 의무, 책임, 복종의 사상을 고취"라는 7개 항목으로 되어 있다. 그중에서도 가장 핵심적으로 관심을 가진 것은 '생명재산의 보호'인 민권이었다. 대한협회가 민권에 관심을 가진 것은 '민'에 대한 인식의 변화였다. 그동안 전근대적 피지배층이라는 '민'의 인식은 서학과 동학의 보급, 동학농민혁명의 경험, 서구문명의 유입 등 복합적인 요인을 통한 근대적 인식의 반영이라고 할 수 있다. 이와 같은 상황에서 대한협회는 민권을 강조하였고, 이를 국민계몽을 통해 고취시키고자 하였다.

대한협회의 민권은 국민의 생명과 재산 보호라는 차원을 넘어서 이를 위한 국민교육을 전개하고자 하였고, 이를 위해 적극적으로 활동하였다. 대한협회는 이를 토대로 전근대 정치체제인 전제군주제를 폐기하고 입헌정체의 전환을 제기하였다. 그리고 이를 위해 정당의 필요성을 주장하였다.

한편 대한협회는 민권을 보호하기 위해 적극적으로 활동하였다. 대한협회의 민권운동은 두 가지였다. 하나는 민권계몽운동이었고, 다른하나는 민권침해저지운동이었다. 전자는 본회와 지회가 연설회를 통해 적극적으로 계몽하였으며, 후자는 부정한 관리로부터 재산이 침탈내지 침해를 당하였을 때는 지회와 본회가 연결되어 적극적으로 대응하였고, 부당한 조치를 철회시켰다. 대표적인 활동이 평양의 대한협회회원 '김진구재산피침사건'이었다. 이외에도 지회에서 민권침해저지운동에 적극적으로 대응하였다는 것은 당시 '민'에 대한 인식과 민권에대한 인식의 변화가 적지 않았음을 잘 보여주고 있다고 할 수 있다.

근대전환기 철도의 부설과 근대 관광의 형성

Ⅰ. 머리말

인류의 역사에서 관광은 예나 지금이나 늘 존재하였다. 그것이 장사를 하기 위한 것이든지 종교순례를 위한 것이든지. 그렇지만 근대라는 의미에서의 관광은 철도가 등장하면서 새로운 모형으로 창출되었다. 철도가 등장하기 이전의 관광은 말이나 마차였고, 경우에 따라서는 도보로 하는 경우가 대부분이었다. 조선시대에 말이나 가마를 이용한 사대부들의 금강산 관광은 서울에서 금강산까지 약 1주일 정도 소요되었다. 이와 같은 여유와 시공간의 개념이 적었던 근대 이전의 관광은 철도가 등장하면서 새로운 양상으로 변모하였다.[1]

1825년 철도가 등장하면서 산업과 운송뿐만 아니라 관광에도 적지 않은 영향을 주었다. 철도 등장 이전의 관광은 번잡한 세속을 떠나 내적 수양을 찾아 떠나는 수행자나 심신을 가꾸기 위해 금강산 등 명승지로 떠나는 사대부 및 일부 계층의 몫이었다. 그러나 근대의 산물인 철도와 그 위를 달리는 기차가 등장하면서 관광은 점차 대중화되었다. 뿐만 아니라 관광은 단체화, 상업화되면서 시공간에 얽매이게 되었다.[2] 그러한 점에서 철도는 관광의 본질을 바꾸어 놓기도 하였다.

일제에 의해 철도가 부설되면서 일본의 관광이 그대로 한국에 이식되었다. 일제는 강점 이전부터 경인선, 경부선, 경의선 등 철도가 부설되자 일본인을 위한 관광안내서를 간행하여 한국으로 관광을 적극 권장하였고, 강점 이후에도 이러한 기조를 확대해 나갔다. 또한 일제는 이른바 '내시시찰단'을 조직하여 일본의 근대도시와 문화유적지를 시찰케 함으로써 식민지 조선과 일본과의 우열 비교를 통해 조선에 대한 열등의식과 일본의 우월성을 인식토록 하였다.[3] 뿐만 아니라 1914년 대정박람회와 1922년 동경평화박람회의 시찰, 식민통치의 치적을 확인시키기 위한 1915년 조선공진회와 1929년 조선박람회 등을 통해 식민

---

[1] 근대 이전의 관광은 엄밀하게 본다면 여행이라 할 수 있다. 관광은 개인보다는 '단체'를 통해서 형성되었다고 할 수 있다. 이러한 점에서 근대관광은 철도를 통해서 형성되었으며, 토머스 쿡이 '쿡앤선'이라는 여행사를 설립하고 단체관광을 통해서 형성되었다. 그러나 본고에서는 넓은 의미에서 관광으로 일반화하였다.

[2] 부산근대역사관, 『근대, 관광을 시작하다』, 2007, 186~189쪽.

[3] 일본시찰단에 대해서는 이경순, 「1917년 佛敎界의 日本視察 연구」, 『한국민족운동사연구』 25, 한국민족운동사학회, 2000; 조성운, 「1910년대 日帝의 同化政策과 日本視察團-1913년 日本視察團을 中心으로」, 『사학연구』 80, 한국사학회, 2005; 박찬승, 「식민지시기 조선인들의 일본시찰-1920년대 이후 이른바 '內地視察團'을 중심으로」, 『지방사와 지방문화』 9:1, 역사문화학회, 2006; 조성운, 「1920년대 초 日本視察團의 파견과 성격(1920~1922)」, 『한일관계사연구』 25, 한일관계사학회, 2006; 조성운, 「1920년대 일제의 동화정책과 일본시찰단」, 『한국독립운동사연구』 28, 한국독립운동사연구소, 2007을 참조할 것.

지 조선에서 관광 분위기를 조성시키는데 일조를 하였다. 이와 더불어 금강산의 관광지 개발은 일제의 관광정책과 맞물려 식민지 조선인에게 적지 않은 관광 붐을 조성하였다. 더욱이 간선철도망과 이를 연결하는 지선이 확충되면서 관광은 점차적으로 일상화되었다.

한국은 1899년 철도가 부설되면서 근대적 관광이 유입되었다. 개항 이후 한국은 개화와 보수의 갈등을 겪으면서도 국가 경제발전에 중요한 역할을 하는 철도부설에 대해 본격적으로 논의하였다. 그렇지만 철도부설을 착수도 하기 전에 일본을 비롯하여 영국, 프랑스, 미국 등 제국주의 국가에 탈취당하였다. 그러나 일제의 침략적 정략에 의해 경인선, 경부선, 경의선이 차례로 부설되었다. 이후 일제강점기에는 남북을 잇는 종관철도 중시정책에 따라 간선철도망과 이를 연결하는 지선이 확충되었다.[4]

이에 따라 철도연선을 중심으로 다양한 관광지가 새롭게 탄생하였다. 이에 따라 본고에서는 철도의 부설에 따른 관광지의 형성과 '테마관광' 및 '관광열차의 운행'에 대하여 살펴보고자 한다. 첫째로는 경인선을 비롯하여 경부선, 경의선 등 철도가 부설 개통됨에 따라 각 역을 중심으로 어떠한 명승지를 관광할 수 있는지를 살펴보고자 한다. 이는 일제강점기 관광문화의 성격을 파악할 수 있기 때문이다. 두 번째는 '테마관광'의 형성과 이를 연결하는 관광열차가 어떻게 운행되고 있었는지를 살펴보고자 한다. 그리고 이를 위해 조선총독부에서 발행한 철도 노선안내 책자와 조선철도협회에서 간행한 기관지 『철도협회회보』를 활용하고자 한다.

---

[4] 한말과 일제강점기 철도부설과 일본의 침략성에 대해서는 정재정, 『일제침략과 한국철도』, 서울대학교 출판부, 2004를 참조할 것.

Ⅱ. 철도의 부설과 관광지의 탄생

교통수단의 하나였던 철도는 지금까지 비교적 저렴한 운임, 안전성과 신속성, 그리고 대량수송으로 기간산업의 건설과 고도의 경제성장률을 유도하는데 주도적으로 역할하였다. 뿐만 아니라 관광객 운송에 있어서도 중요한 역할을 담당해 왔다. 영국에서 처음으로 철도가 등장한 후 19세기 중반부터 관광의 대중화를 창출시켰을 뿐만 아니라 20세기 중반까지 관광수단으로서 가장 중요한 역할을 하였다.[5]

1870년대 들어 대한제국 정부에서는 서구에서 운행되고 있는 철도의 중요성을 인식하고 철도부설을 검토하고 있었고, 1890년대 후반에 이르러서는 우리의 힘으로 철도를 건설하려는 움직임이 있었다. 이러한 시기에 동아시아 지역에서 세력 확장의 기회를 노리고 있던 서구 열강과 일본은 한반도에서 철도부설권을 차지하기 위해 치열한 다툼을 벌였다. 특히 일본은 1885년부터 밀정을 파견하여 철도노선 예정지를 사전 답사하는 한편 비밀리에 측량하였다. 이어 청일전쟁에서 승리함으로써 그 여세를 몰아 경인선과 경부선의 철도부설권을 획득하였다.

이에 따라 한국의 철도는 1897년 인천 牛角峴에서 공사를 시작하여 1899년 제물포~노량진 구간과 1900년 노량진~서울 구간이 완공되면서 경인선이라는 이름으로 첫발을 내딛었다. 철도가 처음 등장했을 당시 육상교통수단으로 우마차, 가마, 인력거, 조랑말, 자전거 등이 고작이

---

5) 최영준, 「철도여행의 개선에 관한 연구」, 『관광레저연구』 10:1, 한국관광레저학회, 1998, 131쪽. 좀 더 자세한 철도여행의 역사에 대해서는 볼프강 쉬벨부쉬, 박진희 옮김, 『철도여행의 역사』, 궁리, 2007을 참조할 것. 이 책은 주로 유럽과 미국의 여행의 역사에 대해 그려지고 있지만, 일반적인 철도여행의 역사에 대해 이해하는 데는 매우 유익하다.

었기 때문에 거대한 몸체에 사람과 짐을 싣고 철로를 거침없이 달리는 기차의 등장은 일반인들에게는 적지 않은 충격이었다.

일본은 대륙침략의 발판으로 부산과 신의주을 연결하는 한반도 종단철도 건설에 주력하였다. 또한 극동으로 진출하는 러시아를 견제하기 위해 러일전쟁을 일으켰으며, 경부선을 병참로로 활용하기 위해 철도부설에 진력하여 1905년 1월 영등포에서 초량을 잇는 경부선 철도를 개통하였다. 이어 러일전쟁을 치루는 동안 경의선 부설공사를 마치고 1905년 4월 용산과 신의주를 잇는 군용철도의 운행을 개시하였다. 1908년 1월부터 한반도를 종단하는 부산과 신의주 사이에 직통열차 '융희호'가 운행을 개시하였고, 1911년 11월에는 압록강 가교가 준공되면서 만주의 안동까지 연장 운행이 가능해졌다. 이후 일제는 호남선, 경원선, 함경선, 황해선, 만포선, 동해북부선 등 한반도의 간선과 지선 철도를 확충하였다. 이 과정에서 철도 부지의 강압적인 수용과 가옥, 분묘의 파괴, 노동력의 강제동원과 부역 등으로 적지 않은 반발을 불러 일으켰다. 일제는 이를 철저히 탄압하였고 그 결과 많은 사람의 희생이 뒤따라야만 했다.[6]

이러한 과정을 통해 철도가 전국적으로 확충되면서 사회경제의 중심이 개항장과 포구에서 철도 노선이 통과하는 정거장과 신흥도시로 옮겨갔다. 철로가 놓임에 따라 기존의 도시는 쇠락하는 반면 새롭게 발전하는 도시가 생기기도 하였다. 뿐만 아니라 명승지가 있거나 가까운 곳은 관광도시 또는 관광지로 새롭게 부상하였다. 철도는 산업개발, 인구의 증가, 도시 촌락의 개선 등에 직접적으로 영향을 주었지만 명승

---

[6] 이에 대해서는 정재정, 「일제의 한국철도 부설과 한국인의 저항운동」, 『일제침략과 한국철』, 서울대학교 출판부, 2004를 참조할 것.

지와 유람지를 제공하여 관광의 활성화를 도모하는데 적지 않은 영향을 주었다. 예를 들어 경원선이 개통되면서 금강산 관광을 위한 금강산전기철도가 철원에서 장안사까지 설치되었고, 중앙철도는 경주를, 서선식산철도는 황해도 장수산과 신천온천, 경남철도는 온양온천을 관광지로 조성된 것이 대표적이라 할 수 있다.[7] 뿐만 아니라 철도회사나 역에서 자체적으로 관광객을 유치를 위해 홍보를 하기도 하였지만, 수입 증가의 한 방법으로도 관광안내서를 발행하기도 하였다.[8] 이외에도 금강산의 경우에는 청년단체나 사회단체의 하계강습 개최를 적극 유도하기도 하였다.[9] 실제적으로 조선기독교청년회연합회는 금강산에서 夏令會를 개최하기도 하였다.[10] 뿐만 아니라 1920년대 들어서면서 관광은 보다 대중화되어 각종 사회단체에서 탐승단 또는 관광단, 시찰단을 조직하여 관광지를 탐방하였다.

1905년 경부선과 경의선이 개통되자 통감부는 1908년 『조선철도안내』를 간행하여 경부선과 경의선의 각 역과 주요 명승지를 여관, 요리점, 교통, 인력거 요금, 통신 등 자세하게 소개하고 있다.[11] 일제는 강점 이후에도 조선총독부 철도국을 통해 각 지역 또는 철도가 개통된 후 철도 노선을 중심으로 지역을 소개하면서 관광이 가능한 명승지를 홍보하고 있다. 그런데 이 홍보성 안내서는 식민지 조선인을 대상으로 한 것이 아니라 일본인을 대상으로 한 것이었다. 그렇다 하더라도 이

---

7) 賀田直治, 「철도와 유람지 경영」, 『철도협회회보』 1927.10, 10~11쪽.
8) 조선총독부 철도국에서 간행한 관광안내서는 『西鮮案內』, 『南鮮案內』, 『滿浦線』 등이 있다. 이외에도 한국철도협회에서 회보를 통해 철도연선을 통해 주요 도시와 관광지를 꾸준히 소개하고 있다.
9) 賀田直治, 「철도와 유람지 경영」, 『철도협회회보』 1927.10, 14~15쪽.
10) 『동아일보』 1921.7.1.
11) 통감부 철도관리국, 『한국철도노선안내』, 일한인쇄주직회사, 1908.

안내서는 식민지 지식층에서도 적지 않게 활용하였을 것으로 본다. 일제 강점 직후에는 식민지 지배정책의 일환으로 관공서에서 관광단 또는 시찰단을 조직하여 비교적 산업시설을 갖추었거나 발전한 지역을 견학하였다.[12] 1920년대 이후 각종 청년단체나 사회단체가 주관하여 탐승단 또는 관광단을 조직하여 명승지를 탐방하고 있다. 그리고 이와 같은 탐승단의 활동을 통해 관광을 재생산해 내고 있다.[13] 이렇게 재생산된 관광의 대중화는 철도가 가장 크게 기여하였다.

전국적으로 철도가 부설되면서 새로운 관광 환경을 형성한 것은 驛이었다. 역은 그 지역의 중심지로 부상하면서 관광지를 잇는 중요한 매개체로서 그 역할을 담당하였다. 여기서는 각 철도 노선의 역을 중심으로 어떠한 관광지가 형성되었는지를 살펴보기로 한다.[14]

먼저 경부선의 각역을 통해 관광할 수 있었던 관광지를 살펴보면 다음과 같다.[15] 서울과 부산을 잇는 경부선이 개통되면서 종전의 서울에서 부산까지 가는 시간은 크게 단축되었다. 1905년 1월 경부선 개통 당시 두 편의 열차가 운행되었는데, 야간운행의 위험성으로 소요시간은 약 30시간이었으나 실제 주행시간은 17시간 4분이었다. 그렇지만 이해 5월 운전시간을 조정하여 직통 급행열차가 14시간 만에 주파하였다. 그 후 혼합열차가 서울과 부산을 하루 2회 운행하였고, 서울과 대구,

---

[12] 이에 대해서는 김정훈, 「한일합병' 전후 국내관광단의 조직 그 성격」, 『전남사학』 25, 전남사학회, 2005를 참조할 것.

[13] 일제강점기 국내 탐승단의 조직과 성격에 대해서는 다음 기회에 살펴보기로 한다.

[14] 경부선, 경인선, 마산선, 경의선은 1908년 통감부 철도관리국에서 간행한 『한국철도노선안내』를, 그 이외의 철도 노선에 대해서는 조선총독부 철도국에서 간행한 지방 안내와 철도 안내 홍보용 안내서, 그리고 조선철도협회의 기관지 『조선철도협회회지』를 활용하였다.

[15] 경부선의 역과 관련된 관광지는 통감부 철도관리국, 「경부선의 部」, 『한국철도노선안내』, 1908, 1~106쪽에서 정리하였다.

대전과 부산을 각각 1회 운행하였다. 이듬해 1906년 4월 급행열차 융희호가 서울에서 부산을 11시간이면 갈 수 있었고, 1908년 4월부터 야간열차를, 1912년 8월부터 1등 침대칸이 운행되기 시작하였다. 이후 1936년 12월에 운행시간이 개정되면서 서울과 부산을 오가는 특별 급행열차가 배치되어 여행시간은 6시간 45분이 되었으며, 1940년에는 6시간 30분으로 단축되었다.[16]

경부선의 시발 지점인 부산은 1876년 개항 이래 여객과 화물의 집산으로 나날이 번성하고 있으며, 일본 거류민 1만여 명에 달하며 완연한 일본의 도시임을 밝히고 있다. 주요 관광지로는 부산역을 중심으로 용두산을 비롯하여 용미산, 절영도, 동래온천을, 초량역은 津江成太君招魂碑을, 부산진역은 부산진성, 小西城趾, 永嘉島, 동래부, 범어사, 釜山水源池를, 구포역은 김해, 낙동강, 鼠峰山 폭포, 원동역은 龍山을, 물금역은 통도사를, 삼랑진역은 鵲院關을 각각 소개하고 있다. 부산권을 지나 밀양역에 이르면 嶺南樓, 밀양강 일대 향어의 산지와 역 부근의 풍광 좋은 곳도 함께 소개하고 있다.[17] 유천역은 역에서 남쪽으로 2리 정도 떨어져 있는 磧川寺[18]와 매기로 유명한 楡川川을, 청도역은 淸道城과 藥水瀧, 그리고 文廟를 소개하고 있다. 대구에 이르러 초입에 있는 경산역에는 慶興寺와 孤山書齋, 풍광이 좋은 琴湖江, 그리고 聖岩을 소개하고 있으며, 대구역은 대구 시내의 達城公園, 孔子廟과 詠歸亭, 七星石과 八公山, 그리고 신라 고도의 慶州와 영일만을 곁들이고 있다.

---

16) 김영성, 「국토의 시공간 수렴 –1890년대~1990년대」, 『지리학연구』 27, 국토지리학회, 1996, 45~46쪽.

17) 제1월 淵隧道, 제2월 淵隧道, 제1防川隧道, 제2防川隧道, 밀양강 철도가교 등이다.

18) 磧川寺는 현재 청도군에 있으며 보조국사가 심은 800년의 수령의 은행나무와 원효대사가 공부한 토굴로 유명하다.

왜관역에서는 磨城山과 仁洞府, 역에서 동쪽으로 1리 정도 떨어져 있으며 수백 년의 노송이 우거진 梅院, 경남서로의 요충지인 성주 大石塔을 안내하고 있다. 김천을 조금 못 미쳐 있는 금오산역은 金烏山, 김천역과 관련된 명승지로는 직지사, 추풍령역은 德大山, 張智賢碑, 陶器製造坑을, 황간역은 寒泉八景과 校村을 각각 소개하고 있다.

충청지역을 들어서 첫 번째 맞는 영동역은 西錦城山의 落花臺를, 심천역은 玉吉瀑布와 錦江을, 이원역은 은행나무로 유명한 寧國寺를, 옥천역은 龍岩寺, 二止堂, 摩尼山城, 신라와 백제의 전투 현장이 있는 陽山, '滿山奇巖怪石突兀'의 속리산과 俗離寺를 소개하고 있다. 특히 속리산은 벚나무로 유명하여 벚꽃관광으로도 유명한 곳이기도 하였다. 경부선이 개통되면서 교통의 요지로 성장하는 대전역은 유성온천, 계룡사, 호남 3대 거물의 하나인 鐵釜, 관촉사의 은진미륵, 염전과 해산물로 풍부한 강경을 소개하고 있다. 대전을 지나 신탄진역에는 鷄足山 정상의 古城趾과 立岩을, 공주와 연기, 문의를 잇는 부강역에는 觀月과 觀雪로 유명한 芙蓉山과 芙蓉寺, 금강 하류의 조망권이 좋은 獨樂亭, 금광으로 유명한 廣竹岩, 대가람으로 문의군 전체를 조망할 수 있는 懸寺와 백제의 고도 公州와 강경을 소개하고 있다. 조치원역은 菩薩寺와 龍華寺, 堂山神堂으로 널리 알려진 청주와 趙憲事蹟碑, 청주객사의 은행나무, 上黨山城, 속리산 북록 滿山松樹의 落影山과 華陽洞을 소개하고 있다. 충청도의 끝자락에 위치한 소정리역은 충남 제일의 고찰로 불리는 廣德寺를, 천안역은 온천의 가장 오랜 역사를 가지고 있는 溫陽溫泉을, 성환역은 청일전쟁과 관련된 月峰山과 安城나루, 그리고 임진왜란과 관련이 있는 稷山을 소개하고 있다.

경기도 초입의 평택역은 청일전쟁의 古戰場과 곡물시장으로 유명한

安村, 쌀과 소금으로 알려진 屯浦가 있다. 병점역에서는 임진왜란 때 적을 속이기 위해 쌀로 말을 씻겼다는 洗馬臺와 禿山城趾를, 수원역에 서는 팔달산을 중심으로 龍華殿, 華城將臺, 華陽樓, 文廟, 未老聞亭, 屛 岩澗水, 華城行宮, 洛南軒, 華寧殿, 講武堂, 七澗水, 訪花隨柳亭, 龍淵, 練武臺, 梅香橋, 九澗水, 龜山, 奉寧寺, 그리고 廣敎山의 靑蓮庵과 白雲 寺를 소개하고 있다. 이와 더불어 水原八景[19]도 함께 안내하고 있다. 이 외에도 근대농업시설인 권업모범장과 농림학교, 농상공부임업과 종 묘원도 포함하고 있다. 군포장역은 정조가 거닐었던 遲遲臺, 시흥역은 관악산과 산 정상에 있는 虎壓寺를 각각 소개하고 있다.

한강을 건너 맞이하는 노량진역은 한강과 남한산, 三幕寺, 月波亭, 四忠書院을, 용산역은 공덕리 대원군 舊陵, 용산공원으로 불리는 萬里 倉, 동작나루와 龍나루를 보여주고 있다. 경부서의 종착역인 남대문역 과 서대문역은 조선의 수부 경성의 중심지로 왕궁인 창경궁을 비롯하 여 창덕궁, 경복궁, 경희궁, 경운궁과 파고다 공원과 13층 석탑 및 龜碑 등을 소개하고 있다. 앞서 살펴본 경부선의 각역을 중심으로 소개하고 있는 관광지를 정리하면 〈표 1〉과 같다.

〈표 1〉 경부선의 역과 주요 관광지

역 명	명승지	비고
부산	용두산, 용미산, 절영도, 동래(온천)	
초량	津江成太君招魂碑	일본 유적
부산진	부산진성, 小西城趾, 永嘉臺, 동래부, 범어사, 釜山水源池	
구포	김해(가야), 낙동강, 폭포(鼠峰山)	

19) 수원팔경은 八達霽景, 西湖落照, 花山杜鵑, 華虹觀漲, 光敎積雪, 北池賞蓮, 南堤長 柳, 螺閣待月이다.

물금	통도사	
원동	龍山	
삼랑진	鵲院關	
밀양	嶺南樓	
유천	磧川寺, 榆川川	
청도	淸道城, 藥水瀧, 문묘	
경산	慶興寺, 孤山書齋, 금호강, 聖岩	
대구	달성공원, 팔공산, 공자묘, 詠歸亭, 七星石, 慶州, 영일만	
왜관	磨城山, 仁洞府, 梅院, 星州(大石塔)	
금오산	금오산	
김천	직지사	
추풍령	德大山, 張智賢碑, 陶器製造坑	
황간	寒泉八景, 校村(공자묘, 駕鶴樓)	
영동	落花臺	
심천	玉吉瀑布, 錦江	
이원	寧國寺	
옥천	龍岩寺, 二止堂, 摩尼山城, 陽山, 속리산, 俗離寺	
대전	유성온천, 계룡사, 鐵釜, 은진미륵, 江景	
신탄진	古城趾, 立岩	
부강	芙蓉山, 芙蓉寺, 廣竹岩, 懸寺, 公州, 江景	
조치원	청주, 趙憲事蹟碑, 鴨脚樹, 上黨山城, 落影山, 華陽洞	
소정리	廣德寺	
천안	온양온천	
성환	月峰山, 安城渡, 稷山	
평택	古戰場(素砂), 安村, 屯浦	
병점	洗馬臺, 寶積寺	
수원	龍華殿, 華城將臺, 華陽樓, 문묘, 未老閣亭, 屛岩潤水, 華城行宮, 洛南軒, 華寧殿, 講武臺, 七間水, 訪花隨柳亭, 龍淵, 練武臺, 梅香橋, 九間水, 龜山, 奉寧寺, 靑蓮庵, 白雲寺, 水原八景, 勸業模範場, 農林學校, 農商工部林業科苗種園	
군포장	遲遲臺	
시흥	관악산	
노량진	漢江, 南漢山, 三幕寺, 月波亭, 四忠書院	
용산	공덕리 대원군 舊陵, 萬里倉, 銅雀津, 龍津	
남대문 서대문	창경궁, 창경궁, 경복궁, 경희궁, 경운궁, 대리석13층석탑(원각사13층탑), 龜碑(파고다공원 내), 파고다공원, 보신각, 萬歲門, 訓練院, 東廟, 北廟, 文廟, 奬忠壇, 淸凉里, 角山, 北漢山城, 太古寺, 文殊庵, 僧加寺, 天然亭, 獨立門, 獨立館, 碧帝館, 石波亭, 洗劍亭, 蕩臺城, 濟川亭, 梨泰院, 南廟, 侍衛聯隊跡, 園丘壇, 倭城臺, 南山	

두 번째는 경인선과 마산선의 각 역을 통해 형성된 관광지를 살펴보면 다음과 같다. 오류동과 인천항을 잇는 경인선의 역과 연결된 명승지는 그리 많은 편은 아니었다. 경인선은 오류동역을 기점으로 소사역, 부평역, 축현역, 인천항으로 이어지는데, 이중 축현역과 인천항만 명승지가 있었다. 축현역은 벚꽃으로 유명한 桃山公園과 관측소, 인천항은 해안선을 끼고 풍광과 수목으로 울창한 日本公園, 杏花로 탐승객을 유혹하는 月尾島, 강화도의 제일문인 영종도와 강화도, 鼎足山, 仁川八景 등을 소개하고 있다.[20]

부산과 마산을 잇는 마산선은 낙동강역, 진영역, 창원역, 마산역이 설치되었다. 이중 명승지가 있는 역은 창원역과 마산역이었다. 창원은 近珠城趾와 孔子廟, 甑峰이 있으며, 마산은 기후가 온화하고 풍광이 아름답고 물이 깨끗해 한국 유일의 피서지와 피한지로 최적의 조건을 가지고 있는 곳으로써 月影臺, 猪島, 近衛丘, 匡山寺, 龜山鎭, 加助島, 熊寺, 仙人窟馬山城趾, 蒙古井戶 등의 명승지가 있었다. 인접한 진해는 벚꽃으로 일찍부터 유명하여 상춘객을 모았다. 진영역은 일본인 村井吉兵衛가 경영하는 村井농장을 소개하고 있다.[21] 村井농장은 일본의 근대농업기술을 보여주고자 하는 의도가 담겨 있었다. 경인선과 마산선의 각 역과 관광지를 정리하면 〈표 2〉와 같다.

세 번째로 경의선의 역과 관광지를 살펴보면 다음과 같다.[22] 경의선의 기점인 수색역의 명승지는 蘭芝島이다. 난지도는 한강 한 가운데 위치하고 있는데, '風景絶佳 夏季納凉'으로 적당한 곳으로 알려졌다. 일

---

20) 통감부 철도관리국, 「경부선의 部」, 『한국철도노선안내』, 108~120쪽.
21) 통감부 철도관리국, 「경부선의 部」, 120~127쪽.
22) 통감부 철도관리국, 「경의선의 部」, 1~64쪽.

<표 2> 경인선과 마산선의 역과 관광지

철도노선	역 명	명승지
경인선	축현	桃山公園, 觀測所
	인천항	日本公園, 月尾島, 永宗島, 江華島, 鼎足山, 仁川八景
마산선	진영	村井農場事務所
	창원	近珠城趾, 孔子廟, 甑峰
	마산	月影臺, 猪島, 近衛丘, 匡山寺, 龜山鎭, 加助島, 熊寺, 仙人窟, 馬山城趾, 蒙古井戸

산역의 명승지는 高峯山城으로 역으로부터 동북 10여 리 떨어진 유일한 高山으로 고려 때 축조한 성으로 천연의 勝景이었다. 문산역에 이르면 太平山寺와 파주군 대덕리에 있는 대원군의 묘가 기다리고 있다. 대원군의 묘는 원래 용산 공덕리에 있었는데 1908년 1월 이곳으로 옮겼다. 임진강역에는 여름 휴양으로 최적지인 임진강과 임진나루가 있으며, 장단역에는 최영의 묘가 있는 德積山이라는 명승지가 있었다. 덕적산에 오르면 한강과 임진강, 그리고 용진강을 한눈에 조망할 수 있는 아름다운 명승이었다.

고려의 옛 수도 개성은 인삼으로 유명하였지만 경의선이 개통되면서 관광도시로 발돋움 하였다. 개성은 고려의 왕도로써 문화유적이 많아 다양한 볼거리를 제공하였다. 관광안내서에 의하면 개성의 명승지로 가장 먼저 朴淵瀑布를 소개하고 있다. 박연폭포는 일명 山城瀑布로 불리는데, 가을의 단풍으로도 유명하였다. 松嶽山의 절경으로는 紫露洞, 扶山洞, 彩霞洞과 고려의 궁터 滿月臺, 정몽주가 최후를 마친 善竹橋, 조선을 창업한 이성계가 등극한 壽昌宮, 고려 유신 72명의 절개가 살아있는 杜門洞 등이 함께 소개되고 있다. 이 외에도 鄭夢周邸, 南門樓, 觀德亭, 君子亭, 高麗太祖 顯陵, 華藏寺, 成均館, 關帝廟, 穆淸殿, 太

平舘, 不朝峴 등이 있다.

토성역에서는 고려의 유적지로 풍광이 뛰어난 王陵과 山城, 계정역
에서는 경기도와 황해도의 경계이며 한국수비대가 주둔하였던 春石關,
송림으로 우거진 잠성역에서는 진달래꽃으로 유명한 岑城躑躅, 피부병
과 화류병에 특효가 있는 溫井院溫泉과 金陵舘, 忠烈峴, 舞童山 등이
있다. 한포역에서는 철도여행 중 차창으로 희귀한 白沙碧流와 綠草江
邊의 풍광을 조망할 수 있는 龍津江과 고려 때 축성한 太白山城趾, 봉
산군의 흥수역에서는 고려 멸망할 때 왕이 잠시 피난하였던 歸眞寺, 사
리원역에는 기암절벽에 자리잡은 景岩寺와 해주가도와 이어지는 信川
溫泉, 의주가도와 연결되는 풍광 좋은 鳳山川도 아울러 소개하고 있다.

황주군의 심촌역에는 기암절벽과 폭포 등이 조화를 이뤄 경치가 아
름다우며 특히 꽃나무들로 유명한 正方山과 成佛寺, 圓通菴, 安國寺,
上院菴의 4대 사찰을, 황주역에서는 물 맑고 여름 피서지로 알려진 黃
州川, 천여 년의 역사를 간직한 黃州城과 月波樓가 있다. 중화군의 중
화역에는 朱泉亭과 흑동의 孔子廟와 桃園은 일대가 배나무로 둘러싸
여 꽃이 필 무렵에는 최고의 미관을 자랑하고 있다.

경의선의 중간에 위치하고 북선 최고 최대의 도시인 평양은 고조선
과 고구려의 도읍지로 역사도시로 널리 알려졌다. 그중에서도 관광명
소로서는 평양을 두르고 있는 大同江과 大同門, 練光亭과 大同舘, 船橋
里, 牡丹臺와 乙密臺, 浮碧樓, 兎山의 箕子陵, 豊慶宮, 京義線創設紀念
碑, 箕子井, 萬景臺, 그리고 平壤八景23)을 소개하고 있다. 그리고 평양
西川에 있는 서포역에는 임산부의 순산에 효험이 있다는 冷泉의 望德

---

23) 平壤八景은 永明寺尋僧, 浮碧玩月, 乙密賞春, 馬灘春潮, 蓮臺聽雨, 東門泛舟, 龍山
晩翠, 普通送客이다.

山과 산 정상의 古松으로 유명한 烽伍山도 볼만한 명승지이다.

평양을 지나 숙천군의 숙천역은 광천약수로 알려진 五龍洞, 庭園奇石과 진달래와 黃梅花로 절경인 神堂山, 단오축제가 열리는 堂山을, 안주군의 신안주역은 서희가 거란의 침입에 대비하여 축성한 安州城과 성내의 百祥樓를, 정주군 운전역에는 청천강과 대령강이 합류하는 何日里浦를, 정주역은 고려 공민왕과 관련된 御筆聖蹟碑와 강헌왕과 소경왕을 기념하는 兩聖紀蹟碑, 忠魂碑, 孔廟와 朱熹廟, 조선 高祖에게 제를 지내는 新安舘, 將臺改築紀念碑, 猠川橋 등을 명승지로 소개하고 있다.

선천군의 동림역의 명승지는 물 말고 물살이 거세지만 여름 피서지로 각광받는 清江川, 옛 무기고와 산 전체를 단풍나무로 물들이는 金山, 東林鎭城趾와 6척의 물줄기와 기암괴석이 솟은 東林瀑布 등이 있으며, 철산군의 남시역은 龍骨山과 西林鎭城趾을, 용천군의 양책역은 良策舘이 있다.

경의선의 끝자락에 위치한 의주부의 비현역은 풍광이 수려한 龜嶺山, 백마역은 병자호란 때 임경업이 지켰던 白馬山城, 중국 구련성과 마주보고 있으며 풍광이 웅대한 압록강변의 統軍亭, 山紫水明으로 절승인 三橋川을, 경의선의 마지막 역인 신의주역은 義州府와 압록강 목재 채취로 유명한 惠山鎭과 압록강 하류목재의 집산지인 龍岩浦를 명승지로 알려졌다. 경의선의 각역에서 관광할 수 있는 관광지를 정리하면 〈표 3〉과 같다.

네 번째로 호남지역의 역과 관광지를 살펴보자.[24] 호남지역 철도는

---

24) 조선철도국, 『호남지방』, 1940.

<표 3> 경의선 역과 관광지

역 명	명승지
수색	蘭芝島
일산	高峰山城
문산	太平山寺, 파주군 大德里(대원군묘)
임진강	臨津鎭, 臨津江
장단	德積山(德物山)
개성	朴淵瀑布紫露洞, 滿月臺, 善竹橋, 敬德宮, 杜門洞, 滿月臺, 鄭夢周邸, 南門樓, 觀德亭, 君子亭, 高麗太祖顯陵, 華藏寺, 成均館, 關帝廟, 穆淸殿, 壽昌宮, 不朝峴, 太平館
토성	高麗王墳墓
계정	春石關
잠성	岑城燈燭, 溫井院溫泉, 金陵館, 忠烈峴, 舞童山
한포	龍津江, 太白山城址
흥수	歸眞寺
사리원	景岩寺, 鳳山, 載寧, 信川(溫泉)
심촌	正方山
황주	黃州川, 黃州城
중화	朱泉亭, 黑洞, 眞泉
평양	大同江, 大同門, 練光亭, 大同樓, 船橋里, 牡丹臺, 乙密臺, 浮碧樓, 箕子陵, 豊慶宮(離宮), 京義線創設紀念碑, 箕子井, 萬景臺, 平壤八景, 鎭南浦
서포	望德山, 烽伍山
숙천	五龍洞, 神堂山, 堂山
신안주	安州城, 百祥樓, 日露戰役紀念碑
운전	何日里浦
정주	御筆聖蹟碑, 兩聖紀念碑, 㺚川橋, 忠魂碑, 孔子廟, 朱熹廟, 新安舘, 將臺改築紀念碑
동림	淸江川, 金山, 東林鎭城址, 東林瀑布
남시	龍骨山, 西林鎭古城址
양책	良策舘
비현	龜嶺山
백마	白馬山城, 統軍亭, 三橋川
신의주	義州府, 惠山鎭, 龍岩浦

경부선 대전역을 기점으로 하여 목포항까지 잇는 호남선, 군산선, 전라선, 그리고 경남서부선이 있다. 군산선은 호남선의 지선으로 이리에서 군산항으로 이어지며, 전라선은 전주, 남원, 순천을 경유하여 여수항까지 이어지고 있다. 경남서부선은 송정리에서 분기하여 광주 화순, 보

성, 벌교를 경유하여 순천을 잇고 있다.[25]

호남선의 관광지로는 경부선과의 분기점인 대전은 경부선에서 살펴본 것과 마찬가지로 유선온천과 계룡산, 공주가 있다. 백제의 왕도 扶餘는 扶蘇山을 비롯하여 劉仁願紀功碑, 迎月臺, 軍倉趾, 送月臺, 泗沘樓, 落花巖, 皐蘭寺, 釣龍臺, 浮山, 大哉閣, 自溫臺, 水北亭, 平濟塔과 石佛, 扶餘博物館, 陵山里古墳 등이 있다. 부여를 관광하기 위해서는 논산역이나 강경역을 이용하면 되었다. 부여를 관광하기 위해 이용하는 논산역에는 당시 국내의 최대의 석불인 석불과 관촉사를 곁들이고 있다. 관광코스로는 박물관→유인원비→영월대→군창지→송월대와 사비루→낙화암→고란사→부산과 대재각→수북정→평제탑→왕릉을 소개하고 있다.

군산선의 종착역인 군산항역은 群山公園과 不二農村을 소개하고 있으며, 근거리의 邊山半島를 곁들이고 있다. 변산반도에는 來蘇寺, 直沼瀑布, 實相寺, 月明庵, 彩石江, 赤壁江, 邊山海水浴場 등의 명소를 소개하고 있으며, 변산반도를 관광하기 위해서는 정읍역, 김제역, 신태인역을 이용하고 있다. 관광코스로는 登山코스와 海邊코스 두 방향이 있다. 등산코스는 정읍역에서 줄포→내소사→직소폭포→실상사→월명암→해수욕장→부안→김제 또는 부안→신태인으로, 해변코스는 김제를 출발하여 부안 또는 신태인→해창→해수욕장→겨포→채석강→적벽강→격포→내소사→줄포→정읍역으로 각각 안내하고 있다.

호남선의 정읍역을 이용한 관광명소로는 변산반도 외에 조선팔경의 하나인 內藏山과 白羊寺를 소개하고 있다. 내장산에는 內藏寺, 碧蓮庵

25) 조선철도국, 『호남지방』, 2쪽.

을 백양사는 藥師庵, 靈泉窟, 雲門庵, 淸流庵을 각각 포함하고 있다. 그 외에도 천진암, 백련암, 지장암, 구암사 등도 아울러 권유하고 있다. 그리고 호남선의 끝 역인 목포역에서는 松島公園, 儒達山, 木浦臺를 소개하고 있다. 호남선과 관련하여 특이한 점은 비록 철도 노선과는 직접적으로 관련이 없지만 제주도 한라산을 함께 소개하고 있다. 한라산의 주요 탐승지로는 호남선 종착지인 목포에서 제주도까지 조선기선회사의 기선이 매일 운항하고 있으며, 전라선 종착지 여수에서도 광양기선회사의 배를 이용할 수 있었다.

전라선의 관광지는 전주와 남원, 구례, 여수 등이 있다. 호남의 수부였던 전주는 多佳公園을 비롯하여 慶基展, 寒碧樓, 梧木臺가 있으며, 남원에는 남원역에서 약 350미터에 廣寒樓가 있다. 또한 남원역과 구례구역을 이용할 수 있는 지리산도 조선팔경의 하나로 소개하고 있다. 그리고 지리산은 호남선뿐만 아니라 진주방면에서도 탐승이 가능하였다. 지리산에서 당시 탐승이 가능하였던 명소는 華嚴寺를 비롯하여 老姑壇, 泉隱寺, 般若峰, 細石平田, 天王峰, 雙磎寺, 七佛庵, 大願寺, 實相寺, 碧松寺 등이 있다. 주요 탐승은 천황봉, 노고단 등반 노선이 있는데, 이를 정리하면 〈표 4〉와 같다.

〈표 4〉 지리산 탐승로

등반지	경유지	1일차	2일차
천왕봉	白武洞	남원-마천-백무동	백무동-천왕봉
	碧松寺	남원-마천-벽송사	벽송사-천왕봉
	대원사	진주-석남리-대원사	대원사-천왕봉
노고단	화엄사	구례구-구례읍-화엄사	화엄사-노고단
	천은사	구례구-천은사	천은사-노고단

전라선의 종착지인 여수는 전라좌수영의 봉화대가 있는 鐘鼓山과 이순신 장군의 전투지로 유명한 將軍島의 명승지를 소개하고 있다. 그리고 여수에서 경남 삼천포를 잇는 閑麗水道가 있다. 한려수도에 대해 "풍광으로, 사적으로 남해 특유의 풍물로 한려수도의 매력은 한이 없으며 전망이 좋고 여유롭다"라고 표현하고 있다. 한려수도에는 노량진, 삼천포, 사천신안, 한산도, 통영을 각각 소개하였다.

호남선 송정리에서 분기하여 순천으로 이어지는 경남서부선은 광주의 명승지로는 無等山, 證心寺, 光州公園이 있다. 그 밖에도 철도국에서 운영하는 局營自動車線의 경승지로 동복의 赤壁, 순천의 松廣寺와 仙巖寺를 아울러 소개하고 있다. 그런데 『호남안내』에는 주요 명승지만 간략하게 소개하고 있는데, 『남철연선사』에 의하면 좀 더 광범위하게 관광지를 소개하였다.[26] 여수항역은 海雲臺와 이순신 碑閣, 미평역의 興國寺, 율촌역의 松島와 新城浦, 득양역의 海倉海水浴場과 五峰山, 보성역의 栗浦海水浴場, 능주역의 多塔峰과 松石亭, 화순역의 赤壁과 勿染, 龜岩藥水, 萬淵瀧, 남평역의 羅州赤壁 등이 있다.

다섯 번째로 경원선과 함경선의 관광지를 살펴보자. 경원선[27]과 함경

---

26) 片岡議 편저, 『南鐵沿線史』, 片岡商店, 1933.

27) 1896년부터 경원철도부설권을 놓고 프랑스·독일·일본 등 여러 나라가 각축전을 벌였으나, '철도와 광산 경영은 일체 외국인에게 불허한다'는 원칙하에 1899년 국내 철도회사에 맡겨졌다. 당시의 노선은 서울을 기점으로 의정부를 거쳐 양주군 비우점까지 약 40km 구간이었다. 그러나 자금사정의 악화로 중단되자 일본은 '경원철도 부설을 위해 기채(起債)할 경우 일본과 먼저 협의한다'는 조항을 이용하여 부설권을 인수받았다. 1904년 6월 서울-원산 간 철도부설 노선답사를 실시한 뒤 그해 8월에 경원선을 군용철도로 부설하기로 결정하였다. 1910년과 1911년에 용산과 원산에서 각각 기공식을 가졌으며, 1911년 용산-의정부(31.2km) 구간의 개통을 시작으로 1914년 세포-고산(26.1km) 구간이 각각 개통되어 전노선이 완공되었다. 그 뒤 1928년 함경선(원산-상삼봉)이 연결되면서 3~7일 걸리던 서울-회령 간이 약 26시간으로, 서울-청진 간은 약 22시간으로 단축되었다.

〈표 5〉 호남지역 각 철도 노선 역과 주요 관광지

철도노선	역 명	명승지	비 고
호남선	대전	유성온천, 계룡산, 공주	
	논산	은진미륵, 관촉사	
	논산 강경	부소산, 유인원기공비, 영월대, 군창지, 송월대, 사비루, 낙화암, 고란사, 작용대, 부산, 대재각, 자온대, 수북정, 평제탑과 석불, 부여박물관, 능산리고분	부여 일대
	정읍	내장산, 백양사	
		내소사, 직소폭포, 실상사, 월명암, 채석강, 적벽강, 변산해수욕장	변산 일대
	목포	송도공원, 유달산, 목포대	
전라선	전주역	다가공원, 경기전, 한벽루, 오목대	
	남원	광한루	
	남원 구례구	화엄사, 노고단, 천은사, 반야봉, 세석평전, 천왕봉, 쌍계사, 칠불암, 대원사, 실상사, 벽송사	지리산 일대
	순천	송광사, 선암사	
	여수	종고산, 장군도, 해운대, 이순신비각	
		노량진, 삼천포, 사천신안, 한산도, 통영	한려수도
경남서부선	광주	무등산, 증심사, 광주공원	
	미평	흥국사	
	율촌	송도, 신성포	
	득양	해창해수욕장, 오봉산	
	보성	율포해수욕장	
	능주	다탑봉, 송석정	
	화순	적벽, 물염, 구암약수, 만연롱	
	남평	나주적벽	
국영자동차선	동복	적벽	

선[28]은 원래 지하자원을 수송하기 위해 부설된 철도로 관광명승지가 많은

---

[28] 함경선은 1914년 10월 원산에서 문천 사이, 청진에서 수성, 회령 사이 부설공사에 착수하여 1928년 9월 반송에서 군선간 구간이 완공됨에 따라 원산-회령 간 629.4㎞ 의 전구간이 개통되었다. 그 뒤 1929년 4월에 도문철도주식회사의 협궤선 회령-동 관 간과 상삼봉교량 59.6㎞를 매수하여 도문서부선으로 개칭하고 1932년 11월 도

편은 아니었다. 경원선과 함경선의 역을 통해 관광할 수 있는 명승지는 다음과 같다.

경원선에서 가장 주목을 받은 곳은 철원과 三防, 그리고 원산이었다. 철원은 궁예가 세운 태봉의 都城으로 사면이 山岳重疊으로 마치 일본의 甲斐信濃과 유사하다고 하고 있으며,[29] 영년의 기승을 탐승하기에 최고라고 평가하고 있다.[30] 그러나 무엇보다도 중요한 것은 당시 세계의 명산으로 인식되었던 금강산을 관광하는 관문이기도 하였다. 삼방은 50여 미터의 높이와 150여 개의 절벽을 타고 떨어지는 三防瀑布와 삼방약수로 유명하였다.[31] 뿐만 아니라 삼방은 겨울철 스포츠인 스키로도 널리 알려졌다.[32] 경원선의 종착지인 원산은 원산만의 풍광을 한눈에 조망할 수 있는 長德山과 白沙靑松으로 하계 피서지 중 식민지조선에서 제일 유명한 松濤園海水浴場이 있다.[33] 그리고 釋王寺도 관광지로 유명하였다.

함경선의 기점인 원산을 지나 문평역은 역 앞의 望德山 古城趾, 문천역은 伊均城址, 이성계의 증조인 익조의 능 淑陵, 계곡의 풍광과 운치가 뛰어난 雲林瀑布, 영흥역은 이성계가 태어난 永興本宮과 고려 때 축

문서부선의 일부인 회령-상삼봉 간에 광궤개축공사를 준공했다. 이로써 함경선은 웅기에서 동관을 연결하는 도문선과 연결되어 만주·소련 방면으로 이어질 수 있었다. 그리고 함경본선과 함께 지선도 건설되어 1928년 8월에 회령과 계림 사이의 회령탄전선이, 1929년 9월에 신북청과 북청 사이의 북청선, 증산에서 차호 사이의 차호선, 나흥에서 이원철산 사이의 철산선, 용담에서 천내리 사이의 천내리선이 각각 준공되었다.

29) 小西榮三郎, 『조선·만주·지나 안내』, 聖山閣, 1930, 95쪽.
30) 萩森茂, 『조선의 도시』, 대륙정보사, 1931, 85쪽.
31) 萩森茂, 『조선의 도시』, 85쪽;「조선 각지 폭포관」, 『별건곤』 31, 개벽사, 1930.8, 138쪽;『동아일보』 1926.12.20.
32) 『동아일보』 1932.12.14.
33) 「함경선」, 『조선철도협회회보』, 1934, 191~193쪽.

성한 長城, 함남 최대의 도시인 함흥역에는 晩歲橋, 송림으로 우거진 盤龍山, 이성계가 유년생활을 하였던 慶興殿, 관북 불교의 본산 歸州寺, 환조의 능 定和陵, 본궁역은 이성계의 옛집 咸興本宮, 서호진역은 西湖津海水浴場, 퇴조역은 윤관이 여진족을 정벌하기 위해 축조한 退潮城址와 해안선을 따라 이어지는 서호진과 삼호 사이의 隧道, 전진역은 해안 조망의 절승지 松島와 해안 암벽에 있는 海月亭, 험준고산의 咸關嶺, 신포역은 말의 귀와 닮았다는 馬養島와 新浦公園, 일본의 富士山을 닮았다는 新浦富士, 신포와 탄령을 이어주는 隧道 등이 있다.

북청군의 속후역은 발해의 古都趾와 女眞의 磨光山, 북청 남대천 철교가 있으며, 신북청역은 고려시대 척성한 北靑城趾, 기암역은 해면으로 돌출되어 나온 기암괴석을 차창으로 조망할 수 있는 谷口, 奇巖 부근의 海濱과 隧道, 단천역에는 端川公園, 성진역은 城津公園과 卵島蜃의 氣樓, 摩天嶺, 농성역은 사냥을 겸할 수 있는 松興溫泉, 업억역은 기암괴석과 杏花, 진달래로 풍광이 좋은 細川溫泉, 길주역은 윤관이 축조한 吉州邑城과 길주의 금강이라고 불리는 南大溪, 고참역은 七寶山, 용평역은 長淵湖와 武溪湖, 八景臺, 水中臺, 주을역에는 조선의 別府라 불리는 朱乙溫泉, 경성역에는 鏡城邑城, 松栢鬱鬱한 勝岩산, 윤관이 여진족과 전투에서 전승한 元師臺, 해수욕장으로 유명한 獨津港, 나남역은 함경북도 도청소재지가 있던 땅속에서 분출되는 증기를 이용한 蒸湯, 수서역은 임진왜란 때 전적지인 회안역, 고무산역의 古茂山城趾, 회령역에는 顯忠祠碑와 五國城趾 등이 있다.[34] 경원선과 함경선의 연선 주요 관광지를 정리하면 〈표 6〉과 같다.

---

34) 「함경선」, 『조선철도협회회보』, 1934, 191~215쪽.

〈표 6〉 경원선과 함경선 연선의 주요 관광지

철도노선	역 명	명승지
경원선	철원	태봉 도성, 山岳重疊
	삼방	삼방폭포, 삼방약수
	석왕사	석왕사
	원산	장덕산, 송도원해수욕장
함경선	문평	망덕산 고성지
	문천	이균성지, 숙능, 운림폭포
	영흥	영흥본궁, (천리)장성
	함흥	만세교, 반룡산, 경흥전, 귀주사, 정화능
	본궁	함흥본궁
	서호진	서호진해수욕장
	퇴조	퇴조성지, 해안선 隧道,
	전진	송도, 해월정, 함관령
	신포	마량도, 신포공원, 신포부사, 신포탄령 隧道
	속후	발해고도지, 마광산, 남대천철교
	신북청	북청성지
	기암	海濱과 隧道
	단천	단천공원
	성진	성진공원, 난도진 기루, 마천령
	농성	송흥온천
	업억	세천온천
	길주	길주읍성, 남대계
	고참	칠보산
	용평	장연호, 무계호, 팔경대, 수중대
	주을	주을온천
	경성	경성읍성, 승암산, 원사대, 독진항
	나남	증탕
	수서	회안역
	고무산	고무산성지
	회령	현충사비, 오국성지

끝으로 금강산전기철도의 금강산 관광이다. 금강산전기철도는 다른

철도와는 달리 관광을 목적으로 부설 개통하였다. 금강산 탐승은 내금강과 외금강의 두 가지 탐승 코스가 있다. 내금강은 경원선 철원역에서 하차하여 금강산전차로 환승하여 창도역에서 내린 다음 자동차로 장안사까지 이동하였다.[35] 그리고 외금강은 경원선 원산역에서 하차하여 뱃길로 장전까지 이동하거나 자동차로 온정리까지 이동하여 관광하였다.[36] 참고로 금강산 탐승일정을 보면 〈표 7〉과 같다.

〈표 7〉 금강산 탐승일정[37]

탐승일정	일차	주요일정
내외금강 순유 10일 여정	1일	경성(철도)→철원(전차)→창도(자동차)→장안사
	2일	장안사→명경대→영원암→망군대→장안사
	3일	장안사→표훈사→만폭동→마하연→백운대→마하연
	4일	마하연→비로봉→마하연
	5일	마하연→내무재령→음선대→만경동→유점사
	6일	유점사→백천교→송림사→12폭→송림사
	7일	송림사→백천교→(자동차)→삼일포→해금강
	8일	해금강 유람→온정리
	9일	온정리→신계사→옥통동→구룡연→온정리
	10일	온정리→한하계→만물상→온정리→장전→원산→경성
내외금강 순유 6일 여정	1일	경성→원산→장전→해금강 유람→온정리
	2일	온정리→구룡연→온정리
	3일	온정리→만물상→신풍리→장안사
	4일	장안사→명경대→표훈사→만폭동→마하연
	5일	마하연→묘길상→비로봉→마하연→장안사
	6일	장안사→창도→철원→경성
외금강 관광 3일 여정	1일	경성→원산→장전→해금강 유람→온정리

---

35) 금강산전기철도는 이후 장안사 입구까지 연장되었다.

36) 松本武正 · 加藤松林, 『금강산탐승안내』, 龜屋商店, 1926, 23~24쪽.

37) 小西榮三郎, 『朝鮮 · 滿洲 · 支那案內』, 聖山閣, 1930, 107~109쪽.

	2일	온정리→구룡연→온정리
	3일	온정리→만물산→온정리→장전→원산→경성(익일 새벽)
내금강 관광 3일 여정	1일	경성→철원→창도→장안사
	2일	장안사→명경대→표훈사→마하연→장안사
	3일	장안사→창도→철원→경성

이상으로 철도 노선에 따른 역과 관광명승지를 살펴보았다. 이들 관광지의 유형을 크게 네 가지로 분류할 수 있다. 첫째는 역사 유적지이다. 역사 유적지로는 신라의 수도였던 경주, 고조선과 고구려의 수도였던 평양, 고려의 수도였던 개성, 태봉의 수도였던 철원, 백제의 수도였던 부여와 공주, 그리고 조선의 수도였으며 당시 정치 경제 행정의 중심지였던 경성이 대표적이라 할 수 있다. 이밖에 고찰이나 성터가 있었던 곳은 철도가 부설되고 역이 생기면서 새로운 관광지로 조명받기 시작하였다. 둘째는 자연명승지이다. 자연명승지로는 금강산, 장수산, 지리산 등이 대표적이라 할 수 있다. 이들 자연명승지는 철도가 놓이기 전에는 지역 주민들에게만 개방되었지만 철도가 부설되고 역이 생기면서 전국적으로 유명한 관광지로 새롭게 탄생하였다. 셋째는 근대산업 또는 문화시설이다. 이들 시설은 수원의 권업모범장과 농림학교, 진영의 촌정농장 등이 대표적이라 할 수 있다. 일제의 우월성과 일본인의 자긍심을 불러일으키는 근대산업시설을 보여주기 위한 것이었다. 넷째는 일본 관련 유적지이다. 일본 관련 유적지는 초량의 진강성태군 초혼비 등으로 많은 편은 아니었지만, 일본인의 정체성을 확인시켜주는 역할을 하기도 하였다.

Ⅲ. '테마관광'과 관광열차의 운행

오늘날 우리가 살고 있는 21세기 현대산업사회는 디지털 시대 또는 정보화시대라고 부르며, 과거와 전혀 다른 삶을 요구하고 있다. 또한 현대사회는 국민소득의 향상과 여가시간이 증가함에 따라 관광활동이 대중화되었다. 뿐만 아니라 관광자의 욕구와 동기 또한 다양하게 변화하고 있다. 또한 철도는 관광교통의 급격한 발전을 위한 전제조건을 만들어주었다. 기차의 속도와 정확성, 그리고 갈수록 좋아지는 성능 덕분에 여행은 변하였다. 열차는 한꺼번에 많은 사람을 왕복으로 운송할 수 있는 최초의 교통수단이었다. 이러한 조건은 조직적인 관광여행의 뿌리를 내리도록 도와주었다.[38] 동시에 저렴한 여행비용으로 폭넓은 계층이 여행을 할 수 있었다.

이러한 분위기에 맞추어 '테마관광'이라는 프로그램이 다양하게 개발되고 있다. 하지만 이러한 '테마관광'의 의미를 지니고 있는 관광프로그램은 철도가 부설되면서 이미 시작되었다. 비록 오늘날과 같은 '테마관광'은 아닐지라도 이미 일제강점기부터 이와 같은 관광이 적지 않았다. 그 중 대표적인 것이 꽃 관광, 달맞이관광, 석탄절관광, 피서관광, 스키관광, 탐승관광 등이다. 그리고 테마관광을 위해 철도국에서는 임시 또는 특별열차를 편성하여 관광객을 유치하거나 관광객의 편의를 도모하였다.

꽃 관광은 당시 벚꽃 또는 복숭아꽃 관광이 가장 유명하였다. 벚꽃관광지로 널리 알려진 곳은 인천 월미도, 원산 송전만, 광주공원, 진해, 서울 우이동, 개성 송도, 군산 등지이었다. 그리고 벚꽃관광 계절이 되

---

[38] 빈프리트 뢰쉬부르크, 이민수 옮김, 『여행의 역사』, 효형출판, 2003, 201~202쪽.

면 觀桃列車, 觀櫻列車, 觀花列車, 桃花列車라는 특별 또는 임시관광열차를 편성하였다.

개성 벚꽃관광은 고려의 왕도로써 역사적 문화유적도 적지 않아 1910년대부터 많은 관광객이 찾아들었다. 이에 따라 철도국에서는 특별관광열차를 편성하였고[39] 개성유지들은 좀 더 많은 관광객을 유치하기 위해 觀櫻會를 조직하기도 하였다.[40] 1912년에 개설된 개성 벚꽃관광열차는 남대문역을 오전 9시 출발하여 10시 45분에 개성역에 도착하였으며 꽃구경과 역사유적지를 둘러보고 오후 3시 15분 개성역을 출발 오후 6시 남대문역으로 돌아왔다.[41] 1920년에 편성된 임시도화열차는 갈 때는 남대문을 오전 9시 8분에 출발하여 10시 5분에 개성역에 도착하였으며, 돌아올 때는 개성역을 오후 4시 10분에 출발하여 오후 6시에 남대문역에 도착하였다. 요금은 왕복으로 대폭 할인하였는데, 3등칸은 1원 50전, 2등칸은 2원 50전이었다.[42] 또한 1921년 편성된 관화열차는 용산역에서 출발하였는데, 용산역에서 오전 8시 15분 출발, 남대문역은 8시 40분에 경유하여 개성역에는 10시 35분에 도착하였다.[43]

우이동 벚꽃관광은 경원선을 창동역을 이용할 수 있는데, 매년 5월 경 벚꽃이 만개하면 철도국에서 3월부터 관광열차를 준비하였다.[44] 1915년에 편성된 관앵열차는 남대문역을 오전 8시 43분 출발하여 용산역에서는 8시 52분, 창동역에는 오전 9시 25분에 도착하였다. 그리고

[39] 「開城桃와 臨時列車」, 『매일신보』 1912.5.1.
[40] 「開城桃와 臨時列車」, 『매일신보』 1913.5.4.
[41] 「開城桃와 臨時列車」, 『매일신보』, 1912.5.1.
[42] 「臨時桃花列車」, 『동아일보』, 1920.5.2.
[43] 「觀桃列車 運轉」, 『동아일보』, 1921.4.27.
[44] 「觀櫻列車 準備」, 『매일신보』, 1917.3.8.

돌아오는 열차는 창동역을 오후 4시 24분 출발하여 용산역에는 오후 5시 3분, 남대문역에는 오후 5시 19분에 도착하였다. 또한 관앵열차를 이용할 경우 운임도 남대문에서 창동역은 64전에서 45전으로, 용산역에서 창동역은 65전에서 45전으로 대폭 할인하였다. 뿐만 아니라 관광객의 편의를 위해 나무 아래 천막을 치는 등 휴게시설을 마련하기도 하였다.[45] 그리고 1920년에 편성된 관광열차는 남대문역을 오전 8시 45분 출발하여 창동역에는 오전 9시 40분에 도착하였다. 그리고 돌아오는 관앵열차는 창동역을 오후 4시 20분에 출발, 오후 5시 35분 남대문역에 도착하였다.[46] 1921년 운행된 觀花列車는 기존의 남대문역과 용산역, 그리고 창동역에 청량리역이 추가되었다. 운행시간을 보면 남대문역을 오전 8시 45분 출발, 용산역은 8시 58분, 청량리역은 9시 31분에 경유하여 창동역에는 9시 46분에 도착하였다. 그리고 돌아오는 시간은 창동역을 오후 5시 15분에 출발하여 청량리역은 4시 35분, 용산역은 5시 5분에 경유하여 남대문역에는 5시 15분에 도착하였다.[47] 당시 청량리역이 추가된 것은 관광객이 그만큼 많이 늘었다는 것을 의미한다고 볼 수 있다.

광주공원의 벚꽃 또한 유명하여 밤의 관광객을 위해 전등을 가설하기도 하였다.

호남지방에서 꽃동산으로 유명한 광주(光州) 공원의 벚꽃은 벌써부터 피기 시작하였으므로 17, 8일경에는 만개되리라 한다. 그런데 이곳 동산에다

---

[45] 「觀櫻列車」, 『매일신보』, 1915.4.20.
[46] 「觀櫻列車 運轉」, 『동아일보』 1920.4.21.
[47] 「觀花列車運轉」, 『동아일보』, 1921.4.19.

가 수만 족의 전등을 가설하였으므로 그야말로 금상첨화의 장관을 이루어 매일 매야 수만 관객의 발자취가 끝지 아니 한다고 한다. 철도국에서와 만 조선철도주식회사에서는 일반 관객의 편의를 돕기 위하여 전남 도내 어느 지방에서든 물론하고 광주 왕복에는 3할인을 할 뿐 아니라 16일부터 20일까지에는 광주에서 발 9시 반에 떠날 수 있도록 임시열차를 운전한다고 한다.[48]

광주공원의 벚꽃 관광은 철도국과 남조선철도주식회사에서 꽃이 만개하기 이전인 16일부터 20일까지 5일 동안 임시관광열차를 편성하여 보다 많은 관광객을 유치할 뿐 아니라 전등을 설치하여 관광객으로 하여금 보다 흥미를 돋우었다.

뿐만 아니라 이들 지역 외에도 벚꽃으로 유명한 곳은 원산 송전만이었다. 송전만은 원산만 북쪽에 있는 호도반도의 남서각과 송전반도의 주항만 사이에 형성되어 있으며, 자연적으로도 "해수가 깊이 침입하여 煙霞杳靄한 것은 구름인가 바다인가 하는 의심을 생케 한다"라고[49] 하여 자연경관이 매우 뛰어난 곳이었다. 이곳이 벚꽃 관광으로 주목받기 시작한 것은 1930년대부터였다. 동아일보 鎭興支局에서 창간 10주년을 맞는 1930년 4월 독자와 더불어 격의 없는 간담으로 의의 있게 보내기 위해 '松田灣見學團'을 조직하였다. 송전만견학단의 규정은 다음과 같다.

1. 일시: 1930년 4월 27일(음 3월 29일, 일요일) 오전 7시 鎭興發(집회는 본 지국으로) 당일 귀환.
1. 장소: 송전만감화원

48) 「광주 벚꽃 17, 8日 滿開」, 『동아일보』, 1933.4.15.
49) 김춘국, 「대륙적 경취로 본 원산항의 풍광」, 『개벽』 54, 개벽사, 1924.12, 90쪽.

1. 신청: 4월 23일(음 3월 25일)까지

　　1. 회비: 매인당 1원씩(신청시 첨부할 일, 점심 제공)[50]

　　진흥지국은 이후 연례행사로 송전만 앵화관광단을 조직하여 벚꽃
관광을 하였다.[51] 1932년 진흥지국의 송전만 벚꽃관광은 경원선 마장
역의 후원으로 永興學校에서 觀櫻大會라는 명칭으로 실시하였으며,[52]
1936년에는 영흥지국과 공동으로 진행하였다.[53] 송전만 벚꽃관광은 동
아일보 고원지국에서도 觀櫻團을 조직하였는데,[54] 오전 6시 30분 고원
역을 출발하여 오후 8시 돌아오는 코스였다.[55]

　　그러나 무엇보다도 벚꽃 관광은 진해가 가장 유명하였다. 진해에는
벚꽃 만여 그루가 10여 거리에 나란히 심어 조성하였는데, 벚꽃이 활짝
필 때는 "霞와 如하고 雪과 如한 花의 터널"이라고 하였다.[56] 진해 벚꽃
관광은 주로 부산이나 마산, 창원 등 남부지역에서 많은 관광객이 찾았
다. 1929년 동아일보 김해지국에서 모집한 벚꽃관광단 관련 기사를 보
면 다음과 같다.

　　본보 경남 김해지국에서는 來 4월 望間 萬和가 方暢할 時期를 擇하여 지

50) 「櫻花로 有名한 송전만견학단」, 『동아일보』, 1930.4.16.
51) 「櫻花觀光團 募集」, 『동아일보』, 1931.4.9; 「鎭興서 募集하는 櫻花觀光團」, 『동아일
　　보』, 1931.4.19; 「櫻花觀光團」, 『동아일보』, 1931.5.1; 「송전만 영흥교 櫻花觀光大會」,
　　『동아일보』, 1932.4.26; 「송전만 견학 성황」, 『동아일보』, 1932.5.1; 「송전만관앵단
　　모집」(광고), 『동아일보』, 1934.5.2; 「櫻花觀光團 募集」, 『동아일보』, 1936.5.2.
52) 「송전만 영흥교 관앵대회 개최」, 『동아일보』, 1932.4.26; 「櫻花觀光團 募集」, 『동아
　　일보』, 1931.4.9; 「송전만 견학 성황」, 『동아일보』, 1931.5.5.
53) 「松田灣觀櫻團 募集」(광고), 『동아일보』, 1936.5.2.
54) 「송전만감화원 관앵단 募集」, 『동아일보』, 1936.5.4.
55) 「松田灣觀櫻단 募集」(광고), 『동아일보』, 1936.5.7.
56) 小西榮三, 「조선철도연선안내」, 『朝鮮・滿洲・支那案內』, 聖山閣, 1930, 84쪽.

방인사의 觀光團을 조직하여 馬山, 鎭海, 釜山 등지의 觀櫻 및 勝地를 見學하겠다는데, 중간노정 및 숙박은 최초 당지에서 자동차로서 楡林驛을 향하여 마산방면을 구경하고, 오후 汽船으로 진해로 향하여 1박 후, 그 익일에 해군 요새 일반을 견학하고 그날 오후 부산으로 향하야 溫泉場에 서 1박 후 부산형무소 기타 관청, 회사, 연락선, 항만을 일주견학한 후 오후 4시 반 열차로 歸金할 예정인 바, 좌기 요령에 의하여 신속신청을 요망한다더라.

1. 출발일정 4월 15일(변경이 유할 시는 다시 발표)
1. 신청 4월 10일까지 본보 지국으로
1. 회비 매인 6원씩
1. 인원 성년 이상 남녀 약 30명[57]

진해 벚꽃관광은 벚꽃 구경뿐만 아니라 마산, 진해, 부산 등지의 명승지와 해군시설, 관공서, 온천장 등 다양한 볼거리와 기차, 배, 자동자 등의 교통수단을 이용한 종합적인 테마관광이었다. 이 관광단의 비용은 처음에는 6원이었으나 조기에 신청할 경우에는 50전을 할인하여 5원 50전으로 내리기도 하였다.[58] 한편 동아일보 마산지국과 근우회 마산지회에서는 부인견학단을 조직하여 진해 벚꽃 관광에 나서기도 하였다.[59]

이외에도 관북 서수라의 櫻花山,[60] 대전의 유성온천,[61] 그리고 성진, 부산, 평양도 꽃 관광으로 유명하였으며, 임시 또는 특별열차를 편성하여 관광객을 유치하였다.[62] 또한 서울이 비원, 우이동, 장충단 등지의

57) 「진해, 부산 등지의 관광단 모집」, 『동아일보』, 1929.3.28; 「觀櫻及見學團 募集」(광고), 『동아일보』, 1929.4.2.
58) 「부산관광단 회비를 감하」, 『동아일보』, 1929.3.31.
59) 「제2회 마산 진해 부인견학단원 모집」(광고), 『동아일보』, 1929.4.10.
60) 「관북 탐승 성황」, 『조선중앙일보』, 1935.5.25.
61) 「앞을 다투는 探花客 유성온천에 운집」, 『조선중앙일보』, 1934.4.29.

벚꽃도 유명하여 지방에서 관광단을 조직, 열차를 이용하여 관광하기도 하였다.[63] 특히 벚꽃 관광의 경우 관광객에게 바가지를 씌우며 호객행위에 대해 단속하기도 하였다. 그리고 광관지에서의 맥주 1병 75전, 사이다 1병 30전, 일본 비빔밥 1인분 50전, 점심 상등 1원 보통 70전, 좌석값 30전, 과자 1인분 30전으로 각각 물건 값을 정하기도 하였다.[64]

'테마관광' 중 가장 인기 있고 유명한 것은 금강산관광이었다. 금강산이 근대적 관광지로 개발된 것은 일본에 의해서였다. 하나는 금강산철도의 부설이고, 다른 하나는 다양한 금강산 관광 안내서와 탐승기였다. 금강산 철도의 부설은 1914년 경원선이 완성됨에 따라 본격적인 금강산 관광을 위해 1919년 8월 금강산전기철도주식회사를 설립하고[65] 1923년 8월 1일 개통이 되면서[66] 금강산 관광이 보다 대중화되었다. 금강산 관광 안내서는 1926년 『금강산탐승안내』를[67] 비롯하여 『금강산』,[68] 『금강산탐승안내기』[69] 등 다양한 안내서가 쏟아져 나왔다. 뿐만 아니라 이광수의 『금강산유기』,[70] 『조선금강산탐승기』[71] 등 금강산여행기

---

62) 「봄소식! 꽃시절을 앞두고 쇄도할 관광객」, 『조선중앙일보』, 1935.3.17.

63) 「觀花時節의 團束」, 『동아일보』, 1921.4.21;「京城觀櫻團 募集」및「京城視察團圓募集」, 『조선중앙일보』, 1934.4.24;「서울로 서울로 관광객 사태」, 『조선중앙일보』, 1935.4.17;「부산 대구에서 관광객 천오백」, 『조선중앙일보』, 1935.4.21.

64) 「觀花時節의 團束」, 『동아일보』, 1921.4.21.

65) 『朝鮮總督府官報』 1919.8.15; 중촌진오, 『선내철도연선요람』, 공성당인쇄소, 1932, 155쪽.

66) 『朝鮮總督府官報』 1924.8.2; 『조선철도 40년사』, 조선총독부철도국, 1940, 538쪽.

67) 松本武正 · 加藤松林, 『金剛山探勝案內』, 龜屋商店, 1926. 이 책은 금강산에 관광에 대한 상세한 정보를 제공하기 위한 실용적 안내서로서, 금강산의 각종 경승에 대한 짤막한 소개는 물론이고 서울과 일본, 만주 등지에서 금강산을 탐승할 수 있는 교통과 내외 금강 및 해금강 각지의 숙식에 관한 정보를 제공하고 있다.

68) 前田寬, 『금강산』, 조선철도협회, 1931.

69) 大熊瀧三郎, 『금강산탐승안내기』, 谷岡商店印刷部, 1934.

70) 이광수는 1921년 여름과 1923년 여름, 두 차례 금강산을 여행한 바 있고 1922년 「금

도 다양하게 잡지[72) 또는 단행본으로 소개되었다.[73) 특히 이광수와 최남선의 금강산여행기는 금강산 관광에 적지 않은 영향을 주었다.

금강산 철도가 개통되기 전에는 경원선 고산역에 하차하여 자동차로 장안사로 가는 방법과 원산역에서 내려 배를 이용 장전으로 가서 온정리를 이용하는 방법이었다.[74) 그러나 금강산 철도가 온정리까지 개통되면서 철도를 이용하는 관광객이 늘어났다. 특히 1920년대 들어 금강산 탐승단이 적지 않게 조직되어 금강산 관광을 대중화하는데 적지 않은 영향을 미쳤다.[75) 1921년 9월 현재 전년도보다 장안사와 온정리 양 호텔의 경우 3배 이상의 투숙객이 증가한 바 있다.[76) 1927년에는 6월 1일부터 10월 3일까지 5개월간 7천 6백 25명으로 전년도 같은 기간에 대비해 볼 때 2배가 증가하였다.[77) 그리고 1933년에 이르러서는 1년간 2만 2천 4백 17명이 금강산을 관광하였다.[78) 1920년대 조직된 금강산관광단을 정리하면 〈표 8〉과 같다.

강산유기」를 『신생활』지에 연재한 후 1924년 단행본으로 시문사에서 간행하였다. 이 책에 대해서 "세계에 이름 있는 명산을 정평 있는 춘원의 영롱한 필치로 그려낸 기행문이니 누구든지 일독할 가치가 있는 것이다"라고 소개하고 있다(「신간소개」, 『동아일보』, 1924.10.31.).

71) 竹內直馬, 『조선금강산탐승기』, 富山房, 1914.

72) 해동초인, 「세계의 절승 금강산」, 『신문계』 42, 1916.9; 「금상산탐승기행」, 『반도시론』 1:8, 1917.11; 박석윤, 「산수자랑—우리의 산수미」, 『별건곤』 12·13, 1928.5 등 이외에도 많이 있다.

73) 최남선도 1924년 가을 금강산을 여행하고 「풍악기유」를 『시대일보』에 연재한 바 있고, 1928년 단행본으로 『금강예찬』을 간행하였다.

74) 「금강탐승 자동차」, 『동아일보』, 1921.7.5; 「만철탐승 자동차」, 『동아일보』, 1921. 7.16.

75) 「金剛山探勝客多數」, 『동아일보』, 1921.9.11.

76) 「登山熱의 勃興, 金剛山探勝客 激增」, 『동아일보』, 1921.9.14.

77) 「금강산탐승객 7천6백20명」, 『동아일보』, 1927.11.15.

78) 「금강탐승객 2만2천여 명」, 『조선중앙일보』, 1934.2.11.

〈표 8〉 1920년대 금강산 관광단 조직 현황[79]

명 칭	주최/후원	일정	비고	전거
금강산탐승단	영흥분국	음력 추석 익일	비용 16원	1921.9.11
금강산탐승단		1주간	金贊善 등 의주인사 10인	1922.6.6
금강산탐승단	나주역	10일간	비용 55원	1923.7.29
금강산탐승대	공주지국 /공주청년수양회	8월 15일 출발	비용 40원, 28명	1923.8.2
금강산탐승대	조선청년회연합회	9월 상순 2주간		1923.5.24 1923.7.11
금강산 유람여행단	만철 경성관리국	6월 15일 발, 3일간	금강산 탐승객 장려를 위해 시설, 할인 등 점검, 비용 18원	1923.6.11
금강산탐승단	부산지국	8월 8일 출발 14일간	비용 35원	1924.7.28
금강산탐승대	통영, 마산지국	8월 상순 2주간	비용 2등 80원, 3등 52원, 21인 이상	1925.6.1 1925.6.22 1925.7.14
금강산 수학여행	보석고등보통학교	7월 9일 출발	80명	1925.7.12
금강산탐승단	진영 실업가	8월 16일 발, 1주간	14인	1925.8.14
금강산탐승단	축현역	8월 29일~9월 2일	비용 23원, 10인 이상	1925.8.28
금강산탐승단	김천역	9월 25일~30일	비용 15원 64전	1925.9.24
금강산탐승단	조선, 동아 여주 지국	5월 25일 발, 2주간	비용 35원	1926.4.26
금강산탐승단	마산지국	6월 8일 출발 15일간	비용 60원, 2인 이내	1926.5.21
금강산탐승대	거창지국	6월 8일 출발 14일간	비용 50원, 20인 이상	1926.5.28
금강산탐승단	동아, 부산 울산지국	8월 5일 출발 11일간	비용 45원	1926.7.31
금강산탐승대	인천소년군	7월 30일 출발 3주간	곽상훈 단장 11명	1926.7.31
담양군시찰단	면장과 유림	9월 28일 출발	비용 1,500여 원, 20여 명, 수원 신의주 원산 등	1926.10.10

[79] 1920년대 금강산탐승단은 『동아일보』의 기사 및 광고 등에서 정리하였다.

수학여행	개성학당상업학교	10월 11일–18일	학생 21명	1926.10.14
금강산탐승단	인천역	6월 10일–15일	비용 44원	1927.5.27
수학여행	개성 호수돈여자 고등보교	6월 6일 출발 1주일	24명	1927.6.8
금강산탐승단	수원지국	10월 10일 출발	비용 25원	1927.10.2
금강산탐승단	양책역	2주간	비용 40원, 10인 이상	1928.5.29
금강산탐승단	매일 홍원분국	6월 9일 출발 8일간	비용 27원	1928.5.30
금강산탐승단	부산지국	8월 5일 출발	비용 40원	1928.6.21
금강산탐승단	수원지국/수원역	7월 12일 출발 6일간	비용 25원	1928.7.1
금강산탐승단	부산지국	8월 25일 출발 12일간	비용 40원, 30명	1928.6.25
금강탐승단	거창지국	7월 23 출발 12일간	비용 40원	1928.7.3
금강산탐승단	대구지국	7월 26일–8월 9일	비용 50원	1928.7.5 1928.7.15
금강산탐승단	공주지국	8월 1일 출발 10일간		1928.7.18 1928.7.21
금강산탐승단	정주지국	8월 15일 출발	비용 30전, 20명	1928.7.23 1928.7.29
금강산탐승단	남원지국	8월 15일 출발 15일간	비용 50원, 20인 이상	1928.8.3
금강산탐승단	이리 유지 일동	8월 18일 출발		1928.8.13
금강산탐승단	김제지국	5월 19일 출발	10인 이상	1929.5.17
금강산탐승단	문산지국	6월 10일–16일	비용 30원	1929.6.5 1929.6.9
금강산탐승단	신풍분국, 서흥지국	8월 1일 출발 5일간	비용 24원	1929.7.28
금강산탐승단	청주지국	9월 30일 출발 6일간	비용 30원	1929.9.18

〈표 8〉에서 본 바와 같이 1920년대 『동아일보』 기사 또는 광고를 통해 확인할 수 있는 금강산관광단은 37건이 이르고 있다. 『동아일보』 이외의 신문에서 확인할 경우 더 많은 금강산관광단이 조직되었을 것으로 보인다. 금강산 관광은 주로 단풍이 드는 10월이 절경이지만 봄과 여름을 구별하지 않고 관광단을 조직하였다.

단풍 시즌을 맞아 금강산을 탐승하는 관광객이 늘어나자 만철 경성 관리국은 觀楓列車를 증편하여 편의를 도모하였다. 1922년에는 10월 14, 15 양일간 경원선 남대문역과 석왕사역까지 임시 觀楓列車를 운행 하였고,[80] 1928년에는 6월 1일부터 철원역과 김화역간 금강산전철 급 행열차를 운행하였다.[81]

1932년에는 10월 1일과 2일 휴일이 겹치고 관광객이 7백 40여 명에 이르자 9월 31일부터 10월 3일까지 임시열차를 왕복으로 운행하였다. 구체적인 열차운행은 다음과 같다.

> 경성역 발 9월 31일 오후 10시 30분, 외금강 착 10월 1일 오전 7시.
> 외금강 발 10월 2일 밤 8시 15분, 경성 착, 10월 3일 오전 6시 40분.[82]

그리고 임시열차는 3등 침대차 2량과 3등차 2량으로 경성역을 출발 한 후 복계역에서 3등차 1량을 증편하여, 외금강까지는 직통으로 운행 하였다. 그리고 내금강까지는 임시열차를 운행하지는 않았지만 보통 열차 3등차 4량을 증편하여 운행하였다. 1933년에는 철도국에서 9월 22일 오후 10시 경성역을 발발하여 23일 오전 7시 30분 외금강에 도착 하고, 24일 오후 7시 30분 외금강역을 출발하여 25일 오전 6시 경성역 에 도착하는 특별열차를 운행하기도 하였다.[83] 당시 금강산 관광객은 단체 관광객만 6백 명이 넘었으며, 숙박시설이 모두 만원이 됨에 따라 철도국은 외금강역에 3등 침대차 2량을 긴급 유치 1백 40명을 수용하

80) 「경원선 관풍임시열차」, 『동아일보』, 1922.10.3.
81) 「금강산전철 임시열차 운전 6월 1일부터」, 『중외일보』, 1928.6.5.
82) 「내외 양 금강에 탐승임시열차」, 『동아일보』, 1932.9.30.
83) 「23, 4일에 금강산유람 특별열차 운전」, 『동아일보』, 1933.9.12.

는 임시 열차호텔을 개설하기도 하였다.[84] 뿐만 아니라 철도국은 금강산 관광객과 지방교통의 편의를 도모하기 위해 7월 26일부터 10월 말일까지 원산역과 고성역간을 매일 왕복하는 임시열차를 운행하였다.[85]

단풍 관광열차는 금강산 외에도 서울 근교의 소요산과 자재암의 단풍관광을 위해 편성되기도 하였다. 1921년에는 9월 15일부터 말일까지 경원선 소요산과 자재암 앞에 임시정거장을 설치하고 임시열차를 운행하였다.[86] 이듬해인 1922년에는 소요산 단풍관광객의 편의를 위해 9월 15일부터 10월 말일까지 동두천과 전곡 사이에 임시정거장을 설치하고 하루 2회 관광열차를 운행하였다. 그리고 남대문역과 용산역, 그리고 인천역에서 할인 왕복승차권을 발매하였다.[87] 1932년에는 10월 1일부터 한 달 동안 일요일과 공휴일에 한정하여 경성역을 오전 7시 48분, 10시 15분, 전곡역을 오후 4시 52분에 각각 출발하는 관광열차를 각각 편성하고 요금도 할인하였다.[88] 1933년에는 망월사와 소요산을 운행하는 임시관광열차를 운행한 바 있는데, 시간은 다음과 같다.

◇ 망월사행
1. 경성이나 용산에서 의정부 왕복 90전(어린이 반액)
1. 현장 입구에 정차하는 열차 : 987, 991, 989, 986, 988, 522, 992 열차.
◇소요산행
1. 경성 용산이나 청량리에서 전곡 왕복. 前車는 1원 60전, 後車는 1원 40전
   (어린이는 반액)

84) 「가을의 금강산 탐승객 사태 열차호텔 급설」, 『동아일보』, 1932.9.20.
85) 「원산-고성간의 임시열차 계속 운행」, 『동아일보』, 1932.10.29.
86) 「자재암에 임시열차 경원선 승객의 편의」, 『동아일보』, 1921.9.21.
87) 「觀楓列車 運轉 경원선 소요산에」, 『동아일보』, 1922.9.9.
88) 「소요산 열차 운전」, 『동아일보』, 1932.9.30.

1. 현장 입구에 정차하는 열차 : 978, 501, 989, 986, 988, 522 열차.[89]

한편 임시로 편성한 관광열차는 꽃 관광과 단풍관광뿐만 아니라 수원 西湖 달맞이 관광, 삼방폭포 관광, 석탄설 석왕사 관광, 무창포 해수욕장, 삼방 스키 관광, 공진회 관광 등에도 있었다.

중추절 가장 아름다운 달을 구경할 수 있는 수원 서호 觀月列車는 1921년 9월 17일 서호에 임시정거장을 마련하고 오후 6시 30분 남대문역을 출발, 오후 11시 45분에 도착하였다. 운임은 3등 칸은 90전, 2등 칸은 1원 50전으로 8백 명이 참가할 정도로 성황이었고 기념엽서도 나누어주었다.[90] 이와 같은 觀月列車는 수원 서호 외에도 밀양에서도 운행되었다.[91] 삼방폭포 관광열차는 오전 7시 10분 원산역을 출발하여 9시 50분 삼방약수 입구 임시정거장에 도착하였으며, 돌아올 때는 오후 4시 50분 출발하여 7시에 원산역에 도착하였다.[92] 삼방은 여름철 피서지로도 각광받고 있었는데, 청량리역에서 삼방역을 6월 25일부터 10월 말일까지 2등 왕복 5원 29전 3등 왕복 3원 92전으로 각각 임시왕복 할인 승차권을 발행하기도 하였다.[93] 1922년에는 14일간 觀楓列車를 운행하기도 하였는데, 열차시간은 남대문역을 오후 11시 15분에 출발하여 용산역을 11시 35분, 삼방역에는 다음날 오전 7시 21분에 도착하였다. 폭포 입구는 오전 10시, 석왕사는 11시 15분에 도착하였다. 귀로는 석왕

89) 「망월사와 소요산 임시열차장 개시」, 『동아일보』, 1933.8.31.
90) 「觀月列車 運轉」, 『동아일보』, 1921.9.17; 「京管局의 遊山列車」, 『동아일보』, 1921. 9.20.
91) 「京管局의 遊山列車」, 『동아일보』, 1921.9.20.
92) 「삼방탐승열차」, 『동아일보』, 1925.6.27.
93) 「청량리 삼방간 할인차권 발매」, 『동아일보』, 1926.7.13.

사를 오후 4시 10분에 출발하여 삼방역을 5시 26분, 용산역을 10시 11분에 경유하여 남대문역에는 10시 20분에 도착하였다.[94]

삼방은 폭포와 약수뿐만 아니라 겨울철이면 스키관광열차가 편성되었다. 일요일과 공휴일에 운행되는 스키관광열차는 오후 10시 55분 경성역을 출발하여 다음날 오전 7시 27분 삼방임시역에 도착하였다. 그리고 돌아가는 열차는 오후 6시 12분 삼방임시역을 출발하여 10시 25분 경성역에 도착하였다.[95]

석가탄신일을 맞아 석왕사를 찾는 관광객의 편의를 위해 임시열차가 운행되기도 하였는데, 남만철도에서 2, 3일간 원산역과 석왕사역간 또는 청량리역과 석왕사역간 임시열차를 편성하였다.[96] 임시열차 시간은 원산역은 오전 9시 5분에 출발하여 석왕사 임시역을 10시 10분에 경유하여 석왕사역에 10시 25분에 도착하였다. 그리고 돌아오는 열차는 석왕사역을 오후 5시 35분에 출발하여 5시 50분에 석왕사 임시역을 경유하여 6시 55분에 원산역에 도착하였다.[97]

여름철 피서를 위한 해수욕장 임시열차가 운행되기도 하였다. 임시열차가 운행된 해수욕장은 충남 대천과 무창포로, 경남철도회사에서 매 일요일마다 2, 3회의 임시열차를 운행하였다.[98] 임시열차 시간은 往路는 경성역을 오후 10시 30분 출발하여 대천역은 익일 오전 6시, 웅천역은 오후 6시 32분, 歸路는 오후 5시 36분 웅천역을 출발하여 대천역

94) 「삼방 觀楓列車」, 『동아일보』, 1922.10.11.
95) 「삼방스키 – 장소 임시열차 변경」, 『동아일보』, 1931.2.8; 「삼방 적설 스키열차 운전」, 『동아일보』, 1932.1.17; 『동아일보』, 「삼바에 적설량」, 1933.3.7.
96) 「석왕사 석존강탄회」, 『동아일보』, 1921.5.7; 「釋誕參拜列車」, 『동아일보』, 1922. 4.28; 「釋元間 臨時列車」, 『동아일보』, 1925.4.30.
97) 「釋誕參拜列車」, 『동아일보』, 1922.4.28.
98) 「임시열차 운전 대천 웅천간에」, 『동아일보』, 1932.8.18.

은 5시 58분, 경성역은 오후 11시 15분에 도착하였다.[99]

그 밖에도 사리원 봉양기자단의 주최로 1927년 8월 27일 경암산 아래 광장에서 시민위안을 위한 納涼煙花大會를 개최하기로 한 바, 이날 신천 및 재령의 관광객의 편의를 위해 조선철도회사에서 오후 10시 30분 사리원역에서 출발하는 임시열차를 운행키로 하였다. 그리고 20명 이상 단체에 대해서는 2할을 할인하였다.[100] 또한 서울에서 개최하는 박람회와 조선미술전람회의 지방 관광객을 위해 경부선의 부산역을 비롯하여 대구역, 대전역, 경의선의 평양역과 신의주역, 경원선의 원산역, 함경선의 함흥역을 출발하는 임시열차를 편성하였다.[101] 그리고 성진에서 개최하는 鏡城 이남 4군 물산품평회를 기해 성진역에서 단천역과 길주역을 왕복하는 임시열차를 운행하기도 하였다.[102] 1921년 9월 23일부터 25일까지 京城乘馬俱樂部에서 추기경마대회를 여의도에서 개최키로 하였는데, 이대 특별 관람객을 위해 남대문역과 노량진역 간에 임시열차를 운행한 바도 있었다.[103]

한편, 테마관광은 명산, 고적, 폭포, 약수, 온천, 동굴, 사찰, 섬 등에 대해서도 활발하게 이루어졌다. 명산관광은 설악산,[104] 장수산,[105] 지리산,[106] 두류산,[107] 칠보산,[108] 묘향산,[109] 관악산,[110] 연화산,[111] 황해

---

99) 「충남 해수욕장행 직통열차 운전」, 『동아일보』, 1933.7.18.

100) 「南涼煙花大會 임시열차 운전」, 『동아일보』, 1927.8.25.

101) 「임시열차운전 박람회를 위해」, 『동아일보』, 1926.5.19.

102) 「품평회장 준공과 성진축항 기념기공식」, 『동아일보』, 1926.10.29.

103) 「경마와 임시열차, 남대문 노량진 간에」, 『동아일보』, 1921.9.14.

104) 「인제 설악산탐승원 모집」(광고), 『동아일보』, 1929.5.28.

105) 「서선의 소금강 장수산탐승대회」, 『동아일보』, 1923.5.8; 「양보 지국 주최 장수산관풍대회」, 『동아일보』, 1925.10.13; 「장수산관풍대회」(광고), 『동아일보』, 1925.10.18.

106) 「지리산 탐승」, 『동아일보』, 1928.8.11; 「능주 지리산탐승단 조직」(광고), 『동아일

소금강,112) 학가산,113) 월출산,114) 와암,115) 등이 있었으며, 사찰관광으로는 安養寺,116) 송광사,117) 통도사,118), 해인사,119) 대원사,120) 구암사와 내장사,121) 백양사122)가 있었다. 그리고 온천관광으로는 온양온천,123) 神靈溫泉,124) 葛山溫泉,125) 동래온천,126) 신천온천127) 등이, 약수관광으로는 洗浦 隱仙洞藥水,128) 伊川藥水129) 등이, 역사유적관광으

보』, 1928.4.1.

107) 「두류산탐승대 모집」(광고), 『동아일보』, 1933.4.28.
108) 「칠보산탐승단원 모집 내용」, 『동아일보』, 1925.8.5; 「칠보산탐승단」, 『동아일보』, 1925.8.18; 「칠보산탐승단원 모집」(광고), 『동아일보』, 1926.9.23; 「칠보산탐승단 성진서 모집」, 『동아일보』, 1928.10.2; 「함북승지 칠보산탐승단원 모집」, 『동아일보』, 1929.5.17; 「명산 칠보산탐승단 모집」(광고), 『동아일보』, 1929.4.18; 「각단체연합 칠보산 탐승」, 『동아일보』, 1929.10.4; 「성황이룬 칠보산 탐승」, 『동아일보』, 1929.10.15.
109) 「묘향산탐승단 모집」(광고), 『동아일보』, 1929.7.14.
110) 「관악탐승대 인하청년회 주최」, 『동아일보』, 1929.4.18.
111) 「연화산탐승 상남농우회서」, 『동아일보』, 1928.7.22.
112) 「황해 소금강탐승단원 모집」, 『동아일보』, 1928.7.19; 「황해 소금강탐승단 모집」(광고), 『동아일보』, 1928.7.23.
113) 「학가산탐승단 모집」(광고), 『동아일보』, 1928.5.16.
114) 「월출산 도갑사 탐승단원 모집」, 『동아일보』, 1928.5.3.
115) 「와암탐승단원 모집」(광고), 『동아일보』, 1927.6.4.
116) 「안양사탐승원 모집」(광고), 『동아일보』, 1927.5.25.
117) 「사찰탐승단 병영지국이 모집」, 『동아일보』, 1929.4.25.
118) 「명찰 통도사 탐승단원 모집」, 『중외일보』, 1930.5.11.
119) 「해인사탐승단」(광고), 『동아일보』, 1925.5.31; 「자연미에 도취, 해인사 탐방」, 『동아일보』, 1925.6.13.
120) 「지리산 대원사 탐승단원 모집」, 『동아일보』, 1928.4.6.
121) 「탐승대원 모집 22일로 연기」, 『동아일보』, 1927.10.2.
122) 「내장, 백양 양사 탐승대원 모집」, 『동아일보』, 1927.9.12.
123) 「부인 온천견학단」, 『동아일보』, 1929.4.26.
124) 「신령온천의 탐승단 모집」, 『동아일보』, 1929.5.26.
125) 「갈산온천탐승단원 모집」(광고), 『동아일보』, 1927.4.10.
126) 「동래온천, 범어사 탐승대회」(광고), 『동아일보』, 1928.5.15.
127) 「신천온천각희대회」, 『동아일보』, 1925.10.28.

로는 경주,130) 부여,131) 통영132) 등이, 섬관광으로는 身彌島,133) 폭포관광으로는 박연폭포,134) 운림폭포,135) 고음폭포136) 등이, 해수욕장으로 황해도 장연의 명사십리137)가 있었다.

　이상으로 1920년대를 중심으로 테마관광에 대하여 살펴보았다. 이들 테마관광의 관광지는 크게 네 가지로 분류할 수 있다. 첫째는 명산의 단풍이나 폭포, 달빛, 섬 등 자연의 있는 모습을 그대로 관광하는 자연테마관광, 둘째는 피서나 온천 등지를 찾는 휴양지테마관광, 셋째는 박람회나 품평회 등 산업시설을 관람하는 산업테마관광, 넷째는 경주와 부여, 사찰 등 문화유적지를 관광하는 문화테마관광 등이다.

128) 「은선동약수 먹기 참가신청 답지」, 『동아일보』, 1926.5.29.
129) 「중추 15일에 이천약수 탐방」, 『동아일보』, 1927.8.28; 「이천약수 탐승원 모집」(광고), 『동아일보』, 1927.9.1.
130) 「금천은행래경」, 『동아일보』, 1923.10.7; 「천년고도 경주탐방단 모집」, 『동아일보』, 1927.3.9; 「경주탐승단 모집」, 『동아일보』, 1927.5.31; 「경주탐승단원 모집」(광고), 『동아일보』, 1927.7.3; 「경주탐승단 모집」(광고), 『동아일보』, 1927.7.15.
131) 「부여탐승단」, 『동아일보』, 1928.7.17; 「백제고도 부여탐승」, 『동아일보』, 1925.8.22; 「백제고도 부여탐승단원 모집」, 『동아일보』, 1925.8.23.
132) 「통영고적탐승대회」(광고), 『동아일보』, 1928.5.29.
133) 「신미도탐승단 모집」, 『동아일보』, 1929.8.17; 「신미도탐승단 모집」, 『동아일보』, 1928.8.4; 「지신미도탐승단 모집」, 『동아일보』, 1928.7.19.
134) 「박연폭포탐승단」(광고), 『중외일보』, 1930.8.3.
135) 「운림폭포탐승단 본보 문천지국의 모집」, 『동아일보』, 1929.8.11; 「운림폭포탐승단 모집」, 『동아일보』, 1929.8.13.
136) 「풍류산탐승단」, 『동아일보』, 1925.8.7.
137) 「명사십리 탐승」, 『동아일보』, 1925.7.15.

Ⅳ. 맺음말

이상으로 철도의 부설과 그에 따른 관광지의 형성과 오늘날 테마관광이라고 불리는 다양한 형식의 꽃 관광, 탐승관광 등과 관광열차의 운행에 대하여 살펴보았다. 철도는 산업과 운송의 수단이었지만 관광에도 커다란 영향을 미쳤으며, 근대관광이라는 새로운 틀을 만들었다. 철도가 부설됨에 따라 역이 들어서고, 이 역을 매개체로 하여 관광지가 탄생되기도 하였다. 이들 관광지 중에는 이미 관광지로서 알려진 곳도 있지만 철도가 부설됨으로서 전국적인 관광지로 새롭게 부상되었다.

이러한 관광지는 크게 네 부류로 나누어 볼 수 있다. 첫째는 역사 유적지이다. 역사 유적지로는 신라의 수도였던 경주, 고조선과 고구려의 수도였던 평양, 고려의 수도였던 개성, 태봉의 수도였던 철원, 백제의 수도였던 부여과 공주, 그리고 조선의 수도였으며 당시 정치·경제·행정의 중심지였던 경성이 대표적이라 할 수 있다. 이밖에 고찰이나 성터가 있었던 곳은 철도가 부설되고 역이 생기면서 새로운 관광지로 조명받기 시작하였다. 둘째는 자연명승지이다. 자연명승지로는 금상, 장수산, 지리산 등이 대표적이라 할 수 있다. 이들 자연명승지는 철도가 놓이기 전에는 지역 주민들에게만 개방되었지만 철도가 부설되고 역이 생기면서 전국적으로 유명한 관광지로 새롭게 탄생하였다. 셋째는 근대산업 또는 문화시설이다. 이들 시설은 수원의 권업모범장과 농림학교, 진영의 촌정농장 등이 대표적이라 할 수 있다. 일제의 우월성과 일본인의 자긍심을 불러일으키는 근대산업시설을 보여주기 위한 것이었다. 넷째는 일본 관련 유적지이다. 일본 관련 유적지는 초량의 진강성태군 초혼비 등으로 많은 편은 아니었지만, 일본인의 정체성을 확인시켜주는 역할을 하기도 하였다.

그리고 철도가 부설됨에 따라 새로운 형식의 테마관광이 등장하였다. 벚꽃관광 등의 꽃 관광을 비롯하여 달맞이관광, 단풍관광 등이 유행하였다. 이러한 테마관광은 오늘날까지도 그 명맥을 유지하고 있다. 가장 대표적인 것이 벚꽃관광과 단풍관광이다. 테마관광의 등장으로 보다 많은 관광객을 유치하고 수익사업의 일환으로 관광열차가 운행되었다. 테마관광의 유형으로는 첫째는 명산의 단풍이나 폭포, 달빛, 섬 등 자연의 있는 모습을 그대로 관광하는 자연테마관광, 둘째는 피서나 온천 등지를 찾는 휴양지테마관광, 셋째는 박람회나 품평회 등 산업시설을 관람하는 산업테마관광, 넷째는 경주와 부여, 사찰 등 문화유적지를 관광하는 문화테마관광 등으로 분류할 수 있다.

이와 같이 철도의 부설과 관광지의 탄생, 그리고 테마관광을 통해 새로운 인식을 하였다고 본다. 비록 일제강점기라는 암울한 시기였지만 관광을 통해 심신의 여유로움을 찾고자 하였으며, 금강산과 역사유적지를 관광함으로서 한민족의 자긍심을 갖기도 하였다.

일제강점기 도로사업 추진과 지역주민의 동향

- 1920년대를 중심으로

Ⅰ. 머리말

조선은 19세기 들어 부국강병과 근대화의 일환으로 서구 근대문명의 하나인 철도와 도로 등 교통에 대해 관심을 가졌다. 이와 같은 시기에 일제는 조선의 지배권 강화를 위해 조선에서의 교통, 통신, 운수 등에 대해서도 중요시하였다. 강화도조약 이후 조선 침략을 구체적으로 진행시키기 위해 군사밀정을 파견하는 한편 조선의 도시뿐만 아니라 시골에 이르기까지 지형과 교통, 경제, 민정 등을 정밀하게 조사한 바 있다. 청일전쟁 당시에는 병참선 확보를 위한 철도와 도로 부설의 시급성을 갖게 되었다. 이에 따라 일제는 철도부설권의 획득과 약탈을 통해 1900년 경인선, 1905년 경부선, 1906년 경의선 등을 우선적으로 부설, 개통하였다. 뿐만 아니라 1907년부터 1910년 사이 전국적으로 1,993km 의 간선도로를 건설하였으며, 도로의 폭과 교량의 규모는 당시 군용차량 이나 포대가 자유롭게 교차할 수 있도록 설계하였다.[1]

이외에도 일제는 의병의 탄압과 수탈체제를 확립하기 위해 내륙지 방과 항만, 철도를 연결하는 간선도로, 농산물 집산지를 연결하는 지방 도로를 정비하였다.[2] 또한 통감부 시기와 일제강점기 초기(1905-1917)의 도로사업 즉 제1기 치도사업은 첫째 도로부설에 필요한 토지의 몰수와 강제동원, 둘째 총독부와 재조일본인의 갈등, 셋째 경제적 목적에서 군 사적 목적으로 변화 등으로 평가한 바 있다.[3]

그러나 3·1운동 이후 1920년대에 들어서면서 도로에 대한 인식의 변화와 함께 지역주민들의 도로부설 요구가 급격하게 증가하였다. 이 에 따라 각지에서는 도로품평회가 개최되었고, 그 과정에서 부역이 동 원되었다. 그 결과 1920년대 도로는 3,036.6km로 증가하였다. 부역의 경우 강제적이기보다는 점차 궁민구제라는 명목으로 노동력을 동원하 였다.

본고에서는 크게 두 가지 관점에서 1920년대를 중심으로 도로사업 추진과 관련된 내용을 다루고자 한다. 첫째는 지역주민의 도로부설의 유치를 위한 진정운동에 대해 살펴보고자 한다. 이를 통해 지역주민의 도로에 대한 인식을 확인해 볼 수 있다. 둘째는 도로 개수 및 수선에 따른 도로품평회가 지역적으로 어떻게 진행되었는지에 대하여 살펴보

---

[1] 김운태, 『일본제국주의의 한국통치』(개정판), 박영사, 1998, 132쪽.

[2] 소두영, 「한말·일제초기(1904-1919) 도로건설에 대한 일연구─용지수탈과 부역을 중심으로」, 한양대 사학과 석사학위논문, 1991.

[3] 조병로, 「일제 식민지시기의 도로교통에 대한 연구(Ⅰ)─제1기 치도사업(1905-1917) 을 중심으로」, 『한국민족운동사연구』 59, 한국민족운동사학회, 2009.

고자 한다. 그리고 이 과정에서 동원된 부역에 대한 동향을 파악하고
자 한다. 다만 본고는 논지를 전개하기 위한 자료는 『동아일보』와 『매
일신보』를 주로 활용하였음을 밝혀둔다.

Ⅱ. 도로부설 요구와 진정운동

1920년대 들어 도로의 중요성은 총독부 등 관공서뿐만 아니라 주역
주민들도 새롭게 인식하기 시작하였다. 그동안 관 주도의 도로사업은
식민통치의 일환이었지만 지역주민들은 경제적 내지 지역발전에 도로
의 필요성을 인식하게 되었다. 동아일보 군위지국의 한 기자는 다음과
같이 도로의 중요성을 밝히고 있다.

> 그 나라의 문명정도를 알려면 교통발달 여하를 보고 능히 추측한다는 말
> 과 같이 과연 교통은 일국의 문명을 대표할 만큼 중요한 것이라고 볼 수 있
> 다. 원래 교통기관의 일부인 도로는 물자 교환상 직접 간접으로 민간경제에
> 지대한 관계를 가지는 것이므로 도로 개통의 시점에서 종점에 이르기까지
> 물자의 산출량 및 장래의 발전 여하를 신중히 고정하여 중간 관통 지대를
> 정할 것은 물론이다.[4]

즉 도로는 그 나라의 문명의 기준이 되지만 무엇보다도 중요한 것은
물자교환 즉 민간경제와 밀접한 관련을 가지고 있기 때문에 도로는 시
점과 종점, 그리고 통과하는 중간지점까지 신중히 고려해야 한다고 하
였다. 이는 도로의 부설이 지역경제에 매우 민감하다는 것을 강조하고

---

[4] 「도로개수문제」, 『동아일보』 1927.10.3.

있다.

安城 市場 상인들도 경남철도가 개통됨에 따라 '市況回復策'5)으로 도로부설을 도모하고자 하였다.6) 이외에도 "물산 수출입의 방향 강구",7) "지방발전상 교통편의를 기도"8) 등의 목적으로 지역주민들은 도로부설을 진정하였다. 이는 다음의 사례에서도 확인할 수 있다.

忠北 淸安邑은 前 郡廳 所在地로 三百餘 戶를 有한 相當한 市場이었던 바, 大正 十年度에 淸安君이 槐山으로 聯合되고 이어 大正 十年度의 忠北線 淸安驛이 十餘里를 隔한 曾坪面 所在地에 된 後로 諸般施設의 缺陷은 勿論 驛前으로부터 槐山邑에 通하는 三等道路까지 沙梨라는 곳으로 通過하여 交通의 惠澤조차 입지 못하고 (중략) 市民大會를 邑內 公普校內에 開催하고 淸槐道路連結期成會를 組織하고 (하략)9)

괴산군 청안읍은 옛 청안군청 소재지였으나 부설되는 충북선 청안역이 증평면 소재지에 설치되고 3등도로마저 통과하지 못하게 되자 지역 경제가 점차 쇠퇴하였다. 이에 청안읍민들은 대홍수로 인해 파괴된 3등도로가 다소 경비는 들더라도 청안읍내를 경유한다면 '莫大한 利便' 되겠다고 하여 지역유지들이 시민대회를 개최하고 청안과 괴산을 잇는 청괴도로연결기성회를 조직하고 도로 유치를 적극적으로 진정하였

---

5) '시황회복책'은 다음과 같다. 첫째 안성시장에서 충북 진천읍내에 이르는 도로를 수축, 둘째 안성시장에서 죽산시장을 경유하여 진천군 광혜원에 이르는 도로 수축, 셋째 안성시장에서 용인군 백암시장에 이르는 도로 수축, 넷째 안성시장에서 용인군 고삼면에 이르는 도로 수축 등이었다.

6) 「안성선 개통과 안성발전책」, 『동아일보』, 1925.7.4.

7) 「길주 시민대회」, 『동아일보』, 1925.7.10.

8) 「선의간도로문제로 정주군 옥천면민대회」, 『동아일보』, 1926.5.4.

9) 「관통도로문제로 청안에 시민대회」, 『동아일보』, 1926.8.31.

다.[10)]

진주지역에서는 "기성도로 노면을 평탄하게 하여 경제상 복리를 증식하자"는 목적으로 도로애호회를 조직하기도 하였다. 이 도로애호회는 "기성도로에 관한 조사 연구함, 도로애호회를 선전함, 토목과 사업을 익찬함"[11)] 등을 결의하였는데, 이는 지역주민이 도로에 대한 중요성을 인식하였음을 알 수 있다.

이러한 인식의 변화에 따라 각 지역에서는 적극적으로 도로부설을 진정하였다. 지역주민들은 도로부설을 위한 주민대회, 시민대회 등을 개최하고 각종 도로기성회 등을 조직하였다. 그리고 이를 통해 당국의 책임자와 면담을 시도하는 압력을 넣기도 하였다. 평남 맹산군민은 평남 맹산군과 함남 영흥군을 잇는 도로부설을 위해 '孟永間二等道路新設期成會'를 조직하였다. 이들은 도로부설의 취지를 다음과 같이 밝히고 있다.

　　평남 맹산군은 함경남도 영흥군과 인접한 군이므로 각종 산업의 수출상 연쇄적 관계가 유한 동시에 도로교통의 불완전으로 우마차 등의 통행을 부득하고 다만 人背馬馱로 수출입하던 穀類魚鹽袋이 년 수만여 馱에 달함은 사실이 증명하는 바이며, 맹산 영흥간의 상리가 24리에 1馱 운임이 대략 20원인 바, 총계 7만원을 초과함에 至함은 유감천만이며, 孟永 양 지방인민의 고통을 불심하는 바이라. 此 24리 되는 장거리 도로를 전부 開鑿할 것이 아니요 맹산 읍내로 영흥군 횡천면 산성리까지(약 3리)만 개통되면 제반 산물의 수출입은 4, 5배나 증가함에 至 할 것이요, 모든 운임은 4, 5배 경감을 得케 될 것은 물론이라. 따라서 지방발전상 또는 모든 인민의 이익을 득케

10) 청괴도로연결기성회 위원은 吳德遠, 大宅儀八, 張浩植, 吳昌圭, 朴來遠, 朴昌均 등이었다.
11) 「도로애호회 창립」, 『동아일보』, 1928.5.24.

될 액수는 실로 60여 만 원에 달하리라.[12]

즉 맹산군은 영흥군과 물류교환이 적지 않았지만 도로가 제대로 부설되지 않았기 때문에 물류비용이 많이 들었다. 때문에 경제적 이유 즉 물류비용의 절감을 위해서라도 도로의 신설이 필요하였다. 이에 따라 맹산군민들은 영흥군 읍내까지는 아니더라도 맹산군과 경계를 이루고 있는, 약 3리 정도 떨어져 있는 횡천면 산성리까지 만이라도 도로를 부설해 줄 것을 진정하였던 것이다. 이를 위해 맹산군 지역유지들은 '맹영간이등도로신설기성회'를 조직하고 朴炳鉉, 吉慶雲, 朴昌河 등 3명을 진정위원으로 선정하였다. 도로신설기성회는 이들 진정위원을 평남 도청에 파견하여 청원서를 제출하는 등 도로부설을 적극 추진하였다.

강원도 춘천은 춘천 교통의 완전 도모를 위해 우선 철도를 유치하기로 하였지만 일시적으로 단념하고 경춘도로 부설에 역점을 두었다. 경춘도로는 1915년 5월 15일 2등도로로 개통식을 가졌는데,[13] 1등도로로 승격시키고자 하였다. 이에 따라 1926년 8월부터 수차례의 협의를 거친 후 진정단을 구성하고 진정위원 朴贊祐 등 9명을 선정하였다.[14] 이들은 60여 명의 춘천유지들의 연서를 받은 진정서[15]를 가지고 9월 6일

---

12) 「2등도로 신설운동」, 『동아일보』, 1921.12.26.

13) 「경춘도로 개통식」, 『매일신보』, 1915.5.15.

14) 「경춘도로 완성은 지방비 부역으로는 도저 불능 1등도로는 국고보조를 받자」, 『매일신보』, 1926.9.4; 「경성춘천간의 도로 승격운동」, 『동아일보』, 1926.9.6.

15) 진정서의 내용은 다음과 같다.
"(전략) 京城 五里津線 二等道路는 京城으로부터 我春川을 經하여 本道 中央을 東西로 貫通하는 幹線으로서 其中에서도 京城春川間은 經濟上 行政上으로 중요한 것은 수에 贅言할 필요도 없을 것으로 (중략) 大正 14년 7월 分增水 61척의 최고기록을 示하여 북한강 연안 일대는 殆히 유실되고 동시에 大正 10년 국비로써 가설

상경하여 총독부와 유관 당국에 진정하였다.[16] 경춘도로 승격은 강원도의 정신적 물질적 불안을 영구히 해결하는 동시에 지방발전의 핵심적인 것으로 당시 강원도의 가장 중대한 문제로 인식되었다. 총독부 당국은 가능하면 빠른 시일 내에 조처할 것이라고 답변하였다.[17] 이에 따라 경성상업회의소 회원 일행이 1927년 7월 초 기존의 경춘도로를 답사하고 조속히 도로를 확장, 도로승격을 실현키로 하였다.[18]

이처럼 지역주민들은 도로부설을 적극 요구하는 진정하는 과정에서 지역 간 갈등도 없지 않았다. 초산군의 경우 초산군 온정리와 읍내를 잇는 도로부설에서 초산군민과 운산면민 간의 갈등이 있었다. 초산군민은 산업발전과 국경안보를 위해 조속히 운산-초산간 도로(운초선)를 부설해 줄 것을 갈망하는 진정위원을 총독부와 도청에 파견하였다. 이러한 상황에 대응해 운산면 북진시장 유지들은 북진 경유를 희망하고 기성회를 조직하는 등 도로통과 유치를 주장하였다. 그렇지만 초산군민은 도원면과 송면의 교통의 불편에 따른 상업발전의 장애를 들어 반대하였다.[19] 그러나 이들 두 지역주민들은 운초선을 북진으로 경유하

하였던 新延江 船橋까지 유실의 厄에 조우한 이래 응급적 假道의 축조와 신연강 도선으로써 그럭저럭 교통의 편을 圖하면서 있는 일면 道當局에서는 교통제일주의 하에 항상 열성적 노력과 분투로서 적극적으로 다액의 경비를 投하여 복구에 진력하면서 왔으나 어찌하리오. 本道 관내는 도처에 岳山이 重疊하며 도로 교량의 피해 심대하지라. 전혀 예기치 못하던 막대한 재력과 인력을 적지 아니 要하게 되나니 就中 한강 연안과 如한 곳은 斷崖絕壁의 個所가 多하며 從하여 다액의 경비를 要하게 됨으로 예정의 완성을 보기 甚히 至難한 현상에 있다. (중략) 특별한 詮議오 一等道路로 변경하여 줌과 동시에 신연강 교량의 가설에 관하여는 영단을 기울여서 인접 각 군 수만 주민의 蒙하는 정신적 물질적 불안을 영구히 해결케 하며 일편 지방발전을 위하여 최서의 동정을 賜코자 誠勤陳情함. 대정 15년 9월. 春川 有志 久武常次 朴贊祐 외 60여 명 連署." (『동아일보』, 1926.9.6)
16) 「경춘도로 문제 진정위원 상경」, 『동아일보』, 1926.9.8.
17) 「경춘간 신도로 불원간 실현?」, 『동아일보』, 1926.9.17.
18) 「경성상의 회원 경춘도로 실사」, 『매일신보』, 1927.7.6.

는데 합의하고 도로부설의 속성을 총독부에 진정하였다.[20]

이와 같은 도로부설진정운동은 지역발전과 경제적 이익을 위해 각
지에서 전개되었는데, 1920년대 도로부설진정운동을 전개한 지역을 정
리하면 다음 〈표 1〉과 같다.

〈표 1〉 1920년대 도로사업 진정 상황

시기	지역	내용	주요인물	전거
1921.12	맹산군	맹산-영흥간 도로 신설, 물류비용 절감, 맹영간이등도로신설기성회 조직, 도청에 진정	박병현, 길경운, 박창하	동아 1921.12.26
1922.7	보은군 영동군 무주군	보은-영동-옥천간 도로 개수, 보은무주간도로자격회복문제진정위원 선정(영동 7명, 무주 4명, 보은 3명, 청산 3명), 도청 방문	김택희(면장), 황관주	동아 1922.7.27
1922.8	길주군	시민대회 개최, 길주-성진간 도로개수, 길주성진도로개수기성회 조직		동아 1922.8.21
1923.2	대전	대전-금산간 도로개수, 대전유지지역원회 조직, 청원서 도청에 제출		동아 1923.3.2
1923.6	양양군	이등도로기성동맹회 조직, 2등도로 부설, 20여만 원 부담, 총독 및 내무국장 면담, 진정서 제출	李鴻榮, 李錫範	동아 1923.6.15
1923.7	개천군 덕천군	시민대회 개최, 개천-덕천간 도로수축, 개덕간도로수축기성회 조직, 진정서 제출	朴聖奎, 金淳玉, 崔昌鎬, 朴秉健	동아 1923.8.7
1923.9	구성군 선천군	구성-선천간 도로개수, 진정서 도청에 제출		동아 1923.10.14
1923.9	보령군	도지사 웅천면 시찰시 면민대표와 지주들이 자동차를 막고 진정		동아 1923.12.3
1924.2	개천군	개천-덕천간 80리 등외도로 개수, 유지 수명 도청 방문 진정, 개수비용 13만 원		동아 1924.3.8
1924.6	대구부	대구유지 대표 의견서 부윤에 제출, 유지회 조직		동아 1924.6.8

19) 「운초도로운동」, 『동아일보』, 1928.1.15.
20) 「운초도로 속성을 총독부에 진정」, 『동아일보』, 1928.2.1.

1925.3	평택군	천안-평택간 도로 완수 결의, 도청에 보조비 청구, 평택시민회 개최		동아 1925.3.14
1925.3	이천군 (강원)	신고산-강원도 이천간 신도로 부설, 면민대회 개최, 이천도로기성회 조직	현동수, 김정재, 辻谷仙太郎, 장영순, 野田又六 등	동아 1925.3.29
1925.7	길주군	혜산진-길주간 도로개축, 길혜간도로기성회 조직,	박이찬, 邊允中松澤, 김용규, 이수여, 정덕조 등	동아 1925.7.10
1925.8	강계군 희천군 후창군 자성군	홍수로 인한 도로 보수, 도로속성기성회 조직		동아 1925.9.2
1925.10	천안군	입장-진천간 도로 속성, 도로기성동맹회 조직	宮本音造, 조상진, 박용구 등	동아 1925.10.30
1925.10	남원군	운봉면 중앙도로 확장, 면민대회 개최, 도청에 진정서 제출		동아 1925.11.2
1925.12	영흥군	도로 통과 유치, 면민대표 진정서 도청 제출	김이건	동아 1925.12.17
1926.4	정주군	선천-구성간 도로 옥천면 경유 유치, 면민대회 개최,	김기석, 이희엽, 김광성, 김장엽, 강연표 등	동아 1926.5.4
1926.4	함안군	대산면 평림리 도로 경유 유치, 허가원 도청 제출		동아 1926.5.2
1926.6	초산군	운산-초산간 3등도로 북진 경유, 시민대회 개최, 운초도로북진경유기성회 조직	정면립(면장)	동아 1926.7.1
1926.7	밀양군	밀양-울산간 도로 단양, 산내, 산외 3면 경유 유치, 3면 연합 면민대회 개최, 도청에 진정서 제출	손흥, 안태원, 손태헌 등	동아 1926.7.31
1926.8	청안군	청안-괴산간 도로 청안읍 경유, 시민대회 개최, 청괴도로연결기성회 조직	이영우, 大宅儀八, 장호식 등	동아 1926.8.31
1926.8	춘천군	2등도로를 1등도로 승격, 진정위원 선정, 진정서 총독 등에 전달	박찬우, 久武常次 등	동아 1926.9.6

1927.3	덕원군	문평-원산간 4등도로를 2등도로 승격, 지역유지 도청에 진정서 전달	竹井三郎, 적전면장, 북성면장, 구내면장	동아 1927.3.31
1927.6	고성군 (강원)	내무장관에 온정령 도로 개수, 내무부장에 진정, 온정령개수속성기성회 조직		동아 1927.6.25
1927.7	창원군	창포리에 등외도로 경유, 오창간도등외로속성기성회 조직	김재구, 서병찬 등	동아 1927.7.24
1927.7	창원군	창원면 도로개수, 면민대회 개최	이광전	동아 1927.8.9
1927.8	진천군	진천-입장간 도로 개축, 도로개축연합기성회(입장, 성환) 조직		동아 1927.8.20
1927.9	횡성군	양덕원 면민유지 양덕원-횡성간 도로 부설 진정		동아 1927.9.28
1927.9	거제군	사등면, 거제면 양면장 성포간도로 완성 진정	河必洪(면장)	동아 1927.10.1
1927.9	의성군	의성면민 영천-의성간 도로 계획변경 진정		동아 1927.10.3
1927.10	영변군	안함도로개수속성기성회 영변본부 조직, 현지 시찰 도지사에 진정	韓俊植	동아 1927.11.2
1927.10	순천군 (전남)	매곡리 유지 도로수선기성회 조직, 동민대회 개최	우소환, 김영석, 배귀환 등	동아 1927.11.2
1927.11	고성군 (강원)	온정령 도로 보안공사 도청에 진정	임봉춘, 김중하, 황운천, 계일부	동아 1927.11.24
1927.11	의주군	고산진-강계간 2등도로 개통 탄원서 도청에 진정, 만포도로개통기성회 조직		동아 1927.11.28 동아 1927.12.1
1927.11	영천군	영천-청송간 도로개수, 도청에 진정		동아 1927.12.3
1928.1	초산군	초산군민 온정리-읍내간 도로개수 속성 진정위원 총독부와 도청에 파견, 이에 운산면 북진시장에서는 북진 경유 희망		동아 1928.1.15
1928.2	신흥군	서신흥역과 읍내를 잇는 신흥교 교량 부설 진정, 시민대회 개최, 신흥교가설기성회 조직, 총독부에 청원		동아 1928.2.17

1928.3	당진군	범천면과 신평면민 합덕–신평간 등외도로를 3등도로로 승격, 연합면민대회 개최, 도청에 진정서 제출		동아 1928.3.21
1928.3	고창군	흥덕면민 도로기성회 조직, 무장–흥덕간 등외도로를 3등도로 승격, 정읍–법성포 및 흥덕–줄포간 3등도로를 2등도로로 승격, 흥덕–선운사 및 인천–강경구간 직통도로 개설을 도청에 진정		동아 1928.4.4
1928.5	영동군 금산군	영동–금산간 3등도로 개수, 양군 연합으로 진정, 이에 대해 영동군 학산면은 학산면만 통과 요구		동아 1928.5.15
1928.7 1929.4	성진군 갑산군 북청군	성진–혜산진간 2등도로 공사 완성 촉진, 갑산에서 연합대회 개최, 관계당국에 진정		동아 1928.8.2 동아 1929.4.28
1928.3	안성군	일죽면 주천시장의 발전을 위해 기구개정기성회 조직, 음성군 삼성면 대소면 금왕면을 통하는 도로, 이천군 설성면과 모가면을 통하는 도로, 주천역과 주천시장을 잇는 도로 기공 진정		동아 1928.3.18
1929.4	고원군	산곡면 면민대회 개최, 문천군 도초면 천내리를 잇는 도로 수축 진정		동아 1929.4.27
1929.7	고원군	읍내와 수산리간 3등도로 개수, 촉성기성발기회 조직, 군당국에 진정, 군민대회 개최	장익순, 한관호, 박희항	동아 1929.9.27 동아 1929.10.3
1929.10	개천군 덕천군	개천–덕천간을 잇는 알일령 도로 완전개통, 양군 대표 도당국에 진정	류정찬, 현순을, 강주영, 오창백 등	동아 1929.10.10
1929.10	보은군	대전–보은간 개수 진정, 진정위원 도당국에 파견	안종건, 失野熹代作, 松技又七, 山上竹三郎	동아 1929.10.29
1919.11	영동군 금산군	금산, 제원, 부리면으로 통하는 도로 부설 유치, 진정위원 6명 군당국에 파견	이경로, 陸炳玉藤, 정해원 鄭桓健井	동아 1929.11.24

〈표 1〉은 1920년대『동아일보』를 통해 도로부설 유치를 진정한 신문 기사를 정리한 것이다. 〈표 1〉에 의하면, 도로사업과 관련된 내용을 정리하면 다음과 같다.

첫째, 도로 유치를 위한 진정운동은 군 단위뿐만 아니라 면, 리 단위에서도 도로 유치를 진정하였다. 대부분이 군이 중심이 되어 도로를 유치하였지만 면과 리에서도 지역의 발전을 위해 도로 유치에 적극적으로 참여하였다. 양양군의 경우 군민이 도로 확장에 참여하였을 뿐만 아니라 '이등도로기성동맹회'를 조직하고 이석범과 이홍영을 진정대표자로 선임하였다. 이들은 齋藤 총독과 大塚 내무국장, 原 토목과장 등을 면담하고 도로부설을 진정하였다. 대표자 중 한 명은 다음과 같이 도로유설의 당위성을 주장하였다.

> 강원도 동편에 있는 각군은 경성과 연락되는 이등도로가 있으나 특히 양양군에 한하여 도로가 없는데, 양양군은 강원도에 셋째 가는 도회지일 뿐 아니라 소와 마포, 어물이 많이 인근 각군으로 수출되고 특히 약수리(藥水里)에 있는 오색 이 약물은 인근 읍에서 생명수(生命水)로 알고 매년 몇 천 명씩 왕래하며 경제상 교통상 어느 방면으로 보아도 도로가 없지 못할 터인데, 이미 예정하였던 도로를 옥호동(玉湖洞) 선으로 변경한 것은 경비상 관계라 함으로 양양읍에서 약수리(藥水里)까지 50리 들어가는 비용까지 담당하여 이등도로로 우리가 닦을 터이니 옥호선과 분기(分岐)되는 원통리(元通里)에서 약수리까지 닦아 달라 진정한 것이다.[21]

양양군은 강원도에서 세 번째로 큰 지역이면서도 물류의 불편과 오색약수의 관광객 유치를 위해서도 도로가 반드시 필요하다는 점을 밝

---

[21]「교통상으로 경제상으로 없지 못할 도로」,『동아일보』, 1923.6.16.

히고 있다. 그렇기 때문에 양양읍에서 약수리까지 50리의 도로를 20여 만 원이라는 거액의 비용까지 부담할 정도로 도로사업을 적극적으로 전개하고자 하였다. 밀양군의 단양면·산내면·산외면 등 3개 面도 "도로의 불완전으로 인하여 개개히 인부의 등에 지게로 한 짐씩 내게 될 뿐이고 車馬의 운반은 절대 불능하므로 원가는 頗히 저렴한 것이 판매지에서는 비상한 고가가 되지 않을 수 없음에 발전이 잘될 가망이 없고"라고 하여, 지역경제의 발전을 위해 도로부설을 진정하였다.

둘째, 도로 유치를 위한 진정운동은 주민대회, 시민대회, 면민대회, 동민대회 등을 통해 지역주민의 의사가 반영되었다는 점이다. 이는 도로 유치가 개인의 이익을 위한 것이 아니라 지역 주민 전체와 관련이 있기 때문이다. 개천군의 경우 개천군과 덕천군의 발전에 지대한 영향을 미치는 憂日嶺을 통과하는 도로수축을 갈망하던 중 양 군민이 1923년 7월 28일 시민대회를 개최하였다. 시민대회에서는 도로문제에 대한 설명에 만장일치로 찬성하고 '개덕간도로수축속성기성회'를 조직하고 140여 명의 연서를 받아 도청에 진정서 제출할 것과 진정대표로 김순옥, 최창호, 박병건 등 3명을 선정하였다. 또한 초산군 북진시 주민들은 운산-초산간 도로라 북진을 관통할 수 있도록 시민대회를 개최하고 '雲楚道路北鎭經由期成會'를 조직한 후 다음과 같은 사항을 결의하고 이를 총독부와 도청에 진정하였다.[22]

　一. 雲楚線이 北鎭을 경유하지 아니하는 것이 북진시민 1,300여 호의 사활문제인 것.
　一. 雲楚線이 본도 당국의 예정대로 된다하면 4里의 공사비도 多할뿐더

22) 「총독부 토목과에 시민대표 파견」, 『동아일보』, 1926.7.1.

러 雲礎 인민에게 하등의 이익이 無한 것.

一. 본도의 계획은 북진이 都會를 侮視하고 지방의 발전을 企圖치 아니한 것.

一. 총독부 당국에 탄원하여 원만한 해결을 不得할 時는 북진시민은 부득이 他地로 이주될 것.

셋째, 도로유치진정운동은 '기성회' 등 일정한 조직을 통해 전개하였다는 점이다. 기성회는 대부분이 지역의 유지들이 중심이 되어 조직하였다. 기성회 조직의 예로는 길주군의 '吉州城津間道路改修期成會'와 '吉惠間道路改修期成會', 개천군의 '介德間道路修築速成期成會', 강원도 이천군은 '伊川道路期成會', 천안군의 '道路期成同盟會'와 '鎭川笠場道路改鑿聯合期成會', 청안면의 '淸槐道路連結期成會', 강원도 고성군의 '溫井嶺改修速成期成會', 창원군의 '五昌道路速成期成會', 영변군의 '安咸道路改修速成期成會' 등이다. 이들 기성회는 조선인뿐만 아니라 일본인도 적지 않게 참여하였다. 이는 일본인들이 그 지역의 유지로서 이미 성장하였다고 볼 수 있다. 기성회를 조직하지 않을 경우에는 진정위원을 선정하였다.

넷째, 도로사업진정운동은 도로 개설뿐만 아니라 승격에도 적지 않게 관심을 가졌다는 점이다. 양양군과 고창군의 경우 기존의 도로는 있지만 한 등급씩 승격하여 확장하고자 하였다. 밀양군도 등외도로를 3등 도로로 승격시켜 줄 것을 진정하였다.

다섯째, 도로 유치는 대부분 지역발전에 목적을 두고 있다는 점이다. 도로부설을 통해 지역의 경제 및 산업의 발전을 최우선의 목적으로 하였다. 특히 안성지역은 안성시장과 주천시장의 발전을 위해 시장과 관련된 인사들이 우선적으로 도로를 유치키로 하였다. 북진시의 경우도 '사활문제'로 인식하였다. 도로가 부설되지 못할 때는 이주할 것을 결의하기도 하였다.

여섯째, 대부분의 도로사업의 진정운동은 총독부, 도 당국 등 행정기관을 대상으로 하였다. 그리고 주무부서는 토목과였다. 기성회는 진정운동을 전개할 대표인 진정위원을 선정하였고, 이들의 활동은 진정서를 도당국 즉 도청이나 총독부에 제출하였다. 경우에 따라서는 총독이나 내부부장, 토목과장을 직접 만나 도로부설을 진정하였다.

이러한 도로부설진정운동의 일차적인 목적은 지역경제의 발전이었다. 그 외 교통의 불편, 군사적 목적 등이었다. 진정운동으로 도로부설은 바로 진행되는 경우도 있지만 대부분 예산의 부족으로 일정한 기간이 지나서 부설되는 경우가 많았다.

Ⅲ. 도로품평회와 지역주민의 동향

앞서 살펴본 바와 같이 1920년대 들어 도로부설은 지역경제와 밀접한 관련을 가지게 되었고, 적극적인 진정운동을 통해 도로사업을 유치하고자 하였다. 도로사업은 官의 예산이 뒷받침되었지만 대부분 부역 등을 통한 지역주민의 노동력이 동원되었다. 특히 1910년대 도로사업은 무제한적인 부역이 가능하였기 때문이었다. 총독부와 道는 부역관련 법규를 마련하였으며, 군 이하의 하부기관은 헌병경찰과 도로감시원의 감시 아래 지역주민들의 강제적으로 도로사업에 동원하였다. 1912년에 훈령으로 제정된 〈도로유지수선규정〉에는 "도로의 유지 수선은 주로 관행에 따라 농한기에 관계 부락의 부역으로 시행하며"[23)]라고 하여, 부역을 강제적으로 동원할 수 있는 근거를 마련하였다. 이에 따라 도로사업은 관행이라는 이름으로 부역을 부과하였는데, 이는 국비나 지방비만으로는 도로사업을 할 수 없었기 때문이었다.[24)] 그렇지만 1910년대도 이미 도로를 문명의 상징으로 인식하였지만 대부분 도로사업에서 강제적 토지기부와 부역에 대해서는 매우 불만을 가지고 있었다.[25)] 이에 따라 1920년대 들어 1등도로와 2등도로의 축조에는 부역을 폐지하였다. 그렇지만 부역은 여전히 부과되어 지역주민들의 불만이 적지 않았다.[26)] 상황이 이렇게 되자 제2기 치도사업은 제1기 치도사업보다 활발하게 진행되지 못하고 정체상태에 빠졌다. 이와 같은 상황에서 1920년대에는 도로사업으로 도로품평회를 도입하였다.

일제강점 이후 품평회가 최초로 개최된 것은 1910년 11월 1일부터 7일까지 1주일간 경북 상주군에서 농산물품평회였다.[27)] 이어 함북 성진군에서 11월 17일부터 19일까지 3일간 역시 농산물품평회를 개최하였다.[28)] 이는 강점된 지 불과 두 달 만에 시행된 것으로 일제의 식민정책의 일환으로 보인다. 품평회를 통해 식민지 근대문명을 이식시키려는 의도였다고 할 수 있다. 이후 각지에서 농산물을 비롯하여 수산물, 공산품 등의 품평회가 보급되었다. 이처럼 농산물 등의 품평회가

---

23) 「도로유지수선규정」, 『조선총독부관보』, 1912.12.5.
24) 小林拓矢, 「일제하 도로 사업과 노동력 동원」, 『韓國史論』 56, 서울대학교 인문대학 국사학과, 2010, 17~18쪽.
25) 실제적으로 이러한 식민정책의 불만은 3·1운동의 원인으로 작용하기도 하였다.
26) 이에 대해서는 추후에 논의하기를 기약한다.
27) 「경북농산물품평회」, 『매일신보』, 1910.10.28. 이 기사는 예정기사였지만 시행되었을 것으로 본다.
28) 「함북농산물품평회」, 『매일신보』, 1910.10.28.

1920년대에는 도로에서 적용되어 '도로품평회'가 개최되었던 것이다. 이외에도 이와 유사한 도로경진회(평남), 도로공진회(수원) 등이 개최되었다. 현재 확인 가능한 최초의 도로품평회는 1922년 11월 30일 함남 북청군에서 개최하였다. 당시 북청군에서 개최한 도로품평회의 내용은 다음과 같다.

> 북청군청에서는 曾前의 도로가 불완전함을 항상 유감하던 바, 문명적 신 도로를 수축하여 일반인민의 통행상 편의를 與코자 하여 수년 이래로 고심 노력한 결과로 境內 각면 도로를 일신 수축하여 其 도로의 견고함과 鮮明廣 闊함이 북선지방의 제일이라. 각면 도로의 심사를 종료한 후 去月 30일 오 전 10시에 도로품평회 상품수여식을 當郡廳內에서 開하고 同會長權泰容씨 의 식사와 심사부장 橫山○씨와 全林鳳씨의 심사보고가 有하고 경찰서장 鈴木八十司의 축사와 출품민 대표 노덕면장 金悳經씨의 답사가 有한 후 左 와 如히 상품을 수여하고 식을 폐회한 후 내빈을 다과로 성대히 접대하고 산회하였더라.[29]

이 첫 도로품평회에 대한 자세한 상황은 알 수 없지만 '도로의 견고 성과 선명광활'을 심사기준으로 하여 各面 별로 시행했던 것으로 보인 다. 그 결과 1등은 신포면 상보주리, 2등은 양가면 초중상3리 등 10여 개 마을이 각각 선정되었다.[30] 전체적으로 1등에서 4등까지 선정된 마 을은 60여 개 마을이었다. 이는 북청군 전 마을에서 도로품평회에 참가

---

29) 「도로품평회」, 『조선일보』, 1922.12.5.
30) 이외에 2등은 양천면 상리·중리·하리, 거산면 상세동리, 신창면 신창리, 양화면 양화리, 신포면 창상리, 후창면 오평리, 부동리, 덕성면 수동리·수서리·만항리· 서흥리·어은리·주의동리, 성대면 창리, 양평리, 승동리3, 니곡면 초리·제중리2, 3 등은 31개리, 4등은 14개리였다.

하였음을 알 수 있다.

이처럼 북청군에서 개최된 도로품평회는 1920년대 들어 각지에서도 개최되었는데, 이를 정리하면 〈표 2〉와 같다.

〈표 2〉 1920년대 도로품평회 개최 현황[31]

지역	시기	주요내용	전거
평남	1924.9.10. -10.10	도로경진회/제1구 평양원산선, 제2구 평양영원선 · 순천자산선 · 북창덕천선, 제3구 평양진남포선 · 진남포광량만선 · 숙천광량만선 · 용강온정리선 · 용강중화선 · 기양증산선, 제4구 경성의주선 · 의정부평양선 · 평양삼등선 · 평양상원선 · 평양겸이포선, 제5구 평양한천선 · 숙천광량만선 · 영유어파선 · 숙천성천선, 제6구 신안주함흥선 · 안주개천선	1924.7.12
진위군	1924.10.	심사장 道 토목과장, 1등 1점 30원, 2등 1점 20원, 3등 10점 10원, 4등 29점 포상장	1924.11.4
안악군	1925.6	6월 10일 도로품평회 개최 예정	동아 1925.6.5
원주군	1925.11	1등 소초면 둔둔리 · 원주면 태장리 · 지정면 신평리, 2등 판부면 단구리 외 7개리, 3등 호저면 사천리 외 9개리, 부상 1등 소 1두, 2등 종 7개, 3등 종 5개	1925.12.6
양양군	1925.11	양양-경주간 및 원산-양양간 2등도로 연합 도로품평, 1등 양야면 상운리(30원), 2등 양양면 상양혈리(15원), 3등 양양면 포월리(8원)	1925.12.10
봉산군	1926.5.25 -5.30		1926.5.20
안악군	1926.5	안악-재령간, 안악-신천간, 안악-저도간, 안악-장연간, 저도-장연간, 대향-서하간, 안악-동창간, 동창-안곡간, 용문-문산간, 안악-유천간/1등 은강면, 2등 대원면, 3등 대향면	1926.5.29 1926.6.5
장연군	1926.9	1등 장연면 후남리(면)/1등 선정리, 2등 여산리, 3등 금수리, 4등 도원리, 5등 봉태리(각리)/특별공로 1등 도습리, 호암리, 3등 도경리/토목사업공로자 1등 김길연, 한국보, 한항보	1926.9.20
덕원군	1926.10	평지대 각면 연합도로품평회 개최, 31일 포상수여식 거행	1926.10.21

31) 〈표 2〉는 『동아일보』에 게재된 기사를 정리한 것이다.

송화군	1926.10	심사단과 관람단 조직, 특등 연정면, 1등 도원면, 2등 봉래면 · 상리면, 3등 하리면 · 천동면, 총 51리 23정	1926.10.28
황주군	1926.8 -11	1등 송림면, 2등 청룡면 · 청수면, 3등 천주면 · 도치면 · 황주면 · 흑교면 · 주남면, 4등 겸이포면 · 구락면 · 인교면 · 구성면, 5등 영풍면/3개월간 32리 도로보수, 참여호수 18,212호, 부역 91,000여 명	1926.11.26
함양군	1926.12	함양군 · 거창군 · 산천군 연합품평회/거창군 74점, 함양군 71점, 산청군 63점/1등 거창군 주상면, 2등 거창군 읍외면 · 함양군 대지면, 3등 거창 웅양면 · 거창군 거창면 · 함양군 안의면 · 함양군 수동면 · 산청군 도산면 · 산청군 오부면	1926.12.11
안악군	1927.4 -6	제3회 품평회/안악군 일원, 모래 1호당 평균 40상자, 호당 부역 10명 정도/1등 대원면, 2등 은흥면 · 대항면, 3등 용순면 · 안곡면 · 용문면, 4등 안악면 · 서하면 · 문산면	1927.4.28 1927.6.2
이천군 (강원)	1927.5	제2회 품평회/군내 33리 도로 완성, 특등 방장면 가하리	1927.5.26
송화군	1927.6	제2회 품평회	1927.6.16
신천군	1927.6	14개면 참가, 1등 문화면, 2등 가산면, 3등 문무면, 4등 초리면, 5등 북부면	1927.7.7
평창군	1927.11	제2회 품평회	1927.11.12
밀양군 창녕군 의령군 합천군	1928.3	4군 연합 품평회, 愛道會 조직, 품평회에 대한 제반사항 논의	1928.3.7
황해도	1928.5	토목과에서 6월 상순경 품평회 개최	1928.4.29
동래군 울산군 양산군 김해군	1928.5	4군 연합품평회/123등도로 1등 동래군 동래면, 2등 동래군 서면 · 양산군 웅상면 · 동래군 남면, 3등 동래군 북면 · 울산군 웅촌면 · 양산군 동면 · 동래군 사하면 · 김해군 이북면 · 울산군 범서면 · 울산군 동면/등외도로 1등 김해군 진례면, 2등 동래군 일광면 · 동래군 사상면 · 울산군 청량면 · 동래군 남면 · 김해군 장유면	1928.6.12
안악군	1928.6	제4회 품평회/1등 대원면 · 은홍면, 2등 대항면 · 용순면, 3등 안악면 · 안곡면 · 용문면, 4등 서하면 · 문산면	1928.6.15
마산부 창원군 함안군 통영군 고성군	1928.6	1부4군 연합 품평회, 도로애호회 활동	1928.6.18

수원군	1928.4~6	제1회 도로공진회, 도로개축과 자갈 깔기, 1등 봉담면 마하리	1928.6.21
함양군 거창군 산청군	1928.6	3군 연합도로개량수선품평	1928.6.27
산청군	1928.7	신안면 주최, 신안면 하정리-신등면 단계리간 3개 里를 잇는 등외도로 수선 품평	1928.7.24
봉산군	1928.11	군내 도로에 대한 도로 품평, 1등도로부터 등외도로 전체 대상	1928.11.9
장연군	1927.10 ~1928.11	제2회 도로품평회/1등도로부터 등외도로까지 대대적으로 수선, 가능한 직선화, 30만여 명의 부역, 2백여 정보의 전답 훼손/1등 낙도면, 2등 목감면, 3등 대구면·후남면·해안면	1928.11.12
곡산군	1929.10	각면 연합도로품평회/ 1등 상도면(23등도로)·동촌면(등외도로)	1929.10.30
포천군	1929.11	매호 小石 80상자/1등 1등 내촌면 지현리, 2등 영중면 양문리, 3등 영중면 금주리 외 3개리	1929.12.5

〈표 2〉는 1920년대 『동아일보』에 게재된 도로품평회를 정리한 것이다. 〈표 2〉에 의하면 30여 회 정도 도로품평회가 개최되었다. 『조선일보』에는 1920년대에 5회의 도로품평회가 개최되었고, 북청군이 1922년 12월,[32] 봉산군이 1924년 4월,[33] 안악군이 1926년 6월,[34] 강원도 16군이 1928년 11월,[35] 장연군이 1928년 11월경[36]에 도로품평회를 개최하였다. 『매일신보』에 의하면 13회의 도로품평회가 개최되었는데, 의성군[37]·함흥군[38]·달성군[39]·함경남도[40]·홍천군[41]·울진군[42]·재령군[43]·청주

32) 「도로품평회」, 『조선일보』, 1922.12.5.

33) 「도로품평회」, 『조선일보』, 1924.4.21.

34) 「도로품평회」, 『조선일보』, 1926.6.4.

35) 「강원도내 16군 도로품평회 개최」, 『조선일보』, 1928.11.4.

36) 「도로품평, 상품수여식」, 『조선일보』, 1928.11.11.

37) 「의성의 도로품평회 개최」, 『매일신보』, 1923.3.29.

38) 「함경남도 도로품평」, 『매일신보』, 1923.10.25.

39) 「도로품평」, 『매일신보』, 1923.10.28.

40) 「함경남도 도로품평」, 『매일신보』, 1924.9.14. 함경남도 도로품평회는 함흥군, 홍원

군44) · 해주군45) · 금천군46) · 평창군47) · 경상남도48) · 강원도49) 등지에서 개최되었다. 이들 중 중복되는 것을 제외하면 대략 45회 정도 도로품평회가 개최되었던 것으로 본다.

도로품평회는 주최는 道와 郡 등의 행정기관이었다. 전북에서 주최한 도 단위의 품평회는 도의 토목과가 주최하였다. 그러나 대부분은 군 행정기관이 주도적으로 개최하였는데, 토목과 업무에 해당되었다. 안악군은 1926년부터 1929년까지 매년 품평회를 개최할 정도로 가장 적극적이었다. 행정기관 중에서 말단기관이라고 할 수 있는 면이 주최가 되어 개최한 곳이 있는데, 산청군 신안면이 여기에 해당된다. 신안면이 주최한 도로품평회의 심사는 군에서 파견되지 않았기 때문에 진주 상원자동차부에서 자동차 2대를 무료로 제공받아 처리하였으며, 현금 50원을 기부받기도 하였다. 이 경우는 주민들의 뜻이 많이 반영되었을 것으로 판단된다. 특기할 것은 의성군의 도로품평회는 주민들이 연합하여 개최하였다.

군, 북청군, 이원군, 단천군 등 5개 군에서 참여하였다.
41) 「홍천 축산품평회와 도로품평회의 성관」, 『매일신보』, 1925.11.19.
42) 「도로품평회」, 『매일신보』, 1926.9.23.
43) 「재령 도로품평회」, 『매일신보』, 1927.3.6.
44) 「청주군의 도로품평회」, 『매일신보』, 1927.10.2.
45) 「해주군의 도로품평」, 『매일신보』, 1927.11.1.
46) 「금천군 도로품평회」, 『매일신보』, 1927.3.10.
47) 「도로품평회」, 『매일신보』, 1927.11.14. 평창군의 도로품평회는 1926년에 이어 두 번째로 개최되었다.
48) 「경남 도로품평회 수상식」, 『매일신보』, 1928.6.16. 경남의 도로품평회는 동래군, 울산군, 김해군, 양산군 4군 연합도로품평회이다.
49) 「강원도의 도로품평회」, 『매일신보』, 1930.1.20. 강원도 도로품평회는 1928년 봄부터 1929년 가을까지 준비하였다. 1등 홍천군, 2등 횡성군, 3등 화천군, 4등 원주군, 5등 평창군이 각각 차지하였다.

도로품평회의 대상은 1등도로, 2등도로, 3등도로가 기본이었지만 등외도로도 포함되었다. 도로품평회는 군 단위로 개최되었기 때문에 각면을 대상으로 심사하였지만 도의 경우에는 각군을 대상으로 심사를 하였다. 심사는 1등, 2등, 3등이 대부분이었지만, 4등과 5등까지 수상하는 경우도 적지 않았다. 그 외에 특등, 특별공로, 토목사업공로자 등도 선정하기도 하였다.

도로품평회는 3郡 또는 4郡의 연합으로 개최하기도 하였는데, 이는 토목관구와 밀접한 관계를 가지고 있다. 동래군 · 울산군 · 양산군 · 김해군의 4군 연합 품평회는 부산관구에, 마산부 · 창원군 · 함안군 · 통영군 · 고성군의 1부 4군 연합품평회는 마산관구에, 함양군 · 거창군 · 산청군의 3군 연합 품평회는 함양관구에 각각 속하였다. 그러나 이들 토목관구는 道 토목과 관할이었기 때문에 도의 지원이 컷을 것으로 보인다.

도로품평회의 심사는 일반적으로 토목기사들이 했지만 송화군은 심사반과 관람반을 조직하여 심사하기도 하였다. 도로품평회의 심사사항은 지역이나 상황에 따라 다소 차이가 있겠지만 1928년 5월 1일부터 1개월 동안 개최된 제1회 전북도로경진회를 통해 심사사항을 살펴보면 다음과 같다.

1. 路面砂利數
2. 側溝暗渠水拔 등의 浚渫 및 掃除狀態
3. 路面의 形態 및 手入
4. 除草 並 耳芝의 保護
5. 河川渡涉箇所修理
6. 道路 諸標識의 保存 並 維持[50]

도로품평회의 심사사항은 노면의 자갈수, 배수수로관의 준설과 청소, 노면의 형태, 제초상태, 도로표식 등이었으며, 심사는 道의 토목과장이었다. 심사사항의 배점은 노면사리수는 67점, 측구암거수발의 준설 및 소제 상태는 15점, 노면의 형태 및 수입은 10점, 제초 및 이지의 보호는 5점, 도로 제표식의 보존 및 유지는 5점으로 총 107점이었다.[51] 이와 같은 심사사항에 의한 제1회 전북도로경진회는 1등 46점, 2등 416점, 3등 430점 총 892점이 합격하였다.

　심사방법은 심사위원이 자동차에 분승하여 도로를 시찰한 후 심사사항을 기준에 따라 점수를 매겼다. 도로품평에 대한 시상은 군단위 또는 도 단위로 성대하게 진행되었다. 도지사나 군수, 경찰서장 등 관련 공무원과 면장, 지역유지들이 참석하였다. 시상식 후에는 만찬을 곁들였다. 도로품평회의 시상은 대부분 현금으로 지급하였지만 경우에 따라서는 牛나 鐘으로 수상하기도 하였다. 1등은 30원, 2등은 20원 또는 15원, 3등은 10원 또는 8원이었다. 전북도로품평회의 경우 기부를 받아 시상하였는데, 山本悅藏은 전주군에 한하여 은배를 기증했다.[52]

　도로품평회는 지역에 따라 그 목적이 다르지만 대체적으로 교통의 편리와 지역경제 발전을 도모하기 위함이었다. 강원도 이천군은 "물산

---

50) 「도로경진회 5월 1일부터」, 『동아일보』, 1928.3.2.
51) 「도로경진회 출품할 점수」, 『동아일보』, 1928.3.17.
52) 「도로경진회」, 『동아일보』, 1928.7.27. 군별 수상내용은 다음과 같다.

구분	전주	진안	금산	무주	장수	임실	남원	순창	정읍	고창	부안	김제	옥구	익산	합계
1등	–	1	4	–	10	3	1	–	15	–	3	9	–	–	46
2등	34	31	32	11	32	25	51	3	83	15	12	56	3	28	416
3등	29	12	52	19	5	31	47	36	24	62	7	31	13	62	430

의 낙오됨과 교통관계로 산업이 부진함을 실로 통탄에 불심하던 바"라
고 하였으며, 밀양군 등 4군은 "교통기관의 보장을 위하여"라고 하였듯
이, 도로품평은 '교통편리와 경제발전'이 주된 목적이었음을 알 수 있
다. 때문에 도로품평회는 "교통상 막대한 효과"나 "노면과 도로 양측이
정제된 것을 볼 때 환희함을 금치 못할", "유사 이래 미증유의 개량도로
를 조성"이라고 하여 매우 효과가 컸다고 할 수 있다. 그럼에도 불구하
고 도로품평회는 지역주민들로부터 적지 않은 불만이 있었다.

　도로품평회의 가장 큰 불만은 부역이었다. 황주군 도로품평회는 3개
월간 91,000여 명이 부역에 동원되었다.

　평남도청은 1924년 9월 10일부터 10월 10일까지 한 달간 도로경진회
를 개최하기로 하였는데, 1, 2, 3등 도로에 2, 3촌 두께로 小石(자갈)을
깔아야 했다. 이러한 규정에 따라 안주군에서는 그 비용으로 매호당
평균 5원씩 부담키로 하였다. 그런데 증호면은 자갈이 없어 수십 리 떨
어진 곳에서 人馬로 자갈을 운반해야만 하였다. 수확기에도 불구하고
주민들은 15일 이상을 부역해야 하기 때문에 불평이 비등하였다.[53] 맹
산군도 도로경진회에서 모래를 펴는데 1호당 4, 5일씩 부역을 하였다.
그러나 불충분하다고 하여 다시 부역으로 동원하였다. 더욱이 旱災로
흉년을 겪고 있는 주민들은 먹을 것도 제대로 없어서 기아에 헤매고
그나마 있는 농작물 수확을 할 겨를이 없는 상황이었다. 때문에 맹산
군민은 울분이 쌓일 정도로 불평이 고조되었다.[54] 이러한 불평에도 불
구하고 평남도청은 도로경진회를 그대로 추진하였다.

　황해도는 1928년 6월 상순부터 도로품평회를 개최하였는데, 신원면

---

[53] 「도로품평회와 농민의 불평」, 『동아일보』, 1924.9.24.
[54] 「도로경진회와 맹산군민의 울분」, 『동아일보』, 1924.10.6.

을 통과하는 해주-재령간 도로가 2등 도로임에도 불구하고 1평에 12상
자의 모래를 부담케 하였다. 신원면이 부담해야 할 모래는 무려 66,926상
자나 되었는데, 농번기임에도 불구하고 과중한 부역을 시킨다는 것에
"怨聲이 藉藉"하였다.[55]

이와 같이 불평이 많았던 농번기 도로부역은 사회적 문제로 제기되
기도 하였다. 『동아일보』는 농번기 도로부역 문제를 사설로 다루기도
하였다.

도로의 신설 及 개수에 要하는 비용을 누구의 부담으로 할까 하는 문제
를 논하면 (1) 현대 문명 諸國이 다 그러할 뿐 아니라 조선도 납세가 物納制
의 域을 벗어나서 金納制로 되어 있는 이상 (2) 또 治道라는 것이 各該 沿線
주민의 이익만 되는 것이 아니라 일국일사회의 전반에 미치는 공공적 성질
을 가진 것인 이상 治道費는 될 수 있는대로 국고 혹은 지방비가 此를 부담
하도록 하고 연선주민의 勞役賦課는 該도로의 부설에 의하여 受할만한 이
익의 범위 내에 그쳐야 하는 것이 可한데 현재상태는 이렇게 되어있지 못한
것이 첫째 유감이요, 총독부의 재정과 지방비가 넉넉지 못한 까닭으로 치도
에 대한 民賦役을 全廢할 수는 없다고 잡고라도 적어도 主로 민부역에 의한
치도는 일반 농민의 閑暇期를 이용하여 공사를 시행할 방침을 세워가지고
此 방침을 지방시정의 말초신경의 任에 당하는 面에 독실히 알리어 面당국
의 성적을 내기에 急하여 농민의 농번기를 奪하는 弊가 없이 하여야 될 터
인데 금일의 현상에 있어서는 그렇지 못하여 각처에서 此로 인한 원성이 日
高한 것이 둘째 유감이다.[56]

55) 「농번기를 앞두고 과중한 도로 부역」, 『동아일보』, 1928.4.29.
56) 「농번기에 도로부역」, 『동아일보』, 1928.5.14; 「6군 연합 도로품평회 부역으로 농민
곤고 막심」, 『중외일보』, 1928.10.23.

도로는 공공적 성격이 강하기 때문에 그 비용은 국고나 지방비로 하는 것이 원칙이지만 부득이 주민의 부역을 동원할 경우에는 농한기를 이용할 것을 주장하였다. 그럼에도 불구하고 도로사업에는 관행이라는 이름으로 부역을 당연시 하였다. 도로 부역은 1910년대보다는 크게 줄었다고 하지만 1920년대도 여전히 활용되었다.

Ⅳ. 맺음말

이상으로 1920년대 도로사업과 관련하여 '도로부설진정운동'과 도로품평회에 대하여 살펴보았다. 다음과 같이 정리하면서 맺음말을 대신하고자 한다.

일제강점 이후 식민통치의 일환으로 인식되었던 도로는 1920년대 들어 점차 변화되었다. 군사적 목적에서 경제적 이익으로 전환이었다. 이러한 인식의 변화에서 지역에서는 도로부설을 적극적으로 진정하였다. 도로부설진정운동은 주민대회를 개최하거나 도로기성회를 조직하였고, 군청 또는 도청에 진정서를 제출하였다. 나아가 조선총독을 면담할 정도로 적극적이었다.

한편 총독부는 1910년대 제1기 치도사업을 강제적 토지수용과 부역으로 일정한 성과를 달성하였다. 하지만 3·1운동 이후 이른바 '문화통치'라는 식민정책의 변화에 따라 제2기 치도사업은 상황이 여의치 않았다. 이에 총독부는 道와 郡을 중심으로 도로품평회를 개최하였다. 자발적인 도로품평회도 없지 않았지만 대부분 관 주도하에 추진되었다. 도로품평회는 지역 교통기관의 보장 내지 지역발전에 적지 않은 효과를 가져왔지만, 주민들로부터 적지 않은 불만이 제기되었다. 과중한 부역과 농번기에 개최된 도로품평회는 원성의 대상이 되었다. 그럼에도 불구하고 도로품평회는 지역의 발전에 적지 않게 기여하였다고 볼 수 있다.

일제강점기 수원의 도시공간 변화

Ⅰ. 머리말

수원은 불과 2백 년 전만 하더라도 민가가 몇 채 없는 들판에 불과하였다. 현재 수원으로 옮기기 전 수원 읍치는 지금의 화성군 태안읍이었으나 정조 때 팔달산을 품에 안고 화성을 축조하면서 신읍치가 형성되었으며, 일제강점기를 거치면서 신도시로 거듭나게 되었다.

오늘날 한국사회는 일제강점기를 겪으면서 다양한 방면에서 많은 변화를 가져왔다. 이러한 과정 속에는 일본에 의한 근대가 강제로 이식되는 가운데 왜곡되었다. 이들 변화와 강제된 이식은 농촌사회에서도 발생하였지만 인구가 집중되면서 다양한 사회적 규범이 형성된 도시에서 더욱 두드러지고 있다.

우리나라 도시의 발달은 일제의 강점과 일정한 상관관계를 가지고 있다. 일제강점기를 거치면서 근대적 도시의 모습이 구체적으로 나타나기 시작하였다. 한국의 근대적 도시의 형성은 일제의 식민지 정책에 따라 식민지형 도시화[1]가 보편적으로 형성되었고, 이러한 현상은 일제에 의한 개항과 더불어 '식민지적 상황'이라는 역사적 조건과 밀접한 관계를 가지고 있다.[2]

일반적으로 도시화 내지 도시발전에 대한 연구는 대부분 서구의 산업화 모델이나 또는 후기 산업화 모델에서 유추된 이론들에 의존하고 있다. 그렇지만 이들 모델은 식민시기를 겪으면서 성장한 '식민지도시'[3]의 발전과정을 이해하는 데는 일정한 한계를 가질 수밖에 없다. 이

---

[1] 橋谷弘은 일본의 식민지 도시 형성과정을 세 가지 타입으로 유형화하고 있다. 첫째는 일본의 식민지 지배와 함께 완전히 새롭게 도시가 형성된 타입으로 釜山·元山·仁川 등이고, 두 번째 타입은 재래사회의 전통적 도시 위에 겹쳐지면서 식민지 도시가 형성된 경우로 경성·개성·평양이고, 세 번째 타입으로는 기존 대도시의 근교에 일본이 신시가를 건설하여 형성된 도시의 경우로 중국의 봉천·장춘·하얼빈 등이다(橋谷弘,『일본제국주의, 식민지 도시를 건설하다』, 모티브, 2005, 17~19쪽).

[2] 조승연,「식민지형 소도시의 형성과 도시공간의 변화」,『한국근현대농민사회연구』, 서경, 2004, 153~154쪽.

[3] 식민도시의 개념은 다양하게 인식되고 있다. 정호재에 의하면 '식민도시'란 스페인 제국시대 때 멕시코의 자원을 스페인으로 송출하기 위해 건설된 도시, 제국주의 시대 식민모국의 경제적 이익을 도모하기 위해 형성된 도시를 의미한다(정호재,「銀으로 세운 금빛 풍광의 식민도시」,『주간동아』396, 2003.8.7). 김일수에 의하면 '도시화과정에서 타율성, 강제성, 배타성, 이원화가 작용하여 일본인에 의해 주도되고 장악되는 도시공간'을 의미하고(김일수,「일제강점 전후 대구의 도시화과정과 그 성격」,『역사문제연구』10, 역사문제연구소, 2003), 송규진은 '일본인에 의해 새로 건설되고 일본인 인구의 조선인 인구에 대한 우위가 지켜지면서 정치 경제 사회 등이 일본인에 의해 장악된 도시'로 정의하고 있다(송규진,「일제강점 초기 '식민도시' 대전의 형성과정에 관한 연구 – 일본인의 활동을 중심으로」,『아세아연구』45:2, 아세아연구소, 2002). 본 글에서는 사용하는 '식민지 도시'의 개념은 '일제강점기 시기 도시화과정에서 일본의 도시정책에 따라 식민지를 효율적으로 지배하기 위해 형성된 도시'를 의미한다.

에 호바쓰는 도시화의 시공간적 변화 형태를 설명하기 위해 도시화 모델을 산업형 도시모델, 전산업형 도시모델, 그리고 식민지형 도시모델로 구분하고 있다. 특히 제국주의의 식민지 지배를 경험한 국가에서의 도시화는 서로 다른 경제적 사회문화적 수준에 있던 기존의 사회구성체에 대한 선진자본주의적 생산양식이 이식된 공간적인 차원에서 형성된 것이다. 즉 식민지 사회의 도시형성은 상이한 생산양식이 접합되는 과정에서 침투해 온 지배적인 생산양식에 따라 변형되고 구조화되었다.[4]

일제의 침략이 본격화 된 개항 이후 형성된 식민도시는 크게 두 종류의 도시 형태로 분류할 수 있다. 하나는 개항도시로서 개항장과 개시장으로 지정되어 새로운 경제중심의 신도시로 성장한 곳이며, 다른 하나는 전통도시로서 개항 이전부터 도시지역으로 기능하였고 개항 이후 나름대로 지방행정의 중심으로 성장한 도시이다.[5] 개항도시가 근대사회의 새로운 특징으로 표현되는 대표적 도시였지만, 기존의 전통도시도 개항도시보다는 상대적으로 성장하지는 못하였으나 전반적인 사회구조 속에서 일정하게 근대적 성격을 띠는 도시로 성장하였다. 이러한 점에서 수원은 전통적 시가지로서의 의미를 갖는 동시에 지방민에 대한 회유책의 일환으로도 필요하였던 도시였다.[6]

4) 조승연, 「식민지형 소도시의 형성과 도시공간의 변화」, 154~155쪽.
5) 이에 대해서는 손정목, 『한국 개항기 도시사회경제사연구』, 일지사, 1982를 참조.
6) 손정목, 『일제강점기 도시계획연구』, 일지사, 2002, 196쪽. 손정목은 일제강점기 도시계획령 적용 또는 준용도시로 지정된 43개 도시를 다음과 같이 분류하고 있다. 1. 구한말의 개시장 및 개항장: 경성·청진·성진·목포·부산·인천·평양·원산·군산·진남포·마산, 2. 강점 이후 개항장: 신의주, 3. 그 밖의 도청소재지: 대구·전주·춘천·대전·청주·광주·해주·나남, 4. 전통적 시가지로서 지방민에 대한 회유책이 필요했던 곳: 개성·진주·길주·강릉·안동·수원, 5. 만주와의 관계: 나진·흥남·홍원·단천·순천(평)·만포, 6. 일본과의 관계: 여수·삼천포, 7.

1906년 행정구역체제가 바뀌면서 관찰부 소재지로서 전통적으로 중요하였던 도시들에 비해 새로 급성장한 도시가 府로 지정되었다. 이러한 행정구역의 개편은 일제가 통감부 체제 수립과 함께 추진되었던 것이다. 일제의 의도대로 식민지화가 점차 진행됨에 따라 전통도시들의 역할은 신흥도시에 밀리기 시작하였고, 실제로 도시적 경제활동이나 도시적 규모에서도 뒤처지고 있다. 경기도의 수부였던 수원의 경우도 새로운 개항도시인 인천에 비해 도시화가 뒤처지게 되었다. 그럼에도 불구하고 수원 등 전통도시들은 여전히 지방행정의 중심지로 기능하였고, 근대행정, 교통체계, 상업의 발달에 따른 근대적 식민도시로 성장하였다.

본고에서는 일제강점기를 연구대상으로 설정하여 수원의 근대적 식민도시로의 재편과 발전, 도시입안계획을 살펴보고자 한다. 이에 따라 개항 이후 일본인이 수원에 이주하면서 이들이 도시형성에 미친 영향, 관공서 등 근대건축물의 설치에 따른 도시공간의 변화, 그리고 일제 말기 입안되었던 도시계획에 대해 검토하고자 한다.

Ⅱ. 일본인의 이주와 신시가지의 형성

도시의 형성에서 중요한 요인 중의 하나가 인구이다. 즉 도시환경의 주체인 인구의 증감은 도시성장과 쇠퇴에 직접적인 영향을 미친다. 인구가 증가하면 증가한 만큼 필요한 생활 및 생산 활동의 공간이 추가될 것이고, 그리고 연령·성별·교육·소득수준 등 인구의 질적 양상에

기타 특수목적: 부여·제천·고원.

따라 공간수요가 변화된다. 도시인구의 증가는 자연적 증가보다 사회적 증가가 더 많아 인구 증가규모에 따라 도시공간의 수평적·평면적으로 확산된다.[7] 일제강점을 전후한 시기와 강점기는 한국의 근대도시 역시 이러한 경향을 보이고 있다. 그러나 이 시기 근대도시의 형성은 일본인의 이주로 증가가 결정적인 역할을 하였다.[8] 이러한 점에서도 강점기 근대도시는 식민지 도시로서의 성격을 그대로 보여주고 있다.

일본인들의 조선 진출과 이와 연관된 새로운 도시의 형성은 1876년 강화도조약 이후부터 본격화되었다. 강화도조약을 계기로 부산을 비롯하여 인천과 원산이 차례로 개항이 되었고, 이들 지역에 일본인 거류지가 형성되면서 각종 치외법권의 특권이 인정되었다. 이후 일제강점 전까지 목포, 군산, 신의주, 성진, 진남포 등이 개항하였다. 개항되기 전까지 이들 지역은 대부분 조그마한 어촌에 불과하였으나 일본인 거류지가 형성, 새로운 시가지가 조성되면서 점차 도시화되었다. 특히 이 시기 가장 두드러진 것은 대도시 외곽을 둘러싸고 있던 성곽의 철거였다.[9] 경성을 비롯하여 대구, 평양, 전주, 진주 등 전국의 주요 도시의 성벽이 사라졌으며, 기존 도시의 틀을 결정적으로 변화시켰다.[10] 그러

7) 장영실, 「수원시 공간구조 변천에 관한 연구」, 이화여자대학교 교육대학원 석사학위논문, 1990, 10~11쪽.
8) 권태환, 「일제시대의 도시화」, 『일제식민지 통치와 사회구조의 변화』(한국의 사회와 문화 제11집), 한국정신문화연구원, 1990, 254~255쪽.
9) 통감부 설치 이후 일제는 조선의 대도시에 있었던 대부분의 성곽을 철거하였다. 철거한 이유는 대개 교통의 불편 때문이었다. 하지만 본질적인 이유는 도시에 진출한 일본인들의 경제적 욕심이 큰 몫으로 작용하였다. 성문 주변이나 기존 도로변에 진출할 수 없었던 일본인들은 성벽 철거를 통해 도시의 요지를 장악하고자 하였다. 수원 화성은 비교적 북문과 남문, 동문과 서문이 커서 차량들이 통행할 수 있어서 철거되는 위기를 넘겼다.
10) 김동욱, 『한국건축의 역사』, 기문당, 2003, 300쪽.

나 수원의 화성은 온전히 보존되어 성을 중심으로 한 기존의 도시 형태는 유지할 수 있었다.

일제강점기 식민도시에 대한 행정적 개념은 1913년 부제의 실시로 본격화되었다. 그 이전까지는 일반적 도시의 관념에 가까운 기존의 부제가 행정구역 개편으로 인해 경성·인천·군산·목포·대구·부산·평양·진남포·신의주·원산·청진 등 12곳이 부(府)가 되었다. 이중 전통적인 도시로서 기능을 하였던 곳은 경성과 대구, 평양 등 3곳에 불과하였다. 나머지 새롭게 부로 승격한 곳은 일제의 조선 침략의 전진기지로서 1876년 이후 일본의 요구에 의해 개항된 곳이었다. 일제는 구래의 전통적인 도시로서 널리 알려진 개성, 전주, 진주, 해주, 함흥, 수원 등을 제외한 것이다. 이는 한마디로 일제에 의해 추진된 식민기지로서의 도시의 형성과 성장이었음을 알 수 있다. 그렇다 하더라도 이들 전통도시도 일본인이 진출하면서 점차 식민지 도시화하였다.

경기도의 수부였던 수원은 전통적인 성곽도시로써 화성이 축조된 이후 신읍치를 중심으로 성장하였다. 성안을 구획하는 도로는 전통적인 도시구획 방법에 따라 십자형으로 계획되었다. 십자형 도로는 수원읍의 핵심적 교통로로, 하나는 북문인 장안문에서 남문인 팔달문을 가로질러 천안으로 이르는 것이고, 다른 하나는 서문인 화서문 부근에서 동문인 창룡문을 거쳐 광주에 이르고 있다. 읍치는 십자로가 교차하는 종로 네거리를 중심으로 북쪽과 남쪽으로 구분되었다.[11] 그리고 시가 형성과 산업을 유치시키기 위해 대로변에 상가를 조성하여 경성과 각지의 부호를 유치하여 장시를 개설하고 전국의 20여 거상들이 모여 상

---

11) 김재국, 「수원 근대건축의 발달에 관한 연구」, 홍익대학교 대학원 석사학위논문, 1998, 8쪽; 장영실, 「수원시 공간구조 변천에 관한 연구」, 19~20쪽.

업에 종사토록 하였다.[12] 이들은 주로 종로 네거리와 장안문을 잇는 대로변에 상가를 형성하였고 이를 토대로 도시성장의 핵인 중심상업 지역으로 자리 잡게 되었다. 이로써 수원은 행정, 상업도시로서 급격한 성장을 보였다.

이러한 수원에 최초로 들어온 일본인은 1901년의 노리마쓰 마사야스(乘松雅休)였다.[13] 노리마쓰는 최초의 일본인 해외 기독교 선교사로 마쓰야마(松山)에서 출생하였으며, 1887년 일본 메이지학원대학(明治學院大學) 신학부에 재학 중 영국의 프리머스에서 파송한 브렌드(H. G. Briend)선교사의 영향을 받고 프리머스 형제교회로 이적하면서 신학부를 중퇴하고 한국 선교를 위해서 준비하고 있었다. 그러던 중 1896년 12월 인천에 입항, 서울에서 선교활동을 하다가 1901년 수원군 장안동에 정착하여 포교사업을 하였다.[14] 이어 1902년 1월 나가노 스에요시(野中末吉)가 이주하여 과자점을 경영하였다.[15] 또 이해 6월 미노와 세이치(三輪政一)가 수원에 정착하여 화성학원을 설립하고 스스로 교편생활을 하였다. 그러나 당시 일본인의 이주에 대해 수원 주민들은 호의적이지만은 않았다.

이처럼 일본인들이 불안한 나날을 보내던 중 1903년과 1904년 사이에 일본인이 급증하였다. 당시 일제는 조선에 농학자를 파견하였는데, 이는 수원지역의 잘 정비되어 있는 수리관계시설 등 농업기반을 이용하여 식민농정을 구축하는데 필요하였기 때문이었다. 이에 따라 일본

---

12) 손정목, 『조선시대의 도시사회연구』, 일지사, 1977, 435~445쪽.
13) 酒井政之助, 『發展せる水原』, 日韓印刷株式會社, 1914, 12쪽.
14) 도히 아키오, 김수진 옮김, 『일본기독교사』, 기독교문사, 1991, 292~293쪽.
15) 酒井政之助, 『發展せる水原』, 12쪽.

인 농학자 이노하라(猪原)를 비롯하여 기타자와(北澤), 오노(小野), 곤도(近藤虎之助),[16] 호소가와(細川), 야마자키(山崎), 이마무라(今村卯太郎)[17] 등이 수원에 정착하면서 일본인촌이 형성하는 한편 일본인회를 설립하였다.[18] 이들 농학자가 수원에 정착한 지 3년 후인 1906년 6월 식민농정의 정책기구인 권업모범장을 설치하였다.[19]

본격적으로 수원에 일본인이 급증한 것은 1905년 러일전쟁 직후였다. 이로써 수원에 이주한 일본인은 1백여 명에 달하였으며,[20] 1911년 수원면을 포함한 수원군에 이주한 일본인은 667戶, 2,408명에 이르렀으며, 수원군 인구 전체의 2.7%를 차지하고 있었다.[21] 이러한 일본인의 수원에 대한 인상은 마치 '교토(京都)에 대한 나라(奈郎)'로 비유, 전통적이고 역사적인 도시로 인식하고 있었다.[22] 1910년대 초 수원에 정착한 일본인의 출신지는 사가현(佐賀縣)과 후쿠오카현(福岡縣)이 가장 많았으며, 1백 명이 넘은 지역으로는 히로시마현(廣島縣), 야마구치현(山口縣), 후쿠야마현(福山縣) 등이다.[23] 1910년대 초 조선으로 이주한 수원지역

---

16) 近藤虎之助는 岡山縣 출신으로 한성은행수원지점장을 비롯하여 수원면장, 학교조합관리자, 수원신사씨자총대, 수원국유보안림보호조합장, 수원전기주식회사 전무취체역, 수원실업협회 회두 등을 지냈다.

17) 今村卯太郎은 雄本縣 출신으로 명치 36년에 조선에 이주하여 수원에 정착, 잡화상을 경영하였다. 학교조합평의원, 수원면협의원, 수원도시금융조합상무이사 등을 지냈다.

18) 酒井政之助, 『發展せる水原』, 12쪽; 김재국, 「수원 근대건축의 발달에 관한 연구」, 12쪽.

19) 김도형, 「권업모범장의 식민지 농업지배」, 『한국근현대사연구』 3, 한국근현대사학회, 1995, 145~146쪽; 이동근, 「1910-20년대 식민농정의 지역적 전개와 지주제─수원지역을 중심으로」, 『사림』 24, 수선사학회, 2005를 참고할 것.

20) 酒井政之助, 『水原』, 酒井出版部, 1923, 11쪽.

21) 酒井政之助, 『水原』, 5~7쪽.

22) 酒井政之助, 『水原』, 3쪽.

23) 酒井政之助, 『水原』, 8~9쪽.

일본인들의 출신지를 구체적으로 살펴보면 〈표 1〉과 같다.

〈표 1〉 1910년대 초 수원에 이주한 일본인의 출신지 현황

府縣別	人口	府縣別	人口	府縣別	人口	府縣別	人口
東京府	57명	京都府	26명	大阪府	30명	神奈川縣	30
兵庫縣	23	靜岡縣	36	山梨縣	17	滋賀縣	29
崎阜縣	82	長野縣	47	宮城縣	16	福島縣	28
高知縣	61	熊本縣	115	長崎縣	90	新潟縣	21
埼玉縣	13	千葉縣	13	茨城縣	6	岩手縣	9
靑森縣	7	山形縣	32	秋田縣	20	福井縣	13
石川縣	18	德島縣	22	北海道	9	群馬縣	18
枌木縣	11	奈郞縣	26	三重縣	14	愛知縣	58
鳥取縣	16	岡山縣	167	廣島縣	162	山口縣	184
和歌山縣	12	香川縣	37	愛媛縣	53	福岡縣	203
大分縣	94	宮崎縣	28	鹿兒島縣	97	島根縣	18
佐賀縣	319	합계 3府42縣1道, 人口 2,386명(男 1,349, 女1,037명)						

(출처 ; 酒井政之助, 『發展せる水原』, 日韓印刷株式會社, 1914, 8~9면)

1905년 러일전쟁의 승리로 급증하기 시작한 일본인 이주는 1907년 권업모범장과 농업학교가 설립되자 일본인 이주는 더욱 증가하여 거류민역장(居留民役場)과 소학교 등을 세워 수원지역을 잠식하며 도시화하는데 일정하게 기여하였다. 이러한 일본인의 급증은 "한번 조선에 들어가면 거류지에서 당황할 필요 없이 내륙으로 들어가 돈을 번다" 또는 "금일 거류지 내는 이미 일반 큰 자본이 침투하여 충분한 경영을 시험하였음으로 주선의 나머지 이익은 전부 내륙에 있다"며 적극적인 이주를 권장한 정책과도 관련이 적지 않았다.[24] 일제강점기 수원면의 인구

---

24) 『舊韓末日帝侵略史料叢書』 8(정치편), 77~78쪽; 김일수, 「일제강점 전후 대구의 도시화과정과 그 성격」, 89쪽.

와 일본인 수를 비교하면 〈표 2〉와 같다.

〈표 2〉 일제강점기 수원면의 인구와 일본인 수

年度	1910	1915	1925	1930	1940	1944
수원면 인구	6,791	10,714	10,374	13,182	27,547	26,429
일본인 수	1,247	719	1,265	1,583	2,431	3,091

이처럼 일본인의 급증되자 일본인거류지에는 교육기관과 종교기관이 조성되었다. 일본인들은 1905년 일본인회를 설립한 바 있었는데, 이는 학교조합으로 개편되었고 1906년 9월에는 심상고등소학교가 설립되었다.[25] 이 소학교는 화성학원을 설립한 바 있는 미노와 세이치가 교편을 잡고 조선인 교육을 표방하였다. 그러던 중 독립적인 교육기관의 필요성에 의해 거류민 총대와 평의원들이 통감부에 3백여 원의 일시금과 매월 35원의 보조금을 신청하였으며, 이를 달성하기 위해 화성학원의 교사를 수리하였다. 이어 후쿠오카현 사범학교 교사 출신인 오쿠조노(奧園悅次郎)를 교장으로 임용하였으며, 당시 학생 수는 7명이었으나 이듬해인 1907년에는 20명을 증가하여 교사가 협소해짐에 따라 일본인의 기부금 4백 원과 통감부에 4천 원을 요청하였다. 새로 신축된 교사는 팔달산 남록에 기공식을 갖고 1909년 1월 낙성하였다. 1914년에는 284명으로 급증하여 교사의 증축을 계획하였다.[26]

또한 일본인들은 교육기관과 함께 정신교화의 중요한 부분을 차지

[25] 酒井政之助, 『水原』, 16쪽.
[26] 酒井政之助, 『水原』, 16~17쪽.

하고 있는 종교기관을 조영하였다. 이를 위해 토지를 획득하고 기술자를 초빙하여 건물을 신축하며 운영을 담당할 靈代를 수배하는 등 체계적으로 추진하였다. 이들은 전망이 좋은 구릉지에 종교기관을 세우고 복합적인 勝地로서의 역할을 담당토록 하였다. 그리고 종교기관에서는 오락과 유원지의 역할을 함과 동시에 전쟁에 대한 초혼제 등을 지내곤 하여 일본인들에게는 공원과 같은 친밀한 곳이었다. 수원도 예외가 아니었다.

수원에 일본종교가 처음 포교된 것은 1905년 12월 정토종(淨土宗)이었으며, 이어 1909년 5월에 진언종(眞言宗) 고야산파(高野山派), 7월에 정토진종(淨土眞宗) 대곡파(大谷派)가 각각 포교를 하고 남부면에 포교소를 조영하였다. 신도의 경우 1910년 8월에 신리교(神理敎), 1912년 9월 천신교(天神敎)가 각각 북부면에 포교소와 선교소를 조성하였다.[27] 이들 일본종교는 더욱 확장되어 1920년대 초반에는 정토종 수원사, 진언종 고야산파 법륭사, 정토진종 대곡파 본원사 포교소, 정토진종 본원사파 본원사 포교소, 일련종 묘법사, 조동종 포교소, 천리교 선교소 등이 크게 활동하였다.[28] 그리고 1910년대 수원 시가를 한눈에 조망할 수 있는 팔달산 중턱에 수원신사가 건립되었다.[29]

수원 이주일본인의 사업은 농업과 상업 등 다양한 방면으로 진출하였고, 1910년 일제강점 후 농업은 식민농정에 충실하였고, 상업은 일본인들이 장악하였다. 1927년 『동아일보』에 의하면 조선인의 상권이 점차 일본인에게 넘어가고 있는 상황을 다음과 같이 밝히고 있다.

[27] 酒井政之助, 『水原』, 22~23쪽.
[28] 酒井政之助, 『水原』, 21~22쪽.
[29] 수원신사는 1915년 12월 16일 건립허가를 받았다.

商界에는 아직까지 우리에게 商權이 있다고 할 수 있으나 (다른 곳에 比하여서) 近年에 와서는 차츰차츰 日本사람에게도 옮아가는 影蹟이 보이는 것 같으니 水原市內만 볼지라도 日本사람들이 많이 사는 驛에서부터 南門 外까지에 날로 繁盛하여 가는 것과 朝鮮사람들이 많이 사는 鐘路一帶가 날로 쓸쓸해가는 것으로만 보아도 많이 그렇다고 부인치는 못하겠다.[30]

특히 일본 정부는 식민통치기간 여러 가지 이권사업을 규제하였는데, 이를 통해 이주일본인들은 건축토목업·양잠업·제지업·정미업 등에 집중하였다. 또한 일본인들은 근대적 회사를 설립하여 수원의 상권을 장악하였다. 1920년대 수원의 상권을 장악한 일본인의 주요상공업의 현황을 〈표 3〉과 같다.

〈표 3〉 1920년대 수원지역 일본인 상공업자 현황

상호	주요사업 또는 취급품	소재지	점주	비고
飯田商店	면류 제조 판매	성내 本町	飯田文太郎	
磯崎商店	잡화	수원역전		
今村商店	모자 메리야스 초자 잡화	남문 앞	今村卯太郎	
いろは	고급음식점	성내 仲町		
原田新聞店	각국 신문 보급	수원역전		
白洋舍	우유	성내 本町		
博多屋	고급요리점	성내 本町		
細川商店	수원역구내 판매	소학교 앞	細川岡之助	尾崎桃樹園部 운영
吐月	고급음식점	성내 本町		
巴商會	양복	수원역전	吉浦英信	
土肥自動車部	승합자동차	수원역전		
尾崎商店	신탄 연탄 과수	수원역전	尾崎秀八	
岡本時計店	각국 시계	수원역전	岡本喜本	

30) 『동아일보』, 1927.1.14.

大野商店	재목상 건축청부	수원역전	大野政市	
脇田商店	잡화 화장품 식료품 등	성내 仲町	脇田光二	
香山商店	종묘 과수	소학교 앞		
加茂下駄店	이물일식	성내 本町		
花華城館	여관	수원역전		
加茂藥店	매약 화장품	성내 本町		
神崎商店	양복	성내 仲町	神崎房吉	
竹下商店	쌀 잡곡 무역	남문 앞	竹下平三郎	
高木商店	농잠구 과수 양계 등	남문 앞	高木德治	
谷口小間物店	소모품	성내 本町		
賴岡龍藏	건축 청부	성내 本町	賴岡龍藏	
賴岡實一	토목건축 청부	성내 本町	賴岡實一	
副島商店	도자기	성내 鐘路		
村上組	토목건축 청부	수원역전	村上久一	
武藏野	고급음식점	남문 밖 시장		
野中商店	총포 화약	남문 앞	野中末吉	
忽那商會	소 매매	남문 밖 시장	忽那新八	
山崎吳服店	양복	성내 本町		
梁田商會	각국 자동차	성내 本町		
山本旅館	여관	수원역전	桀レゲ	
丸水運送組	운송	역전		
松永藥局	각종 약조제	남문 앞	松永壽作	
富士亭	고급음식점	성내 豊昌町	笹田コキ	
富國園	종묘 비료 농잠구 농산물 등 매매	수원역전	北澤小八郎	농학사, 잠업부 및 일본 長野縣에 출장소 설치
近藤商店印刷所	종이 인쇄 활판	성내 本町		
寺澤商會	미곡 잡곡 무역 등	수원역전	寺澤捨三郎	寺澤果樹園 운영
靑木旅館	여관	성내 本町		
靑木商會	미곡 무역 정미	수원역전		
坂手商會	석탄 등 연료 일체	남문 앞	坂手重三郎	1910년대는 가마니제작 기계 판매

山陽旅館	여관	성내 本町	田代友章	
華城館	숙박업	수원역전	守永ヘナ	
讚岐商會	정미	역전 앞	井川好太郎	
喜久野屋商店	잡화	校洞 학교 앞	喜久野屋	
喜多村洋服店	양복 및 부속품	성내 仲町	喜多村忠	
宮崎材木店	재목 연료	학교 前通	宮崎長五郎	
一二三	고급음식점	성내 仲町	加納サイ	
平田商店	잡화 종계 종돈	성내 仲町		
清光堂書店	서적 잡지 문방구	성내 본정	江口守夫	
水原物産商會	내외 잡화 해산물 등	남대문 앞		
翠香園	고급움식점	역전		
水月堂	과자	역전		
末廣	고급음식점	성내 仲町		
水原印刷會社	각종 활판인쇄	학교 앞		
水原商事柱式會社	승입 운송 창고업 기타	수원 역전		금융, 화재보험 등
水原寫眞館	사진	성내 本町		
水原煙草元賣捌組合	관제 연초	남대문 앞		경기도 내 오산, 평택 등 13개 영업소 운영
水原釀造合資會社	양조	성내 시장	上原陸郎	
水原電氣株式會社	전등, 전기구 보급	산루리		
內國通運株式會社取引店	운수	수원역전	高島末彦	
原洗布所	세탁	성내 豊昌町	原	
セナダ自轉車商會	자전거 판매	수원 성내		

(출처 酒井政之助, 『水原』, 酒井出版部, 1923)

이처럼 활발한 일본인의 상권에 비해 조선인의 상권은 '별무'라고 할 정도로 크게 위축되었다. 1926년 당시 조선인의 상권은 "가장 발전성이 있을 것 같으면서도 가장 미약하며 예전에 비하여 퇴보한 듯하다"[31]고 지적하고 있다. 즉 조선인의 상업활동으로는 수원곡물협회를 비롯하여 9개의 곡물도매상회, 안영순 외 5개의 해륙물산객주업, 차남순의 포목도매상인 수원상회, 이경의 등 수십 개의 주단포목점, 박선태의 상신상회와 김병호의 한영상회 등의 잡화상, 박일룡이 경영하는 인쇄소 1개, 10여 대의 중앙자동차상회와 합자회사 시내자동차상회 정도였다. 그리고 이처럼 조선인의 상권이 발달하지 못한 원인에 대해서는 '조선인 상인의 보수성과 개인주의, 그리고 교통 등 주변의 환경'에서 기인한다고 보았다. 특히 조선인 상인이 일본인 상인보다 사업성에 있어서 뒤떨어지고 있음을 보여주고 있다. 즉 수원지역의 조선인 상권이 약화된 이유를 다음과 같이 밝히고 있다.

이에 原因도 없는 것은 아니지만 너무도 水原商人은 守古的이며 進步도 變通性이 없는 것이 큰 原因이라고 할 것이다. 그리고 너무도 個人主義에 치우치며 團結力은 아주 薄弱하다고 아니 할 수 없다. 그런데다 大小商店을 勿論하고 仕入地가 거의 京城人인데다가 買主들은 생각에 도리어 京城보다도 많이 비싸겠거니 하는데서 一二十圓엇치만 바꾸려고 해도 京城으로 가는 까닭에 더욱 말이 못되어 갔다. 이것이 京城이 너무 가깝고 따라서 交通이 지나치게 便利한 緣故라고 걱정하는 것이다.[32]

이러한 상황에서 1920년대에 이르러 수원 상업계는 점포수가 5백여 개로 증가하였다. 이를 계기로 수원 상계는 상인을 중심으로 실업협회를 조직하고 회두 1명, 부회두 2명, 상의원 5명, 평의員 20명과 상담법

---

31) 『동아일보』, 1927.1.16.
32) 『동아일보』, 1926.1.16.

률 및 고문 등을 둘 정도로 향상되었다. 그리고 이들의 일치협력 활동으로 조선 유수한 상업중심지로 성장하였다.[33] 이처럼 수원의 상업은 일본인을 중심으로 크게 성장하고 있었으나 공업은 아주 보잘 것 없었다. 다만 제지류와 도자기류, 기와류가 발달하였다.[34]

또 하나 일제의 식민정책에 충실하였던 것은 이주일본인 지주였다. 1906년부터 권업모범장 주변에 대규모의 일본인 농장이 형성되었는데, 1906년 12월에 국무합명회사(國武合名會社), 1907년에 동산농사주식회사(東山農事株式會社), 1910년에 동양척식 수원출장소가 설치되었다. 특히 동척은 농업경영과 관련하여 일본인의 농업 이민사업을 적극 전개하였다. 이로 인해 1920년대 이주 일본 농민은 184호에 달하였고 이는 도시구역의 확대로 이어졌다.

한말부터 수원에 이주한 일본인들 중 일부분은 성내에 거주하기도 하였으나 대부분은 1907년 개통된 경부선의 수원역 쪽에 자리를 잡았고, 이를 계기로 수원역을 주변으로 신시가지가 형성되었다.[35] 당시 일본인들이 수원역을 주변으로 日本人村을 형성한 것은 수원지역의 반일정서가 크게 작용하였다. 일제는 1902년 경부선 철도를 부설하면서 정조의 역사성이 깃든 지지대와 화령전이 있는 팔달산의 훼손과 추수기를 앞둔 농민의 생계문제로 수원지역 농민들로부터 거센 저항을 받았기 때문이었다.[36] 이로 인해 수원의 토착유지들이 일본인들에게 토지를 매매하지 않았던 것이다. 또 하나는 1907년 경부선이 개통되면서

---

33) 酒井政之助, 『水原』, 50쪽.
34) 『동아일보』, 1926.1.16.
35) 水原一記者, 「停車場 近處부터 日人이 蠶食」, 『동아일보』, 1927.1.14.
36) 『황성신문』, 1902.6.5; 『각사등록』, 1902.6.2.

교통이 편리한 점도 일본인이 수원역 주변을 선호하게 되었다. 특히 지방 도시의 경우 철도는 도시외곽을 통과하였지만 철도 역사가 생기면서 역 주변은 새로운 시가지가 형성되고 도시의 중심지로 자리 잡았다. 1913년경 수원역 주변에는 2,657호, 11,394명이 거주하고 있었는데, 이중 일본인이 381호, 1,303명으로 10%이상을 차지하고 있었다. 이는 당시 조선인의 중심지인 화성보다 일본인의 비율이 훨씬 높았다. 이에 따라 수원역 주변에는 수원군청을 비롯하여 경찰서, 재판소, 헌병 분대, 우편국, 수비대, 권업모범장, 경기도 수원묘포 등의 관공서가 자리를 잡게 되었다.[37]

그리고 이들은 대부분 상업에 종사하였으며, 주요 점포는 성내에 두기도 하였다. 이로써 수원지역에 일본인들의 이주 또는 유입은 식민지 도시인 수원의 초기 도시발달에 발달에 결정적인 기여를 하였다.

Ⅲ. 근대건축물의 배치와 도시공간의 변화

식민지 시기 도시를 구성하는 건축물도 식민지지배와 무관하지 않다. 특히 관청 등 공공건축은 지배자의 우위성을 잘 드러내고 피지배자를 위압하는 것을 의식하여 세워졌기 때문이다.[38] 더욱이 이들 건축물은 '근대'의 산물로 인식되었다. 이러한 의미에서 강점기에 건축된 관공서 건축물은 식민도시의 한 과정을 잘 보여주고 있다. 수원의 근대건축물의 형성에 있어서 일본인의 역할은 적지 않았다. 그들은 민간

---

37) 『朝鮮鐵道驛勢一般』, 조선총독부철도국, 1914, 94쪽.
38) 橋谷弘, 『일본제국주의, 식민지 도시를 건설하다』, 117쪽.

과 공적인 분야에서 조선인의 개입을 배제한 채 주도적으로 건축물을 이식하였다.[39]

우리나라 근대건축물의 유입 경로는 외국 공관 계통의 건축, 선교사에 의한 종교건축과 산하 공공시설, 외국인 상업건물과 주택, 한말부터 계속된 일제의 관청 및 공공건축물이다. 이러한 유입 경로 가운데 가장 크게 영향을 미친 것이 외국인 상업건물과 주택, 그리고 일제 강점기시기 건축물이라 할 수 있다. 특히 일제 강점기에 건축된 관청과 공공시설 건축물은 식민지 도시발달에 크게 영향을 미쳤다.[40]

일제는 조선을 강점하자 총독부는 건축업무도 총독부 회계국 영선과와 철도국 공무과에서 맡도록 하였다. 이에 따라 총독부의 의도에 의해 지어진 행정기관의 건축물은 규모가 큰 건물로 집중되었다. 이와 더불어 식민지 경제활동을 위해 조직된 각종 단체에 의해 지어진 건축물도 급격히 늘어났다. 따라서 강점 이후 지어진 일련의 식민행정기관이나 각종 단체의 건축물들은 권위적이고 단조로운 형태로 일관하였다. 주로 서양에서 18세기 이후 유행하였던 틀을 모방하여 표면을 석재로 마감하고 육중한 외관을 강조하였다. 그 이유는 식민통치자들이 제국주의의 권위적 건축물을 통해 식민통치시설을 이식, 도시를 장악하고자 하였기 때문이었다. 이런 건축물들은 대개 새로 개통하거나 확장된 가로 중심부에 세워져 새로운 도시경관을 형성하는데 한몫을 차지

---

[39] 김재국,『수원 근대건축의 발달에 관한 연구』, 18쪽.
[40] 수원의 근대건축물 유입은 다음과 같이 정리할 수 있다.
　　첫째 일본인의 농업정책에 의해 설립된 근대농업시설, 둘째 조선인과 일본인, 중국인에 의해 설립된 근대 상업 건축물과 주택, 셋째 정부(총독부)에 의해 설립된 근대관공서 건축물, 넷째 사립 또는 관립으로 설립된 근대교육건축물, 다섯째 서양선교사들에 의해 설립된 근대종교건축물(김재국,『수원 근대건축의 발달에 관한 연구』, 19~20쪽).

하기도 하였다. 그러나 기존의 한옥으로 형성된 전통적인 도시와는 심각한 부조화 내지 문화적 충격을 안겨주기도 하였다.[41] 수원에 세워졌던 이러한 식민지 근대건축물은 한성우체사 수원지사, 권업모범장과 예속 기관, 주식회사 부국원, 한성은행 수원지점, 식산은행 수원지점, 수원금융조합, 화성금융조합, 자혜의원 등이 있다. 이러한 건물들은 특히 전통적인 도시로써의 수원에서는 더욱 심각하였다.

수원에 근대적 관공서 건축물이 들어서기 시작한 것은 1900년 전후였다. 그러나 이들 건축물은 기술적인 면이나 외관상으로 볼 때 한국식 건축물에 익숙하였던 일반인과는 단절되었으나 도시 확장과 발달에는 매우 밀접한 연관성을 가지고 있었다.

수원에 가장 먼저 유입된 근대 관공서 건축물은 한성우체사 수원지사였다. 1882년 12월 통리교섭통상사무아문 아래 우정사를 설치하면서 근대적인 통신업무를 시작한 이래 1884년 12월 한성우정총국과 인천우정분국으로 지방에서도 우편업무를 담당하게 되었다. 그러나 갑신정변으로 일시적으로 중단되었던 우편업무는 1893년에 이르러 재개되었고 1895년 8개의 지방분국, 1896년에는 16개의 우체사가 개국 또는 개설되었다. 수원의 경우 1895년 8월 한성우체사 수원분국으로 첫 우편업무를 개시하였다.[42] 수원분국은 설립한 이듬해 1896년 8월 10일 수원우체사로 승격되었으며, 개국 초기부터 우편업무와 통신 업무를 아울러 수행하였다.

1920년대 수원우체사 건물은 목조 건물에 기와를 올린 형태로 일본에서 도입한 영국식 원통형 붉은 우체통을 건물 앞에 세워두었다. 수

---

41) 김동욱, 『한국건축의 역사』, 306~309쪽.
42) 체신부, 『한국우정100년사』, 1984, 765~766쪽.

원우체사의 경우 다른 관공서 건물보다 비교적 빠르게 수원에 자리 잡게 되었는데, 이는 수원지역에 매우 중요한 시설, 즉 농업시설과 관련된 것으로 보인다. 즉 당시 수원에 설치된 官시설은 농업시설이었다. 권업모범장과 농림학교가 수원체신사보다 훨씬 후인 1906년에 건립되지만 조선의 농업근대화 정책이 일제에 의해 추진되었던 것과 1894년에 다수의 일본인 농학자들이 수원에 파견하여 활동하고 있었기 때문이었다.[43)

수원우체사에 이어 들어선 근대 관공서는 경기지방재판소 수원지청이었다. 수원지청이 자리 잡은 곳은 기존의 관아를 차용한 것으로 화성행궁 우측 하단 성내의 신풍정에 위치하고 있었다. 수원지청의 설립에 대해서는 자세한 기록은 없지만 1908년 5월 폐지되었고, 경기재판소가 경성재판소에 합병 한성재판소로 개칭되었다. 이후 수원지청은 1909년 12월 1일 경성지방법원 수원지청으로 개설되어 수원군과 용인군, 안성군, 진위군, 광주군 등 5개 군을 관할하였다.[44) 1910년대 수원지청의 업무처리현황을 살펴보면 〈표 4〉와 같다.

수원지역에 관공서가 본격적으로 들어서기 시작한 것은 1910년 일제강점기 이후였다. 일제는 강점 직후 1910년 10월 1일 훈령 제31호로 경기도의 사무관·서기·기수·통역관·부군의 서기 정원을 공표하였는데, 수원군은 8명으로 양주군에 이어 두 번째로 많았다. 당시 수원지역의 중심지는 남부면[45)과 북부면[46)이었으며, 십자형 도로를 기준으로

43) 김재국, 『수원 근대건축의 발달에 관한 연구』, 23~24쪽.
44) 酒井政之助, 『水原』, 22쪽.
45) 水原府의 南部面은 20개 洞으로 구성되었는데, 南倉洞·南水洞·梅香洞·龜川洞·山樓洞·校洞·下柳川·長芝村·香木亭·禿山里·上柳川·下芝長浦·上芝長浦·벌리·細洞里·權洞·川洞·內洞·牛滿里·新幅 등이다(수원시, 『수원도시변천사』,

<표 4> 경성지방법원 수원지청 취급사건 현황

연도	본안소송	화해	독촉	가차압가처분	형사제1심		예심		등기사건인지수입		
					건수	피고인원	건수	피고인원	건수	개수	인지수입액
1911	1,022	159	20	88	109	121	0	0	0	0	0
1914	765	40	1,007	488	296	438	3	15	0	0	0
1917	571	2	1,099	748	476	572	27	56	6,539	26,941	28,51.59
1921	631	14	1,647	217	177	250	5	9	7,676	32,036	54,522

(출처 : 酒井政之助, 『水原』, 22–23쪽)

남북으로 나뉘었고 남부면사무소의 경우 팔달문 옆 성내에 있었다. 이후 1914년 행정개편으로 남부면과 북부면의 대부분이 수원면으로 통폐합되었다.[47] 당시 수원지역의 중심지인 수원면에는 남창리 · 남수리 · 산루리 · 매산리 · 북수리 · 신풍리 등 6개의 리로 구성되었다.

그리고 수원면은 1931년 지방자치제도의 개정에 따라 1931년 수원읍으로 승격되었다. 태장면의 인계동과 지동 일부, 안룡면에서 세류동, 일왕면에서 화서동과 서둔동, 용인군 수지면에서 광교 일부를 각각 흡수 통합하였다. 그리고 수원읍의 기존 里를 일본식 명칭인 町으로 개편되었다.[48] 이에 따라 수원읍의 인구도 3만여 명으로 격증하였으며,

2004, 38쪽).

[46] 수원부의 북부면은 14개의 동으로 구성되었는데, 普施洞 · 北水洞 · 長安洞 · 軍器洞 · 新豊洞 · 觀吉洞 · 驛村 · 龍淵洞 · 紙所洞 · 光敎洞 · 西屯東村 · 高陽洞 · 花山洞 · 西屯村 등이다.

[47] 1914년 수원군의 행정개편은 두 차례 진행되었다. 첫 번째인 3월 1일에는 기존 수원군의 종덕면 · 율북면 · 수북면 · 토진면 · 서신리면 · 청룡면 · 숙성면 · 오정면 · 언북면 · 포내면 · 현암면 · 안외면 · 승량면 · 가사면 · 가사면 · 광덕면 등이 진위군으로 넘어가고, 영흥면과 대부면을 제외한 대부분의 남양군, 광주군의 의곡면 · 황륜면, 안산군의 월곡면 · 북방면 · 성곶면 등이 새로 수원군에 편입되었다. 이어 두 번째인 4월 1일에는 지명을 일원화하기 위해 각 동리의 명칭을 里로 단일화하였다. 이로서 수원군은 20면, 270리로 통폐합되었다.

도시규모도 크게 확대되었다. 당시 도시규모의 확대는 다음과 같이 전개되었다.

> 성내가 중심이었던 당시 수원시의 도심이 점차 성문 밖으로까지 확대되었다. 먼저 확장된 곳은 남문 밖 교동 일대와 (現) 중동 사거리이며, 이곳에서 역전까지 황량하던 벌판에 일본인들이 길 양쪽을 시작으로 건물을 짓기 시작했고, 역전 일대를 저희들 독자적으로 개발했다.[49]

1931년 당시 수원읍의 도시 건축물의 유형은 크게 네 가지로 분류할 수 있다. 첫째는 신읍치가 형성될 때부터 유지되고 있던 고옥이었다. 이들 고옥은 대부분 남창리 · 신풍리 · 남수리 · 북수리 등 성안의 건축물들이다. 둘째는 일본인들에 의해 건축된 일본식의 가옥과 점포들이었다. 이 건축물은 대부분이 역전 일대에 분포되어 있었으며, 성안에도 일부 일본인 상인들이 운영하는 점포가 이에 해당하였다. 셋째는 개조한 한옥의 상가와 조선인의 거주지 건축물이었다. 이들 건축물은 교동과 팔달로 일가를 중심으로 형성되었는데, 일본식도 한옥도 아닌 애매한 유형의 복합적인 건축물이었다. 넷째는 일반 조선인이 생활하였던 조선인들의 家屋이었다. 이들 가옥은 허리를 굽혀야 할 정도로 낮게 지어진 건축물들로 인계동과 지동 일대에 분포되어 있었다. 이 지역은 1930년대 초까지만 해도 논밭이었던 곳이다.[50]

---

[48] 1931년 행정개편으로 구성된 町 명칭은 다음과 같다. 本町 · 梅山町 · 南水町 · 龜川町 · 榮町 · 梅香町 · 北水町 · 新豊町 · 宮町 · 牛滿町 · 西屯町 · 迎華町 · 長安町 · 南昌町 · 細柳町 · 高等町 등이다.

[49] 김성운, 『수원50년사』, 학우사, 1978, 40쪽; 김재국, 『수원 근대건축의 발달에 관한 연구』, 26쪽 재인용.

[50] 김재국, 『수원 근대건축의 발달에 관한 연구』, 26~26쪽.

이처럼 읍의 승격과 행정구역의 확대로 새로운 변화를 겪게 되었다. 그중 가장 큰 변화가 철도의 확장이었다. 수원은 1905년 경부선이 개통되면서 중요한 교통의 요지로 자리잡게 되었다. 경부선은 수원 중심지인 성내를 지나지 않고 팔달산 건너편으로 지나게 되어 화성에는 직접적인 피해를 주지는 않았지만 수원역이 남문 밖 서쪽에 놓이게 되자 남문은 수원인의 활발한 생활터전으로 자리잡게 되었다.[51] 이는 성 내의 수원을 성 밖으로 확장시키는데 결정적인 역할을 하였다.

1930년 들어 수원에는 수여선과 수인선이 가설되었다. 수여선은 수원과 여주를 잇는 협궤철로로 1931년 12월 1일 개통하였고, 수인선은 수원과 인천을 잇는 철로로 1937년 8월 6일 개통하였다. 이 두 철로의 개설은 일제가 경기지역 물산을 약탈하는 도구였지만, 외형상으로는 수어의 도시시설을 변화시키고 발전시키는데 일정 부문 기여하였다.

수원은 일제강점기 여러 번 행정구역을 개편하였지만 군소재지였던 관계로 수원군청을 비롯하여 각종 관공서가 조선인이 많이 거주하고 있는 성내에 설치되었다. 이들 관공서 건축물은 화성행궁을 개조하여 관공서 청사로 사용하고 있었다. 이는 반드시 관공서의 건축물이 근대적인 모습으로 급격하게 변하지 않고 한옥을 개조하여 새로운 재료와 건축기술을 활용하여 새로운 형태를 보이고 있었지만 근대건축물의 하나라고 볼 수 있다. 수원군청은 화성행궁 건물 중 가장 뒤쪽에 있었던 낙남헌을 개조하여 사용하였다. 당시 군청사의 특징은 洋式목재를 활용하여 벽을 만들고, 그 벽에 큰 창문을 내어 한옥과 양식의 절충적 형태로 하였다. 이 군 청사는 1937년 7월까지 사용하였다. 그리고 수원

---

[51] 수원시, 『수원도시변천사』, 52~53쪽.

군청 뒤쪽에는 수원세무소가 있었다.

수원에서 근대건축물로 대표적인 것 중의 하나가 권업모범장과 그에 따른 부속 건축물이었다. 일제가 조선을 강점한 가장 큰 이유는 조선을 일제의 경제의 원료공급지이자 자본제 상품시장으로 만들기 위함이었다.[52] 이중에서도 농업체제의 개편은 토지조사사업으로 일제의 토지 침탈로 이어졌으며, 이를 토대로 동척, 동산농사주식회사, 국무합명회사 등 일본 농장회사나 이주 일본인에게 불하하였다.

일제는 통감부시기 조선 농업에 대한 지배권을 장악하기 위해 1910년 강점 직후 권업모범장을 총독부 관할로 하고 본격적인 식민농정을 전개하였다. 이미 1907년 설립된 권업모범장은 장장 이하 기사·기수 등 주요구성원은 대부분이 일본인으로 충원하였다. 설립 초기 권업모범장은 총면적 87여 정보로, 田 28정보, 답 59정보였으나 1909년 말에는 149정 8만보로 증가하였다.[53] 그리고 권업모범장의 주요사업은 '산업의 발달개량에 기여한 조사 및 시험, 물산의 조사와 산업상 필요한 물료(物料)의 분석 및 감정, 종자·종묘·잠종·종금 및 종축의 배부, 산업상의 지도강습 및 통신' 등이었다.[54] 이중 핵심적 사업은 새로운 농업기술과 품종개량을 통한 일본농법의 이식이었다. 이에 따라 수원 권업모범장은 수도우량품종의 보급에 가장 심혈을 기울였다. 이러한 보급사업은

---

[52] 권업모범장에 관한 것은 김도형, 「권업모범장의 식민지 농업지배」, 『한국근현대사연구』 3, 한국근현대사학회, 1995; 박수현, 「일제하 수원 권업모범장의 조직과 기능의 변천」, 『수원학연구』 창간호, 수원학연구소, 2005; 김도형, 「일제하 수원 권업모범장의 구성원과 식민지 농업지배」, 『수원학연구』 창간호, 수원학연구소, 2005; 김주용, 「일제하 수원 권업모범장의 운영실태」, 『수원학연구』 창간호, 수원학연구소, 2005를 참조할 것.

[53] 김도형, 「권업모범장의 식민지 농업지배」, 『한국근현대사연구』 3, 한국근현대사학회, 1995, 152쪽.

[54] 酒井政之助, 『발전하는 수원』, 1914, 36~37쪽.

일본인 지주에게 적극적으로 장려되었다. 당시 권업모범장의 건축적 특성과 규모에 대해서는 자세하게 알려져 있지 않지만, 초기의 직원이 장장(場長), 기사, 서기 등으로 이루어진 것과 근대적 연구기관이라는 점에서 수원의 근대도시화에 적지 않은 영향을 주었으리라 본다. 1910년대 권업모범장의 외형적 형태는 경사지붕의 2층 목조 양식이며, 중앙에 돌출된 현관부분을 중심으로 좌우대칭을 이루고 있다. 그리고 삼각 페디먼트가 중앙부분을 이루고 있으며 현관 2층 부분에는 방에서 연결된 난간에 테라스가 설치되었다.

권업모범장은 강점기 동안 전국의 농업기관의 요람으로서 식민지 농정을 입안하고 실행하는 중추적인 기관이었다. 이에 따라 근대적 농업계획을 추진하기 위해 전국 각지에 출장소와 종묘장, 농업시험소 등을 확충하였다. 이에 자연스럽게 근대건축물이 유입되었다. 권업모범장은 단순한 농업장려와 농업기술만을 목표로 하지 않았던 관계로 강습교육과 지도를 주도하였다. 그밖에도 양잠 등 농업과 연관된 산업에도 깊이 간여하였다. 이에 1910년과 1914년 여자잠업강습소와 원잠종제조소를 각각 수원에 설립하였다. 여자잠업강습소는 원래 경성에 설립하였던 것을 근대적 농업시설의 중심지인 수원으로 옮겨 서둔동에 두었다. 그리고 산하기관으로 잠업시험소를 두었는데, 이는 최초의 근대적 잠업연구기관으로 1930년에 농사시험장 잠업부로 개칭되어 잠사업의 발전을 꾀하기 위해 연구활동을 하였다.

한편 권업모범장과 종묘시험장에서 만들어진 種子는 각 지역 출장소와 종묘시험장, 그리고 면사무소를 통해 일반 농민에게 공급되었다. 이밖에도 종묘주식회사를 통해 공급되기도 하였는데 수원에서는 일본인이 운영하는 수원전기기술회사, 부국원, 동산농사주식회사 조선지점을 통해 이루어졌다. 특히 부국원은 1900년대 초 농학사 기타자와(北澤小八郎)가 설립한 종묘회사로 조선의 풍토에 맞는 종묘 또는 묘목을 개발 이를 직접 수십 町步의 採種圃에서 실습 배양하였으며, 취급품목으로는 1914년에는 채종종자 · 곡숙종자 · 초화종자 · 산림종자 · 과수묘목 · 사림묘목 등 종자와 묘목 판매가 주업이었으나 1923년에는 잠종잠구 · 농구비료 · 농산물매매 · 묘포식림경영 등으로 확대되었다. 이처럼 규모가 큰 부국원은 수원역 앞 산루리(현 교동)에 본사와 일형면에 잠업부를 두었고, 일본 나가노현(長野縣)에 출장소를 두었다.[55] 양식 3층 높이의 콘크리트 구조물로 근대적 건축물로 위용을 보여주고 있다.[56] 뿐만 아니라 부국원은 수원군 북부면에 북택농장(北澤農場)을 운영하기도 하였다.[57]

권업모범장의 잠업기술연구와 종자의 배급은 궁극적으로 수원에서 직물업계를 발전시키는데 결정적인 역할을 하였다.[58] 수원에 직물업계가 들어선 것은 1909년으로 보시동 목기계염직공장이 효시이다. 이어 남수동에 수원염직조합직물공장을 비롯하여 이름이 알려지지 않은 염직공장이 들어섰다.[59] 이후 1930년대 들어 수원의 직물업계는 크게 발전하여 13개로 증가하였다. 이들 직물회사는 대부분 일본인들에 의해 경영되었다. 1930년대 들어 수원에서 직물업계가 급성장한 것은 권업모범장의 잠업연구와 기술배양 및 인력양성, 철도부설로 인한 운송수단 등 유리한 조건 때문에 가능하였다. 당시 직물회사의 현황은 〈표 5〉

---

[55] 酒井政之助, 『발전하는 수원』, 광고면 및 酒井政之助, 『수원』, 65쪽.

[56] 酒井政之助, 『水原』, 65쪽.

[57] 酒井政之助, 『발전하는 수원』, 33~35쪽.

[58] 酒井政之助, 『발전하는 수원』, 49쪽 및 酒井政之助, 『수원』, 63~64쪽.

[59] 조선총독부, 『조선총독부통계연보』, 1914, 118~120쪽.

와 같다.

〈표 5〉 일제강점기 수원지역 직물공장 및 회사 현황

회사이름	설립연도	회사 위치
木機械染織工場	1909	水原郡 北部面 普施洞
染織工場	1911	水原郡 南部面 南水洞
水原染織組合織物工場	1912	水原郡 南部面 南水洞
水原織物工場	1925	水原邑 榮洞 60
朝鮮總督府 製絲工場	1936	水原邑 西屯洞
南部線業株式會社 水原工場	1936	
水原織布株式會社	1936	
昭和織物工場	1938	水原邑 本町 3丁目
東亞織物工場	1939	水原邑 梅香町 146
昌和織物工場	1939	水原邑 新豊町 160
昭和織物工場 第2工場	1942	水原邑 南水町
昭和織物工場 第3工場	1943	水原邑 龜川町
同興織物 水原工場	1943	水原邑 世 細柳町 236
鮮京織物 水原工場	1943	水原邑 大平町
大成織物工場	미상	
成田織物工場	미상	

(출처 : 김재국, 『수원 근대건축의 발달에 관한 연구』, 37-38면)

결국 권업모범장은 전통적인 성곽도시로서의 성격을 가지고 있던 수원을 새로운 건축기술을 선보여 근대도시로서의 성장을 가능하게 하였다. 즉 그동안 성내의 도시중심에서 1906년에 황량한 서둔벌에 직물공장이 들어서면서 수원역과 연결시켜 궁극적으로는 새로운 수원의 중심가를 형성하는데 크게 기여한 셈이다. 또 다른 의미에서는 권업모범장이 갖는 업무의 특성과 매우 광범위한 영향력으로 수원의 도시 경관을 변화시켰고 나아가 도시구역확장과 산업발달 등 도시화에 직간

접적으로 크게 영향을 미쳤다.[60]

그밖에도 한성은행 수원지점은 팔달문에서 멀리 떨어지지 않은 상권의 중심지인 남문에 설치하였는데, 건축물은 2층 높이의 좌우대칭형 르네상스 양식의 유럽형으로 지어졌으며, 식산은행 수원지점은 일본상권의 중심지인 수원역 근처에 르네상스 양식의 유럽형으로 설립되었다. 그리고 수원금융조합과 화성금융조합은 모두 성 밖에 세워졌는데, 전자는 2층의 르네상스 양식으로, 후자는 단층의 벽돌로 역시 같은 형태로 지어졌다.

Ⅳ. 도시계획안의 입안과 수원의 변화

일반적으로 식민지 도시가 건설될 때에는 당연히 도시계획에 의해 추진되고 있다. 식민지에서의 도시계획은 크게 두 가지 타입이 있다. 하나는 최신의 계획사상에 기초를 둔 신시가지의 건설이고, 다른 하나는 지역제와 구획정리사업을 중심으로 하는 기존 시가지의 개조이다.[61] 일제강점기 수원을 비롯한 대부분의 조선의 식민지 도시가 여기에 해당하고 있다.

일제강점기 조선에서 시행된 근대적 도시계획은 1921년 경성도시계획연구회의 창립에 그 원류를 두고 있지만 본격적인 도시계획의 실시는 1934년 6월 '조선시가지계획령'이 시행된 이후였다. 당시 시행된 지역제와 토지구획정리사업의 방법은 일제의 도시계획과도 일맥상통하

---

[60] 김재국, 『수원 근대건축의 발달에 관한 연구』, 38쪽.
[61] 橋谷弘, 『일본제국주의, 식민지 도시를 건설하다』, 162쪽.

였는데, 이는 조선총독부로 많은 내무관료들이 전출하였던 것과 무관하지 않았다.[62] 따라서 1930년대는 우리나라 도시계획사상 본격적인 의미의 도시계획이 세워진 시기였다.

1934년 6월 조선시가지계획령의 제정 발표 이후 이해 11월 나진시가지계획을 시작으로 1944년까지 전국적으로 43개의 도시에 시가지계획이 수립되었다. 경기도에서는 1937년 인천, 1938년 개성에 이어 수원은 1944년 8월 10일 삼천포와 함께 마지막으로 시가지계획이 수립되어 총독부 고시 제1053호로 고시되었다.[63] 이 도시계획안은 조선시가지계획령에 따른 구역·가로·토지·녹지·풍치·공원 등의 구획정리 일환으로 마련되었다. 이 수원시안은 1942년에 입안하여 수원읍회의 의견을 듣고 1944년 조선총독부의 시가지계획위원회의 최종심의를 거쳐 결정되었다.[64] 이를 좀 더 구체적으로 살펴보면 다음과 같다.

수원도시계획안의 시가지계획구역에 따르면, 앞으로 30년 후인 1974년까지 인구 10만을 포용하는 것으로 하고 있고, 이에 따라 시역을 수원읍 전부와 수원군 일왕면 일부를 편입시켜 총면적 29.39㎢로 확장하기로 하고 있었다. 즉 1940년대 말 수원은 지방행정과 교통경제의 중심지이며, 부근 농기구공장, 섬유공장 등을 계획하고, 동업의 발달에 따른 인구의 증가로 호구 6,349호 30,288인에 도달하여 포화상태에 이르렀다. 더욱이 최근 5개년간 인구증가율이 연평균 약 1,500인에 달하고 이에 따른 가옥의 신축, 즉 주택문제 또한 적지 않은 문제점을 안고 있었다. 이러한 주택문제는 아무런 지침 없이 무통제로 건축되어 장래 건전한

---

[62] 橋谷弘, 『일본제국주의, 식민지 도시를 건설하다』, 169쪽.
[63] 조선총독부, 『조선총독부관보』 5255, 1944.8.10.
[64] 수원시, 『수원도시계획사』, 1997, 297쪽.

도시발전의 기대하기 어려운 상태였다. 이에 빠른 시간 안에 시가지계획을 수립, 통제되는 시가지로서 서민생활의 보전을 기할 필요가 있었던 것이다. 따라서 수원읍 호구증가의 추세·지형·교통 등에 관해 신중한 조사를 수행한 결과 수원읍 전부와 수원군 일왕면 일부를 포함하여 수원 시가지계획 구역으로 결정하게 되었다. 그 총면적은 29.39㎢, 거주면적 9,793,000㎡로서 도시계획상 이상적인 포화밀도를 1인당 100㎡로 하여 98,000명을 포용할 수 있도록 하였다.

시가지계획 중 가로의 경우에는 광로(廣路) 1개 노선과 대로(大路) 3류 2개 노선, 중로(中路) 1류 15개 노선, 중로 2류 19개 노선, 중로 3류 17개 노선 등 총 54개 노선으로 결정하고, 도로의 주요 교차점에 7개소의 광장을 계획하였다. 광로는 폭 50m 이상, 대로 3류는 24m 이상, 중로 1류는 20m 이상, 2류는 15 이상, 3류는 12m 이상으로 적용되었다. 이와 같은 가로의 계획은 종래의 교통질서가 극히 어수선하고, 또한 도로 폭이 좁아 불편하였기 때문이었다. 특히 시가에 인접한 구역에 전반적으로 도로의 시설이 제대로 없었기 때문이기도 하였다. 이에 따라 기존의 도로, 즉 남북으로 관통하는 경성-목포선과 동쪽 외곽을 연결하는 수원-원주선, 서쪽에서 인천으로 통하는 인천-수원선을 주요간선으로 하여 계획구역 내에 교통계통과 교통기관, 지형의 고려 외에도 시가의 채광과 풍향 및 장래 교통량을 감안하여 조성한 것이다. 그리고 도로의 교차지점인 곳에 광장을 두기로 하였다. 당시 시가지계획 가로망과 광장은 〈표 6〉, 〈표 7〉과 같다.

等級	類別	番號	幅員	起點	終點	主經過地
廣路		1	50	長安町, 北水町界 제4호 廣場	迎華町 水原邑 行政區域界	
大路	3	1	25	水原驛前 제1호 廣場	龜川町	
大路	3	2	25	水原驛前 제1호 廣場	細柳町 水原邑 行政區域界	大坪町 제6호 廣場
中路	1	1	20	水原驛前 제1호 廣場	西屯町 水原邑 行政區域界	
中路	1	2	20	高等町	華西町	
中路	1	3	20	梅山町 3丁目	高等町	
中路	1	4	20	梅山町 2丁目	迎華町	제4호와 제5호 광장
中路	1	5	20	宮園町	牛滿町 水原邑 行政區域界	池野町地内 제2호 廣場
中路	1	6	20	南部町	華西町 제5호 廣場	제4호 廣場
中路	1	7	20	龜川町	池野町 제2호 廣場	
中路	1	8	20	迎華町	迎華정 水原邑 行政區域界	
中路	1	9	20	迎華町	松竹里 市街地區域界	
中路	1	10	20	宮園町	細柳町 水原邑 行政區域界	
中路	1	11	20	南部町	仁溪町	
中路	1	12	20	梅山町 1丁目	細柳町	
中路	1	13	20	西屯町	西屯町	
中路	1	14	20	西屯町	大坪町 水原邑 行政區域界	大坪町 제6호 廣場
中路	1	15	20	細柳町	細柳町 水原邑 行政區域界	
中路	2	1	15	高等町	高等町 水原神社 西方	
中路	2	2	15	梅山町 2丁目	細柳町	
中路	2	3	15	梅山町 3丁目	細柳町	
中路	2	4	15	南部町	細柳町	
中路	2	5	15	本町 1丁目 地内	長安町, 北水町界 제4호 廣場	本町 1丁目 제3호 廣場

中路	2	6	15	新豊町	北水町	
中路	2	7	15	제2호 廣場	牛滿町	
中路	2	8	15	迎華町, 梅香町界, 華西町	迎華町	
中路	2	9	15	迎華町	迎華町	
中路	2	10	15	迎華町	迎華町	
中路	2	11	15	華西町	迎華町, 華西町 제6호 廣場	
中路	2	12	15	華西町	華西町	
中路	2	13	15	大坪町	西屯町	
中路	2	14	15	西屯町	大坪町 水原邑 行政區域界	
中路	2	15	15	細柳町	細柳町 水原邑 行政區域界	
中路	2	16	15	細柳町	細柳町 水原邑 行政區域界	
中路	2	17	15	細柳町	細柳町 水原邑 行政區域界	
中路	2	18	15	細柳町	細柳町 水原邑 行政區域界	
中路	2	19	15	細柳町	細柳町	
中路	3	1	12	梅山町 1丁目	細柳町	
中路	3	2	12	梅山町 2丁目	細柳町	
中路	3	3	12	細柳町 地内	細柳町 제7호 廣場	
中路	3	4	12	南部町 地内	細柳町 水原邑 行政區域界	細柳町 제7호 廣場
中路	3	5	12	南部町 地内	細柳町 水原邑 行政區域界	水原川 東沿岸
中路	3	6	12	宮園町 地内	南部町 地内	
中路	3	7	12	仁溪町	迎華町, 華虹門	水原川 東沿岸
中路	3	8	12	長安町	北水町 水原川 西岸	
中路	3	9	12	北水町	下光敎里 水原貯水池	
中路	3	10	12	紙所町	牛滿町 水原邑 行政區域界	紙所町 牛滿境界沿
中路	3	11	12	池野町	牛滿町	
中路	3	12	12	下光敎里	紙所町	

中路	3	13	12	迎華町	迎華町	
中路	3	14	12	迎華町	迎華町	
中路	3	15	12	迎華町	迎華町	
中路	3	16	12	迎華町	迎華町	
中路	3	17	12	迎華町	迎華町	

〈표 7〉 1944년 수원시가지계획의 가로 중의 광장

번호	위치	내용
1	梅山町 1丁目 水原驛前	大路 3類 제1호 노선, 同 제2류 노선 및 中路 1류 제1호 노선의 交會點
2	池野町 地內	中路 1류 제5호 노선, 동 제7호 노선 및 중로 2류 제7호 노선의 交會點
3	本町 2丁目 地內(팔달문)	中路 2류 제5호 노선
4	長安町, 北水町 境界(장안문)	廣路 제1호 노선, 中路 1류 제4호 노선, 동 제6호 노선 및 中路 2류 제5호 노선의 交會點
5	迎華町, 華西町 境界	中路 1류 제4호 노선, 동 제6호 노선 및 中路 1류 제12호 노선의 交會點
6	大坪町	大路 3류 제2호 노선, 中路 1류 제14호 노선 및 中路 2류 제19호 노선의 交會點
7	細柳町	中路 3류 제3호 노선 및 동 제4호 노선의 交會點

수원시가지계획과 관련하여 토지구획정리지구는 시가지계획상 중요한 사항으로 수원의 경우 그 면적을 약 8,358,000㎡로 결정하였다. 그 이유는 다음과 같이 밝히고 있다. 즉 토지의 각 필지의 부정형으로 단순히 도로를 결정하는데 있어서 도로에 인접한 지번을 살리거나 또는 이용 불가능한 것 등을 살리는 것이 일반적이었다. 그렇지만 이렇게 할 경우 통제받는 건축이 불가능하게 되어 토지의 활용이 매우 불편하기 때문이었다. 뿐만 아니라 저습지를 활용한 시가지 체제의 정돈의 필요성도 함께 제기되었다.

녹지구역은 계획구역 내 외곽지대에 주거면적과 공원을 제외한 지역을 대상으로 하여 인구의 증대와 도시의 발달에 따른 시가지의 확산을 방지하며, 평시에는 시민의 위생과 보건상 효과를, 그리고 전시에는 대피 및 피난의 장소와 작물생산기능을 담당하기 위해 계획하였다. 당시 수원의 경우 녹지를 지정한 것은 전시체제 하에서 즉, 근대 항공기의 발달에 따른 전시에 도시의 공습은 불가피함으로 도시의 형태를 보존하는 것이 시가지계획의 기본사항이기도 하였다. 그리고 풍치지구 역시 임상이 양호하고 풍치가 좋은 구역을 대상으로 지정하여 임야의 보호와 개발을 지도, 풍치의 보존을 목적으로 하였다. 이를 위해 그 면적으로 7,588,000㎡를 지정, 계획구역의 28%를 차지하였다.

끝으로 공원은 도시 시민후생의 강화를 목적으로 결정하였다. 즉 공원은 시민의 휴양 및 오락, 아동의 교화훈육, 도시미관을 위한 기본이며, 유사시에는 방화선으로 활용 불이 옮겨 붙는 것을 저지하고 또한 최고의 안전한 피난처로서의 필요성 때문이었다. 이를 위해 총면적의 1,813,000㎡, 계획구역 면적에 대해서는 9%, 거주면적에 대해서는 23%가 이르도록 하였다. 이에 따라 공원은 계획구역 내의 전 거주자가 이용할 수 있는 5개소만을 계획하였다. 수원시가지계획 중 공원의 결정 내용은 〈표 8〉과 같다.

〈표 8〉 수원시가지계획 중의 공원

명칭	위치	면적	비고
北公園	日旺面 松竹里	673,000㎡	
東公園	水原邑 迎華町, 北水町, 細所町, 梅香町, 南水町, 池野町 本町 2, 3丁目	611,000㎡	
八達山公園	迎華町, 長安町, 南昌町, 宮園町, 華西町	482,000㎡	
細柳公園	細柳町	37,000㎡	
東山公園	東山町	9,000㎡	총 1,813,000㎡

그러나 1944년 일제에 의해 기획된 수원시가지계획안은 일제의 패망으로 직접적으로 실천에 옮겨지지는 못하였지만 해방 이후 1962년 도시계획법이 제정되어 1967년 새로운 수원도시계획이 수립되기 전까지는 계속 활용되었다.

V. 맺음말

우리나라 도시의 발달은 일제의 한국침략과 일정한 상관관계를 가지고 있으며, 일제강점기를 거치면서 근대적 도시의 모습이 구체적으로 나타나기 시작하였다. 즉 한국의 근대적 도시의 형성은 일제의 식민지 정책에 따라 식민지형 도시화가 보편적으로 형성되었고, 이러한 현상은 일제에 의한 개항과 더불어 '식민지적 상황'이라는 역사적 조건과 밀접한 관계를 가지고 있다. 수원 역시 예외가 아니었다.

일제의 조선침략이 본격화 된 개항 이후 형성된 식민지 도시는 크게 두 종류의 도시형태로 분류할 수 있다. 하나는 개항도시로서 개항장과 개시장으로 지정되어 새로운 경제중심의 신도시로 성장한 곳이며, 다른 하나는 전통도시로서 개항 이전부터 도시지역으로 기능하였고 개항 이후 나름대로 지방행정의 중심으로 성장한 도시이다. 개항도시가 근대사회의 새로운 특징으로 표현되는 대표적 도시였지만, 기존의 전통도시도 개항도시보다는 상대적으로 성장하지는 못하였으나 전반적인 사회구조 속에서 일정하게 근대적 성격을 띠는 도시로 성장하였다. 수원도 이러한 전통도시로서의 한계를 지니고 있지만 강점기 동안 점차 근대적 도시로 성장 발달하였다고 할 수 있다. 여기에는 다음과 같은 요인들이 작용하였다.

첫째, 일본인의 이주와 그에 따른 새로운 시가지의 형성이었다. 한말부터 수원에 이주한 일본인들 중 일부분은 성내에 거주하기도 하였으나 대부분은 1907년 개통된 경부선의 수원역 쪽에 자리를 잡았고, 이를 계기로 수원역을 주변으로 신시가지가 형성되었다. 당시 일본인들이 수원역을 주변으로 일본인촌을 형성한 것은 수원지역의 반일정서가 크게 작용하였다. 일제는 1902년 경부선 철도를 부설하면서 정조의 역사성이 깃든 지지대와 화령전이 있는 팔달산의 훼손과 추수기를 앞둔 농민의 생계문제로 수원지역 농민들로부터 거센 저항을 받았기 때문이었다. 이로 인해 수원의 토착유지들이 일본인들에게 토지를 매매하지 않았던 것이다. 또 하나는 1907년 경부선이 개통되면서 교통이 편리한 점도 일본인이 수원역 주변을 선호하게 되었다. 특히 지방 도시의 경우 철도는 도시외곽을 통과하였지만 철도 역사가 생기면서 역 주변은 새로운 시가지가 형성되고 도시의 중심지로 자리 잡았다. 그리고 이들은 대부분 상업에 종사하였으며, 주요 점포는 성내에 두기도 하였다. 이로써 수원지역에 일본인들의 이주 또는 유입은 식민지 도시인 수원의 초기 도시발달에 발달에 결정적인 기여를 하였다.

둘째, 일제강점기 동안 식민지 근대건축물의 설치로 인해 도시의 변화와 공간이 확장되었다. 일제는 조선을 강점하자 총독부는 건축업무도 총독부 회계국 영선과와 철도국 공무과에서 맡도록 하였다. 이에 따라 총독부의 의도에 의해 지어진 행정기관의 건축물은 규모가 큰 건물로 집중되었다. 이와 더불어 식민지 경제활동을 위해 조직된 각종 단체에 의해 지어진 건축물도 급격히 늘어났다. 따라서 강점 이후 지어진 일련의 식민행정기관이나 각종 단체의 건축물들은 권위적이고 단조로운 형태로 일관하였다. 주로 서양에서 18세기 이후 유행하였던 틀을 모방하여 표면을 석재로 마감하고 육중한 외관을 강조하였다. 그 이유는 식민통치자들이 제국주의의 권위적 건축물을 통해 식민통치시설을 이식, 도시를 장악하고자 하였기 때문이었다.

이런 건축물들은 대개 새로 개통하거나 확장된 가로 중심부에 세워져 새로운 도시경관을 형성하는데 한몫을 차지하기도 하였다. 그러나 기존의 한옥으로 형성된 전통적인 도시와는 심각한 부조화 내지 문화적 충격을 안겨주기도 하였다. 수원에 세워졌던 이러한 식민지 근대건축물은 한성우체사 수원지사, 권업모범장과 예속 기관, 주식회사 부국원, 한성은행 수원지점, 식산은행 수원지점, 수원금융조합, 화성금융조합, 자혜의원 등이 있다. 이러한 건물들은 특히 전통적인 도시로써의 수원에서는 더욱 심각하였다. 그렇지만 이들 식민지 건축물들은 수원의 도시 경관을 변화시켰고 나아가 도시구역확장과 산업발달 등 도시화에 직간접적으로 크게 영향을 미쳤다.

셋째, 수원의 근대적 도시형성은 1944년 조선총독부에 의해 입안된 수원시가지계획이 기본이 되었다. 일반적으로 식민지 도시가 건설될 때에는 당연히 도시계획에 의해 추진되고 있다. 식민지에서의 도시계획은 크게 두 가지 타입이 있다. 하나는 최신의 계획사상에 기초를 둔 신시가지의 건설이고, 다른 하나는 지역제와 구획정리사업을 중심으로 하는 기존 시가지의 개조이다. 일제강점기 수원을 비롯한 대부분의 조선의 식민지 도시가 여기에 해당하였다.

수원은 경기도에서는 1937년 인천, 1938년 개성에 이어 세 번째로 1944년 8월 10일 시가지계획이 수립되었다. 이 도시계획안은 조선시가지계획령에 따른 구역·가로·토지·녹지·풍치·공원 등의 구획정리

일환으로 마련되었다. 즉 인구 10만 명을 기준으로 수원읍 전부와 수원군 일왕면 일부를 포함하여 총면적 29.39㎢로 확장하고 있다. 가로는 광로 1개 노선과 대로 3류 2개 노선, 중로 1류 15개 노선, 중로 2류 19개 노선, 중로 3류 17개 노선 등 총 54개 노선으로 결정하고, 도로의 주요 교차점에 7개소의 광장을 계획하였다. 그리고 녹지는 인구의 증대와 도시의 발달에 따른 시가지의 확산을 방지하며, 平時에는 시민의 위생과 보건상 효과를, 그리고 전시에는 대피 및 피난의 장소와 작물생산기능을 담당하기 위해, 공원은 도시 시민후생의 강화를 목적으로 결정하였다. 이러한 측면에서 수원은 일제강점기 근대도시로 성장하였으며, 이는 일제의 식민도시정책에 의해 구현되었음을 확인할 수 있다.

제2부
근대전환기 동학 · 천도교의 변용

동학농민혁명기의 격문 분석
– 고부기포·무장기포·백산대회를 중심으로

Ⅰ. 머리말

동학농민혁명이 일어난 지도 벌써 126년이 지났다. 이 126년이 지나는 동안 역사, 문학, 정치 등 다양한 분야에서 적지 않은 연구 성과를 보이고 있지만 여전히 동학농민혁명에 대한 논란은 이어지고 있다. 명칭에서부터 비롯하여 참여 주체, 사상적 배경, 기점 등등 여러 가지 측면에서 연구자의 관점에 따라 상이한 모습으로 나타난다. 그동안 동학농민혁명 기념일 제정을 위해 많은 노력한 결과 최근 동학농민혁명 기념일이 제정되었다. 다행스러운 일이지만, 그 과정에서 적지 않은 파행이 있었다. 이는 연구자의 관점에 차이에 따라 합의를 이루지 못하였기 때문이었다. 이와 같은 동학농민혁명에 대한 다양한 시각과 논점의 차이는 동학농민혁명 양태가 그만큼 넓고 깊이가 있기 때문이 아닌가 하는 위안을 가져보기도 한다.

동학농민혁명을 이해하는 데는 다양한 접근 방법이 있다. 그렇기 때문에 인식과 관점의 차이가 존재할 수밖에 없다. 동학농민혁명의 전개 과정은 크게 네 시기로 구분하고 있다. 제1기는 고부기포 단계이다. 이 시기는 전봉준을 중심으로 동학군이 고부에서 기포하여 고부관아를 점령하고 백산에 주둔하였다가 이용태의 탄압으로 전봉준이 지도부를 이끌고 무장으로 잠시 피신하였던 과정이다. 제2기는 무장기포와 백산대회 이후 황토현전투와 황룡촌전투를 거쳐 전주성을 점령하였던 과정이다. 이 기간 동안 동학군은 관군의 치열한 전투를 전개하여 혁명군으로서의 위상을 높였던 시기였다. 제3기는 전주성 점령 이후 정부와 화약을 맺고 호남 일대에 집강소를 설치, 동학군의 민정을 실시하였던 과정이다. 제4기는 청일전쟁에서 승리한 일본군이 경복궁을 점령함에 따라 청산과 삼례에서 재기포하였지만 조일연합군에 의해 동학농민혁명이 막을 내리는 과정이다.

이러한 동학농민혁명의 전개과정에서 무수한 격문과 통문이 반포되었다. 이 격문과 통문은 당시 동학농민혁명의 사상과 이념이 담겨져 있을 뿐만 아니라 시대적 인식을 확인할 수 있는 좋은 사료라고 할 수 있다. 이 글에서는 제1기와 제2기의 초에 해당하는 격문을 중심으로 그 내용을 분석해보고자 한다. 이 시기 동학농민혁명의 격문은 고부기포의 사발통문과 격문, 무장기포의 포고문, 백산대회의 격문과 4대명의가 있다. 이들 격문들은 동학농민혁명이 당위성을 가장 잘 반영하고 있다.

이에 본고에서는 이들의 격문을 통해 동학농민혁명의 성격과 기점에 대해 보다 구체적으로 살펴보고자 한다.

Ⅱ. 고부기포의 사발통문과 격문

동학농민혁명의 첫 기포는 1894년 1월 10일 고부에서 비롯되었다.[1] 고부기포의 원인은 고부군수 조병갑과 전운사 조필영의 동학교인과 농민에 대한 수탈이었다. 전봉준은 조병갑의 수탈에 대해 다음과 같이 지적하고 있다.

첫째, 고부의 동진강 상류에 만석보를 새로 수축하면서 농민들을 무상으로 동원할 때는 수세를 징수하지 않겠다고 약속해 놓고 정작 추수기에는 수세로 7백여 석을 착복하였다. 둘째, 진황지를 개간하면 일정기간 면세하다고 약속해 놓고 개간 후에는 추수기에 지세를 부과하였다. 셋째, 富民들에게는 불효, 음행 등 죄목을 씌워 2만여 냥을 늑탈하였다. 넷째, 대동미를 징수할 때 1결당 정미 16두를 징수한 다음 이를 정부에 납부할 때는 값싼 하등미로 바꾸어 그 차액을 착복하였다.[2]

이외에도 전봉준은 조병갑의 수탈은 "허다하여 기록할 수 없다"고 할 정도로 많았다. 또한 전운사 조필영은 세미의 이중징수 및 운송비용, 운송선박 수리비 등 각종 명목으로 부당하게 수탈을 자행하였다.[3]

---

[1] 기존의 연구성과에서는 고부기포와 동학농민혁명을 분리해보고자 하는 경향이 강하였다. 그래서 고부에서 일어난 동학농민군의 활동을 '고부민란'으로 인식하였다. 그러나 고부기포와 동학농민혁명의 상관관계에 대해서는 보다 구체적인 연구가 필요하다고 본다. 본고에서 '고부기포'라고 명명한 것은 고부기포의 핵심적인 주체세력이 동학 조직인 포를 통해서 전개되었기 때문이다.

[2] 전봉준, 「전봉준공초」-(初招問目), 『나라사랑』 15, 외솔회, 1974, 151쪽.

[3] 오지영, 『동학사』, 영창서관, 1938, 102~103쪽.

그러나 무엇보다도 동학교인에 대한 수탈이 극심하였다. 고부의 동학교인들은 "고부군수 조병갑의 포학이 자심하여 도인이 견디지 못하게 하므로"[4]라고 하였는데, 이는 동학교인에 대한 탄압과 수탈이 일반 농민보다 심했음을 알 수 있다. 이에 동학교인과 농민들은 접주 전봉준을 장두로 추대하여 조병갑에게 진정서를 제출하기도 하였지만 전혀 받아들여지지 않았고, 오히려 수탈과 탄압은 가중되었다.

이와 같은 상황에서 全琫準은 宋斗浩, 宋大和와 더불어 趙秉甲을 懲治하기 위해 기병을 할 것을 도모하였다. 이어서 기병하는 이유를 宋柱晟으로 하여금 해월 최시형이 있는 도소에 알렸다. 이와 동시에 태인의 崔景善, 금구의 金德明, 남원의 金開男, 무장의 孫和仲, 부안의 金洛喆 등 각 지역 동학 접에 檄文을 띄웠다. 뿐만 아니라 통문을 작성하여 각 면과 각리에 포고하였다. 이로써 동학농민혁명의 도화선이 폭발하였다.[5]

그렇다면 격문의 내용을 무엇일까. 격문은 간신의 날뛰는 모습, 민심이 이탈된 것, 官紀의 문란, 행정의 부패, 민생의 도탄 중에 살지 못하게 되었다는 내용인데, 그 내용은 다음과 같다.

---

4) 송재섭, 「고부교구실기」, 『천도교회월보』 83, 언문부, 1917, 16~17쪽.

5) 송재섭, 『갑오동학혁명난과 전봉준장군실기』(필사본), 1954. 이 자료는 이미 오래 전에 공개되었지만 그동안 학계에서 별로 활용되지는 못하였다. 처음으로 공개된 것은 김용섭, 『한국근대농업사연구』 3, 지식산업사, 2001이라는 책이다. 이 책에 의하면, 이 자료에 대해 다음과 같이 설명하고 있다.
"이 책자는 進菴 宋在燮(1889-1955) 씨가 단기 4287년(1954)에 펜으로 쓴 필사본인데, 책의 마지막 부분에 저술연기가 쓰여 있다. 필자는 이를 朴英宰 교수를 통해 朴明道 선생(父 朴來源, 祖父 朴寅浩) 댁에 소장되어 있는 원고본의 복사본을 기증받아 보고 있다. 앞뒤가 많이 훼손되었으나 이 檄文과 通文이 쓰여진 부분은 온전하다."

今之爲臣은 不思報國하고 도적녹위하며 掩蔽聰明하고 가의도容이라. 충간지목을 謂之妖言하고 正直之人을 위지비도하여 내無포위之재하고 外多확民之官이라.

人民之心은 日益유變하여 入無학생之業하고 出無保구之策이라. 학政이 日사에 怨聲이 相續이로다.

自公卿以下로 以至方伯守令에 不念國家之危殆하고 도절비己윤家之計와 전選之門은 視作生화之路요 응試之場은 擧作交역之市라.

許多화뢰가 不納王庫하고 反充사장이라. 國有累積之債라도 不念國報요 교사음이가 無所위기라. 八路魚肉에 萬民도탄이라.

民爲國本이니 削則國殘이라. 吾道은 유초야유민이나 食君之土하고 服君之義하며 不可坐視 國家之危亡이라. 以報公 補國安民으로 爲死生之誓라.[6]

이 격문은 1893년 仲冬 하순에 전봉준이 작성한 것이다. 앞서 언급하였듯이 격문의 주요 내용은 간신과 탐관오리의 학정과 도탄에 빠진 民, 그리고 보국안민을 맹세하고 있다. 즉 고부기포의 당위성을 밝히고 있다. 따라서 고부기포의 첫 단계를 알려주는 격문의 주요 내용은 '반봉건 성격'을 그대로 보여주고 있다.

이어서 전봉준은 고부기포를 보다 구체적으로 진행시키기 위해 通文을 작성하여 각리 집강에게 포고하였다.[7] 통문의 내용은 다음과 같다.

---

6) 송재섭, 『갑오동학혁명난과 전봉준장군실기』(필사본), 1954. 이 격문에 대해 김용섭은 그 후 계속 보완되고 다듬어져서 다 달 후인 갑오년 정월에는 고부민란 시에 창의문으로 완성되며, 그 후 무장봉기 시에는 한문으로 작성된다고 하였다(김용섭, 『한국근대농업사연구』 3, 194쪽, 각주 108).

7) 당시 전봉준 등 동학교인이 고부기포를 준비하면서 통문을 포고하였다는 것을 뒷받침하는 자료는 『東學推考』이다. 이 자료는 동학농민혁명 당시 고부에 살았던 유생 柳暘川이 필사해 남긴 것으로 고부기포의 전후 상황을 파악하는데 유용하다(박맹수, 「1894년 1월 고부농민봉기 관련 신자료」, 『한국근현대사연구』 2, 한국근현대대사연구회, 1995 참조).

右文爲通論事는 無他라. 大廈將傾에 此將奈何오. 坐而待之可乎아. 扶而求之可乎아. 奈若何오. 當此時期하야 海內同胞의 總力으로 以하야 撑而擊之코저하와 血淚를 灑하며 滿天下 同胞에게 衷心으로서 訴하노라.

吾儕飮恨忍痛이 已爲歲積에 悲塞哽咽함은 必無贅論이어니와 今不可忍일새. 玆敢烽火를 擧하야 其衷痛切迫之情를 天下에 大告하는 同時에 義旗를 揮하야 蒼生을 濁浪之中에서 救濟하고 鼓를 鳴하야써 滿朝의 奸臣賊子를 驅除하며 貪官汚吏를 擊懲하고 進하야써 倭를 逐하고 洋을 斥하야 國家를 萬年盤石의 上에 確立코자 하오니 惟我道人은 勿論이요 一般同胞兄弟도 本年 11月 20日를 期하야 古阜 馬項市로 無漏內應하라. 若-不應者-有하면 梟首하리라.

癸巳 仲冬 月 日

全琫準 宋斗浩 鄭鍾赫 宋大和 金道三 宋柱玉 宋柱晟 黃洪模 黃贊五 宋仁浩 崔興烈 李成夏 崔景善 金應七 黃彩五[8]

各里 里執綱 座下[9]

통문의 내용을 살펴보면, 첫째는 봉화를 들어 그동안 애통하고 절박한 사정을 천하에 알리고, 둘째는 의로운 깃발을 들어 창생을 구하고, 셋째는 북을 울려 조정의 간신과 탐관오리들을 물리치고, 넷째는 척왜

8) 이 통문에 서명한 인물은 모두 15명이다. 한편 1968년에 공개된 사발통문에는 전봉준 등 20명이 서명하였는데, 5명의 차이가 있다. 이 통문에 참여한 인물의 활동에 대해서는 성주현, 「동학혁명 이후 동학군의 활동과 동향」, 『동학과 동학혁명의 재인식』, 국학자료원, 2010을 참조할 것.
9) 송재섭, 『갑오동학혁명난과 전봉준장군실기』(필사본), 1954. 이 사발통문에 대해서는 조광환, 「사발통문에 대한 제 고찰」, 『동학농민혁명 신 발굴자료 학술대회 논문』, 동학농민혁명기념관리사업소, 2006을 참조할 것.

척양으로 국가를 튼튼히 하고, 다섯째는 동학교인뿐만 아니라 일반형
제동포의 참여를 촉구하였다. 또한 1893년 11월 20일까지 마항시 즉 말
목장터에서 기포할 것을 포고하였다. 이 통문에는 그동안 동학교단에
서 1893년부터 전개하였던 교조신원운동과 척왜양창의운동에서 주장
하였던 것이 집약되었다.

따라서 이 통문은 앞서 살펴보았던 반봉건적 내용보다 한 단계 더
나아간 반외세적 내용을 포함하고 있다. 즉 반봉건적이며 반외세적 성
격을 아울러 포함하고 있다고 할 수 있다.

이처럼 전봉준은 격문과 통문을 돌려 고부기포의 당위성을 밝히자
곳곳에서 민중들이 모여 "낫네 낫서 난리가 낫서. 참말 잘되었지 그냥
이대로 지내서야 백성이 한 사람이나 남아나겟나"하면서 여론도 기포
에 대해 호의적이었다.

이와 같은 상황에서 전봉준 등은 고부기포의 선후책을 마련하기 위
해 송두호[10]의 집에 都所를 설치하였다. 도소를 설치하였다는 것은 고
부기포를 본격적으로 전개할 본부를 구성하였다고 할 수 있다. 그리고
도소에서 연일 모여 기포 이후 전개할 선후책으로 다음의 4개 조항을
정하였다.

　一. 古阜城을 擊破하고 郡守 趙秉甲을 梟首할 事
　一. 軍器倉과 火藥庫를 占領할 事

10) 송재섭은 송두호에 대해 다음과 같이 기록하였다. "송두호는 一郡에 명망이 높은
　사람이요, 일찍부터 동학에 입도하여 그의 장자 송대화와 함께 대접주의 책임으로
　있음으로 일군 내에 토호 양반배가 거사할 시에 방해하거나 또는 장애가 됨을 제
　지하고 道衆을 동원시키는 역할에 적의한 인물이었다."(송재섭, 『갑오동학혁명난
　과 전봉준장군실기』, 48쪽)

一. 郡守에게 阿諛하야 人民를 侵魚한 吏屬를 擊懲할 事
　一. 全州營을 陷落하고 京師로 直向할 事[11]

나아가 전봉준 등은 고부기포를 이끌어 갈 지도부를 구성하였다.

　一. 一狀頭에 全琫準
　一. 二狀頭에 鄭鍾赫
　一. 三狀頭에 金道三
　一. 參謀에 宋大和
　一. 中軍에 黃洪模
　一. 火砲將에 金應七[12]

통문에 서명하였던 인물 즉 전봉준, 정종혁, 김도삼, 송대화, 황홍모, 김응칠 등을 중심으로 지도부를 구성하였다. 이로써 전봉준 등은 고부기포를 전개하기 위한 사전준비를 면밀하게 진행시키고 있었다. 동학조직을 중심으로 동학교인 뿐만 아니라 일반 민중도 동원하고, 격문과 통문을 마련하고 기포 이후 행동 절차, 그리고 지휘본부와 지도부를 조직하였다. 이는 단순한 고부라는 지역적 민란의 차원이 아니라 보다 높은 차원의 목표를 추구하는 전국적인 규모의 혁명을 위한 성격을 지니고 있다.

---

11) 송재섭,『갑오동학혁명난과 전봉준장군실기』(필사본), 1954. 이 4개 조항은 기존의 사발통문에 있는 4개 조항과 거의 동일하다. 一. 古阜城을 擊破하고 郡守 趙秉甲을 梟首할 事, 一. 軍器倉과 火藥庫를 占領할 事, 一. 郡守에게 阿諛하여 人民를 侵魚한 貪吏를 擊懲할 事, 一. 全州營을 陷落하고 京師로 直向할 事.
12) 송재섭,『갑오동학혁명난과 전봉준장군실기』(필사본), 1954.

Ⅲ. 무장기포와 포고문

고부기포 이후 백산에 유진하였던 동학군은 이용태의 동학교인에 대한 집요한 탄압으로 일시 해산하고 전봉준 등 지도부 무장으로 이동하였다. 전봉준이 무장으로 간 이유는 크게 세 가지로 살펴 볼 수 있다. 첫째는 고부접주 전봉준의 연원 관계가 무장대접주 손화중의 관내였기 때문이었고, 둘째는 무장대접주로 있는 손화중의 동학세력이 호남 일대에서 가장 규모가 컸기 때문이었다. 그리고 셋째는 이러한 관계에서 무장이 지리적으로 고부와 비교적 가까웠기 때문이었다. 특히 전봉준과 손화중은 단순한 연비의 관계뿐만 아니라 동지적 결합관계였던 것이다.[13] 이에 따라 전봉준은 손화중의 후원을 받으면서 새로운 동력을 확보할 수 있었던 것이다.

무장에 머물던 전봉준은 손화중과 고부기포의 상황과 관의 동향, 그리고 이후의 대책 등을 논의한 후 손화중의 집에 도소를 설치하였다. 당시 동학교단은 해월 최시형이 머물고 있던 충청도 보은에 대도소를 두었는데, 전봉준과 손화중이 도소를 설치한 것은 대도소와 긴밀한 관계를 유지하면서 유사시 호남지역의 동학조직을 통할하기 위한 것이었다. 당시 손화중은 전봉준의 기포에 대해 시기상조라 하여 적극적으로 수용하지 않았다.[14] 이는 동학교단과의 관계 때문이었다.

손화중은 1892년 공주 신평에 머무를 때 김낙철, 김개남, 김덕명 등 호남의 주요 지도자와 함께 해월 최시형을 배알하고 호남 지역 동학교인 사이의 '相和'에 대한 강화를 받은 바 있다.[15] 또한 1892년 11월 삼례

---

[13] 신용하, 『동학농민혁명(운동)의 사회사』, 지식산업사, 2005, 143~144쪽.
[14] 조광환, 『소통하는 우리 역사』, 살림터, 2008, 103쪽.

교조신원운동은 물론 1893년 2월 광화문교조신원운동에도 참가하였
다.[16] 뿐만 아니라 이해 3월 보은에서 전개된 척왜양창의운동에 정읍
대접주로 참가하였다.[17]

이처럼 동학교단 지도부와 밀접한 관계를 가지고 있었던 손화중은
전봉준의 의견을 일방적으로 수용할 수는 없었던 것이다. 즉 전봉준이
3월 13일 고부에서 동학농민군을 일시적으로 해산하고 3월 20일 무장
에서 다시 기포를 할 수 있었던 것은 이 기간에 손화중이 교단과의 관
계를 원만하게 형성해주었기 때문에 가능하였다.[18]

이에 따라 전봉준, 손화중, 김개남, 김덕명 등 호남의 주요 대접주들
은 "동학이 하늘을 대신하여 세상을 다스려 나라를 보호하고 백성을 편
안케 할 것이다. 우리는 살상과 약탈을 하지 않을 것이나 오직 탐관오
리만은 처벌할 것"[19]을 기치로 하여, 손화중, 김개남, 김덕명 포의 동학
조직을 집결한 후 3월 20일 무장 동음치에서 고부에 이어 포고문을 선
포하였다.[20] 포고문의 내용은 다음과 같다.

---

15) 오지영,『동학사』, 98~99쪽; 이돈화,『천도교창건사』, 천도교 중앙종리원, 1933, 제2편
    43쪽.
16) 『해월선생문집』, 계사조.
17) 오지영,『동학사』, 83~84쪽.
18) 이러한 사례는 1871년 이필제의 영해교조신원운동에서도 확인할 수 있다. 이필제
    는 영해를 중심으로 동학교인을 동원하고자 하였으나 동학교단의 책임자였던 해
    월 최시형의 승낙이 없으면 불가능하였다. 이에 이필제는 해월 최시형과 신뢰관계
    가 형성되었던 박영관 등을 보내 해월 최시형을 설득, 승낙을 받은 후에야 동학교
    인을 동원할 수 있었다.
19) 황현,『오하기문』, 수필; 황현, 김종익 옮김,『번역 오하기문』, 역사비평사, 1994,
    72쪽.
20) 박문규,『석남역사』, 갑오년 4월조; 황현,『오하기문』수필;『주한일본공사관기록』
    1, 57쪽.

사람이 세상에서 가장 귀중한 것은 인륜이 있기 때문이다. 군신부자는 인륜 중에서 큰 것인데, 임금이 어질고 신하가 강직하며, 어버이가 인자하고 자식이 효도를 한 이후에 나라가 이루어지고 끝이 없는 복이 올 수가 있다. 지금 우리 전하께서는 어질고 효성스러우며 자애롭고 사랑하는 마음을 가지셨으며, 신통력 있는 명확함과 성스러운 명석함을 지니셨다. 현명하고 어질며 바르고 강직한 신하가 주위에서 명석하도록 도와주면 요순(堯舜)의 교화와 문경(文景)의 통치를 가히 지정하고 반드시 이루어질 것이라고 바랄 수가 있다.

지금 신하라는 자들은 나라에 보답할 것을 생각하지 않고 다만 녹봉과 지위를 훔치며, 전하의 총명을 가려서 아부하고 뜻만 맞추면서 충성스럽게 간언(諫言)을 하는 선비에게는 요망한 말을 한다고 하고, 정직한 사람을 비도라고 부른다. 안으로는 나라에 보답하는 인재가 없고, 밖으로는 백성을 학대하는 관리가 많아, 백성들의 마음은 날마다 더욱 변하여 가정에 들어가서는 생업을 즐겁게 하는 일이 없고, 밖에 나와서는 몸을 보호할 방법이 없으며, 학정이 날마다 심하여 '악'하는 소리가 서로 계속되고 있고, 임금과 신하의 의리와 부모와 자식의 윤리, 위와 아래의 분별이 반대로 무너지고 남은 것이 없게 되었다.

관자(管子)는 말하기를 "사유(四維)가 펴지지 않으면 나라가 곧 멸망한다"라고 하였으니, 지금의 형세는 옛날보다 더 심각하다. 정승 이하부터 방백과 수령에 이르기까지 나라가 위태로운 것을 생각하지 않고 다만 자신을 살찌우고 가문을 윤택하게 할 계획에만 마음이 간절하고, 인사를 하고 관리를 선발하는 통로는 재물을 생기게 하는 길로 생각하고 있으며, 과거시험 장소는 물건을 교역하는 시장과 같게 되었고, 많은 재물과 뇌물이 왕실 창고에 납부되지 않고 도리어 개인 창고를 채워 나라에는 채무가 쌓였다.

나라에 보답할 것을 생각하지 않고 교만하고 사치하며 음란하고 멋대로 놀아 두려워하고 거리끼는 것이 없으니, 전국은 어육(魚肉)이 되고 만백성은 도탄에 빠졌는데도 수령들의 탐학은 참으로 그대로이다. 어찌 백성이 궁핍하고 또 곤궁하지 않겠는가? 백성은 나라의 근본이며, 근본이 깎이면 나라는 쇠약해지는데, 나라를 돕고 백성을 편안하게 하는 방책을 생각하지 않고 시골에 저택을 건립하여 오직 혼자만 온전할 방법만을 찾고, 다만 녹봉과 지위를 훔치니, 어찌 그것이 사리이겠는가?

우리 무리는 비록 시골에 남겨진 백성이지만, 임금의 땅에서 먹고 살고 임금의 옷을 입고 있으므로 앉아서 나라가 위태롭게 되는 것을 볼 수 없어, 8도가 마음을 같이하고 수많은 백성이 의논하여 지금 의로운 깃발을 내걸고 보국안민(輔國安民) 하는 것으로 죽고 사는 것을 맹세하였다. 지금의 모습은 비록 놀라운 것에 속하지만 절대로 두려워하지 말고, 각각 백성의 생업을 편안하게 하고 태평한 세월이 되도록 함께 기원하며, 모두 임금의 교화에 감화된다면 천만다행이다.[21]

---

21) 무장에서 동학조직이 기포할 때 선포하였던 포고문은 오지영의 『동학사』, 『수록』, 어윤중의 『취어』, 황현의 『오하기문』, 박주대의 『나암수록』, 『Mutel 文書』, 그리고 『주한일본공사관기록』1에 각각 실려 있다. 이 중 『수록』, 『오하기문』, 『주한일본공사관기록』 등의 포고문은 동일한 내용이고, 『동학사』의 '창의문'은 앞의 포고문 내용 중 일부가 누락되었다. 그리고 이 포고문은 발표일이 없어 언제 발표되었는지 알 수 없어 논란이 되고 있다. 『동학사』에는 '갑오 정월', 『수록』에는 갑오년 3월 27일조 앞에, 『취어』에는 갑오년 4월 11일조에, 『오하기문』에는 3월초에, 『주한일본공사관기록』에는 1894년 5월 15일(음 4월 11일)자 각지에서 보고된 문서 별지에 각각 기록하고 있다. 그리고 일본인이 작성한 『조선폭동실기』(「적도의 격문」)와 『갑오조선내란시말』(「동학당의 선언」)에도 실려 있다. 뿐만 아니라 당시 발행되었던 일본신문 『時事時報』(5월 25일자), 『大阪朝日新聞』(5월 25일자), 『大阪每日新聞』(5월 25일자)에도 각각 게재되었다.
대체적으로 이 포고문은 3월 20일 무장에서 기포할 때 발표한 것으로 보고 있다. 참고로 이 '포고문'과 『동학사』의 창의문을 비교하기 위해 그 내용을 소개하고자 한다.
"世上에서 사람을 貴타 함은 人倫이라는 것이 있기 때문이다. 君臣父子는 人倫이 가장 큰 者라. 人君이 어질고 臣下가 곧으며 아비가 사랑하고 아들이 孝道한 後에야 國家가 無疆의 域에 믿어가는 것이다. 同我 聖上은 仁孝慈愛하고 神明聖叡한지라 賢良方正之臣이 있어 그 聰明을 翼贊할지면 堯舜之化와 文景之治를 可히써 바랄지라. 今日에 人臣된 者 圖報를 思치 않고 한갓 祿位만 盜賊하여 聰明을 擁蔽할 뿐이라. 忠諫之士를 妖言이라 이르고 正直之人을 匪徒라 하여 안으로는 輔國의 材가 없고 밖으로는 虐民이 많다. 人民의 마음은 날로 變하여 들어서는 樂生의 業이 없고 나가서는 保身의 責이 없다. 虐政이 날로 자라 怨聲이 그치지 아니하여 君臣父子 上下의 分이 무너지고 말았다. 所謂 公卿 以下 方伯守令들은 國家의 危難을 生覺지도 아니하고 다만 肥己潤産에만 盡切하여 詮選의 門을 돈 버리러 볼 뿐이며 전봉준, 손화중, 김개남 3인의 공동명의로 발표된 무장포고문의 내용은 다음과 같이 정리할 수 있다.

첫째는 인륜의 보편적 인식이다. 포고문에 의하면, 세상에서 가장 귀한 것은 '인륜'임을 강조하고 있으며, 그 형태에 대해서는 군신부자의 관계를 무엇보다 중요시하였다. 즉 임금은 임금다워야 하고, 신하는 신하다워야 하고, 아버지는 아버지로써, 그리고 자식은 자식으로써의 직분을 다해야 한다는 보편적 윤리를 내세우고 있다. 이는 당시 유교적 사회로서 당연한 내용이기도 하지만 충과 효는 유교, 불교, 동학 등 종교적, 사상적 관점을 떠나서라도 가장 기본적인 것이라 할 수 있다.

둘째는 탐관오리의 행태이다. 전봉준 등은 당시 관료사회에 대한 인식은 매우 부정적으로 인식하고 있었다. 중앙의 공경으로부터 지방의 방백과 수령에 이르기까지 사리사욕에 대한 부패상, 그 부패로 인해 국가가 처한 존망의 위기의식, 과거에 대한 매관매직 등이다. 즉 보국의 인재가 없다고 개탄하였다.

셋째는 민중들의 피폐한 생활이다. 虐民의 관리만 있어 민중들은 삶과 생업을 빼앗기고 몸을 보존할 대책마저 없는 상태였다. 그렇기 때문에 민중들은 塗炭에 빠져있다는 것이다.

應試의 場은 賣買하는 저자와 같았다. 許多한 貨賂는 國庫에 들어가지 못하고 다만 個人의 私藏을 채우고 만 것이며, 國家에는 積累의 債가 있어도 淸償하기를 生覺지 아니하고 驕慢하고 奢侈하고 淫亂하고 더러운 일만을 忌憚없이 行하여 八路가 魚肉이 되고 萬民이 塗炭에 들었다. 守宰의 貪虐에 百姓이 어찌 困窮치 아니하랴. 百姓은 國家의 根本이라 根本이 衰削하면 國家는 반드시 없어지는 것이다. 輔國安民의 責을 生覺지 아니하고 다만 제 몸만을 生覺하여 國祿만 없애는 것이 어찌 오늘 일이랴. 우리 等이 비록 在野의 遺民이나 君土를 먹고 君衣를 입고 사는 者라. 어찌 차마 國家의 滅亡을 앉아서 보겠느냐. 八域이 同心하고 億兆가 詢議하여 이에 義旗를 들어 輔國安民으로써 死生의 盟誓를 하노니, 今日의 光景에 놀라지 말고 昇平聖化와 함께 들어가 살아보기를 바라노라. 甲午 正月 日 湖南倡義所 全琫準 孫化中 金開男 等"

넷째는 보국안민의 대책이다. 양반 관료들은 국가가 존망에 처했음에도 보국안민할 방책이 없음을 지적하였다. 나아가 동학농민군은 나라의 근본인 백성이 없어진다면 나라가 망할 수 있으므로 의로운 깃발을 든다고 밝히고 있다. 이는 동학농민군은 '의로운 창의군'임을 밝히고 있으며 기포의 정당성을 표방하였다.

이로 볼 때 무장포고문은 다분히 유교적 내용을 담고 있지만, 동학의 핵심적인 내용인 '보국안민'과 '제세안민'할 것을 표방하였다. 그렇지만 앞서 살펴보았던 고부기포의 반봉건 반외세의 성격보다 한 걸음 후퇴한 반봉건적 성격이 보다 강조되었다고 할 수 있다. 무장기포는 외세의 침략 즉 반외세에 대한 인식보다는 부패한 사회현실을 개혁하고 국가를 위기로부터 구하기 위해 죽음을 맹세한다는 반봉건적 인식이 컸던 것이다. 그렇기 때문에 무장기포 포고문에서의 보국안민은 "폭정을 물리쳐 백성을 구원하며, 나라를 보전하고 백성을 평안케 한다"는 것에 머물러있다고 할 수 있다.

Ⅳ. 백산대회와 격문

3월 20일경 무장에서 기포한 동학농민군은 고부과 흥덕관아를 점령한 후 3월 26일 백산으로 이동하였다. 동학농민군은 다음과 같이 지휘체계를 개편하였다.

대　장 전봉준
총관영 손화중 김개남

총참모 김덕명 오시영

영솔장 최경선

비　서 송희옥 정백현

백산에서 개편된 지휘체계는 동학농민군의 세력이 확대 강화되었음을 의미한다. 무장에서 기포할 당시에는 전봉준, 손화중, 김개남의 단순한 지휘체계였지만, 백산에서는 보다 분명한 지휘체계가 확립되었다. 전봉준은 최고지도자로서 지위를 확립하였고, 그 아래 총관령에 손화중과 김개남, 총참모에 김덕명과 오시영, 영솔장에 최경선, 그리고 전봉준의 비서로 송희옥과 정백현을 각각 두었다. 이는 무장기포 당시보다 조직이 혁명군으로서 강화된 것이라 할 수 있다.

이어 동학농민군 지도부는 호남뿐만 아니라 그 밖의 지역까지 연합전선을 구축하기 위해 격문을 각지로 발송하였다. 격문의 내용은 다음과 같다.

> 우리가 義를 들어 此에 至함은 그 本意가 斷斷 他에 있지 아니하고 蒼生을 塗炭의 中에서 건지고 國家를 磐石의 위에다 두고자 함이라. 안으로는 貪虐한 관리의 머리를 베이고 밖으로는 橫暴한 强敵의 무리를 驅逐하자 함이다. 兩班과 富豪의 앞에 苦痛을 받는 民衆들과 方伯과 首領의 밑에 屈辱을 받는 小吏들은 우리와 같이 怨恨이 깊은 者라. 조금도 躊躇치 말고 時刻으로 일어서라. 萬一 期會를 잃으면 後悔하여도 믿지 못하리라.[22]

이 격문은 오지영의 『동학사』에 나오는 유일한 것이지만, 당시 동학농민군의 의지를 가장 잘 표현하고 있다.[23] 즉 동학농민군의 기포가

---

[22] 오지영, 『동학사』, 112쪽.

[23] 신용하는 백산대회에서 발표한 격문의 의의를 다음과 같이 밝힌 바 있다.
"이 격문은 뒤의 집강소의 행정개혁 12개조와 함께 농민군의 사상이 가장 잘 드러

첫째 창생을 도탄에서 건지고, 둘째 국가를 반석 위에 두고 함을 동학농민혁명의 목적임을 분명하게 밝히고 있다. 그리고 이를 위해 안으로는 탐학한 관리의 처결, 밖으로는 외세의 구축이라는 반봉건적, 반제국적 성격을 강조하였다. 뿐만 아니라 동학농민군은 자신들의 목적을 이루기 위해서 유교적 지배질서에 고통 받고 있는 민중들의 동참을 호소하고 있다. 이러한 의미에서 동학농민군이 백산에서 각지에 파송한 격문은 '혁명'임을 선포하는 함축적인 뜻을 내포한 것이라 할 수 있다.

백산으로 호남 일대의 동학농민군이 집결함에 따라 동학농민군은 새로운 강령과 군율이 필요하였다. 이미 '동학'이라는 종교적 이념을 토대로 하고 있지만 보다 분명히 할 필요가 있었던 것이다. 이에 따라 동학농민군 지도부는 '4대 名義'(강령)와 '12조의 紀律'(군율)을 제정하였다. 먼저 4대 명의는 다음과 같다.

> 첫째, 사람을 죽이지 않고 물건을 함부로 없애지 않는다.(不殺人 不殺物)
> 둘째, 충과 효를 함께 온전히 하며 세상을 구하고 백성을 편안하게 한다.
>   (忠孝雙全 濟世安民)
> 셋째, 일본 오랑캐를 쫓아내 없애고 성스러운 도를 맑고 깨끗하게 한다.
>   (逐滅倭夷 澄淸聖道)
> 넷째, 군대를 몰고 서울로 들어가 권세가와 귀족을 모두 없앤다.(驅兵入
>   京 盡滅權貴)[24]

나고 있는 격문이다. 무장기포의 창의문에서는 봉기가 국왕에 대한 반역이 아님을 국민에게 널리 알리기에 급급하여 봉기의 본뜻을 충분히 솔직히 표현하지 못하고 유교의 용어를 분식한 경향이 강하다. 그러나 고부 점령에 성공하고 백산에서 1만 명의 농민군을 편성하는데 성공한 동학농민군 지도부는 거릴 것이 없이 자유로운 조건 위에서 대담하고 솔직하게 봉기의 목표를 밝히고 있다. 백산의 격문은 농민혁명 선언의 성격을 갖추고 있는 것이라 말할 수 있다."(신용하,『동학과 갑오농민전쟁연구』, 155쪽).

이 4대 명의는 인륜적 보편의 의미를 담고 있는 生物의 존중과 충효, 그리고 격문에서 이미 밝힌 바 있는 반봉건적, 반제국주의적 요소를 담고 있다. 즉 첫째 항목의 사람을 죽이지 않고 물건을 함부로 없애지 않는 것은 동학사상의 핵심인 삼경사상을 내포하고 있다. 이는 고대에서부터 내려오고 있는 인본주의의 요소를 가지고 있지만, 특히 '不殺物'은 해월 최시형의 '物物天 事事天'과 '敬天, 敬人, 敬物'의 삼경사상 중 敬物思想까지 확대한 것으로 볼 수 있다. 둘째 항목의 충과 효는 유교적 윤리로서의 덕목이기도 하지만 이 역시 고대에서부터 유지되고 있었던 인간의 기본적 덕목이기도 하였다. 때문에 階序의 질서가 필요하였던 성리학적 조선사회에서 보다 강조되었지만 이는 동학에서도 여전히 강조되었던 덕목이었다.25) 셋째 항목은 반제국주의적 요소를 담고 있다. 즉 격문의 '횡포한 강적의 무리를 구축하고자 함'을 행동강령으로 나타낸 것으로 일제의 침략주의를 배격하고 나라를 반석위에 두고자 하는 의미인 것이다. 넷째 항목은 반봉건적 요소를 담고 있다. 즉 격문

---

24) 정교, 『대한계년사』 2, 1894.4; 정교, 조광 편, 『대한계년사』 2, 소명출판, 2004, 24쪽. 그리고 『주한일본공사관기록』에 의하면, "인명과 물건을 해치지 않고, 충효를 다하여 세상을 구하고 백성을 편히 살게 하며, 洋人과 倭人을 내쫓아 聖道를 밝히고, 군대를 몰아 경성으로 들어가 권기를 모두 멸한다(均勿傷人物害 忠孝雙全濟世安民 逐滅洋倭澄淸聖道 驅兵入京盡滅權貴)"라고 되어 있다. 이 글에 따르면 일본뿐만 아니라 서양 세력까지 구축의 대상으로 삼고 있다(『주한일본공사관기록』 1, 1쪽 및 335쪽). 이외에도 『內亂實記朝鮮事件』(『총서』 25, 175쪽)에도 게재되어 있다.

25) 특히 해월 최시형은 그의 법설에서 효를 강조하였다. "천지부모를 기리 모셔 잊지 아니함을 깊은데 임한 듯이 하며, 엷은 어름 같이 하여 지극한 정성과 지극한 효도로써 지극히 공경을 다하는 것이 사람의 자식된 도리니라. 그 아들딸이 부모를 공경치 않으면 부모가 크게 노하여 그 가장 사랑하는 아들딸에게 벌을 내리나니 경계하고 삼갈지어다. (중략) 어려서 먹은 것이 어머니의 젖이 아니고 무엇이며, 자라서 먹는 것이 천지의 곡식이 아니고 무엇인가. 젖과 곡식은 이것이 천지의 녹이니라. 사람이 천지의 녹인줄 알면 반드시 식고하는 이치를 알 것이니 어머니의 젖으로 자란줄을 알면 반드시 효도로서 봉양할 마음이 나는 것이니라"(「천지부모」, 『천도교경전』, 천도교중앙총부, 1971, 137~141쪽).

에서 '탐학한 관리의 머리를 베고'라고 한 바와 같이, 중앙 조정의 부패한 권세가와 양반들을 제거하고 도탄에 빠져있는 창생을 구하고자 하는 의미였던 것이다. 따라서 이 4대 명의는 동학의 생명존중사상과 인간 본연의 윤리, 그리고 반봉건적 반제국주의적 성격을 담고 있을 뿐만 아니라 국가와 사회, 그리고 백성을 구하고자 하는 동학농민혁명의 정당성을 밝힌 것이었다.

나아가 백산의 동학농민군 지도부는 역시 혁명의 정당성을 확보하기 위해 보다 엄격한 기율이 필요하였다. 이에 따라 동학농민군이 반드시 지켜야 할 12개조의 군율을 다음과 같이 제정하였다.

1. 항복하는 사람은 따뜻하게 대한다.(降者愛對)
2. 곤궁한 사람은 구제한다.(困者救濟)
3. 탐학한 관리는 쫓아낸다.(貪官逐之)
4. 따르는 사람은 경복한다.(順者敬服)
5. 굶주린 사람은 먹여준다.(飢者饋之)
6. 간사하고 교활한 사람은 없앤다.(姦猾息之)
7. 도주하는 사람은 쫓지 않는다.(走者勿追)
8. 가난한 사람은 진휼한다.(貧者賑恤)
9. 불충한 사람은 제거한다.(不忠除之)
10. 거역하는 사람은 효유한다.(逆者曉喻)
11. 병든 사람은 약을 준다.(病者給藥)
12. 불효하는 사람은 형벌한다.(不孝刑之)[26]

---

[26] 『주한일본공사관기록』 1, 19~20쪽 및 346쪽; 신용하, 『동학과 갑오농민전쟁연구』, 일조각, 1993, 154쪽. 동학농민군의 '12개조의 기율(군율)'의 발표 시점에 대해서는 여러 가지 설이 있다. 첫째 3월 25일설(정교, 『대한계년사』; 신용하, 『동학과 갑오농민전쟁연구』, 154쪽), 둘째 3월말 또는 4월초설(정창렬, 「갑오농민전쟁연구」, 연세대 박사학위논문, 1991, 140쪽), 셋째 4월중순설(배항섭, 「제1차 동학농민전쟁시

이 12개조 기율은 4대 명의 중에서 첫째 항목과 둘째 항목을 좀 더 구체적으로 세분화한 것이었다. 즉 생명존중의 인본주의적 요소와 충효의 사회적 윤리를 보다 강조한 것으로, 동학농민군이 실천해야 할 덕목이라고 할 수 있다. 이는 전봉준이 각 부대장에게 당부한 약속과도 같다. 즉 전봉준은 "언제나 적을 대할 때는 칼날에 피를 묻히지 않고 이기는 것을 가장 큰 공으로 삼겠다. 비록 부득이 싸우더라도 절대 인명을 상하지 않는 것이 가장 귀한 일이다. 그러므로 행군할 때는 절대 사람을 해쳐서는 안 된다. 그리고 효제충신한 사람이 사는 마을이 있

기 농민군의 진격로와 활동상황」, 『동학연구』 11, 한국동학학회, 2002, 49~50쪽) 등이다. 이 군율은 앞서의 『대한계년사』 외에 『주한일본공사관기록』 1(19~20쪽), 『동비토록』(『동학농민혁명국역총서』 3, 115~116쪽), 『조선폭동실기』의 「동학당 대장의 호령」에 실려 있다. 그리고 같은 책의 「영광 적영의 군령장과 계군령」에도 실려 있다. 또한 『갑오조선내란시말』(「동학당의 군기」), 『內亂實記朝鮮事件』(「東徒 12條의 軍旗」)에도 실려 있다.

이외에도 『東京朝日新聞』(「동학당 대장의 호령」, 1894.6.3.), 『萬朝報』(「東徒 12條의 軍旗」, 1894.6.5.), 『大阪朝日新聞』(「12條의 軍旗」, 1894.6.3.) 등 당시 일본에서 발행된 신문에도 실려 있다. 배항섭은 '12개조의 기율'이 동학농민군의 영광에서의 활동과 관련된 기사와 관련된 것으로 보고 4월 중순으로 판단하고 있다. 그런데 이들 자료에 실려 있는 군율은 시간적으로 전후관계를 확인할 수 없다. 뿐만 아니라 일본 신문에 소개되고 있는 '12조의 기율'은 한 기관에서 제공한 내용을 그대로 작성하여 동일한 기사이다. 그리고 이들 신문의 기사의 전후관계를 보면 일정하지가 않다. 이는 '12조의 기율'이 영광과 관련된 기사가 아니라 독립적인 기사이며, 편집하는 과정에서 신문사 편의상 게재한 것뿐이다. 대표적인 것이 『조선폭동실기』이다. 이 책에는 동일한 내용의 기사를 앞뒤 면에 실려 있는데, 오히려 영광 관련기사에 실려 있는 '戒軍令'은 2개조가 누락되어 10개조만 있다. 그런데 이들 자료에 소개된 군율의 전후 기사를 보면 특히 『동비토록』의 경우 4월 21일조에 함께 실려 있지만, 제목은 '정탐기'로써 독립적인 기사이고 바로 이어 4월 4일에 '東徒가 법성포의 아전과 향임에게 보내는 통문'이 실려 있다. 뿐만 아니라 『동비토록』의 내용 역시 일본 신문이나 일본인들이 남긴 것과 동일한 것이다. 특히 『갑오조선내란시말』이란 책은 동학농민혁명을 시간의 흐름에 따라 정리하였는데, '12조의 기율'은 백산대회에 이어지고 있고, 영광과 관련된 동학농민군의 활동에서는 전혀 언급을 하지 않고 있다. 이러한 점에서 볼 때 '12조의 기율'은 백산대회에서 제정되었고 이후 각 지역 동학농민군이 군율로 지켜져 오던 것을 정탐하여 기사로 제공한 것이라 할 수 있다.

으면 그 주위 10리 안에는 주둔하지 말기 바란다"고 당부하였다.[27]

V. 맺음말

이상으로 고부기포, 무장기포, 그리고 백산대회 등 동학농민혁명 초기의 격문을 살펴보았다. 이를 정리하면서 맺음말을 대신하고자 한다.

첫째, 고부기포와 관련된 격문은 두 가지였다. 준비과정에서 발표되었던 격문과 사발통문이었다. 격문의 주요 내용은 간신과 탐관오리의 학정과 도탄에 빠진 民, 그리고 보국안민을 맹세하고 있다. 즉 고부기포의 당위성을 밝히고 있다. 따라서 고부기포의 첫 단계를 알려주는 격문의 주요 내용은 '반봉건 성격'을 그대로 보여주고 있다. 이어 고부기포의 성격을 보다 구체적으로 보여주고 있는 사발통문은 봉화를 들어 그동안 애통하고 절박한 사정을 천하에 알리고, 의로운 깃발을 들어 창생을 구하고, 북을 울려 조정의 간신과 탐관오리들을 물리치고, 척왜척양으로 국가를 튼튼히 하고, 동학교인 뿐만 아니라 일반 형제동포의 참여를 촉구하였다. 또한 1893년 11월 20일까지 마항시 즉 말목장터에서 기포할 것을 포고하였다. 이 통문에는 그동안 동학교단에서 1893년부터 전개하였던 교조신원운동과 척왜양창의운동에서 주장하였던 것이 집약되었다. 따라서 이 통문은 앞서 살펴보았던 반봉건적 내용보다 한 단계 더 나아간 반외세적 내용을 포함하고 있다. 즉 반봉건적이며 반외세적 성격을 아울러 포함하고 있다고 할 수 있다. 여기에 더하여 연합전선을 촉구하는 내용도 아울러 내포하였다고 할 수 있다. 이로

[27] 『주한일본공사관기록』 1, 19쪽.

볼 때 고부기포는 반봉건, 반외세, 그리고 연합전선의 성격을 포함하였다는 점에서 동학농민혁명의 성격을 가장 잘 드러낸 것으로 파악할 수 있을 것으로 판단된다.

둘째, 무장기포에서는 포고문이 발표되었다. 포고문의 내용은 인륜의 보편적 인식, 탐관오리의 행태, 민중들의 피폐한 생활, 보국안민의 대책 등을 담고 있다. 그렇지만 무장기포 포고문은 다분히 유교적 내용을 담고 있지만, 동학의 핵심적인 내용인 '보국안민'과 '제세안민'할 것을 표방하였다. 그러나 고부기포의 반봉건 반외세의 성격보다 한 걸음 후퇴한 반봉건적 성격이 보다 강조되었다고 할 수 있다. 무장기포는 외세의 침략 즉 반외세에 대한 인식보다는 부패한 사회현실을 개혁하고 국가를 위기로부터 구하기 위해 죽음을 맹세한다는 반봉건적 인식이 컸던 것으로 판단된다.

셋째, 백산대회의 격문이다. 이 격문은 창생을 도탄에서 건지고, 국가를 반석 위에 두고 한다는 동학농민혁명의 목적을 분명하게 밝히고 있다. 그리고 이를 위해 안으로는 탐학한 관리의 처결, 밖으로는 외세의 구축이라는 반봉건적, 반제국적 성격을 강조하였다. 뿐만 아니라 동학농민군은 자신들의 목적을 이루기 위해서 유교적 지배질서에 고통받고 있는 민중들의 동참을 호소하고 있다. 이러한 의미에서 동학농민군이 백산에서 각지에 파송한 격문은 '혁명'임을 선포하는 함축적인 뜻을 내포한 것이라 할 수 있다.

이로 볼 때, 고부기포는 반봉건·반외세와 연합전선의 성격을, 무장기포는 반봉건적 성격을, 그리고 백산대회는 반봉건·반외세와 연합전선의 성격을 보여준다고 할 수 있지 않을까 한다.

동학농민혁명의 근대사적 의미

I. 머리말

우리 한국사에서 19세기는 안팎으로 격동의 시기였다. 안으로는 19세기를 접어들면서 성리학적 통치이념의 봉건적 중세사회가 해체되기 시작하였고, 밖으로는 서구 자본주의 열강들의 문호개방 요구에 대응하지 않으면 안 되었다.

양란 이후 잠시 안정되었던 조선사회는 정조 사후 사회적 동요가 심화됨에 따라 그동안 조선사회를 지탱해왔던 신분제의 해체가 가속화되었다. 뿐만 아니라 농민층도 분해가 점차 진행됨에 따라 전통적인 산업구조가 근대적 산업구조로 변해갔다. 사상적으로도 통치이념이었던 전통적 성리학의 균열이 일어나고 새로운 사상체계가 모색되었다.

상층부인 사대부층에서는 실학사상의 계승과 변화를 모색하였고, 하층부인 일반 농민층은 정감록 또는 미륵신앙이 널리 유포되었다. 또한 이들 사이에는 새로운 사회에 대한 열망은 다양한 방법으로 나타나기 시작했다.[1]

1876년 개항은 당시 조선사회를 전환시키는 역사적 사건이었다. 조선과 일본의 문호개방은 일본의 요구에 따라 이루어진 타율적인 것이었지만 이를 계기로 조선은 동아시아 체제에서 세계자본주의 체제로 편입되었고, 이후 조선사회는 세계 사회변화의 영향을 적지 않게 받아야만 했다. 특히 서구열강과 일본의 경제적 침략은 조선의 사회를 근본적으로 흔들어 놓았다.

이와 같이 안팎으로 도전을 받는 상황에서 조선 내부에서는 이를 해결하기 위한 노력이 끊임없이 전개되었다. 상층부에서는 위정척사와 개화, 하층부에서는 동학으로 과제를 극복하고자 했다. 위정척사 세력은 일본을 포함하여 서양과의 교류를 배척하고 신분제를 유지하면서 성리학적 통치이념의 중세 봉건적 사회체제를 그대로 지키려고 하였다. 이에 비해 개화세력은 일본뿐만 아니라 발달한 서양문명을 받아들여 당시의 사회체제의 모순을 극복하여 근대화시키려고 노력하였다. 동학은 시천주와 사인여천으로 신분제 타파를 통해 봉건적 사회를 극복하려고 했고, 또한 대외적으로는 척왜양으로 세세동점의 위기를 타개하고자 하였다. 특히 동학농민혁명은 외세의 침략을 배척하고 중세 봉건적 사회체제를 타파하려고 한 자주적인 근대사회를 만들려고 한 변혁운동이었다. 이처럼 근대화를 도모하였던 다양한 흐름은 한국근

---

[1] 당시 농민층에서는 항조운동, 정소운동, 거화투쟁, 와언투쟁 등 다양한 방법으로 자신들의 의사를 표현하였고, 이는 농민항쟁으로 표출되었다.

대사의 한 축을 각각 담당하였다.

　본고에서는 근대화 과정의 한 축을 담당하였던 동학과 동학농민혁명의 전개과정을 통해 근대사적 의미를 추적해보고자 한다. 이를 위해서 첫째는 동학의 창도 과정과 사상적 특성을 살펴보고자 한다. 이는 동학이 동학농민혁명의 기본적 이념과 사상적 기반의 토대가 되었기 때문이다. 둘째는 동학농민혁명의 전개 과정을 간략히 정리해보고자 한다. 동학농민혁명의 근대사적 의미를 추적하기 위해서는 동학농민혁명이 어떻게 전개되었는지 살펴보기 위해서다. 셋째는 동학농민혁명 초기 발표되었던 격문이나 포고문, 폐정개혁을 분석해보고자 한다. 이를 통해 동학농민혁명의 근대사적 의미가 어떻게 드러났는지 파악할 수 있기 때문이다. 이상의 내용 즉 동학과 동학농민혁명을 통해 한국근대사에 보여준 의미를 확인해보고자 한다.

Ⅱ. 동학의 창도와 사상적 특성

　앞에서도 언급하였지만 19세기는 조선사회에서 가장 큰 변화와 변혁의 시기였다. 19세기 중반을 거치면서 안으로는 비정상적인 세도정치가 만연되면서 통치기강이 해이해졌다. 이로 인해 조세제도 운영의 문란 등 극심한 혼란이 지속되었고 탐관오리가 양산되었다.[2] 여기에 더하여 자연재해까지 일어나 기근과 전염병으로 사회적 혼란은 가중되었다. 더욱이 외국 상선의 잦은 출몰로 서양에 대한 긴장감이 더욱

---

[2] 황현은 탐관오리들이 국내에 가득하여 읍마다 소란스럽지 않은 곳이 없다고 할 정도였다(황현, 김준 옮김, 『완역 매천야록』, 교문사, 1996, 253쪽).

고조되었다. 특히 1860년 영국과 프랑스의 연합군에 의해 북경이 함락되었다는 소식이 전해지자 국내에서는 서양세력의 침략에 대한 위기의식이 더욱 깊어갔다. 이와 같은 위기 상황에서 일반 농민층은 의지할 곳이 필요하였는데, 이들은 당시 유행하였던 정감록적 도참사상이나 미륵신앙, 심지어 서학에 의탁하기도 하였다. 또한 일부에서는 각지에서 민란을 일으키기도 하였다.[3]

이러한 대내외적으로 사회적 모순이 만연한 시기에 몰락 양반의 후예인 수운 최제우는 1860년 4월 5일 동학을 창도하였다. 수운은 영남학파의 맥을 이어받은 아버지 최옥[4]의 만득자로 태어났다. 어릴 적부터 당시 사회에 비판적인 생각[5]을 가지고 있던 수운은 청년기에 뜻하지 않은 화재로 집을 잃게 되자 장사꾼으로, 무예로, 음양술 등으로 자신의 신세를 세상을 향해 터뜨려 보기도 하였다. 그러나 그의 울분에는 늘 어지러운 세상을 걱정하는 한편 '이 세상을 어떻게 하면 올바르게 구할 것인가'하는 근본적인 생각이 자리하고 있었다.[6] 이후 처가인 울산 유곡동에서 명상과 을묘천서 등으로 49일 기도를 하였지만 세상을

---

[3] 이에 대해서는 배항섭, 『조선후기 민중운동과 동학농민전쟁의 발발』, 경인문화사, 2002를 참조할 것.

[4] 수운 최제우의 아버지 최옥은 퇴계 이황, 학봉 김성일 등 정통 영남의 학맥을 이은 기와 이상원의 문화에서 성리학을 수학하였다(『近庵集』, 「墓地名 竝序」).

[5] 수운 최제우의 어릴 적 일화는 당시 수운이 신분제 사회를 어떻게 인식하였는지를 잘 보여 준다. 수운은 다섯 살 때 "아버지께서는 의관을 벗으시고도 안방과 사랑방을 마음대로 출입하시는데, 어머니는 왜 문밖을 자주 나다니시지 못하고 안방에만 계십니까?", "다른 사람들은 모두 아버지를 보면 먼저 절을 하는데, 아버지는 왜 먼저 절을 할 줄 모르십니까?" 등등 의문을 가졌다고 한다(『천도교백년약사』(상권), 67쪽).

[6] 윤석산, 『동학교조 수운 최제우』, 모시는사람들, 2004, 55쪽. 이를 천도교에서는 구도행위의 하나로 보고 있으며, 이를 '주유천하' '주유팔로'라고 한다. 이 과정을 통해 수운은 "유도 불도 누천년에 운이 역시 다했던가"라고 하였다(『용담유사』, 「수덕문」).

건질 가르침을 구하지 못하였다. 1859년 가을 고향인 용담으로 돌아와 '不出山外'로 지내던 중 입춘을 맞아 "道氣長存邪不入 世間衆人不同歸"라는 입춘시를 지어 새로운 가르침에 대한 갈망을 구하였다. 그 결과 1860년 4월 5일 마침내 동학을 창도하였다. 동학을 창도한 수운은 우선 자신의 집에 있던 두 몸종을 한 명은 며느리로, 다른 한 명은 수양딸로 삼았다. 이는 그동안 성리학적 이념으로 신분제를 유지하고자 한 당시 사회에 대한 통렬한 비판이었으며, 신분해방을 직접 실천한 사례였다. 이후 1861년 6월부터 포교된 동학은 일반 농민층을 비롯하여 새로운 사회를 갈망하는 사람들에게 삶의 메시지였다. 이후 동학의 교세는 동학이 창도된 경주뿐만 아니라 경북과 강원도, 경기도까지 교세를 확장해 나갔다. 이와 같은 동학 교세의 확장은 1892, 3년의 공주, 삼례 광화문교조신원운동과 보은 척왜양운동을 거쳐 1894년 동학농민혁명으로 이어졌다.

1860년 4월 5일 최제우에 의해 창도된 동학의 사상적 특성은 크게 다시 開開[7]의 革世思想, 侍天主[8])의 平等思想, 有無相資[9])와 同歸一體[10])의 大同思想, 斥倭洋[11])의 民族主體思想 등으로 요약할 수 있다.

---

[7] 「안심가」, 「몽중노소문답가」, 『龍潭遺詞』, 癸巳版(『東學思想資料集』 1, 아세아문화사, 1978).

[8] 「論學文」, 『東經大全』, 癸未版(『東學思想資料集』 1, 아세아문화사, 1978).

[9] 有無相資라 함은 최제우 초기부터 그의 제자 중에 경제적 능력이 있는 자들로 하여금 가난한 자를 위하여 적극 돕는 것으로, 이 같은 초기 동학의 공동체적 분위기가 貧窮者로 하여금 동학에 입교하는데 중요한 한 부분을 차지하였다. 이러한 유무상자는 최제우의 순도 후에도 수십 년간 지하조직으로 존립하였다(『천도교서』 포덕 32년조 "前赴大義에 傾家蕩産한 者는 矜憐한지라. 在家觀望하야 飽食溫處한 者ㅣ 엇지 安心함이 可하리오. 有無相資하야 流離치 안케 하며 遠近이 合心하야 異端을 致치 안이하면 老物의 病이 또한 蘇하리라."참조).

[10] 「안심가」, 『龍潭遺詞』, 癸巳版(『東學思想資料集』 1, 아세아문화사, 1978).

[11] 「布德文」, 『동경대전』, 癸未版(『東學思想資料集』 1, 아세아문화사, 1978).

최제우는 『용담유사』에서 자신의 득도 이전 세계를 '開闢後五萬年',[12] '下元甲',[13] '前萬古',[14] '효박한 이 세상'[15] 등의 표현을 통하여 비판하였으며, 득도 이전의 시대는 온갖 모순이 가득 찬 시대로 극복되어야 할 시대임을 밝히고 있다. 또한 최제우는 동학의 새로운 출발 기점인 1860년 4월 5일을 기점으로 '다시 개벽', '上元甲',[16] '後萬古',[17] '五萬年之運數'[18] 등의 표현으로 새로운 세계의 도래를 역설하고 있다. 즉 최제우는 모순에 가득 찬 지금까지의 혼란한 시대는 반드시 무너지고 다가오는 새 시대, 다시 개벽의 시대야말로 지상천국의 이상적 사회가 될 것이라고 제시하고 있다.

이와 더불어 최제우는 無爲而化라는 개념을 통하여 제국주의의 침략과 조선 왕조 지배층에 대한 비판적 의식을 제시하였다. 최제우는 다시 개벽과 무위이화를 통해서 낡은 시대와 낡은 문명을 극복하고 새로운 시대와 새로운 문명을 개척하고자 하는 현실 비판사상이며 天道를 회복하는 새 시대, 새 문명사회 건설을 지향하는 進步的 思想의 일면을 보여주고 있다.

이러한 일면은 1894년 동학농민혁명에서 잘 드러나고 있으며 반봉건 반침략의 사상적 연원이 되고 있다.[19] 최제우는 『동경대전』에서 '吾心

---

12) 「용담가」, 『龍潭遺詞』, 癸巳版(『東學思想資料集』 1, 아세아문화사, 1978).

13) 「몽중노소문답가」, 「권학가」, 『龍潭遺詞』, 癸巳版(『東學思想資料集』 1, 아세아문화사, 1978).

14) 「교훈가」, 『龍潭遺詞』, 癸巳版(『東學思想資料集』 1, 아세아문화사, 1978).

15) 「몽중노소문답가」, 『龍潭遺詞』, 癸巳版(『東學思想資料集』 1, 아세아문화사, 1978).

16) 「몽중노소문답가」, 『龍潭遺詞』, 癸巳版(『東學思想資料集』 1, 아세아문화사, 1978).

17) 「교훈가」, 『龍潭遺詞』, 癸巳版(『東學思想資料集』 1, 아세아문화사, 1978).

18) 「용담가」, 『龍潭遺詞』, 癸巳版(『東學思想資料集』 1, 아세아문화사, 1978).

19) 장영민, 「최시형과 서장옥 – 남북접 문제와 관련하여」, 『동학농민혁명과 농민군 지도자성격』, 동학농민혁명기념사업회, 1997, 134쪽.

卽汝心',[20] '天心卽人心',[21] 『용담유사』에서 '나는 도시 믿지 말고 한울님만 믿었어라. 네 몸에 모셨으니 사근취원 하단말가'[22]라는 표현을 통해 한울님과 인간이 둘이 아니고 하나임을 밝히고 있다. 이와 같은 내 몸에 모셔져 있는 한울님을 체험함으로써 시천주 사상은 조선왕조 신분제를 타파하고 근대적 평등사상을 확립하고 있다.

최제우의 시천주 사상은 최시형에 의해 '천지만물이 시천주 아님이 없나니 만물을 일체 공경으로 대하라',[23] '사람은 한울이라 평등이요 차별이 없나니라. 사람이 인위로써 귀천을 가리는 것은 한울님의 뜻에 어기는 것이니 제군은 일체 귀천의 차별을 철폐하여 선사(先師)의 뜻을 맹세하라',[24] '어린 아이를 때리는 것은 한울님을 때리는 것이다'[25]라는 범천론적 동학사상으로 확대되어 민중들 속으로 실천됨으로써 1894년 동학농민혁명 당시 동학농민혁명에 참여한 동학군을 결속하는 중요한 요소로 작용되었다.

최제우는 동국(東國)의 학(學)인 동학(東學)[26]은 당시 민중들 사이에 이미 널리 포교되고 있는 서학(西學)을 제압하고자 한 것을 밝히고 있다. 이러한 최제우의 반외세적 척왜양 사상은 줄곧 동학의 기본사상으로 이어졌으며 특히 1893년부터 전개된 교조신원운동에서도 잘 나타나고 있다. 보은 장내에서 전개된 보은집회에서는 斥倭洋倡義를 기치로 내걸고 수만 명의 동학도인이 모여 20여 일간 집단적으로 시위를 하였다.

---

20) 「논학문」, 『東經大全』, 癸未版(『東學思想資料集』 1, 아세아문화사, 1978).
21) 「논학문」, 『東經大全』, 癸未版(『東學思想資料集』 1, 아세아문화사, 1978).
22) 「교훈가」, 『龍潭遺詞』, 癸巳版(『東學思想資料集』 1, 아세아문화사, 1978).
23) 「天道敎書」, 『新人間』 377, 1980.5, 75쪽.
24) 「天道敎書」, 『新人間』 374, 1980.1, 75쪽.
25) 「天道敎書」, 『新人間』 377, 78쪽.
26) 「논학문」, 『東經大全』, 癸未版(『東學思想資料集』 1, 아세아문화사, 1978).

이어 1894년 기포된 동학농민혁명 과정에서 수많은 檄文과 布告文을 통해 반침략적 의지를 드러내고 있다.

이외에도 최제우는 포교 과정을 통해 경제적 여력이 있는 제자들로 하여금 생활이 어려운 사람을 적극 돕도록 가르쳤다. 有無相資라 하여 경제적 공동체 정신을 발휘하도록 한 것이다. 이러한 관계 속에 형성된 동학의 조직은 최시형에 이르러 더욱 견고하게 다져졌으며 교조신원운동과 동학농민혁명을 통해 그대로 계승·실천되었다.

최제우에 의해 확립된 동학의 사상적 특성은 최시형에 이르러 더욱 확대 발전되었다. 특히 시천주 사상은 '천지만물이 한울님 아님이 없다(天地萬物 莫非侍天主)'[27]로 재해석되었다. 이를 토대로 하여 최시형은 사람뿐만 아니라 우주 만물 자체가 바로 한울님이므로 어린이도, 며느리도, 남의 종도, 날아가는 새도, 들에 핀 꽃도 모두 한울님으로 인식하였다. 뿐만 아니라 이를 기본사상으로 하여 최시형의 사상적 특성도 '萬民平等',[28] '天主織佈',[29] '새 소리도 한울님 소리',[30] '以天食天'[31] 등으로 확대되었다.

또한 최제우 당시 교인간의 유대강화를 하는데 근본이 되었던 有無相資의 大同思想은 최시형에 이르러 더욱 활성화되었다. 1875년부터 1892년에 이르기까지 최시형은 通文을 통해 유무상자의 실천을 강조하였다. 더욱이 최시형도 몸소 실천하였다. 이와 같은 유무상자의 대동사상은 교조신원운동을 비롯하여 동학농민혁명을 통해서 실천적으로

27) 「天道敎書」, 『新人間』 377, 75쪽.
28) 「天道敎書」, 『新人間』 374, 75쪽.
29) 「天道敎書」, 『新人間』 377, 75쪽.
30) 「天道敎書」, 『新人間』 377, 78쪽.
31) 「天道敎書」, 『新人間』 374, 79쪽.

나타나고 있다.

최시형은 어린 시절 매우 불우하게 보냈다. 일찍 부모를 여의고 청소년 시절 내내 남의 집에서 머슴살이와 製紙所 직공으로 일한 적이 있다. 특히 최시형은 이때의 불우한 생활로 인해 '내가 가장 한스러웠던 것은 머슴을 살면서 "머슴 놈"이라는 말을 들으며 살아야 했다'[32]고 회고하고 있다. 이와 같은 성장과정은 그에게 사상적 특성을 결정하는 데 중요한 역할을 하였다. 최시형은 최제우의 가르침에 충실하였지만 가장 큰 영향을 받은 것은 바로 최제우께서 두 명의 여자 몸종을 며느리와 수양딸로 삼은 것을 보인다. 최제우의 이러한 실천행동은 머슴 생활을 했던 최시형에게 충격적인 것이었다. 이러한 까닭으로 최시형은 동학에 입도한 후 정성스런 수련에 힘쓰는 한편 적서차별 남녀차별 귀천차별의 철폐를 철저하게 강조하였다.[33]

최시형의 가르침은 당시 신분제 하에서 고통 받고 있던 서얼 출신의 양반과 중인층, 그리고 일반 평민과 천민들 사이에 새로운 메시지였으며 동학 교세 확대에 크게 기여하였다. 1863 경상도 북부의 영해 영덕 지방의 새로운 신분상승 세력으로 등장했던 新鄕들이 대거 동학에 입도했던 것[34]이나 1891년 천민 출신의 南啓天을 호남좌우도 便義長으로 과감하게 임명하는 사실[35] 등은 모두 최시형에 의한 '평등사상'의 실천적인 사례들이다.

---

[32] 표영삼, 「최시형과 금등골」, 『新人間』 485, 1990, 8, 14쪽.
[33] 해월 최시형은 동학 최고지도자로 부각된 이후 처음으로 행한 법설이 嫡庶差別 撤廢와 萬民平等에 관한 것이었다(『天道敎書』, 천도교중앙총부, 1920).
[34] 이 부분에 대해서는 장영민, 「1871년 寧海 동학란」, 『한국학보』 47, 일지사, 1987년 참조.
[35] 「天道敎書」, 『新人間』 377, 79쪽.

또한 다시 개벽의 혁세사상은 최시형에 이르러 '이 세상 운수는 천지가 개벽하던 처음의 운수를 회복한 것이니 세계만물이 다시 포태의 수를 정치 않는 것이 없나니라. … 새 한울 새 땅에 사람과 물건이 또한 새로워질 것이라'고 확대 해석하고 있다.

이와 같은 동학의 사상적 특성과 발전은 당시 일반 민중뿐만 아니라 최하층까지 동학에 입도하여 동학의 교세가 동학이 창도된 경주를 비롯하여 전국으로 확대되었다.

Ⅲ. 동학농민혁명의 전개

수운 최제우에 의해 창도된 동학은 해월 최시형을 거치면서 경상도 지역뿐만 아니라 강원도, 충청도, 전라도, 황해도 지역까지 조직이 확장되었다. 이러한 과정을 거치면서 동학은 조선 정부로부터 이단으로 취급을 받아 적지 않은 탄압과 박해를 받았다. 이에 동학 내 일부에서는 서학의 경우 이미 신앙의 자유가 인정되는 종교로써 공인을 받은 상황에서 동학만 박해를 받은 것은 매우 부당하다고 인식하였다. 때문에 정부로부터 탄압과 박해로부터 벗어나는 것은 무엇보다도 동학의 공인이었다. 이에 동학교단은 교인들의 요구를 받아들여 1892년 하반기부터 1893년 초까지 신앙의 자유를 공인받기 위해 공주, 삼례, 광화문에서 교조신원운동을 전개하였다.

그러나 조선정부는 여전히 동학을 공인하지 않고 오히려 박해가 가중되었다. 더욱이 광화문 교조신원운동을 전개하면서 외세의 침략을 직접 목도한 동학교단 지도부는 1893년 3월 10일 보은 장내리에 수만 명이 집결하여 '척왜양'을 기치로 그동안 전개해왔던 종교운동을 사회운동으로 전환시켰다. 이 과정에서 보은 장내리의 척왜양운동은 동학의 조직을 '接' 단위에서 '包' 단위로 강화 확대되었다.[36] 이는 동학 조직이 광역화되었다고 할 수 있다. 뿐만 아니라 보은과 마찬가지로 전북 금구에서도 척왜양운동이 전개되었다. 이러한 일련의 교조신원운동과 척왜양운동은 동학교인들을 동학이 내세우고 있는 보국안민 광제창생이라는 슬로건을 '의식화'시켰다고 할 수 있다. 이러한 의식화는 이듬해 1894년 1월 10일 고부기포를 시작으로 동학농민혁명으로 이어졌다.

조병갑의 탐학과 동학교인에 대한 박해[37]로 시작된 고부기포는 1893년 한겨울부터 준비되었다. 전봉준 등 20여 명의 동학지도자[38]들은 '사발통

---

[36] 보은 척왜양운동은 각지에서 교인들이 모여들자 최시형은 유력한 지도자들을 대접주로 임명하는 한편 포명을 부여하였다. 당시 대접주와 포명은 다음과 같다. 忠義包 大接主 손병희, 忠慶包 大接主 임규호, 淸義包 大接主 손천민, 文淸包 大接主 임정준, 沃義包 대접주 박석규, 關東包 대접주 이원팔, 湖南包 대접주 남계천, 尙功包 대접주 이관영, 報恩包 대접주 김연국, 西湖包 대접주 서장옥, 德義包 대접주 박인호, 金溝包 대접주 김덕명, 茂長包 대접주 손화중, 扶安包 대접주 김낙철, 泰仁包 대접주 김개남, 詩山包 대접주 金洛三, 扶豊包 대접주 김윤석, 鳳城包 대접주 김방서, 沃溝包 대접주 장경화, 完山包 대접주 서영도, 公州包 대접주 김지택, 高山包 대접주 박치경, 淸風包 대접주 성두환, 內面包 대접주 차기석, 洪川包 대접주 심상훈, 麟蹄包 대접주 김치운, 禮山包 대접주 박희인, 旌善包 대접주 유시헌, 大興包 대접주 이인환, 德山包 대접주 손은석, 長興包 대접주 이방언, 牙山包 대접주 안교선(이들 포명과 대접주는 『천도교서』, 『시천교종역사』, 『천도교회사초고』, 『동학사』, 『갑오피난록』, 『천도교창건사』 등을 참고하여 정리한 것이다).
[37] 송재섭, 「고부교구실기」, 『천도교회월보』 83, 1917.6, 언문부 17쪽. 이와 관련하여 다음과 같이 기록하고 있다. "고부군수 조병갑의 포학이 자심하여 도인이 견디지 못하게 함으로"라고 하여, 동학교인들에 대한 탐학이 더 심하였음을 알 수 있다.
[38] 사발통문에 서명한 인물은 20명이었다. 이들 중 10명은 동학농민혁명 당시 희생되었고, 10명이 살아남았다. 이들 중 9명이 동학교단에서 전개한 진보회운동에 참여하였고, 1906년 천도교 고부교구 설립뿐만 아니라 교구장 등 주요 임원으로 활동하였다. 이에 대해서는 성주현, 『동학과 동학혁명에 대한 재인식』, 국학자료원, 2010, 178~186쪽 참조.

문'[39])을 작성하고 고부기포를 준비했다. 그러나 조병갑이 다른 지역으로 이임함에 따라 잠시 유보되었던 기부기포는 조병갑이 다시 고부군수로 임명된 다음날 새벽에 점화되었다. 고부관아를 점령한 동학농민군(이하 동학군)은 백산으로 옮겨 정세를 유지하였다. 중앙정부에서는 박원명을 신임 고부군수 임명하는 한편 안핵사 이용태를 파견 고부기포에 대한 진상을 조사하도록 하였다. 이용태는 고부기포의 주도세력인 동학교인들을 색출하여 탄압과 박해를 가하자 전봉준은 지도부 50여 명을 재외하고 동학군을 귀가시켰다.

전봉준 등 고부기포 지도부는 무장의 대접주 손화중과 협의한 후 3월 20일 포고문을 발표하고 고부관아를 다시 점령한 후 백산에서 혁명군으로 대오를 갖추었다. 백산에 모인 동학군은 전봉준을 대장으로 추대하고 4대 명의와 12개조의 군율을 정한 후 정읍 황토현에서 관군과의 첫 접전에서 대승하였다.[40] 비록 지방군이었지만 대승한 동학군은 전략적으로 남하하여 군세를 보강한 후[41] 장성 황룡촌에서 중앙정부에서 파견한 경군과의 전투에서도 크게 승리하였다.

경군마저 격파한 동학군은 더 이상 남하를 하지 않고 전주로 향하였다. 전주는 감영 소재지였지만 호남의 수부이자 '풍패지향'으로 조선을

---

39) 사발통문은 두 종류가 있다. 하나는 사발통문 서명자 송두호의 孫 송기태가 보관하고 있다가 1970년 1월 7일에 공개된 것이고, 다른 하나는 사발통문에 서명한 송주옥의 아들인 송재섭이 기록한『갑오동학혁명난과 전봉준장군실기』에 수록되어 있다. 이 두 종류의 사발통문의 내용은 같은데, 서명자가 각각 20명과 15명이었다는 것이 차이가 난다. 사발통문에 대한 사료적 가치에 대해서는 여전히 논란이 있지만 초기 동학농민혁명을 이해하는데 가장 중요한 사료라고 판단된다.
40) 황토현전투에 대해서는 조성운,「황토현전투의 전개와 역사적 의의」,『동학농민혁명과 고부기포』, 선인, 2013을 참조할 것.
41) 동학군이 남하한 배경은 전주에 경군이 들어와 있고, 또한 동학군의 전세를 넓혀 세력을 확대하려는 의도도 있었던 것이다.

건국한 이성계의 영정이 보관된 경기전과 시조 및 시조비의 위패를 봉사한 조경묘가 있는 조선 왕조의 '정신적 영지'였다. 그러나 전주는 동학군에게는 사발통문 결의사항 중 하나였던 "전주영을 함락하고"의 목표였다. 전주를 향해 북상한 동학군은 정읍과 태인을 거쳐 4월 27일 전주성을 점령하였다. 바로 사발통문 결의 사항 중 하나였던 목표를 달성한 것이다.

동학군이 전주성을 점령하자 정부는 즉시 관군을 파견하는 한편 청국에 원병을 요청하였다. 이미 파병 준비를 마친 청군은 5월 7일 아산만으로 상륙하였다. 시모노세키조약에 따라 파병을 결정한 일본은 청군이 출병할 것을 예상하고 철저히 준비한 후 5월 12일까지 6,300여 명의 병력을 인천으로 상륙시켰다. 이는 동학군은 진압하기보다는 조선을 침략하려는 의도가 있었기 때문이었다.

청군과 일본군이 아산과 인천에 상륙하는 동안 동학군과 관군은 전주성을 사이에 두고 격렬한 전투를 전개하였다. 이 전투에서 동학군은 군사적으로 적지 않은 손실을 입었다. 동학군 내부의 동요도 없지 않았지만 이를 잘 극복한 전봉준은 홍계훈과 화약을 맺었다.[42] 이때 동학군은 27개의 폐정개혁을 요구하였다.[43] 그리고 전주성을 홍계훈이

---

[42] 전주화약을 맺은 것은 청군과 일본군의 조선 진주 때문이었지만, 이외에도 완산전투에서 패배한 동학군의 전력 상실과 사기저하, 이로 폐정개혁에 대한 기대, 보리 수확과 모내기 등 바쁜 농사일 때문이기도 하였다. 이는 동학군의 전략과 일본군의 진주에 따른 대응이 맞아 떨어졌기 때문이기도 하였다.

[43] 이때 동학군 측에서 요구한 27개의 폐정개혁 요구 14개항은 전봉준의 판결문에 나타나 있는데, 그 내용은 다음과 같다.
1. 전운소를 혁파할 것, 2. 국결을 더하지 말 것, 3. 보부상의 작폐를 금할 것, 4. 도내 환전은 구 감사가 거두어 갔으니 민간에 다시 징수하지 말 것, 5. 대동미를 상납하는 기간에 각 포구 잠상의 미곡 무역을 금할 것, 6. 동포전은 매호 봄가을로 두 냥씩 정할 것, 7. 탐관오리를 모두 파면시켜 내쫓을 것, 8. 위로 임금을 가리고 관직을 팔아 국권을 조롱하는 자들을 모두 축출할 것, 9. 수령은 자기의 관할지역

이끄는 관군에게 내어준 동학군은 자신들이 점령한 호남지역에 집강소를 설치하고 직접 통치를 하였다. 집강소의 설치는 동학군이 자신들의 힘과 의지로 비록 지역 단위지만 행정력을 장악하고 운영한다는 것으로, 이는 중앙정부로부터 공인을 받았다는 점에서 중요한 의미를 가진다고 할 수 있다. 뿐만 아니라 집강소는 동학 조직이 봉건적 질서를 극복하기 위해 스스로 사회개혁을 하였다는 점에서 한국근대사에 있어서 새로운 정치형태를 보여주었다고 할 수 있다.[44]

동학군의 집강소 통치가 진행되는 동안 중앙에서는 청일 동시철병을 반대한 일본군이 경복궁을 점령하였다. 일본군은 김홍집을 수반으로 하는 친일적 갑오개혁 정권을 수립, 본격적인 내정간섭을 시작하였다. 뿐만 아니라 청일전쟁을 일으켜 노골적인 침략야욕을 드러내었다. 7월 29일부터 전개된 청일전쟁에서 승리한 일본은 조선정부를 개혁한다는 명분을 내세워 본격적으로 내정을 간섭하였다.

경복궁이 일본군에 의해 점령당하였다는 소식을 들은 전봉준 등 동학군 지도부는 대일항쟁을 준비하였다. 특히 전봉준은 무주 집강소로 보낸 통문에 그 내용이 잘 드러나고 있는데, 그 내용은 다음과 같다.

　　방금 오랑캐가 궁궐을 침범하여 국왕을 욕보였으니, 우리들은 모두 마땅

안에 입장을 할 수 없으며, 또 논을 거래하지 말 것, 10. 전세는 전례를 따를 것, 11. 연호잡역을 줄여 없앨 것, 12. 포구의 어염세를 혁파할 것, 13. 보세와 궁답은 시행하지 말 것, 14. 각 고을에 수령이 내려와 백성의 산지에 늑표하거나 투장하지 말 것.

44) 오지영의 『동학사』에는 집강소 운영에 대해 다음과 같이 밝히고 있다.
"동학군과 관군이 서로 강화를 이룬 후 관군은 경성으로 올라가고 동학군은 전라도 53주에 집강소를 설립하여 民間庶政을 처리하게 되었다. 每邑에 집강 1인을 두고 의사원 약간 인을 두었으며 대소 관리는 그를 幇助하여 폐정개혁을 착수케 되었으며"(오지영, 『동학사』, 영창서관, 1938, 126쪽).

히 목숨을 걸고 의로써 달려가야 할 것이다. 그러나 저들 오랑캐가 바야흐로 청과 더불어 전쟁 중에 있으니, 그 예봉이 심히 날카로워 지금 만일 나가 싸운다면 그 화가 종묘사직에 미칠지도 모른다. 그러니 잠시 물러나 시세를 바라본 연후에 우리의 세력을 북돋은 다음 계책을 취함이 만전지책이다.

이 통문에 따르면, 일본군의 침략에 대해 적극적으로 대응할 것을 밝히고 있다. 이에 일부 지역에서는 항일투쟁을 전개하기도 하였다. 이러한 항일투쟁은 동학군이 재기포하는데 적지 않은 영향을 미쳤다. 재봉기를 준비하면서 전봉준은 호남 일대 집강소에 일본군을 쳐 물리치고, 그 거류민을 국외로 구축할 마음으로 다시 기병하자는 격문을 보냈다. 뿐만 아니라 이 시기 해월 최시형의 동학교단도 총기포를 준비하였다. 9월 18일 호남의 삼례와 호서의 청산에서 각각 기포한 동학군은 연합전선을 형성하여 논산 초포에서 집결하였다.

호남과 호서의 연합 동학군은 한양으로 북상하기 위해 공주를 공략하고자 하였으나 공주로 들어가는 효포와 우금치에서 관군과 일본군의 연합군과 수차례 치열한 공방전을 전개하였지만 화력이 막강한 일본군의 신식무기에 결국 퇴패하고 말았다. 이와 때를 같이 하여 남원에 주둔하고 있던 김개남은 청주를 향하여 북상하였다. 그러나 청주에서 관군에 치열한 전투를 전개하였지만 패하였다.

공주 이외의 지역 즉 경상도의 북서부 지역[45]과 남서부지역,[46] 강원

---

[45] 동학군이 기포하여 활동한 경상도 북서부 지역은 상주, 김천, 예천, 안동, 의성, 봉화, 용궁, 문경, 함창, 개녕, 성주 등이다. 이들 지역 동학군은 청산이나 공주로 합류하지 않고 독자적으로 활동하였다.

[46] 동학군이 기포하여 활동한 경상도 남서부 지역은 하동, 진주, 산청, 함양, 곤양, 사천, 고성, 단성, 남해 등의 지역이 해당된다. 이들 지역은 순천, 광양 일대의 동학군과 함께 활동하였다.

도 지역,[47] 경기도 지역,[48] 황해도 지역[49])에서도 동학군은 지역별로 연합하거나 독자적으로 대일항쟁을 전개하였다. 그러나 이들 지역 역시 관군과 일본군에 의해 진압되었다.

한편 우금치전투에서 패한 연합동학군은 남으로 퇴각하면서도 논산 황화대, 원평, 충북 용산과 보은 등지에서 관군과 일본군과 크고 작은 전투를 치렀다. 그러나 끝내 동학군은 혁명의 목적을 달성하지 못하고 해산해야만 했다.

IV. 동학농민혁명과 격문

1894년 1월 10일 전개되어 이듬해까지 이어진 동학농민혁명의 전개 과정에서 무수한 격문과 통문이 반포되었다. 이 격문과 통문은 당시 동학농민혁명의 사상과 이념이 담겨져 있을 뿐만 아니라 시대적 인식을 확인할 수 있는 좋은 사료라고 할 수 있다. 본 절에서는 동학농민혁명 초기에 해당하는 격문을 중심으로 그 내용을 분석해 보고자 한다. 이는 동학농민혁명의 정당성을 가장 잘 드러나고 있기 때문이다. 이 시기 동학군의 격문류는 고부기포의 통문과 격문, 무장기포의 포고문, 백산대회의 격문 등이 있다.

앞서 살펴보았듯이 동학농민혁명의 첫 기포는 '고부기포'였다.[50] 고

---

[47] 강원도지역에서 동학군이 활동한 곳은 영월, 평창, 정선, 원주 등 남부지역과 홍천, 인제 등의 내륙지역이다.
[48] 경기도 지역에서의 동학군이 기포한 곳은 수원, 안성, 용인, 이천 등 서남부 지역과 양평, 지평 등 동북부 지역이다.
[49] 황해도 지역에서 동학군이 기포한 곳은 해주를 비롯하여 재령, 평산, 송화, 문화, 장연, 옹진, 배천, 연안 등지이다.

부기포 과정에서 격문[51]과 통문[52]이 작성되었다. 격문의 주요 내용은 간신과 탐관오리의 학정과 도탄에 빠진 民, 그리고 보국안민을 맹세하고 있다. 즉 '백성은 나라의 근본임을 다시 한 번 인식하고 국가 위망의 상황에서 주기를 각오하고 보국안민을 하겠다'는 고부기포의 당위성을 밝히고 있다. 따라서 고부기포의 첫 단계를 알려주는 격문의 주요 내용은 탐관오리의 제거 등을 내용으로 하는 '반봉건 성격'을 잘 보여주고 있다.

---

50) 기존의 연구 성과에서는 고부기포와 동학농민혁명을 분리해 보고자 하는 경향이 강하였다. 그래서 고부에서 일어난 동학농민군의 활동을 '고부민란'으로 인식하였다. 그러나 고부기포와 동학농민혁명의 상관관계에 대해서는 보다 구체적인 연구가 필요하다고 본다. 본고에서 '고부기포'라고 명명한 것은 고부기포의 핵심적인 주체세력이 동학 조직인 포를 통해서 전개되었기 때문이다. 뿐만 아니라 전봉준은 신문과정에서 '봉기'보다는 '기포'라는 용어를 더 보편적으로 사용하였다는 점에서 '기포'라는 용어를 그대로 사용하고자 한다.

51) 격문의 내용은 다음과 같다.
"今之爲臣은 不思報國하고 도적녹위하며 掩蔽聰明하고 가의도容이라. 충간지목을 謂之妖言하고 正直之人을 위지비도하여 내無포圍지재하고 外多확民之官이라. 人民之心은 日益유變하여 入無학생之業하고 出無保구之策이라. 학정이 日사에 怨聲이 相續이로다. 自公卿以下로 以至方伯守令에 不念國家之危殆하고 도절비기윤家之計와 전選之門은 視作生화之路요 응試之場은 擧作交역之市라. 許多화뢰가 不納王庫하고 反充사장이라. 國有累積之債라도 不念國報요 교사음이가 無所위기라. 八路魚肉에 萬民도탄이라. 民爲國本이니 削則國殘이라. 吾道은 유초야유민이나 食君之土하고 服君之義하며 不可坐視 國家之危亡이라. 以報公 補國安民으로 爲死生之誓라."(송재섭, 『갑오동학혁명난과 전봉준장군실기』(필사본), 1954).

52) 통문의 내용은 다음과 같다.
"右文爲通論事는 無他라. 大廈將傾에 此將奈何오. 坐而待之可乎아. 扶而求之可乎아. 奈若何오. 當此時期하야 海內同胞의 總力으로 以하야 撑而擊之코저하와 血淚를 灑하며 滿天下 同胞에게 衷心으로서 訴하노라. 吾儕飮恨忍痛이 已爲歲積에 悲塞哽咽함은 必無贅論이어니와 今不可忍일새. 玆敢烽火를 擧하야 其夷痛切迫之情를 天下에 大告하는 同時에 義旗를 揮하야 蒼生을 濁浪之中에서 救濟하고 皷를 鳴하야써 滿朝의 奸臣賊子를 驅除하며 貪官汚吏를 擊懲하고 進하야써 倭를 逐하고 洋을 斥하야 國家를 萬年盤石의 上에 確立코자 하오니 惟我道人은 勿論이요 一般 同胞兄弟도 本年 11月 20日를 期하야 古阜 馬項市로 無漏內應하라. 若-不應者-有하면 梟首하리라."

그리고 통문의 내용을 살펴보면, 첫째는 봉화를 들어 그동안 애통하고 절박한 사정을 천하에 알리고, 둘째는 의로운 깃발을 들어 창생을 구하고, 셋째는 북을 울려 조정의 간신과 탐관오리들을 물리치고, 넷째는 척왜척양으로 국가를 튼튼히 하고, 다섯째는 동학교인 뿐만 아니라 일반 형제동포의 참여를 촉구하였다. 이 통문에는 그동안 동학교단에서 1893년부터 전개하였던 교조신원운동과 斥倭洋倡義運動에서 주장하였던 것이 역시 잘 집약되었다고 할 수 있다. 따라서 이 통문은 앞서 살펴보았던 반봉건적 내용보다 한 단계 더 나아간 반외세적 내용을 포함하고 있다. 즉 반봉건적이며 반외세적 성격을 아울러 포함하고 있다고 할 수 있다.

고부기포에서 진상조사를 위해 파견된 안핵사 이용태의 탄압으로 전략적으로 해산한 전봉준 등 동학지도부는 재기를 도모하기 위해 무장의 대접주 손화중을 찾았다.[53] 이곳에서 준비를 마친 전봉준과 손화중 등 동학지도부는 포고문[54]을 발표하였다. 전봉준, 손화중, 김개

---

[53] 전봉준이 손화중을 찾은 이유는 첫째 고부접주 전봉준의 연원 관계가 무장대접주 손화중의 관내였기 때문이었고, 둘째 무장대접주로 있는 손화중의 동학세력이 호남 일대에서 가장 규모가 컸기 때문이었다. 그리고 셋째 이러한 관계에서 무장이 지리적으로 고부와 비교적 가까웠기 때문이었다. 특히 전봉준과 손화중은 단순한 연비의 관계뿐만 아니라 동지적 결합관계였던 것이다. 이에 따라 전봉준은 손화중의 후원을 받으면서 재기를 위한 새로운 동력을 확보할 수 있었기 때문이었다.

[54] 포고문의 내용은 다음과 같다.
"사람이 세상에서 가장 귀중한 것은 인륜이 있기 때문이다. 군신부자는 인륜 중에서 큰 것인데, 임금이 어질고 신하가 강직하며, 어버이가 인자하고 자식이 효도를 한 이후에 나라가 이루어지고 끝이 없는 복이 올 수가 있다. 지금 우리 전하께서는 어질고 효성스러우며 자애롭고 사랑하는 마음을 가지셨으며, 신통력 있는 명확함과 성스러운 명석함을 지니셨다. 현명하고 어질며 바르고 강직한 신하가 주위에서 명석하도록 도와주면 요순(堯舜)의 교화와 문경(文景)의 통치를 가히 지정하고 반드시 이루어질 것이라고 바랄 수가 있다. 지금 신하라는 자들은 나라에 보답할 것을 생각하지 않고 다만 녹봉과 지위를 훔치며, 전하의 총명을 가려서 아부하고 뜻만 맞추면서 충성스럽게 간언(諫言)을 하는 선비에게는 요망한 말을 한다고 하고,

남 3인의 공동명의로 발표된 포고문의 내용은 다음과 같이 정리할 수 있다.

첫째는 인륜의 보편적 인식이다. 포고문에 의하면, 세상에서 가장 귀한 것은 '인륜'임을 강조하고 있으며, 그 형태에 대해서는 군신부자의 관계를 무엇보다 중요시하였다. 즉 임금은 임금다워야 하고, 신하는 신하다워야 하고, 아버지는 아버지로서, 그리고 자식은 자식으로서의 직분을 다해야 한다는 보편적 윤리를 내세우고 있다. 이는 수운 최제우가 지적한 '군불군 신불신 부불부 자부자'의 도덕적 타락을 복원시키고자 하였음을 알 수 있다.

정직한 사람을 비도라고 부른다. 안으로는 나라에 보답하는 인재가 없고, 밖으로는 백성을 학대하는 관리가 많아, 백성들의 마음은 날마다 더욱 변하여 가정에 들어가서는 생업을 즐겁게 하는 일이 없고, 밖에 나와서는 몸을 보호할 방법이 없으며, 학정이 날마다 심하여 '악' 하는 소리가 서로 계속되고 있고, 임금과 신하의 의리와 부모와 자식의 윤리, 위와 아래의 분별이 반대로 무너지고 남은 것이 없게 되었다. 관자(管子)는 말하기를 "사유(四維)가 펴지지 않으면 나라가 곧 멸망한다"라고 하였으니, 지금의 형세는 옛날보다 더 심각하다. 정승 이하부터 방백과 수령에 이르기까지 나라가 위태로운 것을 생각하지 않고 다만 자신을 살찌우고 가문을 윤택하게 할 계획에만 마음이 간절하고, 인사를 하고 관리를 선발하는 통로는 재물을 생기게 하는 길로 생각하고 있으며, 과거시험 장소는 물건을 교역하는 시장과 같게 되었고, 많은 재물과 뇌물이 왕실 창고에 납부되지 않고 도리어 개인 창고를 채워 나라에는 채무가 쌓였다. 나라에 보답할 것을 생각하지 않고 교만하고 사치하며 음란하고 멋대로 놀아 두려워하고 거리끼는 것이 없으니, 전국은 어육(魚肉)이 되고 만백성은 도탄에 빠졌는데도 수령들의 탐학은 참으로 그대로이다. 어찌 백성이 궁핍하고 또 곤궁하지 않겠는가? 백성은 나라의 근본이며, 근본이 깎이면 나라는 쇠약해지는데, 나라를 돕고 백성을 편안하게 하는 방책을 생각하지 않고 시골에 저택을 건립하여 오직 혼자만 온전할 방법만을 찾고, 다만 녹봉과 지위를 훔치니, 어찌 그것이 사리이겠는가? 우리 무리는 비록 시골에 남겨진 백성이지만, 임금의 땅에서 먹고 살고 임금의 옷을 입고 있으므로 앉아서 나라가 위태롭게 되는 것을 볼 수 없어, 8도가 마음을 같이하고 수많은 백성이 의논하여 지금 의로운 깃발을 내걸고 보국안민(輔國安民) 하는 것으로 죽고 사는 것을 맹세하였다. 지금의 모습은 비록 놀라운 것에 속하지만 절대로 두려워하지 말고, 각각 백성의 생업을 편안하게 하고 태평한 세월이 되도록 함께 기원하며, 모두 임금의 교화에 감화된다면 천만다행이다."

둘째는 탐관오리의 행태이다. 전봉준 등은 당시 관료사회에 대한 인식은 매우 부정적으로 인식하고 있었다. 중앙의 공경으로부터 지방의 방백과 수령에 이르기까지 사리사욕에 대한 부패상, 그 부패로 인해 국가가 처한 존망의 위기의식, 과거에 대한 매관매직 등이다. 즉 보국의 인재가 없다고 개탄하였다.

셋째는 민중들의 피폐한 생활이다. 虐民의 관리만 있어 민중들은 삶과 생업을 빼앗기고 몸을 보존할 대책마저 없는 상태였다. 그렇기 때문에 민중들은 塗炭에 빠져있다는 것이다.

넷째는 보국안민의 대책이다. 양반 관료들은 국가가 존망에 처했음에도 보국안민할 방책이 없음을 지적하였다. 나아가 동학군은 나라의 근본인 백성이 없어진다면 나라가 망할 수 있으므로 의로운 깃발을 든다고 밝히고 있다. 이는 동학군은 '의로운 창의군'임을 밝히고 있으며 기포의 정당성을 표방하였다.

이로 볼 때 포고문은 다분히 유교적 내용을 담고 있지만, 동학의 핵심적인 내용인 '보국안민'과 '제세안민'할 것을 표방하였다. 그렇지만 앞서 살펴보았던 고부기포의 반봉건 반외세의 성격보다 한 걸음 후퇴한 반봉건적 성격이 보다 강조되었다고 할 수 있다. 그럼에도 불구하고 이 포고문은 동학농민혁명의 정당성을 잘 보여주고 있다.

무장기포 이후 고부관아를 점령한 동학군은 백산에 집결하여 격문[55]을 발표하고 '혁명군'으로서의 조직을 갖추었다. 이 격문은 오지영

---

55) 창의문의 내용은 다음과 같다.
"우리가 義를 들어 此에 至함은 그 本意가 斷斷 他에 있지 아니하고 蒼生을 塗炭의 中에서 건지고 國家를 磐石의 위에다 두고자 함이라. 안으로는 貪虐한 관리의 머리를 베이고 밖으로는 橫暴한 强敵의 무리를 驅逐하자 함이다. 兩班과 富豪의 앞에 苦痛을 받는 民衆들과 方伯과 首領의 밑에 屈辱을 받는 小吏들은 우리와 같이 怨恨이 깊은 者라. 조금도 躊躇치 말고 時刻으로 일어서라. 萬一 期會를 잃으면

의『동학사』에 나오는 유일한 것이지만, 당시 동학군의 의지를 가장 잘 표현하고 있다.[56] 즉 동학군의 기포가 첫째 창생을 도탄에서 건지고, 둘째 국가를 반석 위에 두고 함을 그 목적으로 분명하게 밝히고 있다.

그리고 이를 위해 안으로는 탐학한 관리의 처결, 밖으로는 외세의 구축이라는 반봉건적, 반제국적 성격을 강조하였다. 뿐만 아니라 동학군은 자신들의 목적을 이루기 위해서 유교적 지배질서에 고통받고 있는 민중들의 동참을 호소하고 있다. 이러한 의미에서 동학농민군이 백산에서 각지에 파송한 격문은 '혁명'임을 선포하는 함축적인 뜻을 내포한 것이라 할 수 있다.

V. 맺음말 : 동학농민혁명의 근대사적 의미

이상으로 동학의 창도 과정과 사상적 특성, 동학농민혁명의 전개 과정, 그리고 동학농민혁명의 초기 작성되거나 발표되었던 격문류에 대하여 살펴보았다.

조선은 건국 이후 통치이념의 성리학은 철저한 신분제를 지키려고

後悔하여도 믿지 못하리라."
[56] 신용하는 백산대회에서 발표한 격문의 의의를 다음과 같이 밝힌 바 있다.
"이 격문은 뒤의 집강소의 행정개혁 12개조와 함께 농민군의 사상이 가장 잘 드러나고 있는 격문이다. 무장기포의 창의문에서는 봉기가 국왕에 대한 반역이 아님을 국민에게 널리 알리기에 급급하여 봉기의 본뜻을 충분히 솔직히 표현하지 못하고 유교의 용어를 분식한 경향이 강하다. 그러나 고부 점령에 성공하고 백산에서 1만 명의 농민군을 편성하는데 성공한 동학농민군 지도부는 거릴 것이 없이 자유로운 조건 위에서 대담하고 솔직하게 봉기의 목표를 밝히고 있다. 백산의 격문은 농민혁명 선언의 성격을 갖추고 있는 것이라 말할 수 있다"(신용하,『동학과 갑오농민전쟁연구』, 155쪽).

하였다. 조선후기 실학이 등장하면서 사회개혁을 시도하였지만 성리학적 한계를 벗어나지 못하였다. 성리학과 신분제라는 봉건적 사회는 19세기 이르러 봉건적 사회질서의 붕괴와 서세동점이라는 안팎의 커다란 위기에 처하였다. 이와 같은 시기 이를 극복하기 위해 동학이 창도되었고, 나아가 근대화 과정의 한 획을 마련한 동학농민혁명으로 이어졌다. 동학과 동학농민혁명은 중세라는 봉건적 사회를 근대적인 사회의 토대를 마련하였다는 점에서 적지 않은 의미를 던져주고 있다. 그런 점에서 동학농민혁명은 한국근대사에서 매우 역사적 의미를 가지는 민족운동이며 농민운동, 종교혁명이었다.

첫째는 동학과 동학농민혁명은 차별적인 신분제를 타파하고자 하였다. 동학을 창도한 수운 최제우는 동학을 창도한 이후 신분제의 상징이라고 할 수 있는 집안의 두 여자 노비를 하나는 며느리로, 하나는 수양딸로 삼았다. 이는 동학의 가장 실천적 사례라고 평가할 수 있으며, 동학이 일반사회에 세력을 확장해 가는데 가장 중요한 역할을 담당하였다. 뿐만 아니라 수운 최제우의 이러한 실천은 신분제를 근본적으로 부정하는 것이었다. 이는 이어받은 해월 최시형은 무엇보다도 반상의 차별은 적서의 차별의 폐해를 지적하였다.[57] 이와 같은 신분제의 부정은 '시천주'-'사인여천'-'인내천'으로 이어지는 동학의 인간존중사상에서

---

[57] 해월 최시형은 신분제에 대해 다음과 같이 비판하였다,
"소위 반상의 구별은 사람의 정한 바요 도의 직임은 한울님이 시키신 바니, 사람이 어찌 능히 한울님께서 정하신 직임을 도로 걷을 수 있겠는가. 한울은 반상의 구별이 없이 그 기운과 복을 준 것이요, 우리 도는 새 운수에 둘러서 새 사람으로 하여금 다시 새 제도의 반상을 정한 것이니라. 이제부터 우리 도 안에서는 일체 반상의 구별을 두지 말라. 우리나라 안에 두 가지 큰 폐풍이 있으니 하나는 적서의 구별이요, 다음은 반상의 구별이라. 적서의 구별은 집안을 망치는 근본이요, 반상의 구별은 나라를 망치는 근본이니, 이것이 우리나라의 고질이니라."

비롯되었다. 이러한 인간존중과 신분제 타파는 동학교인과 동학군이 몸소 실천함으로써 근대적 인간평등사회를 실현하고자 하였다. 나아가 동학의 신분제 타파는 갑오개혁에도 적극 반영되어 신분제 해방이라는 과제를 실현하는데 큰 영향을 미쳤다.

둘째는 동학농민혁명은 대표적인 반봉건 민중운동이었으며 반침략적 반제국주의 민족운동이었다. 동학농민혁명의 정당성과 당위성을 알려주는 격문이나 통문을 보면 탐관오리의 제거 등을 내용으로 하는 '반봉건 성격', 척왜척양으로 국가를 튼튼히 하고자 하는 반제국주의 성격을 그대로 밝히고 있다. 이는 동학의 척왜척양의 민족주체성을 지키고자 하였다. 특히 수운 최제우는 "개 같은 왜적 놈"이라고 하여 제국주의 국가로 성장한 일본의 침략을 무엇보다도 경계하였다. 동학농민혁명은 한반도에서 일본의 침략을 가장 적극적으로 몰아내려고 하는 근대적 민족운동의 효시라고 할 수 있다.

셋째는 동학농민혁명은 집강소를 통해 '民政'이라는 통치를 실현하였다. 전주화약 이후 동학군은 자신들이 점령한 대부분의 지역에 집강소를 설치하였다. 집강소는 여러 명의 '의사원'을 두고 합의에 의해 민원을 처리해 나갔는데, 이는 근대적 민주주의적 지방통치라고 할 수 있다. 이는 그동안 관주도의 통치라는 구체제의 틀을 붕괴시키는 상징이었으며, 근대적 신체제이기도 하였다.

끝으로 동학농민혁명은 동학교인과 동학군, 나아가 일반 민중으로 하여금 근대적 정치의식과 사회의식을 고양시켰다. 동학교인들은 신앙의 자유를 획득하기 위한 교조신원운동과 서세동점으로부터 나라와 민족을 지키고자 하는 척왜양운동을 거치면서 정치의식과 사회의식에 관심을 가지게 되었다. 뿐만 아니라 동학교인의 근대적 의식은 동학농민혁명을 전개하면서 동학군 이외에도 사회적으로 당시 많은 농민 등 민중에게 정치적 사회적 각성을 크게 촉진시켰다.

이로 볼 때 동학농민혁명은 한국근대사에서 그동안 유지되어오던 전근대적 사회체제를 붕괴시키고 근대사회로 가는 길을 마련하는데 토대가 되었다고 할 수 있다. 당시 동학농민혁명에 참가한 동학군들이 직접 근대사회를 만들지는 못하였다. 그러나 개화 인사들은 동학군들이 요구하는 폐정을 수용하여 근대적 개혁을 단행함으로써 한국근대사의 새장을 열었던 것이다.

동학 · 천도교의 근대 위생인식과 변용

Ⅰ. 머리말

　1876년 강화도조약을 계기로 이른바 근대성이 한국사회에서도 점차 보편화되어 갔다. 물론 그 이전에도 근대성이 없지는 않았지만, 보다 본격적으로 인식하게 된 것은 강화도조약을 통한 세계사회의 편입이라고 할 수 있다. 이로 인해 자발적이든 타율적이든 '근대'라는 것을 수용할 수밖에 없었다. 우선 제도적으로 통리기무아문 등 근대적 기구가 새롭게 등장하였으며, 박문국, 기기창, 전환국 등이 근대 관련 기구 역시 설립되었다. 위생과 관련하여 당시 근대의학 상징이라고 할 수 있는 종두법이 실시되기에 이르렀다. 뿐만 아니라 일상생활에서도 근대적 요소들이 나타나기 시작하였다. 위생과 관련하여서도 서양의 근대적 의료행위가 도입되면서 일상생활에 크게 영향을 미쳤다.

1876년 개항을 계기로 한국사회를 경험한 서구인들은 당시 한국은 위생적으로 매우 뒤떨어진 사회로 인식하였다.[1] 이러한 인식은 서구 인뿐만 아니라 조선에 이주한 일본인도 마찬가지였다. 개항 이후 일본 과 미국 등 근대문명을 시찰한 개화인물 역시 위생은 '문명국의 척도' 라는 인식을 가지게 되었다. 이에 따라 위생법 시행을 주장하는 한편 전염병 예방에 대해서도 적극적으로 힘써야 한다고 강조하였다.[2]

이와 같이 위생을 새롭게 인식하게 된 배경은 한말 '호열자'라고 불 리는 콜레라와 이질 등 전염병으로 인해 사회적 불안심리가 적지 않게 작용하였다. 뿐만 아니라 앞서 언급한 바와 같이 서구의 근대문명을 경험한 개화 인물들의 근대문명에 대한 표준으로 위생에 대한 인식의 전환이었다. 위생에 대한 새로운 인식은 개화인물 뿐만 아니라 동학· 천도교에서도 관심을 가지게 되었다. 1886년 콜레라가 유행할 당시 동 학의 최고 책임자였던 최시형은 '청결'을 강조한 바 있고, 이를 계기로 교세를 확장하는데도 일정 기여를 하였다. 이처럼 위생에 대한 인식은 훗날 동학이 천도교로 전환된 후에도 중요하게 인식하였다. 천도교는 『만세보』를 통해 근대위생에 대한 인식을 확장시켜 나가는 한편 교인

---

[1] 1894년 한국을 찾은 비숍 여사는 당시 서울을 '북경을 보기 전까지 가장 불결한 도시'라고 한 바 있으며, 언더우드 부인은 '도랑에 흐르는 구정물이 쓰레기에 막혀 길거리로 흘러넘친다'고 하였다(비숍, 신복룡 옮김, 『조선과 그 이웃 나라들』, 집 문당, 2000, 50쪽; 리어스 호흔 언더우드, 김철 옮김, 『언더우드 부인의 조선견문록』, 이숲, 2008, 171쪽).

[2] 일본과 미국 등 선진 서구문명을 시찰한 개화인물 중 박영효는 위생이 '문명국에 이르는 척도'라고 인식하였으며, 이에 따라 위생법 시행을 주장하였다. 김옥균 역 시 『治道略論』에서 각국의 가장 긴요한 정책 중의 하나가 위생이라고 하였으며, 유길준은 문명국은 양생을 수행하기 위해서는 위생기구를 설치하고 전염병 예방 에도 힘써야 한다고 주장하였다.

들에게도 이를 강조하였다.[3] 이에 따라 본고에는 동학과 천도교의 위생에 관한 인식을 구체적으로 살펴보고자 한다.

Ⅱ. 동학의 위생 인식과 전염병의 대응

동학이 창도될 당시인 1860년을 전후하여 조선사회는 콜레라가 만연하였다. 1859년~1860년 콜레라가 전국적으로 유행할 때 사망자 수는 40만에 달하는 것으로 알려지고 있다. 이 시기 콜레라뿐만 아니라 장티푸스, 이질, 두창, 성홍렬 등 질병으로 인해 일반사회는 생존의 문제가 야기될 정도였다.

종교가 그러하듯이 질병에는 두 가지로 구분하여 보고 있다. 하나는 몸의 질병이고, 다른 하나는 정신적 질병이다. 대부분 종교는 이들에 대한 치병을 중요하게 인식하고 있다. 동학도 예외가 아니듯이 수운 최제우는 이른바 천사문답[4]에서 상제로부터 "영부를 받아 사람들을 질병을 건지고"[5]라는 말을 들었다. 그리고 이 영부에 대해서 "영부는 사람의 병을 건지고 사람의 죽은 혼을 구하여 산 혼으로 돌이키며 인간사회의 모든 죄악과 폐막을 다스리는 불사약"[6]이라고 하였다. 즉 영

---

3) 동학과 천도교의 위생에 관한 연구는 아직 많지 않지만 다음 두 편의 논문이 있다. 손동호, 「『만세보』를 통해 본 한말 위생담론 연구」, 『한국민족문화』 49, 부산대학교 한국민족문화연구소, 2013; 신동원, 「1910년 전후 천도교의 위생론 — 치병에서 위생으로」, 갑진개화운동100주년 기념학술발표회, 2004.
4) 수운 최제우는 동학을 창도하는 과정에서 상제와 묻고 답하는 '천사문답'이라고 하였다.
5) 이돈화, 『천도교창건사』 1, 천도교중앙종리원, 1933, 12쪽.
6) 이돈화, 『천도교창건사』, 13쪽.

부는 몸과 정신적 질병을 치료하는 것으로 해석할 수 있다. 실제적으로 수운 최제우는 영부를 만들어 먹은 바, "몸이 윤택하여 지고 얼굴이 환태(幻態) 되고 묵은 생각과 낡은 마음이 구름 같이 사라지고 새로운 정신이 새암 같이 솟았다"[7]라고 하였다. 이는 영부가 동학에서 몸과 마음을 치료하는 가장 중요한 요인이라고 할 수 있다.

이로써 볼 때 동학은 정신적 질병을 구제하는 할 뿐만 아니라 몸에 대한 질병의 치료 즉 '위생'도 중요하게 인식하였다. 이를 위해 수운 최제우는 "길 가면서 먹는 것"을 금하도록 하였다. 이외에도 '악육(惡肉)'[8]을 먹는 것도 금하였으며, '청결'을 강조하였다.[9] 이는 식생활을 통한 위생을 의미한다.[10] 이처럼 동학은 초기부터 청결을 포함한 위생에 대한 인식을 갖게끔 하였다. 이는 동학을 창도할 당시 콜레라, 장티푸스 등 전염병이 유행하였기 때문으로 풀이된다.

수운 최제우로부터 동학을 이어받은 해월 최시형은 위생에 대해 보다 구체적으로 실천하고자 하였다. 해월 최시형은 1886년 '악질(惡疾)'이 유행할 것이라 예상하고 교인들에게 이를 피할 수 있는 대책을 제시하

---

7) 이돈화, 『천도교창건사』, 13쪽.
8) 惡肉에 대한 해석은 다양하다. 필자의 경우 '상한 고기'로 하고 있지만, 동학에서는 '개고기'로 해석하고 있다. '악육'을 개고기로 특정하는 것은 불교의 영향을 받아서 해석한 것으로 판단된다.
9) 이돈화, 『천도교창건사』, 13~14쪽.
10) 수운 최제우는 치병을 한 기록이 있다. 이에 대해서는 의학적 해석보다는 종교학적 해석으로 보는 것이 타당하다고 판단된다. 그 일예는 다음과 같다.
"義城이라는 곳에 와서 金公瑞라 하는 사람의 집에서 하룻밤을 유숙할 세, 김공서 낮에 근심하는 기색이 보이거늘 대신사(천도교에서 수운 최제우를 높여 부르는 호칭) 그 연고를 물은 대, 공서 가로되 「나의 아들이 중병에 걸려 금방 죽게 되었소」하고 대신사에게 혹 치료의 方이 있는가를 물으며 심히 애걸하거늘, 대신사 病人을 친히 보시고 두어 번 손으로 어루만지면서 광채있는 눈으로 들어다 보더니 병인의 몸에서 냉기가 감하고 혈맹이 순통하여 병이 쾌차한지라."(이돈화, 『천도교창건사』, 29~30쪽).

였다. 그 내용은 다음과 같다.

　　포덕 27년[11] 병술 4月에 신사[12] 徒弟에게 일러 갈오되, 금년에 惡疾이 大
熾하리라 하시고 敎徒에게 一層 祈禱에 힘쓰게 하시되, 특히 淸潔을 主로
하리라 하니 그 要目인즉, 묵은 밥을 새 밥에 섞지 말라, 묵은 飮食은 새로
끓여 먹으라. 춤을 아무데나 뱉지 말라, 만일 길이어든 땅에 묻고 가라, 大
便을 본 뒤에 路邊이거든 땅에 묻고 가라, 흘인 물을 아무데나 버리지 말라,
집안을 하로 두 번式 淸潔히 닦으라.[13]

　　今年에 반드시 惡疾이 大熾하리니, 特別히 致誠하라. 집안을 淸潔히 하
고 飮食을 淸淡케 하고 코침을 함부로 뱉지 말라.[14]

　이 글에 의하면, 해월 최시형은 악질 즉 '콜레라'라는 전염병이 크게
유행할 것을 미리 예단하였다. 이에 따라 교인들이 지켜야 할 '위생 규
칙'을 정한 것이다. 즉 묵은 밥은 새 밥에 섞지 말 것, 묵은 음식은 끓여
먹을 것, 코나 침을 아무데나 뱉지 말 것, 대변을 본 뒤에는 땅에 묻을
것, 지저분한 물을 아무데나 버리지 말 것 등 다섯 가지 위생규칙은
1886년 유행한 콜레라 등 전염병을 예방하는 가장 기초적인 처방이었
던 것이다. 이는 근대적 위생의 도입 이후 「호열자 예방 규칙」[15]이 마
련된 1899년 5월보다 10여 년 앞선 것이라고 할 수 있다.
　그 결과 동학교인들은 전염병에서 벗어날 수 있었다. 즉 "과연 괴질

---

11) '포덕 27년'은 1886년이다. 천도교(동학)는 연기를 '布德'으로 사용하고 있다.
12) '神師'는 천도교에서 해월 최시형을 존칭하여 부른 호칭이다.
13) 이돈화, 『천도교창건사』 2, 38쪽.
14) 오지영, 『동학사』, 영창서관, 1938, 65쪽.
15) 『독립신문』, 1899.5.13; 9월 4일자에는 「호열자 예방 규칙」이 게재되었다.

이 대차하여 전염을 면한 자-백에 하나도 없으되, 오직 도가(道家)에는 소범(所犯)이 없었고 신사 소거촌(所居村) 40호에는 병 걸린 자 한 사람도 없음"이라고 하였는데, 이는 동학교인들은 전염병에 걸린 사람이 한 명도 없었다는 의미이다.

이처럼 동학을 하면 '괴질' 즉 콜레라 등 전염병에서 걸리지 않는다고 하는 소문이 널리 알려졌고, 이로 인해 "도에 드는 자 그 수를 헤아릴 수 없을"16) 정도로 동학의 위생인식은 교세가 크게 신장할 수 있는 요인이 되었다.

이러한 위생인식은 음식 등 위생을 직접 담당하는 여성들에게도 지침으로 생활화하도록 하였다. 1889년에 또 다시 콜레라의 전염병이 유행하자,17) 해월 최시형은「내수도문」을 지어 여성들의 위생 생활화를 도모하였다. 그 위생 규칙의 내용은 다음과 같다.

---

16) 천도교사편찬위원회 편,『천도교백년약사』(상), 천도교중앙총부, 1981, 152쪽.

17) 1889년 콜레라 유행과 관련하여 프랑스 민족학자 샤를 바라가 청도를 지나면서 다음과 같이 당시의 상황을 남긴 바 있다.

"우리는 꽤 높은 고개를 건너 해질녘이 되어서야 총안이 조밀하게 뚫린 청도라는 도시의 성벽 앞에 당도하였다. 이중으로 요새화 된 문이 활짝 열려 있었는데, 놀랍게도 이만한 장소에서 흔히 보듯 위병이라든가, 상인이나 행인이 전혀 눈에 띄지 않았다. 도시 안으로 들어가 보았으나 쥐 죽은 듯 조용하기는 마찬가지였다. 거리에는 잡초가 여기저기 돋아나 있었고 행렬이 소리를 내며 지나가고 있음에도 불구하고 누구나 구경 나오거나 심지어 꼬고 닫힌 집의 문직조차 열어보는 사람이 없었다. 한 마디로 그나마 졸고 있는 사람이 있는 '잠자는 숲속의 미녀'에 나오는 성채보다 더 했다. 사람이라곤 그림자도 보이지 않는 이곳이 혹 유령도시는 아닐까 생각했는데, 마침 개 한두 마리가 어슬렁거리며 지나갔다. 뿐만 아니라 저녁 어스름 속 종이로 바른 몇 안 되는 창문에서 멀찌감치 희미한 불빛이 느껴지기도 했다. 우리는 도시로 들어갔던 반대편 문을 통해 밖으로 나온 다음에도 한동안 마치 그 안의 침묵에 전염이라도 된 듯 아무 말도 하지 않았다. 잠시 후 나는 마지막으로 고개를 돌려 그 이상한 도시를 힐끔 바라보았는데, 순간 흡사 유령에 홀리기라도 한 듯 성문이 슬그머니 닫히는 것이었다. 그날 밤 묵은 마을에서 들은 얘기로는 사실 그 유령도시가 최근에 콜레라의 피해를 입어 거의 폐허나 다름없게 방치되어 있다는 것이었다. 이 끔찍한 전염병은 온 나라를 꽤나 자주 괴롭히는 모양이다."

청결한 물을 길러 음식을 청결하게 하라.

묵은 밥을 새 밥에 섞지 말라.

흘린 물을 함부로 버리지 말라.

痰이나 鼻汗을 아무데나 吐하지 말라. 만일 길이어든 반드시 묻으라.

금난 그릇이나 이 빠진 그릇에 먹지 말라.[18]

이 위생 규칙은 앞서 1886년의 위생지침을 보다 확대한 것으로, 콜레라 등 전염병을 벗어날 수 있는 사실상 유일한 일반적 대응이었다. 비록 먹던 밥을 별도로 관리하고 침이나 가래를 뱉지 않은 것, 깨진 그릇을 사용하지 말 것 등은 근대적 의학이 갖추어지지 않은 상황에서 콜레라를 예방할 수 있는 최선의 방안이었다. '청결'을 통해 전염병을 사전에 예방한 최선의 선택이었다고 할 수 있다.

동학의 위생의식은 1893년 3월 '척왜양창의운동'이라 일컬어지는 보은취회에서 그대로 보여주고 있다. 동학 교단은 1892년과 1893년 모두 세 차례의 교조신원운동 즉 종교의 자유획득운동을 전개한 바 있다.[19] 이어 1893년 3월 10일 충북 보은 장내리에서 '반외세'를 주창하며 수만 명이 모여 집회를 개최하였다. 당시 동학교인들은 행동에 대해 다음과 같이 기록한 바 있다.

道人은 一定한 隊伍를 定하여 幕下에 있게 하되, 出入 心告를 하며 誦呪

---

18) 이돈화, 『천도교창건사』 2, 40~41쪽.

19) 교조신원운동은 1892년 10월 공주에서, 이해 11월에는 삼례에서, 그리고 1893년 1월에는 서울 광화문에서 세 차례 전개되었다. 교조신원운동은 성리학 이데올로기에 의해 억울하게 죽은 수운 최제우의 죽음을 신원해 달라는 요구를 하였다. 이는 동학교단이 처음으로 사회화를 위한 종교운동이었다. 이를 통해 동학을 자유롭게 신앙할 수 있도록 공인해 줄 것을 강력하게 주장하였다.

論理를 하는데 萬人의 行動이 一人과 같아 小許도 紊亂함이 없고, 特히 淸
潔을 爲主하되 慣例대로 大便이나 唾液과 같은 排泄物은 地下에 묻는 것이
原則이며, 衣冠을 整齊하고 行動을 嚴肅히 하며, 商賣의 飮食價는 一文一厘
도 틀림없이 自手로 計算하여 萬一의 遺漏가 없게 되니, 보는 者 다 威儀와
德風을 稱誦치 않는 자 없고 道를 誹謗하는 者도 「東學은 하지마는 行爲는
다르다」는 말이 遠近에 藉藉하였다.[20]

보은 장내리에 모인 동학교인이 수만 명이었지만 행동이 하나와 같
았으며, 무엇보다도 중요한 것은 대변이나 타액(침)과 같은 배설물을 땅
에 묻는 것 등의 '청결과 위생'의 규범이 관례이며 원칙이었다는 점이
다. 동학은 이단으로 배척하였지만, 교인들의 행위는 '바르다'고 평가를
받았다. 이는 앞서 언급한 청결과 위생뿐만 아니라 의관정제, 행동엄
수, 상품매가 등을 통해 새로운 모습을 보여주었기 때문이었다.

결국 동학의 청결과 위생은 당시로서는 기존의 관습에서 벗어나 새
로운 생활규칙이었다. 이는 단순히 콜레라나 장티푸스 등 전염병 내지
질병으로부터 치병하는 것을 뛰어 넘는 종교적 행위였다. 이로 인해
동학은 새로운 전기를 마련할 수 있었고, 교세를 확장해 나가는데도 중
요한 요인이 되었다.

Ⅲ. 천도교로 전환과 근대위생 인식의 수용

수운 최제우와 해월 최시형을 거치면서 그동안 불려졌던 동학은
1905년 12월 1일 천도교[21]로 전환하면서 근대적 종교의 틀을 갖추었다.

20) 이돈화, 『천도교창건사』 2, 55쪽.

당시 동학의 최고책임자이며 동학을 천도교로 전환한 손병희는 동학 농민혁명 이후 정부의 체포령을 피해 일본에 망명하였다가 청산하고 1906년 2월 한국으로 돌아왔다.[22] 이어 천도교는 1906년 2월 16일 서울에 '천도교중앙총부'를 설립하고[23] 지방에는 '대교구'를 설치하였다.[24] 뿐만 아니라 손병희는 일본에서 귀국할 때 활판 등 인쇄시설도 들여왔으며, 보문관이라는 인쇄소를 설치하였다.[25] 이를 기반으로 천도교는 기관지로『만세보』창간을 준비하였다.[26] 1906년 6월 17일 창간한『만세보』는 근대문명을 소개하는 한편 '위생'에 대해서도 적극적으로 계몽하였다.[27] 천도교가『만세보』를 통해 위생에 대한 계몽을 적극적으로 전개한 것은 앞서 살펴본 바와 같이 동학 시대부터 위생을 강조하였기 때문이기도 하였다. 뿐만 아니라 손병희가 일본에서 망명생활을 통해 위생의 중요성을 인식하였다는 점도 천도교가 근대적 위생을 적극적으로 계몽하고자 하였다고 평가할 수 있다.

---

21) 천도교에서는 이를 '大告天下'라고 한다. 이에 내용은 다음과 같다.
"夫吾敎ᄂ 天道之大原일ᄉᆡ 日天道敎라 吾敎之刱明이 及今四十六年에 信奉之人이 如是其廣ᄒᆞ며 如是其多로ᄃᆡ 敎堂之不遑建築은 其爲遺憾이 不容提説이오. 現今人文이 闡明ᄒᆞ야 各敎之自由信仰이 爲萬國公例오. 其敎堂之自由建築도 亦係成例니 吾敎會堂之翼然大立이 亦應天順人之一大表準也라. 惟我同胞諸君은 亮悉홈. 敎會堂建築開工은 明年二月노 爲始事. 天道敎大道主 孫秉熙"(「광고-夫吾敎ᄂ 天道之大原일ᄉᆡ日天道敎라」,『대한매일신보』, 1905.12.1)
22) 「孫氏還國」,『대한매일신보』, 1906.1.5.
23) 「종령」 제8호, 포덕 47년(1906) 2월 10일.
24) 손병희는 서울에 중앙총부를 설치하고 전교실도 설치하였다. 지방교구는 1906년 3월 3일 대교구제를 시행하였다. 당시 대교구는 72개였으며, 10만 명 이상으로 정하였다.
25) 「종령」 제12호, 포덕 47년(1907) 2월 27일.
26) 「萬歲報設施」,『제국신문』, 1906.5.11.
27) 『만세보』의 위생담론에 대해서는 손동호, 「『만세보』를 통해 본 한말 위생담론 연구」를 참조할 것.

『만세보』가 위생에 대해 처음으로 게재한 것은 「의친왕 주의의 위생」이라는 기사였다. 그 내용은 다음과 같다.

義親王 殿下께서 衛生에 留意하심인지 闕內의 料理가 不精타 하시고 食饌지 아니 하신다더라.[28]

이 기사에 의하면, 의친왕[29]이 위생에 유의하여 궁중에서 만든 요리가 부정 즉 위생적이지 못하였기 때문에 식사를 하지 않는다는 내용으로, 왕족으로서 위생에 관심이 많음을 시사하고 있다. 이는 왕족에서도 위생을 중요하게 인식하고 있다는 것을 강조하기 위함이라고 할 수 있다. 또 하나는 위생의 중요한 대상이 요리 즉 '음식'임을 아울러 인식시키고자 하였다.

이어 『만세보』는 논설에서 「위생」에 대해 보다 구체적으로 다루고 있다. 당시 7월 중순이었지만 30도를 달하는 무더위가 지속되자 여름철 위생의 필요성을 강조하고 있다. 이어 실천사항으로 다음과 같이 제시하고 있다.

若其 喉渴함을 潤코자 하여 冷水를 過飮하고 冷片을 縱喫하며 淸凉을 乘하여 石橋上이나 大道邊에서 通宵露宿하여 霧露의 濕氣를 蒙하며 生瓜酸杏 等 物을 食慾대로 量을 充하고 濁酒를 大醉도 하며 敗肉과 餒魚를 啖하고 暑氣가 鬱蒸하고 塵埃가 混雜한 飮食物을 飽食하니 衛生이 何件事인지 不知하는 勞動者이나 童稚婦女의 慣習이 暑天夏日에 宿食을 順忌함이 無하여

---

28) 「義親王注意의 衛生」, 『만세보』, 1906.7.4.
29) 의친왕의 본명은 李堈이고 고종의 다섯째 아들이다. 의친왕은 손병희와 교류하였고, 천도교에 입교한 바 있다.

暫時 淸快함을 取하며 飢飽가 不節한 貧家生涯에 妨害利益을 擇取할 暇이 無하여 暫時 救飢할 慾心으로 充腹함에 不遇한 則 ──히 禁止하기가 不能하거니와[30]

즉 무더위에 찬 것, 노숙, 덜 익은 과일, 과음, 상한 어육 등을 과하지 않도록 주의를 주고 있다. 그렇지만 궁핍한 생활에 잘 지켜질 수 있을지에 대한 염려도 아울러 경계하고 있다. 그러면서 이러한 무더위 위생을 잘 지키지 않으면 구토, 난설사(亂泄瀉), 이질[赤痢], 장티푸스[腸窒扶斯], 콜레라[虎熱刺] 등 악질로 생명의 위험뿐만 아니라 사망할 수도 있다고 경고하였다.[31] 이는 무더위가 한창인 한여름의 위생에 관한 것이지만, 위생에 철저하지 못하면 죽을 수도 있다는 것을 강조한 것이다. 이를 통해 근대적 위생을 인식시키고 있다. 그 연장선에서 채소 상인들이 오염된 물로 채소를 키워 방매하여 위생에 피해가 큼에도 불구하고 경찰이 단속하지 않는 것을 질책하고 있다.[32] 여기에 그치지 않고 국외의 위생 상황이나 관련 기사를 게재하기도 하였다. 특히 러일전쟁에서 일본군의 위생 상황을 소개하여 전쟁에서도 위생의 중요함을 인식시키고자 하였다.[33]

『만세보』가 위생에 대한 본격적인 계몽은 「위생학」을 연재하였다는 점이다. 『만세보』는 1906년 6월 17일 창간되어 약 1년간 발행되었지만, 다시 발행되었던 여느 신문과 달리 「위생학」을 연재하였다.[34] 이 「위

---

30) 「論說-衛生」, 『만세보』, 1906.7.21.
31) 「論說-衛生」, 『만세보』, 1906.7.21.
32) 「衛生大害」, 『만세보』, 1906.7.31.
33) 「海軍衛生」, 『만세보』, 1906.8.8.
34) 당시 위생학에 대한 교재로『최근위생학』이라는 책이 있었다. 가격은 24전으로 저자에 대해서는 확인되지 않고 있다(『황성신문』, 1906.11.6. 광고). 그리고 『대한매

생학」은 1907년 1월 18일부터 3월 24일까지 44회 연재되었다. 이외에도 「위생개론」 2회와 「위생법」 4회를 연재하는 등 위생을 비중 있게 취급하였다. 「위생학」 연재에 앞서 「위생개론」에 대해서도 두 차례 연재했는데, 이를 포함한 「위생학」의 내용은 〈표 1〉과 같다.

〈표 1〉 연재 「위생학」의 내용

장	제목	내용
(서장)	衛生概論	
第1章	命의 父	空氣의 必要/換氣의 必要/室內의 不潔/寢室/朝大換氣/呼吸의 利益/肺結核 傳染病의 徵候豫防/古井과 洞穴/胸廓의 壓迫
第2章	命의 母	飮食物/飮食의 三大別/同化作用/人의 活力/牛豚肉 鳥肉 魚肉/魚肉鹽藏物 生乳/豆 類 豆腐/米, 小麥, 裸麥, 玉蜀麥(강냥), 蕎麥(모밀)/麵包/粉質物/菜蔬類/油質物類/果實/蘇泰苔類/菌의 鑑別法/不可用菌/贄澤(奢侈全)飮食品/酒/酒의 可飮與不可飮者/刺戟物/煙草/普通의 없는 食物/養湯英語스푸/肉類의 調理法/食物의 分量과 性質/飮食 먹는 法/食事의 前後/不養生家
第3章	養体의 河湖	血液/體溫과 體熱/傷處의 調置/體溫의 平均/血液의 原料/血行器病의 遺傳/血液과 光線의 關係/手遙
第4章	奇麗의 肌膚	汗垢/沐浴/沐浴의 節次/海水浴/海水의 時期와 日數 其 注意/溫泉浴洗濯/衣服의 種類/衣服의 多少/感冒의 原因/凍瘡/眞是美人/勇遊/運動/運動의 種類/運動의 前後/運動의 度數/朝運動
第5章	智의 囊	腦의 使用/睡眠/睡眠不熟/血液과 腦/腦의 使用方法/記憶術/心憂의 害/腦不可打撲/硬枕/反射作用
第6章	五官	目/近視와 遠視/見物의 姿勢/細物과 薄暗物/蠟燭/行燈/瓦斯燈/電氣燈/洋燈/眼不可擦/砂眼鏡/白物/過度의 使用/鳥목目(감은눈)/梅毒/耳/耳中垢/耳中虫/耳中豆/寒風吹耳/過劇한 音響/心과 耳
第7章	淸潔住居	住居의 必要/家屋에 用하는 材料/建築 及 材料/壁/屋根/便所
第8章	魔軍의 防禦	傳染病/傳染病 豫防法

일신보』, 1906.6.5 신문 광고에 의하면 『高等小學衛生敎科書』, 6.13 광고에 『衛生工事新論』·『疫病衛生書』·『衛生學問答』 등의 책이 있었다.

〈표 1〉에 의하면 「위생학」의 내용은 서장에 해당하는 위생개론과 8개의 장으로 구성되었다. 흥미로운 점은 '위생'이라는 딱딱한 이미지를 보다 흥미롭게 전달하기 위해 '명(命)의 부(父)', '명(命)의 모(母)', '양체(養体)의 하호(河湖)', '기려(奇麗)의 기용(肌庸)', '지(智)의 낭(囊)', '마군(魔軍)의 방어(防禦)' 등처럼 관심을 유도하는 용어를 사용하였다. 이는 위생을 보다 쉽게 이해할 수 있도록 하기 위한 방안이기도 하였다.[35]

그리고 일상생활에서 건강에 폐해가 많은 담배, 건강욕인 온천욕, 전염병 예방법 등에 대해 구체적으로 설명하고 있다. 이들 내용 중에는 살펴보면 다음과 같다.

첫째는 연초 즉 담배의 해독이다. 연초는 고래의 관습으로 많은 사람이 흡연을 하고 있지만 '절대적 유해물'이라고 하였으며, 그 폐해에 대해 다음과 같이 밝히고 있다.

第一, 血中에 行하여는 血液의 流動과 循環을 鈍케 함
第二, 胃口에 入하여는 消化力을 妨하며 嘔氣를 催함
第三, 口內애 存하여는 扁桃腺이 腫疫하며 粘膜이 赤乾하고 惑 脣의 表
　　　皮암이라 하는 不治症이 起함
第四, 肺臟에 入하여는 氣道를 刺戟하여 咳嗽를 出함
第五, 心臟에 行하여는 器質을 弱케 하며 作用이 亂함
第六, 眼의 腫孔을 크게 하며 傷視力하며 害網膜함
第七, 耳難聽正音하여 時時로 왕왕하는 異音이 聞함
第八, 腦수의 作用이 鈍하며 神經이 痺함[36]

---

35) 이에 비해 1908년에 간행된 『초등위생학교과서』의 내용은 다음과 같다.
　　"第1課 分別學科, 製2課 衛生總則, 第3課-第11課 飮食, 第12課-第16課 空氣, 第17課-第19課 日光, 第20課-第31課 運動, 第32課-第34課 休息, 第35課-第36課 結論."
36) 「衛生學(續)」, 『만세보』, 1907.2.10.

즉 담배는 혈중(血中), 위구(胃口), 구내(口內), 폐장(肺臟), 심장(心臟), 눈, 귀, 뇌 등에 적지 않은 해가 있으므로 흡연을 권장하지 않았다. 더욱이 비흡연자가 흡연을 하면 '칠전팔도(七顚八倒)'하고, 중독이 되면 '천수(天授)의 생명(生命)을 불식불각(不識不覺) 중(中) 감손(減損)'할 것이라고 경고하였다.

둘째는 건강욕인 온천욕의 통칙을 제시하였다. 그 내용은 다음과 같다.

一, 溫泉浴의 最良時는 夏의 六七八 三個月이오, 施療의 時日은 三週間이 概好함.
二, 浴數는 老人은 一日 一回, 壯者는 二三回오, 時間 午前 로부터 午後 一時에 至하고 食後에 直浴함은 非常有害하니 一時頃을 隔하여 遊泳함이 可함
三, 浴의 時間은 大槪 十分時로부터 次第로 長하여 五十分에 達함이 可함. 但 熱湯冷浴은 不可越十分이라.
四. 溫泉을 飮하는데는 始初에는 一回 六十瓦로부터 漸漸 其重을 增하여 一日 五百瓦에 至하고, 空腹時에 飮하며, 飮後卽 逍遙 散步함이 可함
五, 溫泉의 溫度 華氏의 九十八度가 適當함이니, 假令 高度의 熱을 冷水를 加하여 藥氣를 薄게 함이 無妨
六, 溫泉 治療 中은 堅守攝生法하여 過食 過飮치 勿할 事[37)]

통칙에 의하면 온천욕의 시기는 6~8월까지 3개월이며 3주일 정도 하는 것이 최적이라고 하였다. 노인은 1일 1회, 장년은 2, 3회 정도 온천욕을 하고 식후에는 바로 하지 않는 것이 바람직하다고 보았다. 이외에도 온천욕에서 지켜야 할 사항에 대해 간략하게 설명하고 있다. 당

37) 「衛生學(續)」, 『만세보』, 1907.3.2.

시 온천욕이 일상화되지 않았지만, 온천욕을 통해 건강과 위생에 대한 인식을 새롭게 하였던 것이다.

셋째는 당시 유행하였던 전염병에 대한 예방법이다. 전염병에 대한 인식은 "세상에서 무서운 것이 지진(地震), 뇌진(雷震), 화사(火事)도 아니오, 악호(惡虎), 독사(毒蛇), 화적(火賊) 등도 아니오, 무서운 호열자(虎熱列) 전염병(傳染病)과 같이 세상에서 무서운 것이 없다"고 할 정도로 전염병에 대한 공포가 컸다. 이에 전염병을 예방할 수 있는 기초적인 방법을 소개하였는데, 다음과 같다.

　一, 生水 不必飮하며 飮食器라도 洗以熱湯할 事
　二, 寢不可不足할 事
　三, 家屋 內外를 淸潔히 掃除할 事
　四, 暴食 過飮치 勿할 事
　五, 衆人多聚雜路場에 不往할 事
　六, 他處 他器에 不必飮食할 事
　七, 非新鮮之物이어든 不飮食하며 如何히 新鮮物이라도 能○能灸할 事
　八, 飮食物은 緜帳粗布 等으로써 盖하여 蠅類가 不接케 할 事
　九, 身體의 不快小有라도 醫師에게 受診할 事
　十, 親戚切友의 病이라도 慰往치 勿할 事38)

이에 의하면, 전염병을 예방하기 위해서는 생수를 마시지 말고 끓는 물에 식기를 세척할 것, 신선한 음식이라도 익혀 먹을 것, 사람들이 많이 모이는 곳을 가지 말 것 등 생활수칙을 제시하였다. 그러나 무엇보다도 몸이 불쾌할 경우 의사에게 진찰을 받을 것과 전염병을 앓고 있

---

38) 「衛生學(續)」, 『만세보』, 1907.3.24.

는 친인척이라도 위문을 하지 말 것 등에 대해서도 구체적으로 예방
방안을 알려주고 있다.[39] 이외에도 『만세보』는 「위생법」이라는 글을

39) 1899년 9월 내부에서 '호열자예방규칙'을 반포한 바 있다. 그 내용은 다음과 같다.
"내부에서 호열자(괴질) 예방 규칙을 반포하였기로 좌에 기재하노라.
제1조 호열자 앓는 사람의 집에 예방법을 시행 하되 앓는 사람의 집을 정하여 병
보는 사람 외에는 다른 사람을 통치 말고 앓는 사람이 자기 집에서 소독 하여 병
보기 어렵거든 피병원과 적당한 집에 옮겨 치로 함을 받고 그 집은 항상 쓸며 공기
를 유통하게 함이 좋고 앓는 자의 대소변 그릇은 뚜껑을 하여 덮으며 새지 않게
하고 마땅한 석회유과 또 생석회와 만일 석탄산수를 넣어 토사한 물건을 받은 후
에 다시 소독 하는 약을 볼 것이니 그 토사 하는 물건을 받거든 곧 없이 하며 앓는
사람의 대변은 작더라도 요량하여 석회류 십 분 일과 생석회 五十 분 일을 부어 덮
을 것이니 다시 보거든 번번이 소독약을 부며 앓는 사람의 쓰는 의복과 금침과 앞
에 놓는 물건과 음식 그릇과 병 보는 사람들의 의복 등물과 앓는 자의 토사한 물건
에 전염 할 의심이 있는 물건은 모두 묶어 그릇에 넣고 소독법을 행하며 앓는 사람
의 몸과 토사한 물건에 모기와 파리를 모이지 못 하게 하고 병 보는 사람은 자기
의복을 토사한 물건에 닿지 않게 하고 만일 손으로 그 물건에 대었거든 곧 석탄산
수와 승홍수에 손을 씻고 다시 맑은 물에 씻으며 앓는 사람의 집에 들어가 음식을
다른 사람은 먹지 않고 병 앓는 자와 같이 있는 자는 물을 끓여 쓰며/제2조 호열자
난 때에는 병가 근방에 각 집에서 공동 하여 예방법을 각 집에 일러 주며 앓는 사
람의 집을 능치 말며 병가에 우물을 다른 집에서 쓰지 말되 부득이한 경우에는 끌
여 쓰며 틔와 찍기를 쓸어버려 병가에서 흘러 나리는 물이 넘치는 것을 막으며 음
식은 끌여 쓰며 병이 나거든 속히 의사의 치료를 받고/제3조 토사 한 물건에 소독
약을 부며/제4조 호열자가 만연함을 막는 경우에는 한 집이 사이였던 한 집을 막
고 한 집 아니라도 기동을 구별할만한 경우에는 막고 병독이 퍼질 염려가 있는 때
에는 이웃집이라도 막으며 막은 구역을 밝게 보이며 일용하는 물품은 운반하는 사
람을 정하여 판비하며 면임 이임과 경찰관리가 그 구역안을 깨끗하게 하고 의사로
각 집을 순행하여 보며 예방을 일러 보이고 낫고 죽는 것과 피병원 막은 구역 안에
끊기를 5일을 지내되 새로 앓는 자가 없거던 막은 것을 풀며/제5조 집물 세간을
내 놓고 방안을 정이 쓸며 그 집물은 해 빛과 공기를 쏘이며 상 아래는 모래와 석
회를 펴며 의복과 직물에 더러운 것은 빨며/제6조 호열자 유행하는 염려가 있는
때는 중외 방곡에 예방법을 시행 하되 찍기를 쓸어 없애 흐르는 물을 깊이 치고
파상한 우물을 수리하여 깨끗하게 하고 길가와 같이 대소변 보는 데는 날마다 생
석회와 석회유를 뿌리며 의사로 하여금 가난한 백성의 부락을 순행하여 보며/제7
조 호열자 유행하는 때에는 의사와 읍 촌 이원 吏員과 경찰 관리와 위생 관리 등으
로 하여금 편의 예방 위원을 설시하여 예방 소독하는 일을 설시하여 예방 소독하
는 일을 담임하게 하고/제8조 병자에게서 난 더러운 물건은 운반하는 사람을 정하
여 한 곳을 정하고 운전하여 사르거나 묻으며/제9조 병들어 죽은 자의 시신은 땅
하나를 구획하여 잡되 장사하지 말고 다른 데 개장함을 허치 말며/제10조 병자의
쓰던 일용 집물과 집에 소독하는 법을 행하지 아니 하였거든 받아쓰거나 매매하기

통해 구강(口腔), 음식물(飮食物), 음주(飮酒) 등과 건강법 및 공기와 가옥 등에 대해서도 위생의 일상화를 도모하고자 하였다.[40]

개항 이후 서구의 근대의학이 수입되어 크게 확산되었지만 일반생활에까지는 미치지 못하였다. 더욱이 서구문명에 대한 배타적 인식을 가지고 있던 천도교의 경우 근대적 위생에 대한 새로운 인식은 매우 중요한 과제이기도 하였다. 때문에 천도교단에서는 『만세보』를 통해 근대위생에 대한 글을 학술적이기보다는 천도교인뿐만 아니라 일반인들도 쉽게 이해할 수 있도록 계몽하고자 하였다.

Ⅳ. 위생에 대한 종교적 수용과 변용

동학농민혁명 이후 일본에 망명 중이던 동학(천도교)의 최고 책임자였던 손병희는 앞서 언급한 바와 같이 일본에서 근대적 위생의 중요함을 직접 목도하는 한편 경험하였다. 때문에 근대의 표준으로서 위생을 강조하였다. 일본에 머물면서 손병희는 국내의 교인들에게 위생과 관련하여 일종의 유시문을 반포하였다.

를 허치 말며/제11조 호열자 유행하는 때는 우물과 수도와 뒷간과 개천을 쓸어 깨끗하게 하며/제12조 호열자 유행하는 지방에 혹 선척이 통래하거든 그 배를 검사하여 혹 앓는 자와 죽은 자에게는 이 규칙을 쫓았으며/제13조 호열자가 성행 하는 때에는 지방관이 내부에 보하고 의사 위생 관리 경찰 관리 혹 부 군 사람과 아전 중에 마땅한 사람을 검역 위원으로 정하여 예방 소독하는 사무를 담임하게 하기를 청구하여 그 허가를 얻어 행하며/제14조 병이 있는 때에는 지방관이 극장 劇場과 채제 塞祭하는 인민의 모인 것을 검사하고 호열자 유행하는 기미가 있거든 지방관이 내부에 보하고 유행하는 지방에 교통을 끊되 관리의 검찰 교통은 허할 일."

40) 「衛生法」, 『만세보』, 1907.6.14; 6.15; 6.19. 「위생법」은 연재물로 6월 14일의 글이 '續'이었다는 점에서 이전부터 연재되었다.

첫 번째 유시문은 1901년 11월에 반포한 「위생보호장」이다. 이 「위생보호장」은 위생을 잘 보호하고 건강하게 오래 사는 방법을 제시한 것으로, 종교적 의미를 포함하고 있다. 이 글에 의하면 "방금(方今) 세계(世界)는 위생(衛生)을 심요(甚要)"[41]하다고 하여, 위생은 시대적으로도 매우 긴요함을 강조하고 있다. 그러면서 "사람들은 다 자기에게 정해진 천명을 채우지 못하고 일찍 죽는 것은 다름이 아니라 그 실상을 생겨져 나온 근본을 알지 못하기 때문"이라고 하였다. 그렇기 때문에 몸이 생겨져 나오는 음양의 이치 기운과 이를 통해 갖추어진 마음(心), 성품(性), 정기(精) 세 가지를 알아야 하다고 하였다. 그리고 "심(心)은 기야(氣也)요 성(性)은 질야(質也)요 정(精)은 뇌골폐부(腦骨肺腑) 개개절절(個個節節)을 응(應)하여 재(在)한 바"라고 하였다. 그러면서 이 세 가지 중에서 '마음(心)이 제일 중요'하다고 하였을 뿐만 아니라 '마음을 단속하는 것'이 첫째라고 하였다. 이처럼 마음을 중요시한 것은 종교적 심성을 강조한 것이라 할 수 있다. 이를 바탕으로 하여 위생과 건강 보호를 어떻게 해야 하는지 그 방안에 대해 설명하고 있다.

　　첫째는 마음을 지키는 것이니, 사람이 마음을 잠시라도 정맥에서 떠나지 않게 해야 할 것이니라. 떠나지 않게 하는 방법은 날마다 쓰고 행하는 어떤 일을 하던 간에 생각하고 생각하여 잊지 않고 세 가지를 어그러지게 하지 말 것이며,
　　둘째는 기운을 바르게 하는 것이니, 기뻐하고 성내고 슬퍼하고 즐거워하는 것을 과도하게 하지 말 것이라. 성내는 것이 과하면 경맥이 통하지 못하고, 슬퍼하는 것이 과하면 정맥이 화하지 못하고, 기뻐하고 즐거워하는 것이 과하면 산맥이 고르지 못하니, 반드시 큰 해가 있을 것이라 삼가라.

---

41) 「위생보호장」.

셋째는 음식을 조절하는 것이니, 음식을 과하게 먹으면 위에 넘게 되고 위에 넘게 되면 경락이 고르지 못하여 소화가 되지 못하는 고로 해가 많은 것이니라. 사람들이 먹는 물건의 종류가 많으나 그 가운데서 오곡은 순연한 정기로 이루어진 것이라. 利가 되고 그밖에 다른 물건은 利와 害가 상반되나 고기 종류는 제일 害가 많으며 술의 종류도 또한 害가 많은 것이니, 조심해서 먹고 마셔야 할 것이니라.

넷째는 거처를 정결하게 하는 것이니, 비록 흙집이라 하더라도 안과 밖을 아침저녁으로 물 뿌리고 쓸고 거처를 청결하게 할 것이며, 또는 집 근처에 더러운 물건이나 물을 버리지 말라. 부패하여 냄새가 나면 害가 되는 것이니 날마다 단속해서 닦고 물 뿌리며, 또한 몸에 땀이 흘렸고 먼지가 붙어 있으면 害가 되는 것이니, 수시로 목욕하며 나쁜 냄새가 나지 않게 하라.[42]

이에 의하면, 위생 및 건강 보호는 '마음 지키는 것', '기운을 바르게 하는 것', '음식을 조절하는 것', '거처를 정결하게 하는 것'이라고 하였다. 이를 제대로 지키지 못하면 '이(利)보다 해(害)가 많다'고 하였다. 그러면서 이를 생활화 하는 것은 모자람도 지나침도 없는 중용을 강조하였다. 그러나 무엇보다도 중요한 것은 '위생 보호하는 법'은 '민생 보호하는 법'과 '재산 보호하는 법'과 같이 '도(道)의 종지(宗旨)'라고 거듭 강조하였다. 나아가 앞에서 언급한 위생 보호하는 긴요한 방법을 기록하여 반포하는 것이므로, 이를 제대로 시행할 것을 당부하였다.

이와 더불어 손병희는 일본에 머물면서 『준비시대』[43]를 발행한 바 있다. 이 『준비시대』는 근대적 민주사회를 제시한 것으로, 여기에서도

---

42) 「위생보호장」.

43) 『준비시대』에 대해서는 성주현, 「『北接大道主』: 의암 손병희의 근대국가정치론」, 『한국독립운동사연구』 38, 독립기념관 한국독립운동사연구소, 2011; 허수, 「손병희, 『준비시대』」, 『개념과 소통』 14, 한림대학교 한림과학원, 2014을 참조할 것.

'위생사무'에 대해 중요하게 다루고 있다. 위생사무의 핵심은 질병은 불결함에서 시작되는 것이기 때문에 청결법을 강조하고 있다.[44] 이외에도 전염병 예방법 실행, 우두법 시행, 가축 전염병 예방도 중요하게 언급하고 있다. 특히 오늘날 가축 전염병의 대명사가 된 '구제역'과 같은 질병이 대한 예방과 처리법에 대해서도 간략하게 설명하고 있는데, 그 내용은 다음과 같다.

> 獸疫도 역시 불가불 엄격하게 예방해야 하는데, 가축 중 소 말과 닭 개 등이 걸린 병이 전염성과 관계되면 어떤 사람의 소유인지를 따지지 말고 즉시 죽이고 깊이 매장하여 퍼뜨려지는 재난을 막아야 한다.[45]

가축에 대해서도 전염병을 예방하여야 하지만, 전염병으로 판단될 시에는 즉시 처분하여 매장할 것을 제시하였다. 이는 위생의 인식을 사람뿐만 아니라 가축에까지 그 영역을 확장하였다는 점에서 매우 의미 있는 시도라고 할 수 있다.

손병희는 1906년 2월 일본에서 귀국한 후 중앙총부를 설립하고 근대적 종교의 틀을 갖추었다. 이후 천도교인이 지켜야할 준칙 등을 '종령 (宗令)'을 통해 반포하였는데, 역시 위생과 관련된 내용이 포함되어 있다. 이는 교인들이 지켜야 할 준칙으로 앞서 언급하였던 '위생의 신앙화'라고 할 수 있다. 그 내용은 다음과 같다.

우리 교는 한울의 이치로 새 세상의 무한한 고초를 벗고 무궁한 복록을

---

44) 손병희, 손윤 옮김, 『준비시대』, 오늘코리아, 2015, 70~72쪽.
45) 손병희, 손윤 옮김, 『준비시대』, 72쪽.

누리는 큰 방편이라. 그런즉 복록을 누리기 願하는 者는 이 방편을 연구하고 실행하여 먼저 한울의 감화를 받은 연후에야 무궁한 복록이 내 마음대로 오는 것이요. 또 크게 주의할 것이 있으니 육신의 질병은 매양 혈기 불순하므로 말미암아 생기고 혈기가 불순한 것은 마음기관이 불평하므로 말미암아 생기는 것이니, 마음기관의 쇠패한 것을 완순케 하기는 지극한 정성으로 한울의 성화를 받는데서 더 선량한 방법이 없는지라. 오늘날 이 말씀을 여러 교인의 생명 피는 성령 질병과 육신 질병을 낫고 또 방비하기 위하여 선량한 방편으로 실행할 조건을 아울러 아래 기록하여 공포하니, 일호라도 심상히 알지 말고 극진히 시행하여 의외의 침해에 방비할 지어다. 성령 한울과 육신 세상을 사랑하는 우리 교인이여.[46]

즉 '무궁한 복록'을 누리기 위해서는 한울의 감화를 받은 후에라야 가능하다고 하였다. 그리고 육신의 질병은 혈기가 불순하기 때문이고, 이는 마음기관이 불평으로 말미암은 것이므로 지극한 정성으로 한울의 성화를 받아야 한다고 하였다. 그리고 한울의 성화를 받을 수 있는 선량한 방편을 실행해야 할 것을 주문하였다. 그 선량한 방편으로 실행할 조건 즉 '실행 조례'는 다음과 같다.

一. 주문과 청수를 지극히 염천념사하여 일분간이라도 한울과 신사의 간섭하시는 영험이 몸에서 떠나지 않게 하며
一. 마음을 난동하여 천성에 감동녁이 혼앙치 않게 하며
一. 집안에 큰 소래와 분노한 빛을 내어도 그 화기를 감상치 말며
一. 조반 받고 할 때에 지성으로 생각하여 감화하는 기운이 일신에 화탕하거든 비로소 음식을 먹으며
一. 음식을 잘 간수하여 부정한 물건이 들지 않게 하며 어린 아이가 먹다

46) 「종령 제오십사호」, 1910.6.23.

가 남은 음식은 다시 먹지 말며

一. 생물이나 익지 않은 실과나 부정한 육종이나 상한 음식물을 부의 먹
  지 말며

一. 거처를 습하게 하니 말며

一. 집안을 세세로 소제하여 매우 정결하게 하며 물을 문 밖에 버려서 썩
  은 냄새가 나지 않게 하며

一. 목욕을 자주하여 몸에 땀 냄새가 없게 하며

一. 집안과 뜰 위에 코나 침을 뱉지 말며

一. 이불을 자주 빨아내어 악취가 없게 하며

一. 어린 아이의 의복을 자주 빨아 입히며

一. 땀 젖은 의복을 시각이라도 두지 말고 곧 씻어서 악취가 있지 않게
  함[47]

'실행 조례'는 모두 13개 조항이지만, 가장 중요한 것은 첫 번째 조항
이라고 할 수 있다. 즉 천도교의 핵심이라고 할 수 있는 '주문과 청수를
지극히 하여 염천념사하여 한울과 스승의 간섭하는 것을 몸에서 떠나
지 않게 하는 것'이다. 이는 위생에 있어서도 핵심적인 요소이며, 종교
적 심신수양이 위생에 그만큼 중요하다는 것을 알 수 있다. 이를 토대
로 하여 마음을 난동치 않게 할 것, 화를 다스릴 것, 음식에 대한 감사
로서 또 다른 심신수양을 강조하고 있다.

이러한 심신수양을 기반으로 하여 일상생활에서 남은 음식 먹지 말
것, 익히지 않거나 상한 것을 먹지 말 것, 거처를 습하게 하지 말 것,
집안을 항상 깨끗이 할 것, 목욕을 자주 할 것, 코나 침을 뱉지 말 것,
이불과 아이들의 옷을 자주 세탁할 것, 땀에 젖은 옷은 바로 빨 것 등의

47) 「종령 제오십사호」, 1910.6.23.

실천적 위생 조례를 일호라도 빠지지 말고 시행할 것을 강력하게 당부하였다.

이 위생 실행 조례 중에는 '가래나 침을 함부로 뱉지 말 것'은 이미 동학 시절부터 철저하게 실천적으로 해오던 것으로 천도교의 근대위생으로 지속적으로 이어져오고 있음을 알 수 있다.

Ⅴ. 맺음말

이상으로 근대전환기 동학 천도교의 근대적 위생인식과 이를 통한 실천적 사례, 그리고 심신수양과 관련성에 대하여 살펴보았다. 이를 정리하면서 맺음말을 대신하고자 한다.

앞에서 살펴본 바와 같이 동학·천도교는 종교적으로 위생에 대한 인식은 초기부터 중요하게 인식하였다. 동학은 성리학 이데올로기의 조선정부로부터 탄압을 받았지만, 교세를 확장해나갔다. 동학은 시천주의 만민평등사상, 후천개벽의 혁세사상, 그리고 척왜양의 보국안민 사상을 제시하여 당시 일반 민중의 호응을 받았다. 또한 이와 같은 혁신적 사상을 기반으로 교세를 확장해 나갔다. 이와 더불어 동학이 교세를 확장하는데 크게 영향을 미친 것은 '위생의식'이었다. 조선후기 호열자라 불리는 콜레라를 비롯하여 장티푸스 등 전염병이 유행하였다. 이러한 시기에 동학은 '청결을 통한 위생'을 강조하였다. 이에 따라 일반사회에서는 전염병에 많은 희생을 감내해야 했지만, 동학교인들은 무사히 넘길 수 있었다. 이에 따라 동학을 하면 '전염병도 피해 간다'는 소문이 돌았고, 많은 민중들이 동학에 귀의하였다. 이를 통해 동학교단은 사회변혁을 전개하는 기반을 마련하기도 하였다.

동학을 창도한 수운 최제우는 정신적 질병을 구제할 뿐만 아니라 몸에 대한 질병의 치료 즉 위생도 중요하게 인식하였다. 이를 계승한 해월 최시형은 위생을 보다 생활화하는데 중점을 두었다. 즉 해월 최시형은 묵은 밥은 새 밥에 섞지 말 것, 묵은 음식은 끓여 먹을 것, 코나침을 아무데나 뱉지 말 것, 대변을 본 뒤에는 땅에 묻을 것, 지저분한 물을 아무데나 버리지 말 것 등 다섯 가지 위생규칙을 정하였다. 이는 당시 유행하였던 전염병 예방법이었다. 이를 실천함으로써 동학은 괴질이라는 전염병에서 자유로울 수가 있었다.

해월 최시형의 위생의식을 이어받은 의암 손병희는 일본에서 망명생활을 통해 위생에 대한 근대적 인식을 보다 심화시켰다. 『만세보』를 통해 위생에 대한 인식을 계몽하였다. 「위생개론」을 비롯하여 「위생학」, 「위생법」을 천도교인뿐만 아니라 일반인도 쉽게 이해할 수 있도록 연재하였다. 손병희는 여기서 그치지 않고 천도교인에게 위생 실행 조례를 반포하였고, 이를 실천하도록 하였다.

그러나 동학 천도교의 위생의 본질은 신체의 질병보다는 정신적 질병을 구제하는 것이었다. 때문에 수운 최제우에서 의암 손병희에 이르기까지 천도교의 핵심인 주문과 청수를 통해 심신수양을 강조하였다. 건강한 신체에서 건강한 정신이 깃들 듯이 일상생활을 통한 위생을 토대로 정신적 수양으로 이어지는 인식이 동학 천도교의 위생인식이라고 할 수 있다.

동학·천도교를 통해 본 손병희의 이상과 현실

Ⅰ. 머리말

손병희는 동학(천도교)의 최고 책임자로 동학농민혁명에 참여하고 3·1운동 민족대표로 활동한 종교인이며 민족운동가이다. 손병희는 1897년 동학의 2세 교주 해월 최시형으로부터 종통을 계승하고, 1904년 갑진개화운동을 통해 근대문명을 수용하는 한편 1905년 동학을 천도교로 전환하여 근대적 종교로 전환하였다. 천도교로 전환한 후 이른바 3백만 교단을 이끌었다.

이러한 점에서 손병희에 대한 연구가 없지는 않았다. 손병희에 대한 관심과 연구는 크게 두 가지 방향에서 이루어지고 있다. 하나는 전기 또는 평전이고,[1] 다른 하나는 학술적 연구[2]이다. 이를 통해 손병희의 종교적, 사상적, 민족운동사적으로 상당한 부분이 해명되었다.

재가녀[3]의 아들로 태어나 어려서부터 차별[4]을 받아왔던 손병희의

1) 손병희에 대한 전기와 평전은 유광렬, 『독립운동의 거화 손병희』(인물한국사 5, 개화의 선구), 박문사, 1965; 의암손병희선생기념사업회 편, 『의암손병희선생전기』, 1967; 고려대학교 민족문화연구소 편, 『손병희』(고려대학의 사람들 2), 1986; 성주현, 『천도교에서 민족지도자의 길을 간 손병희』(한국의 독립운동가들 34), 독립기념관 한국독립운동사연구소, 2012; 김삼웅, 『의암 손병희 평전:격동의 경세사』, 채륜, 2017 등이 있다.

2) 손병희에 대한 학술적 연구로는 윤소영, 「3 · 1운동기 일본 신문의 손병희와 천도교 기술」, 『한국독립운동사연구』 57, 독립기념관 한국독립운동사연구소, 2017; 송봉구, 「손병희의 이신환성설 연구－맹자의 대체 · 소체와 관련하여」, 『동양문화연구』 21, 영산대학교 동양문화연구소, 2015; 허수, 「해방 후 의암 손병희에 대한 사회적 기억의 변천」, 『대동문화연구』 83, 성균관대학교 출판부, 2013; 조극훈, 「의암 손병희의 '이신환성'에 나타난 철학적 의미」, 『동학학보』 16:1, 동학학회, 2012; 채길순, 「동학혁명사에 나타난 손병희의 행적 연구」, 『충북학』 12, 충청북도, 2012; 조규태, 「손병희의 꿈과 민족운동」, 『중원문화연구』 13, 2010; 송봉구, 「의암 손병희의 심성 수양론 연구」, 『유학연구』 22, 충남대학교 유학연구소, 2010; 박성수, 「3 · 1운동과 의암 손병희」, 『중앙사론』 21, 한국중앙사학회, 2005; 이현희, 「의암 손병희와 3 · 1운동」, 『동학학보』 13:1, 동학학회, 2009; 김용휘, 「의암 손병희의 『무체법경』과 동학 · 천도교의 수련」, 『동학연구』 25, 한국동학학회, 2008; 오문환, 「의암 손병희의 성심관－무체법경을 중심으로」, 『동학학보』 10:1, 동학학회, 2006; 김용해, 「손병희의 '무체법경'과 조지 허버트미드의 '정신, 자아 그리고 사회'」, 『동학학보』 10:1, 동학학회, 2006; 오문환, 「의암 손병희의 '교정쌍전'의 국가건설 사상: 문명계몽, 민회운동, 3 · 1독립운동」, 『정치사상연구』 10:2, 한국정치사상학회, 2004; 이진기, 「의암 손병희의 문명개화론 인식과 천도교 개창」, 강원대학교 교육대학원 석사학위논문, 2003; 최효식, 「의암 손병희와 3 · 1독립운동」, 『동학연구』 14 · 15, 한국동학학회, 2003; 임태홍, 「손병희의 신관」, 『동학연구』 14 · 15, 한국동학학회, 2003; 김정인, 「손병희의 문명개화노선과 3 · 1운동」, 『한국독립운동사연구』 19, 독립기념관 한국독립운동사연구소, 2002; 정혜정, 「의암 손병희의 인내천 교육사상」, 『문명연지』 3:2, 한국문명학회, 2002; 이용창, 「한말 손병희의 동향과 '천도교단재건운동'」, 『중앙사론』 15, 한국중앙사학회, 2001; 신언재, 「의암 손병희의 교육사상 연구」, 한국교원대학교 대학원 석사학위논문, 1994; 정진오, 「손병희의 정치사상에 대한 연구」, 『논문집』(사회과학편), 제주대학교, 1986; 강정웅, 「3 · 1운동과 손병희의 역할」, 경희대학교 교육대학원 석사학위논문, 1980 등이 있다.

3) 손병희는 기존의 기록에는 '서출' 또는 '서자'로 알려져 왔다. 『천도교창건사』에 의하면 "聖師(손병희: 필자주)는 孫懿祖의 庶子"라고 기록하였다. 이후 대부분의 기록이나 연구에서 '庶子'로 표기하고 있다. 그러나 『밀양손씨대동보』에 의하면, 서자가 아니라 '재가녀의 자식'이다. 아버지 손의조의 첫째 부인 전주이씨는 1824년

청소년 시절은 방황으로 인한 이른바 '비행청소년'이었다. 그의 청년기 비행은 단순히 비행으로만 끝나지 않고 사회적 비판으로 당시의 사회를 질타하였다.[5] 그러한 가운데서도 의로운 일이 있으면 적극적으로 실천하는 과단성을 보이기도 하였다.[6]

청소년기 노름과 술로 방탕한 생활을 하던 손병희는 동학에 입도한 후 새로운 사람으로 변신하였다. 처음에는 삼재팔난을 면할 수 있다고 동학을 권유하였지만 오히려 삼재팔난이 와서 이 세상이 끝났으면 좋겠다고 한 바 있는 손병희는 동학의 진정한 의미를 깨닫고 동학의 이상과 현실을 일치시켜 나가려고 한 순간도 끈을 놓지 않았다.

손병희는 동학에 입도한 후 자신과 동학이 추구하는 이상을 실현하고자 하였다. 그가 이상을 실현하고자 한 것은 세 가지였다. 첫째는 반봉건 반외세의 두 가지 과제를 극복하기 위한 동학농민혁명이었고, 둘째는 1904년 흑의단발을 통해 전개한 갑진개화운동이었으며, 셋째는 일제강점기 독립을 위해 전 민족이 함께 독립만세를 불러야 한다는 신

에 태어나 1857년에 세상을 떠났다. 이후 두 번째 부인 경주최씨와 혼인하였다. 그렇다 하더라도 차별이 없던 것은 아니었다. 여전히 서자나 재가녀의 자식에 대한 차별은 당시까지만 해도 상존하였다. 이러한 차별이 손병희로 하여금 사회를 변혁하고 새로운 사회를 만들려고 한 이상을 가지고 있었다고 판단된다. 이에 대해서는 성주현,『천도교에서 민족지도자의 길을 간 손병희』, 역사공간, 2012, 14~15쪽을 참조할 것.

4) 이와 관련하여 다음과 같은 기록이 있다. "大抵 그 家俗이 庶子로 하여금 아버지를 부르지 못하게 하니, 이럼으로 聖師 七歲 이후로부터 決斷코 입으로 父라 兄이라 부르지 아니하니"

5) 손병희는 청주 초정약수터에서 양반들이 거들먹거리며 텃세를 부렸다. 일반 백성들이 접근도 못하게 하자 손병희는 "약수 물도 양반 상놈의 것이 있느냐"면서, 양반층을 비난한 적이 있다.

6) 손병희는 친구의 아버지가 관의 돈을 축내고 옥중에 갇혀 사형을 받게 되자, 자신의 집에 돈이 있는 곳을 알려주어 몰래 가져가게 한 일이나 한겨울 길가에 얼어죽어가고 있는 사람을 구하기 위해 관에 받쳐야 할 돈으로 구한 일 등은 손병희의 의협심을 잘 보여주는 일화이다.

념으로 전개한 3·1운동이었다. 손병희에 있어서 동학, 천도교는 자신과 동학의 이상을 현실에서 어떻게 실현시켜 가야 할까 하는 것이 과제였던 것이다.

본고에서는 손병희의 삶을 통해 그가 동학을 어떻게 이해하고, 이를 통해 그가 실현하고자 하였던 것이 무엇이었는가를 간략히 살펴보고자 한다. 그리고 이를 메타모포시스[7]와의 연관성을 살펴보고자 한다.

Ⅱ. 손병희의 동학에 대한 인식과 입도

손병희는 1861년 4월 8일(음) 충북 청주군 대주리(현 충북 청원군 북이면 금암리)에서 출생하였다. 본관은 밀양이고 조부는 孫光澤, 아버지는 孫斗興(孫慤祖)이다. 그의 집안은 대대로 청주에서 아전을 한 중인층이었다. 어릴 적 이름은 孫應九였고, 한때 孫奎東이라고 불렸다. 아호는 笑笑, 천도교의 도호는 義菴이며 일본 망명 시기에는 李祥憲이라는 가명을 사용하였다.[8]

손병희는 재가녀의 자식[9]으로 출생하였기 때문에 가정뿐만 아니라

---

7) '메타모포시스'란 생물학적 용어로 '변태(變態)'를 의미하지만 사회적적 의미로는 '변용(變容)'으로 해석하고 있다. 손병희는 반봉건 반외세의 동학을 수용하였지만, 일본에서 망명생활을 하면서 근대문명의 수용하였으며, 1905년 12월 1일 동학을 천도교로 개칭하였다. 이는 전형적인 변용이라고 할 수 있다는 점에서 메타모포시스의 접근이 가능하다고 본다.

8) 「孫秉凞ニ關スル件」, 『주한일본공사관기록』 24, 국사편찬위원회 홈페이지 (http://db.history.go.kr/item/level.do?setId=4&itemId=jh&synonym=off&chinessChar=on&page=1&pre_page=1&brokerPagingInfo=&position=2&levelId=jh_024_0060_0730) "벌써 귀국의 풍문이 있던 孫秉凞는 지난 28일 오후 1시 着京, 즉시 南署 관내 茶洞에 있는 자택으로 들어갔다. 그는 원래 湖西의 인물로써 崔法軒 사후 동학당의 영수가 된 매우 인망 있었던 자로서 先年 일본에 도항하여 李祥憲이라 개명하고"

사회적으로도 차별을 받았다. 7세 시절에는 아버지를 아버지라고 부르
지 못하게 하자 이를 따지기도 하였으며,[10] 결혼 후에도 가족 제사에
참여하지 못하게 함에 곡괭이로 조상의 무덤을 파헤치려고 하였다.[11]
재가녀의 자식이라는 한계로 입신양명을 할 수 없다고 판단한 손병희
는 공부보다는 오히려 잡기에 관심을 가졌다. 울분에 찬 불평을 풀기
위하여 술과 도박으로 시간을 보내고 동류배를 모아 낭인단을 조직하
기도 하였다. 초정약수터에 갔다가 양반들이 약수터를 독차지하여 약
수 마시는 것을 방해하는 것을 보고 양반에게 행패를 부리기도 하였다.
이로 인해 청주 일대에서 낭인으로 유명하였다.[12]

그렇지만 손병희는 남다른 의기를 보여주었다. 12살 한겨울, 아버지
심부름으로 공금을 관아에 가져가던 중 길가에 얼어 죽어가는 사람이
보이자 공금을 사용하여 먼저 사람을 구하였다. 뿐만 아니라 친구의
아버지가 공금 횡령으로 사형을 당하게 된 사연을 듣고 집안에 돈 있
는 곳을 알려주고 가져가도록 하여 목숨을 건지기도 하였다. 17살 때는
괴산 삼거리를 지나다가 수신사가 인솔하는 말 꼬리에 사람을 매달아
끌고 가는 것을 보고 말꼬리를 잘랐다. 20살 되던 해 청주에서 돈 3백
냥을 주었지만 주인이 찾으러 올 때까지 기다렸다가 돌려주었다.[13] 이
처럼 손병희는 청년기에 이른바 '동네 깡패'로 이름을 알렸지만, 불의를
참지 못하는 의기는 남달랐다. 훗날 손병희가 스승인 해월 최시형으로

---

9) 조선은 嫡庶差別이 당연한 사회였기 때문에 차별이 심하였다. 재가녀 자식 역시
   서출과 같은 처지였기 때문에 적서차별이 그대로 적용되었다.
10) 이돈화, 「의암성사편」, 『천도교창건사』, 천도교중앙종리원, 1933, 1쪽.
11) 이돈화, 『천도교창건사』, 2쪽.
12) 이돈화, 『천도교창건사』, 3쪽.
13) 오재식, 『민족대표33인전』, 서울행정신문사, 1958, 138~140쪽.

부터 받은 도호가 '義菴'이었다는 것은, 누구보다 손병희의 성격을 잘 파악하였다고 할 수 있다.

이상에서 살펴본 바와 같이 재가녀의 자식으로 집 안팎으로 차별받고, 낭인으로 지내던 손병희가 동학의 최고책임자이며 종교인으로 전환하게 된 결정적인 계기는 동학과의 만남이었다.

손병희가 동학과 인연을 맺은 것은 1882년이었지만, 그가 동학에 인연을 맺기까지는 우여곡절이 없지 않았다. 동학에 먼저 입도한 당질 손천민[14]은 어릴 적 함께 성장하면서 손병희의 됨됨이를 잘 알고 있었다. 때문에 손천민은 손병희를 동학에 입도시키려고 노력하였다. 하루는 손병희에게 "동학을 잘 믿으면 삼재팔난을 면할 수 있습니다"라고 하면서 입도를 권유하였다. 그의 제안에 손병희는 오히려 힐난하면서 "삼재팔난이 하루라도 빨리 왔으면 좋겠소. 이놈의 세상이 한 번 뒤집혀서 잘난 놈, 못난 놈 할 것 없이 모조리 다 죽어 없어지는 꼴을 봤으면 속이 시원하겠소"[15]하고 거절하였다. 동학에 대한 소문을 들었지만, 손천민의 잘못된 정보로 인해 손병희는 오히려 동학에 대한 거부감을 보였던 것이다.

손천민은 동학의 본질을 제대로 전달하지 못한 것이 못내 후회스러웠다. 그는 평소 친분이 있는 서택순(서우순)을 통해 손병희를 동학에 입도케 하고자 하였다. 이러한 뜻을 파악한 서택순은 손병희를 만나 "동학은 반상과 적서의 차별 철폐를 통해 누구나 평등한 세상을 만들려고 한다. 함께 새로운 세상을 만들고 싶지 않은가?"하면서, 동학에 입도할

---

[14] 손천민은 손병희의 아버지 손의조의 장남 병곤의 아들이다. 병곤에 대해서는 족보 상에 자세한 내용이 없어 생몰연대를 확인할 수 없다.

[15] 이돈화, 「제3편 제2장 성사의 입도」, 『천도교창건사』, 4쪽.

것을 권유하였다.[16] 손병희는 동학의 진정한 의미를 이해하고 1882년 10월 5일 입도하였다.[17]

그렇다면 손병희는 동학을 어떻게 이해하고 수용하였을까? 1860년 4월 5일(음) 수운 최제우에 의해 창명된 동학의 사상적 특성은 크게 다시 개벽[18]의 혁세사상, 시천주[19]의 평등사상, 유무상자[20]와 동귀일체[21]의 대동사상, 척왜양[22]의 민족주체사상 등으로 요약할 수 있다. 최제우는 『용담유사』에서 동학 창명 이전까지의 세계를 '개벽 후 오만년',[23] '下元甲',[24] '前萬古',[25] '효박한 이 세상'[26] 등의 표현을 통하여 비판하였다. 동학 창명 이전의 시대는 반천의 신분차별, 적서와 남녀의 차별 등 봉건적 모순이 가득 찬 시대로 인식하였고, 나아가 봉건적 모순은 극복되어야 할 시대임을 밝히고 있다.

16) 의암손병희손생기념사업회, 『의암손병희선생전기』, 1967, 70~72쪽.
17) 손병희가 동학에 입도한 것에 대해서는 여러 가지 설이 있다. 『천도교창건사』에는 서우순(서택순), 「신문조서」에 의하면 김성지(金誠芝)라고 밝힌 바 있다.
18) 「안심가」, 「몽중노소문답가」, 『龍潭遺詞』, 癸巳版(『東學思想資料集』 1, 아세아문화사, 1978).
19) 「論學文」, 『東經大全』, 癸未版(『東學思想資料集』 1, 아세아문화사, 1978).
20) 有無相資라 함은 최제우 초기부터 그의 제자 중에 경제적 능력이 있는 자들로 하여금 가난한 자를 위하여 적극 돕는 것으로, 이 같은 초기 동학의 공동체적 분위기가 貧窮者로 하여금 동학에 입교하는데 중요한 한 부분을 차지하였다. 이러한 유무상자는 최제우의 순도 후에도 수십 년간 지하조직으로 존립하였다(『천도교서』 포덕 32년조 "前赴大義에 傾家蕩産한 者는 矜憐한지라. 在家觀望하야 飽食溫處한 者] 엇지 安心함이 可하리오. 有無相資하야 流離치 안케 하며 遠近이 合心하야 異端을 致치 안이하면 老物의 病이 또한 蘇하리라." 참조).
21) 「안심가」, 『龍潭遺詞』, 癸巳版(『東學思想資料集』 1, 아세아문화사, 1978).
22) 「布德文」, 『동경대전』, 癸未版(『東學思想資料集』 1, 아세아문화사, 1978).
23) 「용담가」, 『龍潭遺詞』, 癸巳版(『東學思想資料集』 1, 아세아문화사, 1978).
24) 「몽중노소문답가」, 「권학가」, 『龍潭遺詞』, 癸巳版(『東學思想資料集』 1, 아세아문화사, 1978).
25) 「교훈가」, 『龍潭遺詞』, 癸巳版(『東學思想資料集』 1, 아세아문화사, 1978).
26) 「몽중노소문답가」, 『龍潭遺詞』, 癸巳版(『東學思想資料集』 1, 아세아문화사, 1978).

최제우는 동학의 새로운 출발 기점인 1860년 4월 5일을 기준으로 '다시 開闢', '上元甲',[27] '後萬古',[28] '五萬年之運數'[29] 등의 표현으로 새로운 세계의 도래를 역설하였다. 즉 최제우는 모순에 가득 찬 지금까지의 혼란한 시대는 반드시 무너지고 다가오는 새 시대, 다시 개벽의 시대야말로 '지상천국의 이상적 사회'가 될 것이라고 제시하고 있다.

또한 최제우는 『동경대전』에서는 '吾心卽汝心'[30]과 '天心卽人心',[31] 『용담유사』에서는 '나는 도시 믿지 말고 한울님만 믿었어라. 네 몸에 모셨으니 사근취원 하단 말가'[32]라는 표현을 통해 天主와 人間이 둘이 아니고 하나임을 밝히고 있다. 이러한 인식은 군주와 사대부, 백성과 천민 등 누구나가 천주를 모시고 있다는 侍天主의 평등사상 내지 인간 존엄사상으로 자리매김하게 되었다.

이와 같이 '내 몸에 모셔져 있는 한울님'[33]을 체험함으로써 시천주의 평등사상은 조선 왕조를 지탱해온 성리학 이데올로기의 봉건적 신분 질서를 타파하고 '근대적 평등사상'을 확립하고자 하였다. 이를 토대로 동학은 '다시 개벽'이라는 혁세사상으로 기존의 봉건적 사회체제를 해체하고자 하였다.

뿐만 아니라 최제우가 동국(東國)의 학(學)이라고 밝힌 '동학(東學)'[34]은

---

27) 「몽중노소문답가」, 『龍潭遺詞』, 癸巳版(『東學思想資料集』 1, 아세아문화사, 1978).
28) 「교훈가」, 『龍潭遺詞』, 癸巳版(『東學思想資料集』 1, 아세아문화사, 1978).
29) 「용담가」, 『龍潭遺詞』, 癸巳版(『東學思想資料集』 1, 아세아문화사, 1978).
30) 「논학문」, 『東經大全』, 癸未版(『東學思想資料集』 1, 아세아문화사, 1978).
31) 「논학문」, 『東經大全』, 癸未版(『東學思想資料集』 1, 아세아문화사, 1978).
32) 「교훈가」, 『龍潭遺詞』, 癸巳版(『東學思想資料集』 1, 아세아문화사, 1978).
33) '한울님'은 동학·천도교단에서 사용하고 있는 신앙의 대상이며, 범재신의 성격을 내포하고 있다.
34) 「논학문」, 『東經大全』, 癸未版(『東學思想資料集』 1, 아세아문화사, 1978).

당시 민중들 사이에 이미 널리 포교되고 있는 西學을 제압하고자 한 것을 밝히고 있다. 이러한 최제우의 '반외세 척왜양 사상'은 줄곧 동학의 기본사상으로 이어졌으며, 특히 1892년 12월부터 전개된 교조신원운동에서도 잘 나타나고 있다. 1893년 3월 10일 충북 보은 장내에서 전개한 보은집회에서는 '척왜양창의'를 기치로 내걸고 수만 명의 동학교인들이 모여 20결의하기도 하였다.

이외에도 최제우는 포교 과정을 통해 경제적 여력이 있는 교인들로 하여금 생활이 곤궁한 교인을 적극 돕도록 가르쳤다. 이를 유무상자(有無相資)라 하는데, '경제적 상호부조' 즉 공동체 정신을 발휘하도록 한 것이다.

최제우에 의해 확립된 동학의 사상적 특성은 의암 손병희의 스승인 최시형에 이르러 더욱 확대 발전되었다. 최제우의 시천주 사상은 최시형에 의해 '천지만물이 시천주 아님이 없나니 만물을 일체 공경으로 대하라',[35] '사람은 한울이라 평등이요 차별이 없나니라. 사람이 인위로써 귀천을 가리는 것은 한울의 뜻에 어기는 것이니 제군은 일체 귀천의 차별을 철폐하여 선사(先師)의 뜻을 맹세하라',[36] '어린 아이를 때리는 것은 한울님을 때리는 것이다'[37] 등등 여러 설법을 통해 범천론적 동학사상으로 확대되었다. 특히 시천주 사상은 '천지만물이 한울님 아님이 없다(天地萬物 莫非侍天主)'[38]로 재해석되었다. 이를 토대로 하여 최시형은 사람뿐만 아니라 우주 만물 자체가 바로 한울님이므로 어린이

---

35) 「天道敎書」, 『新人間』 377, 1980, 5월호, 75쪽.
36) 「天道敎書」, 『新人間』 374, 1980, 1월호, 75쪽.
37) 「天道敎書」, 『新人間』 377, 1980, 5월호, 78쪽.
38) 「天道敎書」, 『新人間』 377, 1980, 5월호, 75쪽.

도, 며느리도, 남의 종도, 날아가는 새도, 들에 핀 꽃도 모두 한울님으로 인식하였다. 뿐만 아니라 이를 기본사상으로 하여 최시형의 사상적 특성도 '만민평등',[39] '천주직포',[40] '새 소리도 한울님 소리',[41] '이천식천'[42] 등으로 확대되었다.

또한 최제우 당시 교인간의 유대강화를 하는데 근본이 되었던 유무상자의 대동사상은 최시형에 이르러 더욱 활성화되었다. 1875년부터 1892년에 이르기까지 최시형은 통문을 통해 유무상자의 실천을 강조하였다. 더욱이 최시형도 몸소 실천하였다.[43]

이상에서 살펴본 수운 최제우와 해월 최시형의 동학사상은 1894년 반봉건 반외세의 동학농민혁명의 지도이념으로 승화되었다.

이와 같은 동학에 대해 손병희는 동학의 시천주·사인여천의 평등사상과 보국안민·광제창생 등의 애민사상, 그리고 척왜양의 민족주의사상에 매료되어 동학에 입도한 것으로 풀이된다.[44] 이에 따라 동학에 입도 후 손병희는 완전히 다른 사람이 되었다. 그동안 관계를 가져왔던 술과 노름뿐만 아니라 왈패들과도 단교하고 오로지 동학의 주문으로 일과를 보냈다. 하루 삼만 독의 동학 주문을 읽고 외우면서 동학을 체행하고자 하였다. 후일 그는 천도교에 대해 "포덕천하, 광제창생을 목적으로 하고 있으므로, 사람의 마음은 하늘이라는 교리에 의하여 마음을 맑게 하는 것"[45]이라고 밝힌 바 있다.

---

39) 「天道敎書」, 『新人間』 374, 1980, 1월호, 75쪽.
40) 「天道敎書」, 『新人間』 377, 1980, 1월호, 75쪽.
41) 「天道敎書」, 『新人間』 377, 1980, 5월호, 78쪽.
42) 「天道敎書」, 『新人間』 374, 1980, 1월호, 79쪽.
43) 해월 최시형은 관의 추적을 피해 이거를 자주하였다. 그때마다 거주하면서 생활하였던 물건을 그대로 두고 다른 곳으로 이거하였다.
44) 조규태, 「손병희의 꿈과 민족운동」, 『중원문화연구』 13, 48쪽.

이러한 동학의 수행은 손병희로 하여금 교단 내에서도 그 위상이 높아졌다. 특히 공주 가섭사에서 스승 최시형으로부터 지도자로서의 자질을 배웠다.[46] 교단 지도자로 성장한 손병희는 1893년 1월 광화문 교조신원운동 참가하였으며, 이어 3월 동학교단에서 전개한 보은 척왜양창의운동에서 충의대접주로 임명되었다. 이후 동학농민혁명의 전개과정에서 손병희는 '통령'으로서 전봉준과 함께 동학농민군을 이끌었으며, 1897년 동학의 최고지도자로 자리매김하였다.

Ⅲ. 동학과 천도교를 통한 이상과 현실

동학에 입도한 손병희의 이상은 '지상천국'의 건설이었다. 그에게 지상천국은 종교적 이상으로만 치부하지 않고, 실제 그가 살아가는 세상에서 실현하고자 하였다. 그런 점에서 그는 한말 당시 조선이 극복해야 할 과제인 반봉건과 반외세를, 1910년 8월 일제에 나라는 빼앗긴 후 독립을 위해 그의 이상을 실천해 나갔다.

동학은 앞서 언급한 바와 같이 반봉건 반외세를 주창하였다. 반봉건은 성리학적 이데올로기의 중요한 요소의 하나인 신분제의 철폐였고, 반외세는 서세동점의 시기 제국주의 국가로부터 조선이라는 나라를 유지 보존하려는 반침략의 대응이었다.

1894년 1월 10일 고부기포를 기점으로 동학농민혁명이 전개되자, 동

---

45) 「손병희 신문조서」(제1회).
46) 손병희는 최시형과 함께 한 공주 가섭사에서 49일 수행을 통해 혈기를 다스리는 가르침을 받았다. 특히 솥을 일곱 차례가 반복해서 설치하면서 청년기 왕성했던 혈기를 다스렸다.

학교단은 이를 두고 찬반 논쟁을 한 바 있다.[47] 일부에서는 고부에서 기포한 동학군을 토벌해야 한다고 강경하게 대립이 되기도 하였다.[48] 이 과정에서 손병희는 전봉준의 기포를 적극 지지하였다. 당시의 상황에 대해 오지영은 다음과 같이 기록하고 있다.

惟獨 孫秉熙 一人이 나서며, 曰 그 말이 옳다 하며, 一邊 通文을 거두게 하고 一邊 伐南旗를 꺽어 버리고 輔國安民의 旗○下에서 進退를 같이 하기로 決定을 짓고 일어섰다.[49]

동학교단은 1894년 1월 10일 고부에서 전개된 동학농민혁명에 대해 참여할 것이냐, 기포한 동학군을 토벌할 것인가를 두고 논쟁을 하였다. 이 논쟁에서 손병희는 전봉준과 함께 보국안민의 기치 아래 동학농민혁명에 참여할 것을 결정하는데 결정적인 역할을 하였다. 손병희는 2차 기포를 최시형에게 건의하였다.[50]

이에 해월 최시형은 이해 9월 18일 총동원령을 내렸다. 경기와 호서 지역 동학군이 청산에 집결하여 대오를 갖추자, 손병희는 '통령'으로서 지휘권을 확보하게 되었다.[51] 논산 초포에서 호남지역의 동학군을 이끄는 전봉준과 연합전선을 구축하고, 이인전투를 치른 후 공주 우금치에서 조일연합군과 치열한 전투를 거듭하였지만 패전하였다. 이후 손

---

[47] 동학교단은 전봉준을 중심으로 고부에서 동학농민군이 기포하자, 이를 두고 토벌하자는 의견이 대두되었다. 이 소식을 들은 오지영이 중재안을 제시하였고, 손병희는 이를 적극 지지하였다.

[48] 오지영, 『동학사』, 민중서관, 1938, 138~139쪽.

[49] 오지영, 『동학사』, 139쪽.

[50] 이돈화, 『천도교창건사』 2, 65쪽.

[51] 이돈화, 『천도교창건사』 3, 8쪽.

병희는 전봉준과 함께 논산 황화대전투와 정읍 태인전투를 치루었다.

이 전투를 끝으로 손병희는 전봉준과 헤어졌다. 전봉준과 헤어진 후 동학군을 이끌던 손병희는 충북 영동 용산전투, 보은 종곡전투, 음성 되자니전투를 끝으로 동학농민혁명의 지도자로서 역할을 다하였다. 후일 손병희는 동학농민혁명에 참여한 것에 대해 다음과 같이 밝힌 바 있다.

> 그 당시의 정부는 무고한 백성을 벌하고, 재산을 빼앗고, 부녀자를 빼앗고 있었으므로 정부를 넘어뜨리고 새로운 정부를 세워서 악정을 고칠 목적으로 폭동을 일으켰던 것이다.[52]

이는 3·1운동 민족대표로 참여한 후 일제의 신문과정에서 나타난 것이지만, 동학농민혁명에 참여한 것은 '정부의 적폐'를 바로 잡기 위한 것이었다고 밝히고 있다. 다만 '척왜'에 대해서는 분명하게 밝히지 않았다는 것은 일제 강점기 상황이라는 점을 염두에 두었다고 보여 진다.

동학농민혁명 이후 정부에서 체포령이 내려지자 손병희는 망명을 도모하였다. 처음에는 미국으로 망명하고자 하였지만 상황이 여의치 않았다. 손병희는 부득이 일본으로 건너가 '이상헌'이라는 이명으로 망명생활을 하였다.

손병희는 1906년 1월 귀국하기 전까지 일본에 머무르면서 박영효, 권동진, 오세창 등 개화 인물과 교류하는 한편 근대화된 일본을 직접 목격하고 체험하였다. 이를 계기로 손병희는 근대 문명사상을 수용하고 민회 활동을 통해 동학을 변화시키고자 하였다. 이를 위해 1903년

---

[52] 「손병희 신문조서」(제1회).

「명리전」과 「삼전론」을, 1905년 「준비시대」 등을 저술하였다. 「명리전」은 "斯世之運에 乘勢한 것은 才藝必達하고 機械便利하며 君民之分을 相守不失하여 共和之政과 立憲之治가 當世가 文明한 西洋"이라고 하여, 서구 근대문명을 문명개화의 당위성을 밝히고 있다.[53] 특히 「삼전론」은 당시 보국안민의 방안으로 종교사상을 강조한 道戰, 경제를 강조한 財戰, 외교를 강조한 言戰으로 되어 있다.[54] 이 「삼전론」의 내용은 1904년 「비정혁신안」으로 정부에 제출하기도 하였다. 그리고 「준비시대」는 문명개화를 통해 국가개혁을 지향하고자 하는 의지를 밝히고 있다.[55]

근대문명을 수용한 손병희는 일본에 머물면서 근대화 운동을 주도하였다. 이를 위해 국내에서 1904년 대동회, 중립회를 거쳐 진보회[56]를 조직하고 근대문명 개화운동을 전개하였다. 진보회의 근대화 운동을 "전 인민이 단결하여 선진국의 문명개화를 따라 배우면 부패한 정치를 일소하고 독립을 보전할 수 있으므로, 정부에 그러한 정치개혁을 요구하기 위해 민회운동을 시작했다"[57]라고 밝힌 바와 같이, 자주화와 근대화라고 할 수 있다. 그리고 상징적으로 '흑의단발'의 모습을 보여주었다.

이와 같은 손병희가 동학교단을 통해 전개한 진보회운동은 정권을 장악하고 이를 통해 동학 포교의 자유를 확보하고 근대화를 추구하고

---

53) 김정인, 「손병희의 문명개화노선과 3·1운동」, 『한국독립운동사연구』 19, 145쪽.
54) 조규태, 「손병희의 꿈과 민족운동」, 『중원문화연구』 13, 51쪽.
55) 「준비시대」에 대해서는 성주현, 「『북접대도주』: 의암 손병희의 근대국가정치론」, 『한국독립운동사연구』 38, 독립기념관 한국독립운동사연구소, 2011을 참조할 것.
56) 진보회의 4대 강령은 다음과 같다.
一. 皇室을 尊重하고 獨立基礎를 鞏固히 할 事, 二. 政府를 改善할 事, 三. 軍政 財政을 整理할 事, 四. 人民의 生命財産을 保護할 事(김병제, 「진보회와 일진회」, 『혜성』 2:1, 1932.1, 132쪽)
57) 『대한매일신보』, 1904.9.14.

자 하였다. 그렇지만 진보회의 근대화 운동은 국내에서 책임자로 활동하던 이용구가 1904년 말 친일단체인 일진회와의 통합으로 오히려 동학교단이 친일세력으로 오해를 받았다. 이로 인해 동학교인들은 의병으로부터 피살되는 등 목숨을 잃거나 위협을 받는 사례가 속출하였다.

이처럼 손병희는 동학농민혁명에 이어 문명개화운동에 전개하였지만 동학농민혁명과 마찬가지로 교인의 생명 위협과 교단의 위기만 가져오게 되었다. 이와 같은 상황에서 손병희는 1905년 12월 1일 그동안 불렸던 동학을 '천도교'로 전환하고, 근대적 종교의 틀을 마련하였다.

손병희는 1906년 1월 귀국한 후 천도교중앙총부를 설치하고, 교단의 모든 사무를 근대적으로 전환하였다. 그동안 교단의 핵심 조직이었던 속인제의 연원조직을 보조 수단으로 삼고, 속지제인 교구제를 전적으로 단행하였다. 뿐만 아니라 대헌을 제정하여 교칙에 의한 교단 운영을 시도하였다. 당시 천도교는 중앙집권제적 성격을 가지고 있었지만, 지방교구는 교구의 책임자를 교인의 선거를 통해 선출하였을 뿐만 아니라 예결산 등 주요 의안을 다루는 의정회 역시 교인들의 선거로 뽑았다.

이러한 교단의 운영은 종교적인 특성을 감안하더라도 손병희가 민주적으로 교단을 운용하고자 하는 의지가 크게 작용하였다고 할 수 있다. 일설에 의하면 천도교중앙총부의 설치와 대헌의 제정은 손병희가 '신성불가침의 절대군주'가 되기 위한 것으로 풀이되지만,[58] 교단의 민주적 운영은 근대문명 수용을 통한 실천적 사례였다.[59] 이러한 것은

---

58) 김정인, 「손병희의 문명개화노선과 3·1운동」, 『한국독립운동사연구』 19, 148~149쪽.
59) 이에 대해서는 조규태, 「일제강점기 천도교의 의회제도 도입과 운용」, 『한국사연구』 164, 한국사연구회, 2014를 참조할 것.

「준비시대」에서 제시하고 있는 '향자치'를 그대로 실현한 것이라 할 수 있다.

손병희가 마지막으로 실현하고자 하였던 것은 일제의 식민지배로부터 조선의 독립이었다. 일제 강점 직후 모든 사회단체는 해산되었지만 종교단체는 그 명맥을 유지할 수 있었다. 그렇다고 천도교가 자유롭게 활동할 수 있는 것은 아니었다. 일제는 식민지조선의 종교를 종교와 종교유사단체라는 이분법으로 종교정책을 취하였다. 일본 종교인 신도, 불교, 그리고 기독교를 공인종교라고 하였으며, 그 이외의 모든 종교는 종교유사단체였다. 천도교는 그 유사종교단체의 상징성을 가지고 있다. 때문에 늘 감시와 통제의 대상이었다.[60]

손병희는 강점 이후 우선적으로 교육운동에 집중하였다. 1910년 12월 보성전문학교 등 보성학원이 운영난에 빠지자 이를 직접 인수하여 경영하였으며, 이와 때를 같이 하여 동덕여학교, 문창학교, 보창학교, 대구 일신여학교 등을 경영하거나 지원하였다. 뿐만 아니라 청주에 종학학교를 설립하고자 하였다. 이들 외에도 서울의 양덕여자보통학교·오성학교, 대구의 교남학교 등도 경영하였다.[61]

그러나 무엇보다도 중요한 것은 교인에 대한 교육이었다. 1911년 4월 전국에 산재해 있는 지방 교구에 강습소를 설치하여 종교교육과 근대학문을 같이 교육하였다.[62] 신의주교구 제1강습소를 비롯하여 만주지역까지 대략 700여 개의 강습소를 설치하였다.[63] 손병희는 교육운

---

60) 『조선총독부시정연보』, 1911.
61) 김정인, 『천도교 근대민족운동연구』, 한울, 2009, 101쪽.
62) 「강습소 명칭 개정」, 『천도교회월보』 10, 1911.6, 54쪽.
63) 성주현, 「천도교교리강습소정부수칙」, 『신인간』, 2002.5, 104~105쪽.

동을 통해 민족의식도 함께 함양시켜 나갔다.

제1차 세계대전이 끝나고 민족자결주의가 제창되자 손병희는 동학 농민혁명과 같은 대규모의 민족운동 즉 3·1운동을 준비하였다. 뿐만 아니라 천도교단 내부에도 이종일이 사장으로 있는 보성사를 중심으로 천도구국단이라는 비밀결사를 조직하여 민중운동을 준비하고 있었다.[64] 1919년 1월 파리강화회의에서 미국 대통령 윌슨이 민족자결주의의 구체적인 실천을 제시하였다. 당시 이러한 사실은 식민지조선에도 알려지게 되자, 이를 계기로 손병희는 권동진, 오세창, 최린 등과 논의하고 3·1운동을 전개하기로 하였다.[65] 손병희는 평소 일제 식민지에 대한 적지 않은 불만을 가지고 있었다. 그는 신문조서에서 조선을 독립시키지 않으면 안 되는 이유에 대해 다음과 밝힌 바 있다.

일한병합 때의 칙어에는 일시동인이라고 했는데 병합 후 조선인은 항상 압박을 받고, 관청에는 채용되지 않고, 항상 기속되고, 근자에 천도교당 건축에 있어서도 관청에서 기부금 모집을 중단시켜서 마음이 평온하지 못한 즈음에 민족자결이란 것이 제창되었으므로 이번 거사를 하게 되었던 것이다. 그런데 교당 건축이 될 수 없다는 한 가지 때문에 이번 거사를 기도한 것은 아니고, 일본의 정책도 점차로 변동된다고 생각하여 내가 이번에 기도한 일이 일본의 정책에도 합치하는 것으로 믿고 있었던 것이다.[66]

64) 박걸순, 『이종일 생애와 민족운동』, 독립기념관 한국독립운동사연구소, 1997 참조.
65) 「손병희 신문조서」(제1회, 제2회).
66) 「손병희 신문조서」(제1회) 이외에도 손병희는 "일본인은 조선인을 일컬어 「여보상」이라 하여 열등시하는 것이 불평이며, 나 개인으로서는 나는 병합 후에는 정치에 대해서는 입을 열지 않고, 관청의 율령을 준수하고 복종하도록 신도에게 가르치고 있음에도 불구하고, 나를 排日黨이라고 주목하고 있다. 또 현재의 총독은 20년 전부터 아는 사이인데 총독 주위의 사람이 나를 나쁜 것처럼 보고하고 있기 때문에 한번밖에 방문하지 못한 형편으로, 나는 지금까지 힘을 다하고 있음에도 도리어 반대의 대우를 받고 있는 것이 불평이다. 이러한 상황에서 현재와 같은 방침으로

즉 조선인에 대한 압박과 기속, 그리고 천도교에 대한 박해 등 식민 정책에 대해 불만이 있었다. 그리고 3·1운동의 동기를 다음과 같이 밝힌 바 있다.

> 이번 파리강화회의에서 제창된 미국 대통령의 민족자결 문제에 의하여 민심이 움직이고 있는 것을 간취하였으므로 나는 우리 조선도 민족자결의 취지에 의하여 독립시키고 싶은 희망을 품고, 힘으로 다투지 않고 일본정부에 대하여 그 취지의 건의를 하고, 형편을 보아 그 일을 선언하기로 하는 것이 좋겠다고 생각하고 있었는데, 한편 예수교파에서도 그런 기도가 있어 쌍방이 의논하여 합동으로 독립선언을 했던 것이다.[67]

손병희는 초기에는 독립청원을 검토하였지만, 오세창, 권동진, 최린 등과 수차례 논의한 결과 독립선언을 하기로 결정하였다. 이에 따라 손병희는 3·1운동의 방침을 대중화, 일원화, 비폭력화로 정하고 각계에 동조자를 규합하였다. 우선 손병희는 친일파의 거두로 알려진 이완용, 한규설, 박영효 등에게도 접촉을 시도하였다.[68] 그렇지만 이들은 손병희의 제안에 수용하지 않았다. 당시 종교와 학교 이외에는 제대로 활동을 할 수 없는 상황에서 기독교의 이승훈, 불교의 한용운, 교육계

는 도저히 조선인을 동화시킬 수 없다고 생각한다. 또 나는 우리 동양에 수많은 국가를 세워 두는 것보다 동양 전체를 1단으로 가장 덕망이 높은 사람을 주권자로 하여 서양 세력에 맞서지 않으면 안 되는데, 일본 한 나라를 가지고서는 서양 세력에 대항할 수 없다고 생각하며, 더 나아가서는 세계를 1단으로 하여 침략이란 것을 끊어 없게 한다면 각 민족 서로 친화하여 행복한 세계로 갈 수 있다고 생각한다. 또 조선은 일본과는 국정이 서로 틀리지만 중국과는 서로 닮아 있으므로 조선이 독립되면 중국의 여론에 호소하여 동양을 1단으로 하는 것이 좋으리라고 생각한 일도 있다."고 한 바 이다.

[67] 「손병희 신문조서」(제1회).
[68] 「손병희 신문조서」(제1회).

의 송진우와 현상윤 등을 접촉하였다.[69]

손병희는 3·1운동을 추진하면서 교단지도부만 선언적으로 참여하는 것이 아니라 천도교 전 조직을 동원하기로 하였다. 이에 따라 전국의 주요 지도자 380여 명을 교단의 수도원인 봉황각에 소집하여 49일 특별기도를 시키는 한편 1919년 1월 전교인으로 하여금 49일 기도를 지시하였다. 당시 특별기도에 대해 "그 기도는 어느 때부터 조선독립을 성취할 시기를 달라고 한 것인가"라는 신문에 손병희는 "그렇지 않다"[70] 라고 답변하였지만, 49일 특별기도에서 강조된 것은 '이신환성(以身換性)' 이었다.[71] 이신환성은 '몸을 성령으로 바꾸라'고 한 것으로 3·1운동에 대한 준비를 하도록 하였다. 이를 통해 천도교 지방교구에서는 3·1운동에 적극 참여할 수 있었던 것이다. 이처럼 손병희는 3·1운동에 자신뿐만 아니라 천도교인이 동참하는, 독립의 희망을 주고자 하였다.[72]

손병희는 3·1운동의 실무를 권동진, 오세창, 최린에게 맡겼다. 최린은 독립선언서와 건의서, 청원서 등을 최남선에게 의뢰하였다. 기독교와 불교 측과의 교섭은 이들 세 사람이 분담하여 접촉하였지만, 주로 최린이 담당하였다. 이 과정에서 기독교에서 5천 원의 자금을 융통하여 줄 것을 요청받았을 때 손병희는 3·1운동의 성공을 위해 흔쾌히 이를 승락하고 5천 원을 빌려주었다.[73] 그 결과 독립선언서의 작성 및 배

---

[69] 「최린 신문조서」.

[70] 「손병희 신문조서」(제1회).

[71] 조기간, 『동학의 원류』, 보성사, 1979, 111~116쪽.

[72] 손병희는 3·1운동을 준비하면서 "우리가 만세를 부른다고 당장 독립되는 것이 아니오. 그러나 겨레의 가슴에 독립정신을 일깨워 주어야 하기 때문에 이번 기회에 꼭 만세를 불러야 하겠소."라고 하였다. 이 말은 독립기념일에 건립된 '손병희 어록비'에 담겨져 있다.

[73] 「최린 신문조서」.

포, 독립선언식의 장소, 거행 방법 등을 결정하였다. 또한 독립선언서에 서명할 명단도 확정하였다. 천도교는 손병희를 비롯하여 권동진, 오세창, 최린, 권병덕, 임예환, 박준승, 나인협, 나용환, 홍병기, 홍기조, 양한묵, 김완규, 이종훈, 이종일 등 15명이 민족대표로 서명하였다.

한편 손병희는 3 · 1운동을 통해 독립이 되면 국가의 정체는 '민주공화제'를 만들려고 하였다. 이러한 인식은 동학농민혁명, 갑진개화운동을 통해 보다 구체적으로 확립되었다. 동학농민혁명에서는 "정체를 논할 그런 시대가 아니고, 다만 착실한 사람을 천거하여 정부를 조직하게할 생각이었으므로 조선왕조를 폐지할 목적은 아니었다"라고 한 바, 이때는 구체적인 정체가 설정되지 않았다고 보여 진다. 그렇지만 1904년 갑진개화운동 시기에는 '입헌군주제'를 선호하였다.

그렇지만 3 · 1운동을 준비하면서 손병희는 보다 확실하게 정체를 확립하였는데, 바로 민주공화제였다. 손병희의 민주공화제는 비록 3 · 1운동이 성공하지 못하였기 때문에 달성하지는 못하였지만, 대한민국임시정부에서 민주공화제를 채택하였다는 점에서 나름대로 이상을 실현하였다고 할 수 있지 않을까 한다. 뿐만 아니라 앞서 언급하였듯이 천도교단의 운영을 자치를 토대로 한 민주제로 확립하였다는 점에서도 일정하게 실현되었다고 볼 수 있다.

IV. 맺음말

이상으로 손병희가 동학에 입도한 이후, 그가 추구하고자 하였던 이상과 현실의 상황을 간략히 살펴보았다. 한말 기울어져가는 조선이 해결해야 할 과제는 봉건질서의 극복과 서세동점의 서구열강의 침략이었다. 그리고 일제강점기 민족적 과제는 독립이었다. 손병희는 이 과정에서 동학을 통한, 동학·천도교의 최고책임자로서 자신의 이상을 실현하고자 하였다.

손병희는 동학에 입도할 당시 삼재팔난이 빨리 와서 망해버렸으면 좋겠다는 생각도 없지 않았지만, 동학이 가지고 있는 평등사상과 민족주의의식에 매료되어 동학에 입도하였다. 이후 철저한 종교인으로 탈바꿈하였다. 동학의 신앙자유 획득을 위한 교조신원운동에 참여하였으며, 척왜양창의운동에서는 충의대접주로 선임되었다. 이를 계기로 동학의 지도자 반열에 들었다고 할 수 있다. 이를 계기로 동학교단의 핵심 지도자로 그 역할을 다 하고자 하였다.

그 첫 번째가 동학농민혁명의 참여였다. 손병희는 동학농민혁명의 참여를 통해 이른바 남북접의 연합이라는 소기의 성과를 달성하였지만, 무엇보다도 "무고한 백성을 벌하고, 재산을 빼앗고, 부녀자를 빼앗고 있었으므로 정부를 넘어뜨리고 새로운 정부를 세워서 악정을 고칠 목적"으로 참여하였다고 밝혔다. 이는 동학이 추구하는 '지상천국'을 현실에서 실현하고자 한 과정의 하나였다.

두 번째는 1904년 근대화운동이었다. 일본 망명생활을 통해 체험한 근대화를 동학교단을 통해 조선에서도 실현해 보고자 하였다. 그렇지만 손병희의 최측근이라고 불리는 이용구의 배신으로 이상으로 남았다. 그렇지만 귀국한 후 천도교중앙총부를 설치하고 근대적 종교로 전환하였다는 점에서 중요한 의미를 갖는다고 할 수 있다.

세 번째는 일제강점기 식민지조선의 독립이었다. 동학농민혁명과 갑진근대화운동을 경험한 손병희는 보다 신중하게 3·1운동을 준비하였다. 그렇지만 초기의 독립청원을 독립선언으로 전환한 후 보다 적극적으로 추진하였다. 자신뿐만 아니라 천도교인 전체가 참여하도록 독려하였다. 또한 기독교, 불교와 연합전선을 형성하는데도 중요한 역할을 하였다. 특히 독립선언서가 발각될 위기에 처해 있을 때도 지혜롭게 해결하여 전 민족이 만세운동에 참여할 수 있도록 하였다.

손병희는 자신의 이상을 실현하기 위해 반봉건 반외세의 동학농민혁명, 근대화의 갑진개화운동, 전 민족의 거사였던 3·1운동을 직접 참여하고, 지도자로 역할을 다하였다. 그는 이를 통해 근대적 국민국가를 목표로 하였지만 현실적으로 뜻을 이루지는 못하였다. 그렇지만 그가 지도하였던 천도교는 민주제로서의 확립을 통해 그 이상을 실현하였다고 할 수 있지 않을까 한다.

그렇다면 손병희의 이상과 현실에서 과연 메타모포시스의 요소가 있는가 하는 점이다. 메타모포시스는 생물학적 의미에서는 '變態'라고 하지만 사회학적으로는 變容으로 해석하고 있다. 손병희는 동학에 입도할 당시에는 반봉건, 반외세의 전형적인 모습을 가지고 있었지만, 동학농민혁명 이후 일본에서의 망명생활을 통해 근대의식을 새롭게 인식하고 이를 수용하였다. 당시 동학의 최고책임자였던 손병희는 기존의 동학이 가지고 있던 전근대적인 요소를 과감하게 변화시켰다. 천도교라는 근대적 종교의 틀을 갖추는 한편 민주주의 제도를 과감하게 수용하였다.

이러한 점에서 손병희는 반봉건, 반외세의 동학을 근대문명을 수용함으로써 천도교로 탈바꿈하였다고 할 수 있다. 동학에서 천도교로 탈바꿈하게 된 가장 중요한 요소는 서구의 근대성이었으며, 이는 메타모포시스의 전형이라고 평가할 수 있다.

제3부
일제강점기 종교계 민족운동

3·1운동 민족대표와 만세시위의 전국적 확산
- 지방조직 네트워크를 중심으로

Ⅰ. 머리말

3·1운동 1백주년을 맞는 2019년, 3·1운동의 중심에서 있었고 독립선언서에 서명한 민족대표에 참여한 기독교, 천도교, 불교 등 종교단체에서는 백주년기념사업회가 조직되어 다양한 활동을 한 바 있다. 3·1운동은 이후 민족운동의 정신적 지주 역할을 담당하였다. 3·1운동 직후 조직된 대한민국임시정부는 매년 3월 1일이면 기념식을 거행하고 독립의식을 고양하였다.[1] 해방 이후에는 헌법의 전문에 아로새길 정

---

[1] 상해 대한민국임시정부는 1920년 3월 1일을 맞아 거국적인 기념식을 거행하였다. 임시정부의 기관지『독립신문』은 3·1운동 1주년을 맞아 사설에서 "1년에 한 번씩 만나볼 그리운 이 3월 1일, 이스라엘인의 정월 14일(逾越節)이나 미국민의 7월 14일

도로 그 위상을 평가를 받고 있다.

3·1운동은 아시다시피 1919년 3월 1일부터 5월까지 약 3개월여에 걸쳐 전국적으로 전개한 일제강점기 최대의 민족운동이었다. 제1차 세계대전의 종식과 민족자결주의의 대두, 일본 유학생의 2·8독립선언, 그리고 1910년대 국내외 민족운동의 고양 등 복합적인 요인이 있었지만, 이를 하나로 묶은 종교계의 역할이 무엇보다도 컸다고 할 수 있다. 여기에는 독립선언서에 서명한 민족대표 33인의 역할이 핵심이었다. 3·1운동에 직접적인 영향을 준 것은 2·8독립선언이었다. 2·8독립선언에 참여하였던 송계백이 독립선언서 초고를 가지고 국내에 왔고, 후일 민족대표로 서명한 최린이 이를 보고 오세창, 권동진 등과 함께 손병희의 쾌락을 얻은 후 천도교는 보다 구체적으로 3·1운동을 추진하였다.[2)]

(獨立日)과 안 바꿀 귀한 3월 1일. 이 3월 1일이 없었다면 우리의 생존권은 영원히 剝奪되리라. 또 심령상 발달은 恒久히 장애되리라. 민족적 존영도 훼손되고 말리라. 아! 얼마나 보배로운 3월 1일"이라고 하여, 3·1운동의 의미를 밝혔다(「三寶」, 『독립신문』 1920.3.6). 또한 임시정부 축하식에서 손정도 의정원의장은 "금일은 유사 이래 처음 되는 羞辱을 당한 우리가 역사의 권위와 민족의 衷誠을 합하여 세계에 독립을 선언한 제1회 기념일이라"라고 밝혔다.

2) 현상윤, 「3·1운동의 회상」, 『신천지』 1:2, 서울신문사, 1946. 3, 27~28쪽. 현상윤은 당시의 상황을 다음과 같이 밝히고 있다.
"최린씨는 천도교가 움직인다할지라도 천도교만으로는 힘이 약하니, 널리 社會知名之士를 규합할 필요가 있다고 주장하였다. 그럼으로 나는 최남선씨를 往訪하여 찬동을 구하였다. 그러나 최씨 역시 최초에는 自重論을 주장하였다. 그런데 그 時에 마침 동경유학생들이 1919년 2월 8일에 독립선언을 하기로 하고 그 밀사로 송계백군이 경성으로 와서 나를 來覘하고 帽子 內皮 속에 넣어가지고 온 선언서의 초본을 보여주었다. 나는 이것을 가지고 최남선 송진우 양씨에게 輪示하였다. 그러한 즉 이것을 본 최남선씨는 심기일전하여 운동에 참가할 것을 快諾하였다. 나는 다시 이것을 가지고 최린씨에게 보인즉 최씨는 다시 權吳 양씨와 손병희씨에게 보였다. 손씨는 이것을 보고 "젊은 학생들이 이 같이 의거를 감행하려는 이때에 우리 선배들로서는 좌시할 수 없다" 하면서 운동의 결의를 하고 구체적 방법을 최씨와 권오 양씨와 정광조씨에게 일임하였다. 이 결과로 우리(최린, 최남선, 송진우

기독교 역시 중국 상해 신한청년당과 연락을 주고받으면서 3·1운동을 준비하였다. 이 시기 학생들 역시 독립운동을 기획하고 있었다. 종교계와 학생들이 각자 독립운동을 추진해나가는 과정에서 천도교는 기독교 측에 연합전선을 제의하였고, 기독교계는 이를 수용하였다.[3] 이어 학생들도 천도교와 기독교가 추진하는 만세시위에 참여하기로 함에 따라 민족대연합전선이 형성되었다. 이 과정에서 가장 큰 역할을 한 것은 독립선언서에 서명한 33인의 민족대표였다. 이와 같은 민족대표의 역할에 대해 대한민국임시정부는 3월 1일을 "반만년 역사의 권위와 2천만 민족의 衷誠을 合하여 吾族의 대표 33인이 독립을 선언한 날"[4]이라고 하여, 민족대표의 의미를 부여하였다. 이러한 인식은 3·1운동 직후 각지에서 수립된 임시정부에서 민족대표인 손병희를 대통령으로 추대한 것에서도 확인할 수 있다.

그렇지만 이와 같은 민족대표에 대한 인식은 해방 직후 국내외에서 쟁점이 되어 오다가 3·1운동 50주년을 계기로 보다 활발한 논의가 되면서 긍정론과 부정론으로 대립되었다.[5] 즉 민족대표의 역할에 대해

삼씨와 나)는 손씨의 승낙이 있은 날 밤에 비밀히 최린씨 댁에 회합하여 축하의 술잔을 나누면서 야심토록 운동에 대한 구체적 방법을 논의하였다."

[3] 이에 대해서는 기독교가 전적으로 수용한 것은 아니었다. 일부에서는 교리를 내세워 반대하기도 하였다.

[4] 「임시정부 급 의정원의 축하」, 『독립신문』 50, 1920.3.4. 임시정부는 1920년 3월 1일에 발행한 『독립신문』에 민족대표 손병희 사진을 대통령 이승만과 국무총리 이동휘보다 크게 게재하였다. 이러한 편집은 당대 민족대표의 위상을 확인할 수 있는 좋은 자료이다.

[5] 민족대표의 역할에 대해 대부분 긍정론이었지만 일본의 강덕상(「三·一運動における〈民族代表〉と朝鮮人民」, 『思想』 537, 岩波書店, 1969)과 山邊健太郎(「三一運動について(1)」, 『歷史學研究』 184, 歷史學研究會, 1955), 국내의 안병직(「三一運動에 참가한 사회계층과 그 사상」, 『역사학보』 41, 역사학회, 1969)이 대표적인 부정론을 전개하였다.

그동안 긍정적으로 평가를 하였지만 재평가를 통해 부정적 인식을 새롭게 제기하였다. 이러한 영향을 받아 3·1운동 70주년을 맞는 1980년대 말에도 일부에서는 민족대표의 역할에 대해 일정한 한계를 가지고 있다고 평가하기도 하였다.[6] 이러한 논쟁에 대해 이정은은 민족대표론과 관련하여 3·1운동의 성공론과 실패론, 민족대표의 운동 '방기'론, 비폭력 노선, 민족자결주의에의 기대 문제를 중심으로 분석하고 "민족대표에 대한 긍정 및 부정론은 이제 새로운 접근이 필요하다"[7]고 제안한 바 있다.[8]

3·1운동은 서울이 중심이었지만 지방에서도 적극적으로 전개되었다. 3월 1일 탑골공원 선언식을 계기로 시작된 3·1운동은 이날만 평양, 의주, 진남포, 정주, 선천, 원산 등에서도 동시에 전개되었다. 이후 5월까지 전국적으로 1,500회 이상 만세시위가 이어졌다. 이처럼 3·1운동이 전국적으로 확산된 것은 종교 조직의 역할이 컸음을 의미한다. 이 종교 조직은 민족대표와 직간접적으로 관계를 형성할 수밖에 없는

---

6) 한국역사연구회 역사문제연구소 편, 『3·1민족해방운동 연구』(3·1운동 70주년 기념논문집), 청년사, 1989, 230쪽. 심지어 '민족대표가 아니다'라는 평가를 내리기도 하였다. 김성보는 민족대표에 대해 '외세의존성, 타협성, 국제정세의 몰이해, 민중에 대한 불신 내지 반민중성' 등을 한계로 지적한 바 있다(김성보, 「3·1운동에서 33인은 '민족대표'가 아니다」, 『역사비평』, 1989.11, 162~168쪽 참조). 이러한 인식에서 설민석의 민족대표 폄하 발언이 나왔다고 보인다.

7) 이정은, 「3·1운동 민족대표론」, 『한국민족운동사연구』32, 한국민족운동사학회, 2002, 182쪽.

8) 제안의 내용은 다음과 같다. "첫째 당시 우리 민족이 처한 상황에 입각한 평가, 둘째 초기 발발단계와 대중화 단계로 이분법적인 인식을 뛰어 넘어 새롭게 개념화 필요, 셋째 민족대표의 비폭력 노선은 실패요인이라기보다는 광범한 대중을 운동에 참여시키고 일제라는 대응권력을 혼란에 빠뜨린 효과적인 방법, 넷째 민족자결주의는 민족대표들이 그 한계를 인식했느냐 여부의 문제라기보다 당시 세계에 풍미했던 자유·민주·해방의 분위기 속에서 충분히 독립의 가능성을 예감했던 세계사조 변화의 일단으로 파악하고 독립운동의 절호의 기회가 도래했음을 확신하게 했을 것" 등이었다.

것이 당시의 상황이었다. 이러한 점 역시 민족대표의 역할이 적지 않았음을 의미한다.[9] 이는 민족대표들이 지방 네트워크를 통해 3·1운동을 당일 지방에서도 전개하는데 크게 역할을 담당하였음을 보여주는 사례라고 할 수 있다.

본고에서는 3·1운동의 준비와 전개과정에서 민족대표와 지방의 네트워크와 이를 통해 그 역할을 살펴보고자 한다. 이를 통해 3·1운동에서 33인 민족대표의 영향과 위상을 재조명해보고자 한다.

---

[9] 3·1운동 민족대표와 관련된 연구는 다음과 같다. 김주용, 「3·1운동과 천도교계 민족대표-권동진·이종훈을 중심으로」, 『역사와교육』 23, 역사교과서연구소, 2016; 박걸순, 「3·1운동 공판기록을 통해 본 충북 출신 '민족대표'의 독립사상」, 『중원문화연구』 13, 충북대학교 중원문화연구소, 2010; 한태식, 「백용성 스님의 민족운동」, 『대각사상』 14, 대한불교조계종 대각회, 2010; 이현희, 「3·1혁명과 기독교 대표의 민족독립운동-민족대표 김병조와 정춘수 중심의 독립운동 평가」, 『시민문화 춘추』 8, 한국시민문화학회, 2009; 전상숙, 「'평화'의 적극적 의미와 소극적 의미-3·1운동기 심문조서에 드러난 '민족대표'의 딜레마」, 『개념과 소통』 4, 한림대학교 한림과학원, 2009; 이현희, 「의암 손병희와 3·1운동」, 『동학학보』 13:1, 2009; 황민호, 「박동완의 국내민족운동」, 『한국독립운동사연구』 33, 독립기념관 한국독립운동사연구소, 2009; 조성운, 「수원지역 3·1운동과 민족대표의 관련성 여부에 대한 소고」, 『수원학연구』 4, 수원학연구소, 2007; 이현희, 「천도교의 민족대표 김완규와 그의 독립정신」, 『동학학보』 11:2, 동학학회, 2007; 허동현, 「3·1운동에 미친 민족대표의 역할 재조명-기독교계 대표 오화영과 유여대를 중심으로」, 『한국민족운동사연구』 46, 한국민족운동사학회, 2006; 유준기, 「3·1독립운동과 기독교계 민족대표의 활동-양전백·신석구를 중심으로」, 『총신대논총』 25, 총신대학교, 2005; 박성수, 「3·1운동과 의암 손병희」, 『중앙사론』 21, 한국중앙사학회, 2005; 유준기, 「3·1운동과 기독교계의 활동」, 『총신대논총』 23, 총신대학교, 2003; 이정은, 「3·1운동 민족대표론」, 『한국민족운동사연구』 32, 한국민족운동사학회, 2002; 이명희, 「민족대표 33인이 선택한 '3·1운동'의 목적과 방법-최린의 「3·1운동」 준비와 기획행위를 중심으로」, 『동서사학』 6·7, 한국동서학회, 2000; 정창훈, 「3·1운동 당시 감리교 지도자들의 신앙의식 연구-민족대표 9인을 중심으로」, 감리교신학대학교 신학대학원 석사학위논문, 1999; 김종오, 「남강 이승훈의 생애와 사상」, 성균관대학교 교육대학원 석사학위논문, 1984. 이외에도 민족대표 33인 유족회에서 민족대표에 대한 학술세미나를 꾸준히 개최한 바 있다.

Ⅱ. 민족대표와 지방 네트워크의 형성

아시다시피 3·1운동은 종교조직을 중심으로 전개되고, 지방으로 확산되었다.[10] 종교 조직은 지역 단위 또는 독자적으로 형성되기도 하지만 기본적으로는 중앙과 지방 조직의 연계가 반드시 연결되고 있다.

먼저 천도교를 살펴보자. 천도교는 1906년 2월 천도교중앙총부가 설치되면서 지방 조직(교구)도 완비되어 갔다. 지방 조직은 지역 명칭을 사용하여 1군 1교구를 원칙으로 하여 조직되었다. 예를 들면 평안북도 의주군은 '천도교의주군교구', 전라남도 강진군은 '천도교강진군교구'라는 명칭으로 각 군 단위로 지방교구가 조직되었다. 뿐만 아니라 대교구를 시행하여 중앙총부-대교구-지방교구-교인으로 이어지는 네트워크를 확립하였다. 이를 통해 중앙집권제가 확립되었으며, 중앙총부에서 발령하는 '종령'[11]을 통해 일사불란하게 지방 조직뿐만 아니라 일반 교인들에게까지 전달되었다. 이러한 네트워크는 3·1운동을 지방으로 확산하는데 크게 기여하였다.

1906년부터 시작된 천도교의 지방 조직은 여러 차례 보완을 거쳐 1914년 7월 대교구제를 마련하면서 정비되었다. 이때 대교구에 대한 의미를 다음과 같이 밝히고 있다.

大敎區는 各該 敎區의 敎務進行과 敎人의 修道現狀을 一致케 하는 宗務

---

[10] 일부에서는 3·1운동의 지방 확산에 크게 기여한 한 것은 학생들이라고 밝히고 있지만, 필자의 소견으로는 종교 조직이 더 큰 역할을 담당하였다고 판단된다. 이에 대해서는 추후 연구 과제로 남기기로 한다.

[11] '종령(宗令)'은 천도교중앙총부가 설치된 이후 오늘날까지 천도교의 행정체계의 중요한 수단으로 활용되고 있다. 첫 종령은 천도교중앙총부가 설치된 직후 1906년 2월 1일 반포되었다.

上 機關이 되므로 宗則에 依하여 設立한 者이라. (중략) 願컨대 各該 敎區는 大敎區의 指導를 一遵하여 宗門正則에 違反됨이 無케 할지어다. 唯我宗徒여.[12]

즉 대교구는 종칙에 의해 설립된 종무상 기관이므로, 지방교구는 대교구의 지도를 존중하고 종문규범에 위반됨이 없어야 한다는 것을 강조하고 있다. 이는 대교구가 곧 중앙총부와 동일한 기능을 가지고 있다는 점을 강조한 것이라 할 수 있다. 이로써 보다 강력한 중앙집권적 네트워크가 확실하게 정립되었다. 당시 대교구와 지방 교구의 네트워크를 살펴보면 아래 〈표 1〉과 같다.

〈표 1〉 대교구와 교구를 통해본 천도교 지방 네트워크[13]

대교구	관할교구 및 직접전실	비고	수
경성부대교구	경성부교구, 용산교구, 파주군교구, 파주군 교하전교실, 양주군 묵은면전교실, 양주군 하도면전교실	경기	7
수원군대교구	수원군교구, 진위군교구, 시흥군교구, 부천군교구, 인천부교구, 강화군교구, 용인군교구, 안성군교구, 광주군교구, 수원군 남양교구	경기	10
이천군대교구	이천군교구, 여주군교구, 양평군교구	경기	3
서산군대교구	서산군교구, 홍성군교구, 서산군 태안교구, 당진군교구	충남	4
청주군대교구	청주군교구, 음성군교구, 연기군교구, 영동군 황간교구, 진천군교구, 충주군교구, 대전전교실, 공주군 신상면전교실, 공주군 동부면전교실	충북	9
평양부대교구	평양부교구, 용강군교구, 강서군교구, 평원군 순안교구	평남	5
강동군대교구	강동군교구, 강동군 삼등교구, 순천군 자산교구	평남	3
성천군대교구	성천군교구, 순천군 은산교구, 양덕군교	평남	3
안주군대교구	안주군교구, 평원군교구, 평원군 숙천교구, 개천군교구, 순천군교구	평남	5

---

12) 「종령 108호」, 『천도교회월보』 48, 1914.8, 36쪽.
13) 「종령 공선」, 『천도교회월보』 48, 1915.7, 36~39쪽.

중화군대교구	중화군교구, 중화군 상원교구, 황주군교구	평남	3
덕천군대교구	덕천군교구, 영원군교구, 맹산군교구	평남	3
의주부대교구	의주부교구, 용천군교구	평북	2
초산군대교구	초산군교구, 벽동군교구, 위원군교구, 서변상계교구, 서변하계교구	평북/만주	5
삭주군대교구	삭주군교구, 창성군교구	평북	2
정주군대교구	정주군교구, 정주군 곽산교구, 박천군 가산교구	평북	3
선천군대교구	선천군교구, 철산군교구	평북	2
구성군대교구	구성군교구, 태천군교구	평북	2
영변군대교구	영변군교구, 운산군교구, 박천군교구, 희천군교구	평북	4
강계군대교구	강계군교구, 후창군교구, 자성군교구, 임강현전교실	평북/만주	4
함흥군대교구	함흥군교구, 정평군교구, 장진군교구,	함남	3
영흥군대교구	영흥군교구, 고원군교구, 문천군교구, 덕원군교구, 안변군전교실	함남	5
북청군대교구	북청군교구, 홍원군교구, 이원군교구, 단천군교구, 갑산군교구, 풍산군교구	함남	6
경성군대교구	경성군교구, 성진군교구, 길주군교구, 명천군교구, 종성군교구, 온성군교구, 무산군교구, 북간도교구	함북/만주	8
장성군대교구	장성군교구, 담양군교구, 광주군교구, 곡성군 창평교구, 나주군 남평교구, 고창군 무장교구	전남	6
순천군대교구	순천군교구, 고흥군교구, 광양군교구, 보성군교구, 구례군교구, 곡성군교구, 여수군전교실	전남	7
강진군대교구	강진군교구, 해남군교구, 장흥군교구, 무안군교구, 진도군교구, 완도군교구, 무안군 도초도교구, 무안군 장산교구, 영암군교구	전남	9
전주군대교구	전주군교구, 전주군 고산교구, 진안군교구, 장수군교구, 김제군 금구교구, 임실군교구, 순창군교구, 남원군교구	전북	8
익산군대교구	익산군교구, 논산군 은진교구, 익산군 여산교구, 익산군 함열교구, 옥구군교구, 김제군교구, 김제군 만경교구, 정읍군 고부교구, 정읍군 태인교구, 부여군교구, 논산군 연산교구, 논산군교구	전북/충남	12
서흥군대교구	서흥군교구, 곡산군교구, 수안군교구, 신계군교구, 금천군교구, 평산군교구, 봉산군교구	황해	7
안악군대교구	안악군교구, 연백군교구, 해주군교구, 옹진군교구, 송화군교구, 신천군교구, 재령군교구, 장연군교구, 옹진군 강ㄹ여교구	황해	9

대구부대교구	대구부교구, 성주군교구, 경주군교구, 영천군교구, 안동군교구	경북	5
진주군대교구	진주군교구, 울산군교구, 함양군전교실, 마산부전교실, 고성군전교실, 사천군교구, 합천군교구, 통영군전교실	경남	8
춘천군내교구	춘천군교구, 홍천군교구, 가평군교구, 양구군교구, 화천군교구	강원	5
평강군대교구	평강군교구, 연천군 삭령전교실, 철원군교구, 이천군 안협군교구, 이천군교구, 금천군 토산교구, 김화군교구, 김화군 금성교구, 회양군교구	강원/황해	9
횡성군대교구	횡성군교구, 원주군교구, 평창군교구, 정선군교구, 강릉군전교실, 삼척군교구, 양양군전교실	강원	7
계			193

1914년 7월 대교구제를 확립하면서 기존의 지방 조직도 정비하였는데, 이때 통폐합된 지역은 다음과 같다.

안면도는 서산군 태안에 附
목천은 청주에 附
노성은 논산 은진에 附
홍산, 석성은 부여에 附
나주, 영광은 장성에 附
흥덕, 고창은 고창군 무장에 附
부안은 정읍군 고부에 附
운봉은 남원에 附풍천, 은율은 송화에 附
외삭주는 내삭주에 附[14]

이러한 지방 네트워크인 교구에는 面과 里에까지 전교실을 설치하였다.[15]

---

14) 「종령 공선」, 『천도교회월보』 48, 1915.7, 39쪽.

이상에서 살펴보았듯이 천도교의 지역 네트워크는 전국적인 조직을 가지고 있었다. 이들 지방 네트워크는 독립적인 것이 아니라 중앙과 지방 조직(대교구와 교구), 그리고 교인뿐만 아니라 대교구와 대교구, 대교구와 관할 외 교구, 교구와 교구 간 유기적으로 네트워크가 형성되었다. 이들 지방 네트워크는 3·1운동 당시 중앙에서 독립선언서가 전달되자 교구에서 교구로 전달하였을 뿐만 아니라 교인을 동원하는 등 지방에서 전개된 3·1운동에서 중심적 역할을 하였다.

한편 천도교는 교구조직 외에도 연원조직이 있었다. 연원조직은 전교인과 수교인의 관계로 형성된 조직이라는 특수성으로 인해 지역적 범위를 넘어서는 광역적 조직, 경우에 따라서는 전국적인 조직이라고 할 수 있다. 연원조직도 지방의 교구 조직과 마찬가지로 3·1운동을 비밀리에 지방으로 확산하는데 기여하였다.

다음으로 기독교의 상황을 살펴보자. 기독교 역시 일정한 선교 구역이 분할되어 있었지만, 서로 간에 연대와 연락이 상존하였다. 이를 통해 중앙과 지방의 네트워크는 자연스럽게 형성되었던 것이다. 1880년대 후반부터 본격적으로 시작된 기독교 선교는 선교사를 파송한 서구의 '교파형' 교회를 배경으로 하여 이루어졌다. 그 중에도 장로교와 감리교가 주도적으로 선교활동을 펼쳤는데, 장로교는 미국 북장로회와 남장로회, 캐나다장로회, 호주장로회, 그리고 감리교는 미국 북감리회(미감리회)와 남감리회가 한국에 진출하여 선교활동을 펼쳤다. 이들 6개 장로교와 감리교 선교회는 서울과 지방도시 거점에 '선교부'를 설치하

---

15) 천도교가 1920년대 초에 교구 조직이 있는 곳에 교리강습소를 설치한 바 있는데, 당시 전국적으로 700여 개였다. 이로 볼 때 전국에 설치된 리 단위 전교실은 헤아릴 수 없을 정도로 많았다.

였고, '선교 중첩'과 '불필요한 경쟁'을 줄이기 위해 1890년대 후반부터 '선교지역 분할 협정'을 맺었다. 6개 선교회는 선교지역 분할협정을 맺으면서 인구 5만 이상의 서울과 평양, 원산에서는 2개 이상 선교회에서 공동으로 선교활동을 하되, 그 외의 지역은 1개 선교회가 배타적인 선교구역으로 정하였다. 그 결과 지방에서는 교파교회의 독점적인 선교가 이루어졌다.[16] 1909년 정비된 6개 선교회의 선교지역 분할 협정 결과는 다음 〈표 2〉와 같았다.

〈표 2〉 기독교 선교분할 구역과 지역 네트워크[17]

선교회	선교부	관할 지역	비고
미국 북장로회	서울	서울, 고양, 파주, 교하, 양근, 광주, 과천, 용인, 양지, 진위, 양성, 안성, 시흥, 김포, 죽산, 통진, 지평, 양주	19
	청주	청주, 연풍, 문의, 영동, 회인, 청산, 보은, 청안, 옥천, 황간, 괴산	11
	대구	대구, 영천, 경주, 경산, 청도, 달성, 고령, 성주, 김천, 포항	10
	안동	안동, 의성, 영덕, 울릉, 영주, 예천, 상주, 문경, 영양	9
	평양	평양, 안주, 숙천, 영유, 순안, 강동, 자산, 삼등, 중화, 상원, 영원, 덕천, 개천, 순천, 은산, 맹산, 성천, 강서, 용강, 증산	20
	재령	재령, 봉산, 수안, 곡산, 황주, 은율, 문화, 장연, 신천, 송화, 풍천, 안악, 평산, 서흥	14
	선천	선천, 정주, 박천, 의주, 용천, 철산, 곽산, 가산, 삭주, 박천, 구성	11
	강계	강계, 창성, 초산, 위원, 자성, 후창	6
미국 남장로회	군산	군산, 대전, 부여, 목천, 서천, 보령	6

16) 이덕주, 「3·1만세운동과 기독교」, "3·1만세운동과 종교계" 학술대회 발표문(3·1운동 100주년 기념 준비 학술심포지움, 기독교대한감리회, 2017년 2월 23일, 94쪽.
17) 이덕주, 「3·1운동과 기독교」, 94~95쪽

	목포	목포, 나주, 해남, 신안, 영암, 강진, 제주	7
	전주	전주, 익산, 김제, 남원, 임실, 무주, 금산	7
	광주	광주, 광산, 장성, 곡성, 화순	5
	순천	순천, 여수, 고흥, 광양, 구례	5
호주 장로회	부산	부산, 양산, 동래, 밀양, 김해	5
	마산	마산, 창원, 창녕, 함안, 통영	5
	진주	진주, 사천, 고성, 남해	4
	거창	거창, 합천, 함양, 산청	4
캐나다 장로회	원산	원산, 문천, 덕원, 인변, 고원, 영흥	6
	함흥	함흥, 정평, 함주, 이원, 갑산, 삼수	6
	성진	성진, 길주, 명천, 경성, 청진, 무산	7
	회령	회령, 경흥, 나진, 종성, 경성, 온성, 웅기	8
미국 감리회	서울	서울, 고양, 양천	3
	인천	인천, 교동, 강화, 부평, 옹진	5
	수원	수원, 안산, 남양, 여주, 이천, 광주, 음죽, 양근	8
	천안	천안, 아산, 연기, 음성	4
	공주	공주, 논산, 강경, 예산, 서산, 당진, 홍성, 진천	8
	원주	원주, 횡성, 평창, 영월, 정선, 충주, 제천, 청풍, 영춘, 단양, 괴산	11
	강릉	강릉, 삼척, 속초, 울진, 평해	5
	영변	영변, 희천, 태천, 북진, 개천, 양덕, 신창	7
미국 남감리회	서울	서울, 양주	2
	개성	개성, 개풍	2
	춘천	춘천, 가평, 양구, 인제	4
	철원	철원, 김화, 평강	3
	원산	원산, 회양, 안변, 용동, 고성, 통천	6
합 계			243

한편 한국 기독교는 시간이 흐르면서 독자적으로 정치적 기능을 수행할 수 있는 교회 조직으로 성장하였다. 장로교의 4개 선교회 소속 교회들은 1907년 '대한예수교장로회 독로회'라는 단일 정치조직을 결성하였으며,

1912년에는 '총회'를 조직하면서 전국 지방별로 노회를 조직하였다. 그 결과 장로교는 서로 다른 선교회 지원을 받으면서도 정치적으로는 '단일 조직(총회)' 하에 전국적인 연락망을 구축할 수 있었다. 이에 비해 감리교는 남북으로 나뉘어 들어온 선교회 조직을 바탕으로 별도 교회 조직을 만들었다. 즉 미감리회는 1908년, 남감리회는 1918년에 각각 '연회'를 조직한 후 연회 산하에 지방 교회들을 관리하는 지방회를 조직하여 전국적인 연락망을 구축하였다. 그 결과 장로교는 총회→노회→시찰회→당회, 감리교는 연회→지방회→구역회로 연결되는 조직 체계를 구성하였다. 3·1운동 당시 기독교는 전국적으로 4,324개의 교회와 한국인 목회자 602명, 교인 212,703명 정도로 추산된다.[18]

이러한 기독교 조직은 민족대표들과 직간접적으로 네트워크를 형성하였다. 기독교 민족대표들은 지방에서 활동한 사례가 많은데, 장로교의 경우 길선주는 평양, 이승훈·김병조·이명룡은 정주, 양전백은 선천, 이갑성은 원산, 유여대는 의주에서 활동하였다. 감리교는 신홍식이 평양, 최성준은 해주, 정춘수는 원산, 그리고 서울에서는 김창준·김동완·박희도·신석구·오화영·이필주 등이 활동하였다. 특히 이승훈은 장로로써 평남과 평북의 기독교 목사와 신자를 책임지기[19]로 할 정도로 그의 영향력이 적지 않았음을 알 수 있다.

장로교와 감리교는 선교 분할구역으로 독립적인 조직을 가지고 있었지만 각 교단 내에서는 전국적인 네트워크를 통해 3·1운동의 정보를 공유하고, 이를 선교회-교회-교인이라는 네트워크를 통해 지방의 3·1운동을 전개하거나 확산시키는데 중요한 역할을 하였을 뿐만 아니라 전국

18) 이덕주, 「3·1운동과 기독교」, 96~97쪽.
19) 이병헌, 『3·1운동비사』, 시사시보사출판부, 1959, 340쪽 및 361쪽.

적 연대도 가능하였다.[20]

불교의 경우를 살펴보면 다음과 같다. 불교의 경우 민족대표로 한용운과 백용성이 참여하였지만, 본말사 조직을 통해 지방 네트워크를 형성하고 있었다. 한용운은 중앙학원 청년승려들에게 3·1운동에 적극적으로 참여하라고 독려하였고, 이들은 연고가 있는 사찰로 내려가 지방 사찰이 3·1운동을 적극 전개할 것을 강구하였다.[21] 불교는 천도교와 같이 중앙집권적 지방네트워크를 형성하지는 못하였지만, 3·1운동을 지방으로 확산하는데 적지 않은 역할을 담당하였다고 할 수 있다.

이상으로 살펴보았듯이 민족대표는 3·1운동에서 민족대표로서 서명만 한 것이 아니라 교구, 교회, 사찰이라는 종교조직을 통해 지방과의 네트워크가 강고하게 형성되었음을 알 수 있다. 이러한 민족대표와 지방 네트워크는 민족대표들이 3월 1일 태화관에서 독립선언을 하였지만, 탑골공원과 서울 시내, 그리고 지방으로 3·1운동이 확산되는데 있어서 가장 중요한 역할이라고 할 수 있다고 판단된다.

Ⅲ. 3·1운동의 지방 확산과 민족대표의 역할

앞서 살펴보았듯이 민족대표는 종교 조직을 통해 지방 네트워크가 오래 전부터 형성되었다. 이러한 네트워크는 3·1운동의 지방 확산에 가장 크게 영향을 주었다. 천도교는 3·1운동을 준비하면서 우이동 봉

---

20) 이덕주, 「3·1운동과 기독교」, 97쪽.
21) 김광식, 「3·1만세운동과 불교」, "3·1만세운동과 종교계" 학술대회 발표문(3·1운동 100주년 기념 준비 학술심포지움, 기독교대한감리회, 2017.2.23, 72쪽.

황각에서 모두 일곱 차례에 걸쳐 '49일 특별기도'를 봉행한 바 있다. 특별기도의 핵심적 내용은 '이신환성'으로 3·1운동에 참여할 정신적 자세를 강조하였다.[22] 이 특별기도에 참여한 지방의 주요 인물은 모두 483명이 참가하였다. 이들 중에는 천도교중앙총부의 핵심 인물뿐만 아니라 지방 교구에서 영향력을 미치는 인물들이었다. 이들은 민족대표로서 서명하였을 뿐만 아니라 지방에서 독립선언서 배포, 교인 동원, 연합전선 형성 등 만세시위를 전개하는데 중심적 역할을 하였다. 이를 구체적인 사례를 통해 살펴보면 다음과 같다.

우선 3·1운동 민족대표로 참여하는 경우이다. 1차에 참여한 홍기조, 임예환, 나인협, 박준승 등이 있다. 이들은 지방에서 활동한 중요 교역자였다. 홍기조는 평남 용강, 임예환·나용환·나인협은 평양, 박준승은 임실을 거점으로 활동하였다. 앞에서도 언급하였듯이 민족대표에 서명한 천도교 대표들은 대부분 연원주였다. 이들의 연원은 서울이라는 중앙보다는 지역적 조직으로 전국적으로 분포되어 있었다. 최린은 관북지역, 임예환·나용환·나인협·홍기조는 관서지역, 박준승과 양한묵은 호남지역, 이종훈·홍병기는 경기지역, 권병덕은 충청지역 등이 여기에 해당된다.

다음으로 3·1운동 '3대 항쟁'으로 널리 알려진 황해도 수안군과 평남 맹산군, 그리고 경기도 수원군 우정면과 장안면의 만세운동을 주도하였다. 수안군의 경우, 5차 특별기도에 참가한 안봉하와 6차 특별기도에 참가한 김영만이 3·1운동을 주도하였다. 당시 수안교구장이었던 안봉하는 3월 1일 곡산교구장 이경섭으로부터 독립선언서를 전달받았

<hr />

[22] 이에 대해서는 성주현, 『일제하 민족운동 시선의 확대』, 도서출판 아라, 2014, 181~206쪽 참조.

다. 안봉하는 김영만 등과 함께 3월 3일 만세운동을 전개키로 하고 관내 교인에게 연락을 취하였다. 3월 3일 오전 6시경 수안교구에 집결한 교인들은 안봉하, 김영만, 한청일, 이영철 등이 태극기와 궁을기를 들고 시가지를 행진하였다. 군중을 이끌던 이영철은 금융조합 앞에서 "우리들은 오늘부터 일제의 통치를 벗어나서 자유민이 되고, 조선국의 목적인 독립을 하게 될 것이다"라고 연설하였다. 이에 군중들은 "대한독립만세"를 외치며 호응하였다. 이어 헌병대 앞에서도 만세시위를 하였는데, 헌병들의 발포로 9명이 사망하고 18명이 부상당하였다.[23] 맹산군의 경우, 2차 특별기도에 참가한 방기창을 비롯하여 3차의 이관국, 5차의 방진원, 6차의 김치송 등에 의해 주도되었다. 덕천교구 공성원 현성재로부터 독립선언서를 전달받은 맹산교구는 교구장 문병로 외에 길응철, 방기창, 정덕화, 김치송, 이관국, 방진원 등이 주도하여 3월 6일 만세시위를 전개하였다. 이어 3월 10일 일제 경찰이 만세시위 주동자를 검거 고문한 것을 항의하여 만세시위를 전개하다가 천도교인 다수가 희생되었다.

그리고 수원군 우정면과 장안면의 3·1운동은 7차 특별기도에 참가하였던 김흥렬, 3차 특별기도에 참가한 한세교와 이성구 등에 의해 주도되었다. 이들은 수원교구에서 만세운동을 계획하던 중 일경의 급습으로 수원에서는 만세운동을 전개하는 데는 실패하였다. 그러나 팔탄면의 백낙렬 등과 협의한 후 기독교와 연합하여 3월 31일 장날에 만세운동을 격렬하게 전개하였다. 이때 우정면주재소 가와바다(川端) 순사를 살해하였다. 이를 기회로 일제는 제암리와 고주리에서 대학살극을

23) 이에 대해서는 조규태, 「황해도 수안지역 천도교인의 3·1운동」, 『숭실사학』 23, 숭실사학회, 2009를 참조할 것.

자행하였는데, 당시 천도교인 30여 명이 희생되었다.[24]

　이외에도 특별기도에 참여하였던 교역자들이 각지에서 만세운동을 주도하였고, 지방의 3·1운동을 확산하는데 기여하였다. 2차 특별기도에 참가한 황학도, 김수옥, 유계선과 3차 특별기도에 참가한 이초옥은 평양의 3·1운동을 주도하였다. 당시 평양교구장 우기주는 김수옥으로 하여금 독립선언서를 받아오게 한 후 황학도의 집에서 김수옥, 유계선, 이초옥, 송영율, 김형국, 이기열, 이성삼 등과 함께 협의한 후 독립선언서를 관내 전교실에 배포하기도 하였다. 그리고 평양의 천도교인들은 3월 1일부터 8일까지 기독교인과 연합하여 만세운동을 전개하였다. 또한 성천군의 만세운동 역시 49일 특별기도에 참가하였던 이돈하(2차), 나종선(3차), 한병순(5차), 김택서(5차), 김문홍(6차) 등이 중심이 되어 3월 4일 천도교인과 군중 4천여 명을 이끌고 성천읍 상부리 헌병대 등지에서 만세운동을 전개하다가 20여 명이 사망하였다. 용강군에서는 1차 특별기도에 참가한 홍기억이 중심이 되어 3월 2일부터 6일까지 교구를 비롯하여 면전교실이 있는 곳마다 만세운동을 전개하였다.

　평남 안주군은 2차 특별기도에 참가한 김안실과 3차에 참가한 김명준이 3·1운동의 중심이 되었다. 서울로부터 독립선언서를 전달받은 김안실 교구장은 당시 교회 간부였던 김광호, 김춘택 등과 의논하는 한편 보통학교 교사이며 천도교인 차신정을 평양교구로 파견하여 3·1운동의 실정을 파악케 하였다. 이어 3월 3일에 만세시위를 전개하기로 하고 독립선언서와 태극기를 제작하면서 기독교측과 연대를 시도하였다. 이에 따라 3월 3일 오전 11시경 율산공원에서 5천여 명의 군중을 동원,

---

24) 이에 대해서는 성주현,『일제하 민족운동 시선의 확대』, 253~291쪽 참조.

만세시위를 전개하였다. 이 과정에서 천도교인 연성운, 이의범 등이 현장에서 일제의 총격에 희생되었고, 김춘택 연성도 유봉수 등이 검거되었다.

평북 의주의 만세운동 역시 특별기도에 참가한 최석련(2차), 최안국(5차), 안국진(3차), 김처길(3차), 김국언(4차) 등이 주도하였다. 이들은 선천 교구의 김상렬(6차 특별기도에 참가)로부터 독립선언서를 전달받은 후 최동오 등과 함께 3월 2일 남문 앞 광장에서 수천 명의 군중을 이끌고 만세운동을 전개하였다.

황해도 지역의 3·1운동에도 천도교인들이 참가하였다. 황해도의 3·1운동은 4차 특별기도에 참가한 바 있는 이경섭으로부터 시작되었다. 이경섭은 보성사 이종일에게서 독립선언서를 받아 황주, 수안, 곡산, 장연, 연백, 신천, 평산, 금천, 장연, 신계에 전달하였다. 이에 따라 이들 지역에서는 천도교인을 중심으로 만세운동이 전개되었다. 이외에도 국외인 만주에서도 만세운동이 전개되었는데, 7차 특별기도에 참여하였던 이성교가 중심이 되어 만세운동을 전개하였다.

3·1운동 당시 천도교인들이 주도하거나 참여한 사례는 〈표 3〉과 같다. 〈표 3〉에 의하면, 천도교인이 주도하거나 참여한 사례는 138개 지역에 이른다. 천도교가 지방에서 3·1운동을 이처럼 전개한 것은 자연발생적으로 일어난 것이 아니라 우이동 봉황각 49일 특별기도에 참여하였던 인물들을 역할이 컸다.

그러나 무엇보다도 천도교 조직이 가지고 있는 특수성 즉 중앙집권제와 연원제가 천도교인들로 하여금 3·1운동에 적극적으로 참여케 하였으며, 기독교 등 여타 종교와 연합전선을 형성할 수 있었다.

여기에 더하여 천도교는 전국의 대교구에 인쇄기가 보급된 것도

〈표 3〉 천도교 지방교구의 3·1운동 참여 현황

지역	3·1운동에 참여한 천도교 교구	비고
평남	평양, 덕천, 양덕, 성천, 평원, 강서, 중화, 진남포, 맹산, 용강, 강동, 숙천, 순천, 은산, 안주, 영원, 개천	17
평북	의주, 선천, 용천, 철산, 구성, 정주, 운산, 창성, 강계, 자성, 초산, 벽동, 삭주, 위원, 영변, 태천	16
함남	함흥, 원산, 정평, 단천, 북청, 홍원, 이원, 풍산, 갑산, 삼수	10
함북	성진, 길주, 경성, 부령, 온성	5
황해	수안, 곡산, 사리원, 토산, 재령, 해주, 안악, 은율, 겸이포, 송화, 연백, 신천, 평산, 장연, 서흥, 황주, 신계, 옹진	18
경기	경성, 수원, 인천, 광주, 양주, 가평, 여주, 이천, 용인, 평택, 시흥, 부천, 강화, 양평	14
강원	춘천, 홍천, 횡성, 원주, 정선, 삼척, 화천, 철원, 평강, 양구, 양양, 이천, 회양	13
경남	부산, 진주, 울산, 고성, 함양, 창녕, 영산, 창원	8
경북	대구, 경주, 안동, 김천, 성주	5
충남	대전, 논산, 부여, 청양, 예산, 당진, 서산, 태안, 아산, 공주	10
충북	청주, 영동, 진천, 괴산, 음성, 충주, 제천	7
전남	장흥, 완도, 진도, 강진	4
전북	전주, 임실, 남원, 순창, 강경	5
국외	집안, 장백, 화룡, 훈춘, 국자가, 해삼위	6
계		132

3·1운동을 확산하는데 중요한 요인의 하나였다. 천도교중앙총부는 3·1운동 이전 30여 개소의 대교구에 등사기 한 대를 비치하였는데, 전달받은 독립선언서를 다시 인쇄하여 인근 교구와 지역에 배포하는 한편 시내 곳곳에 붙이기도 하였다.[25]

이외에도 괴산에서 3·1운동을 전개한 홍명희도 민족대표 손병희를 만나고 귀향한 뒤 숙부인 홍용식, 이재성 등과 협의하여 만세시위를 추진하였다.[26]

25) 『신인간』 586, 1999.6, 77쪽.

천도교가 지방에서 3·1운동을 전개할 수 있었던 것은 교구와 연원을 통하여 조직적으로 독립선언서를 배포하고, 3·1운동의 정보를 공유하였기 때문이다. 중앙에서 교구로, 교구에서 전교실로, 그리고 교구 책임자들이 교인들에게, 교인에서 비교인에게 독립선언서와 3·1운동 정보를 전해주었다. 여기에 천도교인들은 민족대표 손병희와 교구장, 민족대표 연원주의 지시사항을 거의 절대적으로 받아들여 위험을 무릅쓰고 만세시위에 참가하였다.[27]

그 사례의 하나가 천도교 태천교구에서 전개한 3·1운동이었다. 3월 1일 천도교 민족대표 손병희 등은 피체되었지만 3·1운동을 중앙과 지방교구의 네트워크를 통해 전국화, 대중화로 이어졌다. 중앙총부는 지방교구에 "아직 만세를 부르지 못한 지방에서는 음력 3월 1일에 일제히 다 부르라"는 비밀지령을 내렸다. 이에 태천교구는 교구장 이병학 등 교역자들이 교구에 모여 비밀회의를 열고 만세시위를 계획하였는데, 다음과 같다.

   (1) 사전에 기독교 측과 연락할 것
   (2) 각 면 전교사는 미리 교인을 동원하여 그날 정오 이전에 읍내 부근에 잠복하였다가 정오가 되면 일제히 태극기를 들고 독립만세를 부르며 시가 중심지로 모여들 것
   (3) 읍내에서는 씩씩한 청년 한 사람을 큰 기를 들려 선두에 세우고, 첫 소리를 치게 할 것(고신봉 씨를 선정)
   (4) 교구 임원과 각 면 전교사는 왜경에게 체포될 각오를 하고 교무에 지

---

26) 「홍명희 등 판결문」, 독립운동사편찬위원회, 『독립운동사자료집』 5, 1079~1080쪽.
27) 조규태, 「3·1만세운동과 천도교」, "3·1만세운동과 종교계" 학술대회 발표문, 3·1 운동 100주년 기념 준비 학술심포지움, 기독교대한감리회, 2017.2.23, 62쪽.

장이 없도록 후임을 내정할 것[28)]

　만세시위가 전개되는 3월 2일(음) 천도교인 김상호는 학생들을 동원
하였으며, 태극기를 일본 경찰 코앞에서 흔들며 만세를 불렀다. 일경은
칼로 김상호를 내쳤으며 얼굴과 다리를 다쳤다. 흥분한 군중은 일경에
게 달려들었고, 일경은 발포를 하면서 만세시위를 진압하였다.[29)] 태천
교구의 3·1운동은 중앙과 지방의 네트워크가 잘 연결되었음을 보여주
고 있으며, 이 네트워크의 정점에는 민족대표 손병희가 있었다. 이와
같이 천도교는 민족대표와 중앙-지방-교인으로 연결되는 네트워크가
3·1운동을 전국화와 대중화에 기여하였다고 할 수 있다. 때문에 천도
교인들은 민족대표 손병희를 구출하기 위해 별동대를 조직하려는 움
직임이 나타나기도 하였다.[30)]

　이로 볼 때 천도교의 지방 네트워크 즉 지방교구 조직은 3·1운동을
지방으로 확산하는데 중요한 매개체였으며, 여기에는 민족대표의 역할
이 절대적이라고 평가할 수 있다. 그리고 천도교가 지방에서 3·1운동
에 보다 적극적으로 참여한 것은 천도교에서 정한 3·1운동 방책의 하
나인 '대중화'를 그대로 실행하였던 것이다.

　기독교 역시 교회 조직을 통해 3·1운동을 확산시켰다. 민족대표[31)]

28) 박응삼, 「내가 겪은 3·1운동」, 3·1운동100주년기념사업회, 『3·1운동 100주년 총
　람 1-3·1운동 참여자 회고담 모음』, 2017, 324쪽.
29) 이후의 상황은 다음과 같다. 일경의 발포에 천도교인 김병인과 박병춘이 쓰러졌
　다. 이들은 누구인지 알아볼 수 없을 정도로 유형이 낭자하여 들것에 의해 천도교
　태천교구로 옮겨졌다. 이들은 두 달 간 치료를 받았으나 결국 불구자가 되었다.
30) 대표적인 곳이 수원교구와 만주지역 천도교인들이었다. 이들은 손병희의 구출이
　3·1운동의 연장으로 인식하였다.
31) 함대영은 독립선언서에 서명한 33인의 민족대표는 아니지만, 민족대표 48인에는
　포함되었다.

함태영의 회고에 의하면, "우리는 그 체안을 얻자 비밀히 선전밀사가 전국으로 나갔으니, 서선(西鮮)방면에는 함태영(咸台永), 호남방면에는 김필수(金弼洙), 영남방면에는 박차완(朴車完), 기호에는 박용의(朴容義) 씨 등이 파견됐다"[32]라고 하였는바, 민족대표 함태영의 네트워크가 크게 활용되었다. 또한 그는 다음과 같이 회고하였다.

이것은 말할 것도 없는 기미운동의 전국적으로 통일된 봉기의 내고(內告)였다. 우리는 교회에서 교회로, 신자의 입에서 신자의 귀로 우리 운동을 선전하며 교단에서 교원은 학생들에게 독립선언을 알렸고, 교회에서는 교회로, 이곳에서 저곳으로 삽시간에 뻗어나갔다. 먼 지방에는 4명이 파견되었다.[33]

함태영의 회고에 의하면, 교회에서 교회로, 교회에서 신자로, 교원에서 학생으로 3·1운동을 확산시켜 나갔다.

함태영 외에도 기독교 민족대표들은 지방에서 3·1운동을 전개한 사례가 적지 않다. 오화영은 황해도 평산에서 출생하였지만 1906년 감리교회에서 세례를 받고 1909년부터 개성에서 전도활동을 하였으며, 1913년 9월 원산 상리교회로 전임하였다. 이를 계기로 3·1운동에 참여하기로 하면서 중앙과 지방의 연결을 담당하였는데, 감리교 교세가 강한 개성과 원산에서 3·1운동 준비를 담당하였다. 즉 그는 2월 28일 민족대표 김창준으로부터 독립선언서 1백 매를 받아 개성 강한조 목사에

32) 함태영, 「기미년이 기독교도」, 『신천지』 1:2, 서울신문사, 1946.3, 60~61쪽; 3·1운동 100주년기념사업회, 『3·1운동 100주년 총람 1−3·1운동 참여자 회고담 모음』, 2017, 63쪽.
33) 함태영, 「기미년이 기독교도」, 『신천지』 1:2, 서울신문사, 1946.3, 61쪽.

게 전달하였고, 강한조는 이를 개성 호수돈여자고등보낭학교 서기 신공량에게 교부하였다. 박희도에게서도 독립선언서 2, 3백여 매를 받아 기독교 전교사 곽명리로 하여금 원산으로 전달케 하였다. 오화영은 중앙에서 독립선언서에 서명만 한 것이 아니라 3·1운동이 지방으로 확산되는데 징검다리 역할을 수행하였다.[34]

유여대는 평북 의주 출신으로 1898년 기독교에 입교하였으며, 평양 신학교를 졸업하고 1915년 평북노회에서 목사안수를 받았다. 1918년 의주를 대표하는 목회자로 성장하였고, 민족대표로 선정하였다. 그렇지만 그는 중앙의 독립선언서 서명에 참여하지 않고 의주에서 3·1운동을 주도하였다. 그는 자신이 관여하는 양실학교 교사와 학생, 학부형을 3월 1일 오후 2시까지 양실학교 운동장으로 모이도록 하여 만세시위를 주도하였다. 이날의 의주 3·1운동은 황해도 수안과 함께 3대항쟁으로 불린다. 유여대는 태화관 모임에 참석하지는 않았지만, 탑골공원과 동시에 의주에서도 3·1운동이 전개될 수 있도록 하였다는 점에서 중앙과 지방의 동시성을 갖는 중요한 역할을 담당하였다.[35]

길선주는 장로교 평양 장대현교회 목사로 활동하던 중 독립선언서 서명하였지만, 그가 속한 장대현교회는 감리교 남산현교회, 천도교 평양교구와 연합하여 평양의 3·1운동을 주도하였다.[36] 또 민족대표 정춘수도 3월 1일 당일 원산에서 교인들과 함께 만세시위를 지휘하였

---

34) 허동현, 「3·1운동에 미친 민족대표의 역할 재조명－기독교계 대표 오화영과 유여대를 중심으로」, 13~14쪽.

35) 허동현, 「3·1운동에 미친 민족대표의 역할 재조명－기독교계 대표 오화영과 유여대를 중심으로」, 17~18쪽.

36) 박재창, 「1982년 3·1운동 63주년 기념예배 회고담」; 3·1운동100주년기념사업회, 『3·1운동 100주년 총람 1－3·1운동 참여자 회고담 모음』, 2017, 255쪽.

다.[37]

이처럼 기독교 역시 천도교와 마찬가지로 3·1운동을 지방으로 확산하는 데에 있어서 민족대표들이 적극적으로 활동하였음을 알 수 있다.

김법린의 회고에 의하면 불교에서 3·1운동을 어떻게 지방으로 확산시켰는지를 잘 확인해주고 있다. 3·1운동 직전 2월 28일 민족대표 한용운은 긴급명령을 내렸다. 불교중앙학림의 신상완, 백성욱, 김상헌, 정경헌, 김대용, 오택언, 김봉배, 김법린과 중앙학교 박민오 등이 한용운의 집으로 모이자, 한용운은 3·1운동에 대한 과정을 알려주었다. 이어 참석자 일동은 "한용운의 부탁을 받들어 이 성스러운 운동"[38]의 전개방략을 논의한 후 8가지 방략을 결정하였는데, 이중 지방 확산과 관련된 것은 다음과 같다.

> (1) 선언서 배포 : 선언서의 약 반부는 3월 2일 새벽 시내 동북부 일대를 각자 담당하여 배포하고, 기타는 지방으로 파견원이 휴행할 것
>
> (3) 지방 파견 결정 : 정병헌(鄭秉憲)은 전라방면, 김대용은 경북방면, 오택진은 양산 통도사, 김법린·김법헌은 동래 범어사, 김봉신은 합천 해인사에 파견하기로 하고, 충청 강원 함경 평안 경기의 각 지방에는 중앙에 남아있는 3인이 불교중앙학림의 학생 중에 적의 선택하여 파견할 것
>
> (5) 동지 규합 : 지방파견원은 각 사(寺)를 역방하여 동지를 규합하되, 기덕층(耆德層)에는 지방에서 후원키로 하고, 청년층에는 중앙으로 와서 실제 운동에 종사할 것.
>
> (8) 지방운동 요령 : 지방파견원은 각사를 역방하여 당해 사에서 독립선

---

37) 이병헌, 「내가 본 3·1운동의 일단면」; 3·1운동100주년기념사업회, 『3·1운동 100주년 총람 1―3·1운동 참여자 회고담 모음』, 2017, 286쪽.

38) 김법린, 「삼일운동과 불교」, 『신천지』 1:2, 서울신문사, 1946.3, 76쪽.

언식을 거행케 한 후 선언서를 다수 등사하여 부근의 촌락, 도시에
가서 배부하고 선언식 거행, 만세시위를 하도록 할 것[39]

이를 실행하기 위해 시골사람, 노동자로 변장하고 선언서를 수백 매
씩을 보따리에 싸서 지방으로 향하였다. 그 결과 불교는 다음과 같이
지방에서 3·1운동을 전개하였다.

범어사 ; 중앙학림의 김법린·김상헌 등이 내려와 지방 학림·명정학교
　　　　학생들과 결사대를 조직하여 동래읍 장날에 만세운동의 거행
해인사 ; 김봉신 등이 파견, 지방학림 승려 23명이 합작 시위 준비, 선언
　　　　서 수천 매 인쇄하여 전국적으로 배부
봉선사 ; 김성숙, 이순재(지월), 현일성, 강완수, 김석로, 김석호 등이 시위
　　　　주도, 주민 600명 참가, 조선독립임시 사무소 명의로 전단 배포
신륵사 ; 영봉, 권중만, 조근수 등 만세 시위 주도, 주민 200여명 참가
표충사 ; 이장옥, 구연운, 오응석 등이 30여명이 주도, 격문 등사, 단장 장
　　　　터에서 선언서 살포하고 시위 전개, 1500여 명 주민 참가, 통도
　　　　사 승려도 동참
통도사 ; 오택언, 김상문 등 80여명의 학인과 중견 승려가 신평 장터 시위
　　　　주도
동화사 ; 김대용, 윤학조, 김문옥, 이용석 등의 9명 동화사 학인 주도로
　　　　대구 남문시장 시위 주도
청암사 ; 김도운, 이봉정, 남성엽
도리사 ; 김경환
김룡사 ; 지방학림(경흥학림) 승려 30명이 시위 기획, 일제에 구속, 주민

---

[39] 김법린, 「삼일운동과 불교」, 『신천지』 1:2, 서울신문사, 1946. 3, 77쪽; 3·1운동100
　　주년기념사업회, 『3·1운동 100주년 총람 1 - 3·1운동 참여자 회고담 모음』, 2017,
　　77~78쪽.

들의 시위는 전개, 중앙학림 학승 전장헌이 선언서 전달15 주도
승려 3인은 기소(1년 집행유예)

대흥사 ; 불교전문강원 학인 승려 30명 주도, 박영희(중앙학림) 만세운동
추동, 해남 장날에 거사케 권유

화엄사 ; 중앙학림 재학인 정병헌 만세운동 권유, 구례 장날 박영희(중앙
학림) 만세운동 추동

법주사 ; 박윤성

석왕사 ; 인근 부락민과 공동 시위 및 추도회 기획, 일제 억압으로 좌절

상화사 : 청년 승려 수십명이 단합하여 대구로 내려와 만세시위 지휘[40]

불교의 경우 3·1운동이 지방으로 확산하는 데는 민족대표 한용운의 네트워크와 역할이 컸음을 알 수 있다.

한편 민족대표들은 3월 1일 독립선언식을 하고 피체될 것을 미리 예견하였다. 이에 따라 민족대표들은 3·1운동을 준비하면서 피체 이후를 대비하였다. 그중에는 3·1운동의 지속성과 대중화였다. 천도교에서는 1월 하순 손병희, 오세창, 권동진, 최린 등은 3·1운동의 방법으로 '독립운동은 대중화 하여야 할 것'과 '독립운동은 일원화하여야 할 것', '독립운동은 비폭력으로 할 것'으로 정하였다. 이 중 대중화와 일원화는 3·1운동을 지방으로 확산하는데 중요한 요인이었다. 앞서 언급했듯이 대중화는 지방에서도 천도교 조직이 3·1운동에 적극 참여할 것이었고, 일원화는 천도교뿐만 아니라 기독교, 불교 등 종교 조직과 학생 등이 연합전선을 형성하여 3·1운동을 추진하는 것이었다. 결국 대중화와 일원화는 3·1운동을 지엽적으로 전개하기 보다는 전국적이고, 전 민족이 함께 독립운동으로 승화시키고자 한 것이다.[41]

---

40) 김법린, 「삼일운동과 불교」, 80~81쪽; 김광식, 「3·1만세운동과 불교」, 73~74쪽.

그리고 3·1운동을 준비하는 과정에서 최린과 이승훈은 민족대표 33인이 피체된 후에 최남선, 송진우, 함태영, 정광조, 현상윤 등이 지속적으로 3·1운동을 지도해줄 것을 당부하기도 하였다.[42] 이와 같은 조치는 민족대표들이 추진하고자 한 3·1운동은 공약삼장에 밝혔듯이 대중화와 일원화였다. 이 대중화와 일원화의 방략이 민족대표들이 3·1운동을 전국화, 지방으로의 확산에 가장 중요한 토대였고, 역할이었던 것이다.

끝으로 민족대표와 관련하여 한 가지 덧붙이고자 하는 것은 독립선언서에 서명하는 민족대표의 심정이었다. 이에 대해 이갑성은 다음과 같이 회고한 바 있다.

셋째 문제는 누가 제1회 선언서에 서명하느냐가 최후의 난문제였다. 그 당시 작전 계획은 제1, 제2, 제2회로 우리 목적을 달성할 때까지 운동을 계속키로 되었고, 선언서에 서명한 사람은 일본국법에 내란죄로 되어 사형은 갈 데 없으니, 누가 먼저 죽으러 가느냐 함이었다. (중략) 비록 죽기를 결심은 하였으나 내 입장은 역시 철석은 아닌지라 이 장면에 이르러 하는 수없이 고소의 눈물이 방울방울 떨어졌다.[43]

이갑성은 독립선언서 서명은 곧 죽음으로 인식하였다. 이는 실제적으로 일제가 민족대표를 내란죄를 적용하고자 하였다는 점에서도 확

---

41) 그렇기 때문에 윤치호, 박영효 등 일제협력 인물들에게도 3·1운동에 참여할 것을 권유하였다. 일부에서는 이를 민족대표들이 민족의 대표성이 미약하기 때문이라고 평가하기도 하였다.

42) 현상윤, 「3·1운동의 회상」, 『신천지』 1:2, 1946.3; 3·1운동100주년기념사업회, 『3·1운동 100주년 총람 1-3·1운동 참여자 회고담 모음』, 2017, 38쪽 재인용.

43) 이갑성, 「3·1 당시를 회상하며」; 3·1운동100주년기념사업회, 『3·1운동 100주년 총람 1-3·1운동 참여자 회고담 모음』, 2017, 255쪽.

인할 수 있다. 즉 민족대표의 서명은 단순한 서명이 아니었던 것이다. 그리고 민족대표들이 태화관을 벗어나 자동차를 타고 종로경찰서로 가는 도중 시위 군중들은 이를 외면하지 않고 오히려 만세는 "드높은 벽공을 뚫어 낼 듯이 높아 갔다"[44]는 점에서 당시 민족대표의 위상이 어떠하였는지를 짐작할 수 있지 않을까 한다.

Ⅳ. 맺음말

이상으로 3 · 1운동을 준비하고 전개하는 과정에서 민족대표의 지방 네트워크와 역할에 대하여 살펴보았다. 이를 정리하면서 맺음말을 대신하고자 한다.

첫째로 민족대표는 종교 조직을 통한 지방 네트워크가 강고하게 형성되었다는 점이다. 천도교는 손병희를 정점으로 하는 중앙집권 조직을 구축하였다는 점에서 민족대표의 영향력이 절대적이었다. 즉 민족대표-중앙과 지방 조직(대교구와 교구), 그리고 교인뿐만 아니라 대교구와 대교구, 대교구와 관할 외 교구, 교구와 교구 간 유기적으로 네트워크가 형성되었다. 이들 지방 네트워크는 3 · 1운동 당시 중앙에서 독립선언서가 전달되자 교구에서 교구로 전달하였을 뿐만 아니라 교인을 동원하는 등 지방에서 전개된 3 · 1운동에서 중심적 역할을 하였다.

기독교 역시 교파간 선교분할 구역이 있었지만 민족대표들과 직간접적으로 네트워크를 형성하였다. 장로교의 4개 선교회 소속 교회들은 1907년 '대한예수교장로회 독로회'라는 단일 정치조직을 결성하였으며,

---

44) 권동진, 「삼일운동의 회고」, 『신천지』 1:2, 서울신문사, 1946.3, 11쪽.

1912년에는 '총회'를 조직하면서 전국 지방별로 노회를 조직하였다. 그 결과 한국 장로교회는 서로 다른 선교회 지원을 받으면서도 정치적으로는 '단일 조직(총회)' 하에 전국적인 연락망을 구축할 수 있었다. 이에 비해 감리교회는 남북으로 나뉘어 들어온 선교회 조직을 바탕으로 별도 교회 조직을 만들었다. 즉 미감리회는 1908년, 남감리회는 1918년에 각각 '연회'를 조직한 후 연회 산하에 지방 교회들을 관리하는 지방회를 조직하여 전국적인 연락망을 구축하였다. 그 결과 장로교는 총회→노회→시찰회→당회, 감리교는 연회→지방회→구역회로 연결되는 조직 네트워크를 구성하였다. 이처럼 장로교와 감리교는 선교 분할구역으로 독립적인 조직을 가지고 있었지만 각 교단 내에서는 전국적인 네트워크를 통해 3·1운동의 정보를 공유하고, 이를 선교회-교회-교인이라는 네트워크를 통해 지방의 3·1운동을 전개하거나 확산시키는데 중요한 역할을 하였을 뿐만 아니라 전국적 연대도 가능하였다.

불교의 경우 민족대표로 한용운과 백용성이 참여하였지만, 전국적인 네트워크를 형성하고 있었다. 한용운은 중앙학원 청년승려들에게 3·1운동에 적극적으로 참여하라고 독려하였고, 이들은 연고가 있는 사찰로 내려가 지방 사찰이 3·1운동을 적극 전개할 것을 강구하였다. 불교는 전국적인 지방네트워크를 형성하지는 못하였지만, 3·1운동을 지방으로 확산하는데 나름대로 그 역할을 담당하였다고 할 수 있다. 이로 볼 때 민족대표는 3·1운동에서 민족대표로서 서명만 한 것이 아니라 교구, 교회, 사찰이라는 종교조직을 통해 지방과의 네트워크가 강고하게 형성되었음을 알 수 있다. 이러한 민족대표와 지방 네트워크는 3월 1일 서울뿐만 아니라 지방으로까지 확산하는데 있어서도 가장 중요한 역할이라고 할 수 있다고 판단된다.

둘째, 민족대표들은 3·1운동을 전국화, 대중화, 지방화에 적극적인 역할을 하였다. 천도교의 지방 네트워크 즉 지방교구 조직은 3·1운동을 지방으로 확산하는데 중요한 매개체였으며, 여기에는 민족대표의 역할이 절대적이라고 평가할 수 있다. 그리고 천도교가 지방에서 3·1운동에 보다 적극적으로 참여한 것은 천도교에서 정한 3·1운동 방책의 하나인 '대중화'를 그대로 실행하였던 것이다. 이러한 점은 천도교뿐만 아니라 기독교와 불교에서 마찬가지였다.

이상으로 살펴볼 때 민족대표는 독립선언서에 서명하는 것으로 그 역할이 끝난 것이 아니라 실제적으로 3·1운동이 전국화, 대중화하는데 핵심적인 역할을 하였다고 평가할 수 있다.

수원지역 천도교인의 3·1운동과 제암리학살사건

Ⅰ. 머리말

1919년 3월 1일의 만세시위는 천도교·기독교·불교 등 종교계의 주도적 역할로 전개된 것은 이미 알려진 사실이다. 3월 1일부터 5월까지 전국적으로 전개되었던 만세시위는 일제의 강압적 탄압으로 비록 '독립'이라는 소기의 성과를 거두지는 못했지만, '임시정부'가 각 지역에서 조직되었고, 그리고 이 임시정부의 통합으로 비록 국외이지만 중국 상해에 통합임시정부가 성립되었다. 그러나 이 임시정부가 수립되기 전까지 국내에서는 일제의 잔혹한 만세시위의 탄압에 수많은 희생을 감내해야만 했다.

수안 · 맹산 · 단천을 비롯하여 수원군 제암리 역시 30여 명이라는 적지 않은 희생자를 내었다. 제암리를 포함하고 있는 수원의 3 · 1운동은 일본인 순사 2명의 처단과 우정면 · 장안면사무소와 화수리주재소 방화에 대해 일본군의 철저한 보복을 받을 만큼 전국에서 치열한 만세시위를 전개하였던 곳이다. 이에 대해 이정은은 첫째 대표적 공세적 만세시위운동, 둘째 일제의 집중된 비인도적 탄압 만행, 셋째 일제의 국제적 여론을 호도하기 위한 사실왜곡으로 평가하고 있다.[1]

일찍이 수원지역의 3 · 1운동은 학계의 주목을 받아 선행연구가 적지 않다.[2] 그러나 이들의 연구는 대부분 3 · 1운동의 전개과정을 주로 다루고 있어 제암리학살사건을 심층적으로 이해하는 데는 적지 않은 어려움을 주고 있다. 즉, 홍석창의 경우 기독교적인 시각에서 서술되어 지극히 단편적이고 전체적인 이해가 부족하며, 김선진과 성주현의 경우 천도교측의 시각에서 접근하고 있으나 역시 심층적인 분석이 되지 못하고 있다. 그리고 이정은의 경우 삼괴지역을 중심으로 한 장안면과 우정면의 3 · 1운동을 새로 발굴된 자료를 통해서 접근하고 있으나 역시 만세시위의 전개과정과 연행된 시위자의 분석에 초점을 맞추고 있

---

[1] 이정은, 「화성군 장안면 · 우정면 3 · 1운동」, 『한국독립운동사연구』 9, 독립기념관 한국독립운동사연구소, 1995, 67쪽.
[2] 조병창, 「수원지방을 중심으로 한 3 · 1운동 소고」, 단국대학교 석사학위논문, 1971; 노천호, 「수원지방 3 · 1운동연구」, 단국대 교육대학원 석사학위논문, 1978; 이정은, 「화성군 우정면 · 장안면 3 · 1운동」, 『한국독립운동사연구』 9, 1995; 이덕주, 「3 · 1운동과 제암리사건」, 『한국기독교회사연구』 7, 한국기독교회사연구소, 1997; 조규태, 「천도교의 민족문화운동」, 『일제하 경기도지역 종교계의 민족문화운동』, 경기문화재단, 2001; 홍석창, 『수원지방 3 · 1운동사』, 왕도출판사, 1981; 홍석창, 『수원지방교회사자료집』, 감리교본부 교육국, 1987; 홍석창, 『감리교회와 독립운동』, 에이맨, 1988; 김선진, 『일제의 학살만행을 고발한다』, 미래출판사, 1983; 성주현, 「제암리의 3 · 1운동」, 『신인간』 480, 신인간사, 1990; 조성운, 「일제하 수원지역 천도교의 성장과 민족운동」, 『경기사론』 4 · 5, 경기사학회, 2001.

어 역시 제암리사건을 심층적으로 이해하는데 한계가 없지 않다. 특히 이들 연구는 제암리의 희생자 수를 23명으로 한정하고 있어 일제의 사실왜곡을 그대로 수용하고 있다.

본고에서는 수원지역의 만세시위와 이 과정에서 천도교 조직 또는 천도교인의 역할을 중심으로 살펴보고자 한다. 이를 위해 첫째, 수원지역의 3·1운동이 여타 지역보다 조직적이고 계획적인 만세운동을 전개할 수 있었던 종교적 배경을 다루고자 한다. 이는 수원지역의 3·1운동은 천도교와 기독교, 유림의 지도자들에 의해 조직적으로 계획되고 전개되었기 때문이다. 이를 위해 수원지역의 천도교의 포교와 3·1운동이 일어나기 전까지의 조직상황을 살펴보고자 한다. 둘째, 수원지역의 3·1만세시위 전개과정에서 천도교인이 주도하거나 천도교인이 참여하였던 만세시위를 살펴보고자 한다. 이는 이들 지역에서 어떻게 3·1만세시위를 계획하고 있으며 어떠한 경로를 통하여 전개하였는가는 매우 중요하기 때문이다. 즉, 우정면과 장안면의 만세시위는 양면사무소와 화수리주재소를 습격 방화하고 일본인 순사 1명을 살해하는 공격적 만세시위로 발전하였으며, 이로 곧 일제의 계획된 보복만행으로 이어졌기 때문이다. 셋째, 만세운동의 준비와 전개과정에서 천도교인이 어떠한 역할을 담당하였는지를 살펴보고, 넷째, 이로 인한 일제의 보복만행이 어떤 것인지를 살펴보고자 한다. 일제의 보복만행은 燒失家戶 80호, 사망 5명, 부상 5명, 검거인원 280여 명과 제암리학살사건으로 이어진 어느 지역보다도 큰 피해를 입었다. 다섯째, 제암리학살사건과 관련하여 당시의 상황과 남겨진 기록을 통해 보다 정확한 진상에 접근해 보고자 한다.

Ⅱ. 만세운동의 사회적 배경 : 천도교를 중심으로

수원지역의 3·1운동을 이해하기 위해서는 이 지역의 사회적 배경, 즉 종교적 상황을 살펴볼 필요가 있다. 이는 3·1운동의 주도적 역할과 제암리학살사건에서 희생된 사람들이 모두 종교적 배경을 바탕으로 하고 있기 때문이다. 이들은 대부분이 천도교와 기독교를 신앙하고 있는데 이는 여타 지역과의 다른 특성을 보여주고 있다.

수원지역에는 동학이 포교된 것은 동학혁명 이전이었으나 어느 때 전래되었는지 명확하지는 않다. 동학이 처음 포교된 것은 1861년 후반으로, 水雲 崔濟愚는 1860년 4월 5일 동학을 창도하였으나 포교는 이보다 1년 뒤인 1861년 경주를 중심으로 포교하였다. 이후 1862년 교세가 크게 일어나 1862년 12월 흥해에서 接을 조직하고 接主를 임명한 바 있는데, 金周瑞를 대구·청도와 경기도 일대의 접주로 임명한 것으로 보아[3] 이 무렵 경기도 지역에까지 동학이 포교되었음을 알 수 있다. 다만, 이 시기는 대체로 경기 남부지역으로 추정된다.

그렇지만 수원지역에 동학이 본격적으로 전래된 것은 이보다 20여년 후인 1880년경이었다.[4] 이 시기는 국내외의 정세가 급박하게 전개되었던 때로, 내적으로는 동학의 중심지가 영남지역을 벗어나 강원도 영서지역으로 옮겨졌으며, 특히 1880년과 1881년 동학의 경전인 『東經大全』과 『龍潭諭詞』가 간행될 정도로 교단의 조직이 안정되었다.[5] 그

---

3) 姜洙, 『崔先生文集道源記書』, 1879(『東學思想資料集』 壹, 亞細亞文化史, 1979, 179~180쪽); 李敦化, 『天道敎創建史』 1, 천도교중앙종리원, 1933, 42쪽.

4) 조성운, 「일제하 수원지역 천도교의 성장과 민족운동」, 『경기사론』 4, 2001, 183~184쪽.

5) 姜洙, 『崔先生文集道源記書』, 278쪽; 이돈화, 『天道敎創建史』, 30~31쪽; 오지영, 『東學史』, 영창서관, 1940, 59~60쪽.

리고 외적으로는 1880년 고종이 개화정책을 본격적으로 추진하면서 개화파 인사들이 중앙정계에 진출하기 시작하였으며, 1882년 미국과 수교를 함으로써 이후 서양 열국과의 외교수립을 갖게 되었다. 이러한 내외적 상황은 동학이 그동안 영남과 충청을 벗어나 경기도와 호남지역까지 포교할 수 있는 좋은 계기가 되었다.

수원지역에 동학을 전래한 주요인물은 徐仁周[6]와 安敎善[7]이다. 특히 안교선은 호남 출신으로 1883년 최시형이 경주에서 『동경대전』을 간행할 때 윤상오와 같이 有司로 참여하였다.[8] 그는 1884년 2월경 수원을 비롯한 경기지역에 동학을 포교하는데 주도적 역할을 하였으며, 이 시기에 安承寬과 金鼎鉉(金乃鉉)이 그에게 입도하였다.[9] 이들은 수원지역 동학 포교의 선도적인 역할을 하였다. 이후 1880년 徐丙學 · 張晩秀 · 李圭植 · 金永根 · 羅天綱 · 申奎植이 六任으로, 안승관은 京湖大接

---

6) 서인주는 수원출신으로 1883년 3월 김연국 · 손병희 · 손천민 · 박인호 등과 함께 최시형을 방문할 정도로 교단의 핵심인물이었다. 그는 원래 승려 출신으로 30여 년간 불도를 닦았으나 동학의 '布德天下 廣濟蒼生'의 이념에 공감하여 동학에 입도하였으며, 서병학과 함께 동학의 의식과 제도를 마련하는데 큰 역할을 하였다. 또한 신체와 용모가 매우 작고 특이하였으나 재주가 많아 당시 사람들이 異人 또는 眞人이라 불렀다. 1885년 9월에는 상주 왕실촌에 머무르고 있던 최시형과 그의 가족에게 생활비를 지원해 주었으며, 최시형은 1889년 서인주가 金甲島에 유배되었을 때 그의 석방을 위해 기도를 하는 한편 5백금을 주고 그를 석방시켜 주었다(오지영, 『東學史』, 60쪽; 이돈화, 『天道敎創建史』, 31쪽; 黃玹, 『梧下記聞』 首筆(김종익 역), 역사비평사, 1994, 73쪽; 오상준, 「본교역사」, 『천도교회월보』 23, 천도교회월보사, 1912.6, 17쪽; 然然子, 「본교역사(번역)」, 『천도교회월보』 29, 1912.12, 63쪽).
7) 안교선은 호남인으로 1870년대 후반에 입교한 것으로 보인다. 1879년 최시형이 강원도 인제 방시학의 집에 修單所를 설치할 때 安敎常이 書有司, 安敎一이 監有司, 安敎伯이 册子有司, 安敎綱이 輪通有司로 각각 참여한 바 있다. 안교선은 이들과 형제 또는 친인척으로 보인다(강수, 『崔先生文集道源記書』, 275~276쪽).
8) 『東經大全』 癸未版, 跋文.
9) 「水原郡宗理院沿革」, 『天道敎月報』 191, 1926.1, 29쪽; 이병헌, 「수원교회낙성식」, 『天道敎月報』 292, 1936.12, 36쪽.

主, 金鼎鉉은 京湖大接司로, 林炳昇・白蘭洙・羅天綱・申龍九・羅正完・李敏道는 각각 접주로 임명되었다. 그리고 이들의 활동으로 수원지역의 동학교인은 수만 명에 달할 정도로 교세가 크게 확장되었다.[10] 이로써 수원지역의 동학은 비약적 발전을 보게 되었으며,[11] 대접주, 대접사, 접주, 육임 등 교단조직을 갖추게 되었다.

이러한 교세를 바탕으로 수원지역의 동학은 1892년과 1893년 수운 최제우의 억울한 죽음을 풀어주고 신앙의 자유를 얻기 위한 敎祖伸寃運動에도 적극 참여하였다. 1893년 3월 10일 충북 보은군 장내리에서 斥倭洋倡義運動을 전개하자 신용구와 이민도의 주선으로 수천 명이 참가하였다.[12] 그러나 관변측 기록인 「聚語」에는 수원과 용인의 동학교인 3백여 명,[13] 수원접이라는 자들과 그 밖의 무리들 1천여 명,[14] 수원접 840여 명[15] 등으로 나타나고 있다. 교단의 측과 관변 측의 기록이 상당한 차이를 보이고 있으나 수원지역의 동학교인이 보은 교조신원운동에 참여한 것은 대략 청주영장이 보고한 840여 명으로 보인다.[16]

이후 수원지역의 동학은 1894년 동학혁명에도 적극 참여하고 있다. 수원지역의 동학은 1894년 9월 18일 반외세의 봉기령에 따라 즉각 기포하였으며,[17] 일본군이 이들 동학지도자를 체포하려 하자 동학군은 잠

10) 「수원군종리원연혁」, 29쪽.
11) 조성운, 「일제하 수원지역 천도교의 성장과 민족운동」, 184~185쪽.
12) 「수원군종리원연혁」, 29쪽.
13) 「聚語」, 『東學亂記錄』 上, 국사편찬위원회, 1971, 118쪽.
14) 「聚語」, 118쪽.
15) 「聚語」, 124쪽.
16) 최홍규, 「경기지역의 동학과 동학농민군 활동」, 『경기사학』 창간호, 1997, 89~90쪽.
17) 「東學黨의 景況 및 征討에 관한 華城留守의 書翰」, 『駐韓日本公使館記錄』 1, 국사편찬위원회, 1986, 159~191쪽.

시 후퇴하였다가 다시 전열을 정비하여 계속 활동하였다.[18] 이처럼 수원이 크게 위협받자 정부는 일본군을 긴급히 증파하여 줄 것을 요청하였고 일본군이 즉시 투입되었다.[19] 이러한 수원지역의 동학군의 활동에 대해 오지영의 『東學史』에는 다음과 같이 기록하고 있다.

安承寬·金昇(鼎)鉉 등은 5천군을 거느리고 수원부를 점령하고 南軍이 오기를 기다리고 있던 바 官兵과 日兵을 만나 여러 날 싸우다가 마침내 패하였고 ......[20]

이로 미루어 보아 기호대접주 안승관과 기호대접사 김정현 등이 지휘한 수원지역의 동학조직은 5천여 명에 이르는 막강한 병력을 갖추고 있었으며, 수원부를 점령할 정도로 기세를 올렸음을 알 수 있다. 그러나 수원의 동학군을 지휘한 안승관과 김정현은 피체되어 서울로 압송되어 南筏院에서 효수되었고[21] 수원성에서 체포된 金元八도 효수되었다.[22] 그리고 남양지역의 동학군도 白樂烈과 金興烈의 지휘하에 수원의 高錫柱·김정현 휘하에서 활동하였다.[23] 동학농민혁명 이후 한동안 동학 세력이 쇠퇴하였으나 수원지역은 안성출신의 金漢式,[24] 남양지역은 백낙렬[25]의 노력으로 점차 회복되었다.

18) 「水原府 匪徒討伐을 위한 日本出兵과 朝鮮官軍의 협조에 관한 諸書翰」, 『주한일본공사관기록』 1, 141~143쪽.(저자, 발행처 등)
19) 「수원으로의 군대파견의 건」, 『주한일본공사관기록』 3, 국사편찬위원회, 1988, 362~363쪽.
20) 오지영, 『동학사』, 152쪽.
21) 「갑오실기」, 『東學亂記錄』 상, 국사편찬위원회, 1971(탐구당 복각판, 1985), 38쪽; 오지영, 『동학사』 156쪽.
22) 「수원군종리원연혁」, 29쪽.
23) 『天道敎百年略史』 上卷, 천도교중앙총부, 1981, 252쪽.

이러한 노력으로 수촌리의 백낙렬은 삼괴지역,[26] 김성렬은 팔탄면 고주리, 李秉虁은 팔탄면 노하리의 포교책임자로 활동하였으며,[27] 1910년에는 수촌리를 비롯하여 독정리·어은리·장안리·화산리·이화리·덕목리·고주리·매향리 등 8개의 전교실을 설치할 정도로 교세가 회복되었다.[28] 특히 남양교구는 1909년 8월 전국에서 성미납부 성적이 우수하여 1등에, 수원교구는 2등에 선정될 정도였다.[29]

1910년대 들어 전국지역에 교리강습소를 설립, 근대교육활동을 실시하자 수원지역에는 栗北面 佛井里에 309강습소, 貢鄕面 堤巖洞에 310강습소,[30] 鴨丁面 沙基村에 제446강습소,[31] 수원군내에 544강습소,[32] 634강습소,[33] 陰德面 北洞에 733강습소,[34] 장안면 장안리에 734강습소[35] 등 7개의 강습소를 설립 운영하였다.

이러한 천도교의 조직은 훗날 수원지역 3·1운동의 기반이 되었다. 특히, 천도교는 일제의 강점이 시작된 1910년부터 독립운동을 준비하였다. 이를 위해 손병희는 지방의 중진 교역자를 중앙으로 불러 49일간 정신적 수양을 시키는 한편 민족의식을 함양시켰다. 수원지역에서는

24) 「수원군종리원연혁」, 29쪽.
25) 김승학, 『韓國獨立史』, 독립문화사, 1966, 655쪽.
26) 삼괴지역은 우정면과 장안면을 통칭하는 말이다.
27) 조성운, 「일제하 수원지역 천도교의 성장과 민족운동」, 191쪽.
28) 김선진, 『일제의 학살만행을 고발한다』, 미래문화사, 1983, 21~31쪽.
29) 「중앙총부휘보」, 『천도교회월보』 8, 1911.3, 48쪽.
30) 「중앙총부휘보」, 『천도교회월보』 23, 1914.6, 46쪽.
31) 「중앙총부휘보」, 『천도교회월보』 28, 1912.11, 44쪽.
32) 「중앙총부휘보」, 『천도교회월보』 12, 1911.7, 65쪽.
33) 「중앙총부휘보」, 『천도교회월보』 29, 1912.12, 49쪽.
34) 「중앙총부휘보」, 『천도교회월보』 83, 1917.6, 43쪽.
35) 「중앙총부휘보」, 『천도교회월보』 68, 1916.3, 37~38쪽.

이종석 · 鄭道永 · 金正淡 · 李圭植 · 李敏道 · 韓世敎 · 金興烈 · 金昌植 등이 참여하였다.[36] 이들은 3 · 1운동 당시 앞장서서 교인들을 지도하였다. 그밖에도 3 · 1운동이 일어나기 직전 중앙대교당 건축비를 명목으로 독립운동자금을 모금할 때 남양지역에서는 백낙렬을 비롯하여 솔선해서 자금을 갹출하였다.[37]

Ⅲ. 수원지역의 3 · 1운동과 천도교

수원의 3 · 1운동은 서울보다 보름정도 늦은 3월 중순부터 격렬하게 전개되어 4월 중순까지 이어졌다. 먼저 수원지역의 3 · 1운동을 살펴보면 3월 16일 수원면 서장대와 연무대의 만세시위, 3월 21일의 동탄면 구오산리의 만세시위, 3월 23일 수원면 서호의 만세시위, 3월 25일 수

---

[36] 「수원군종리원연혁」 29쪽; 조기주, 『동학의 원류』, 보성사, 1979, 369~373쪽.

[37] 김선진, 『일제의 학살만행을 고발한다』, 68~69쪽. 이때 갹출한 내용은 다음과 같다.

성명	지역	갹출내역	비고
백 낙 렬	수촌리	논 3,000평 밭 2,000평	
백 낙 소	수촌리	논 1,500평 밭 1,000평	백낙렬의 동생
기 봉 규	사금말	논 3,000평 밭 7,000평, 가옥	
김 흥 렬	고주리	논 3,000평 밭 3,000평	
최 진 협	한각리	논 1,500평 밭 1,000평	
최 진 승	한각리	논 1,000평 밭 6,500평	
박 시 정	이화리	산 3,000평 소 1두	
박 용 석	노진리	논 1,000평 밭 2,000평	
박 운 선	노진리	논 1,000평 밭 2,000평	
우 준 팔	거묵골	논 450평 밭 1,000평	
우 의 현	거묵골	논 1,500평	
문 경 화	거묵골	논 2,000평	
우 경 팔	거묵골	논 1,500평	

원면 청년학생 및 노동자의 만세시위, 3월 28일 만세시위와 29일 수원 기생조합의 만세시위, 3월 25일 성호면 천도교인과 보통학교 졸업자의 만세시위, 3월 29일 성호면 오산 장날의 만세시위, 3월 26일의 송산면 만세시위, 3월 29일 송산면 사강리 장날의 만세시위, 동일 양감면의 횃불시위, 동일 태장면과 안용면의 만세시위, 3월 31일 향남면 팔탄면의 발안 장날 만세시위, 4월 3일 우정면 장안면의 만세시위 등 20여 차례 만세운동이 전개되었다.[38] 이중 천도교인이 주도하거나 참여하였던 만세운동은 우정면, 장안면, 향남면, 팔탄면, 동탄면, 성호면 등지에서 전개하였다. 이를 구체적으로 살펴보면 다음과 같다.

수원 3·1운동의 특성은 초기에는 천도교와 기독교가 중심이 되어 전개하였으나 점차 시간이 지남에 따라 천도교가 운동의 중심으로 자리잡고 있다.[39] 즉, 초기에는 감리교 신자인 김세환이 경기 남부와 충청 일부를 책임지면서 운동을 독려하였고, 이와 동시에 천도교에서는 서울에서 李炳憲[40]이 북수동 수원교구에 내려와 만세운동을 논의하면서 본격적으로 전개되었다.

---

[38] 수원지역의 만세운동에 관해서는『수원시사』상, 수원시사편찬위원회, 1996, 336~348쪽 참조.

[39] 조성운,『일제하 수원지역 천도교의 성장과 민족운동』, 194쪽.

[40] 이병헌은 경기도 평택출신으로 1913년 수원교구장을 역임한 李敏道의 장남으로 수원교구에서 傳敎師·講道員·典制員·金融員 등을 역임하고 1919년 3·1운동이 일어나기 직전 손병희의 부름을 받고 보성전문학교에 입학한 후 3·1운동에 직접 참여하였다. 2월 27일 보성사에서 독립선언서의 인쇄가 끝나자 申肅·印鍾益과 함께 李鍾一의 집으로 운반하였으며, 3월 1일 당일에는 손병희를 따라 민족대표 33인 모여 있던 태화관에서 李奎甲과 같이 탑골공원과의 연락책으로 활동하였고 남대문 만세시위를 주도한 바 있었다. 이로 인하여 이병헌은 종로경찰서로부터 검거령이 내렸으며 일단 이를 피해 수원교구로 피신하였다(성주현,「신앙보국의 화신 이병헌」,『신인간』575, 1998.7, 81쪽; 이병헌,『3·1運動秘史』, 시사시보사출판국, 1959, 64~67쪽; 이병헌,「水原事件」,『新天地』2, 1946.3, 72쪽).

수원교구에 내려온 이병헌는 서울에서의 상황을 설명하고 수원에서도 교인을 모두 동원, 대대적인 만세운동을 전개하기로 하였다. 3월 16일 시내의 만세시위에 참가한 후, 이날 밤 북수리 수원교구에서 이병헌과 교구장 金仁泰, 理文員 安政玉, 典制員 金正淡, 講道員 羅天綱, 巡廻教師 李星九 · 安鍾麟, 傳教師 洪鍾珏 · 安鍾煥 등 주요교역자들이 모여 만세시위와 독립운동비 모금의 구체적인 계획을 마련하였다.[41] 그리고 이에 앞서 수원교구의 교인들은 4월 5일 서울로 올라가 천도교의 교조인 의암 손병희가 독립운동의 주모자로 일경에 피체되었다는 소식을 듣고 서울로 올라가 구출하려는 비밀계획을 세우기도 하였다.[42]

교구에서 만세시위를 준비한다는 소식을 정탐한 일제 측의 소방대와 일본인은 소방용 갈고리와 괭이 등으로 교구를 난입하여 교인을 마구 구타하였다. 이 사건으로 金正淡 · 金正模 · 安鍾煥 · 安鍾麟 · 洪鍾珏 · 金相根 · 李炳憲 등이 중경상을 입었다.[43] 이후 수원지역 천도교인의 3 · 1운동은 수원의 외곽인 남양지역을 중심으로 전개되었다.

남양지역에 처음으로 천도교인이 만세운동을 전개한 곳은 동탄면 구오산리였다. 구오산리 만세운동은 朴斗秉[44] · 金在天[45] · 金鎭聲[46] 등이 만세운동을 계획, 인근 촌락의 유지, 기독교인과 연락을 취하면서 이동식으로 만세운동을 전개하였다. 이들은 오산 장날을 이용하여 밤

---

41) 이병헌, 『3 · 1운동비사』, 868쪽.
42) 金正明, 『朝鮮獨立運動 Ⅰ-民族主義運動篇』, 原書房, 1967, 349쪽.
43) 이병헌, 『3 · 1운동비사』, 868쪽.
44) 박두병은 수원교구 동탄면전교사로 활동하였다(『천도교회월보』 191, 31쪽).
45) 김재천은 수원교구 동탄면전교사로 활동하였다(『천도교회월보』 191, 31쪽).
46) 김진성은 수원교구 건립 당시 10원을 의연하였다(『천도교회월보』 64, 37~38쪽).

늦게까지 횃불을 들고 조직적으로 만세운동을 한 뒤 천도교전교실 앞에서 해산하였다. 이로 인해 천도교 간부와 교인들이 용인수비대에 끌려가 고문을 당했으며 전교실은 폐쇄되었다.[47]

두 번째의 만세운동은 성호면 오산면을 중심으로 전개되었다. 서울과 수원에서 만세운동이 전개되었다는 소식을 들은 오산 주민들은 천도교인과 3월 14일 시위를 전개하려 했으나 일제의 경계와 준비의 미흡으로 연기되었다.[48] 그러나 이때 준비하였던 만세운동은 열흘 정도 늦은 3월 25일 천도교인과 보통학교 졸업생을 중심으로 전개되었다. 이들은 일본인이 경영하는 금융조합과 일본인 가옥을 파괴하였다.[49] 이어 3월 29일 장날을 기해 유진홍, 이성구, 김정윤, 안낙순, 모영철 등의 주도로 만세운동을 전개하고 관공서를 습격하였다.[50]

세 번째로 만세운동이 전개된 곳은 발안리였다. 발안리의 만세운동은 3월 31일[51] 장날을 이용하여 전개되었다. 안정옥과 김흥렬, 팔탄면 가재리의 유학자 李正根가 중심이 된 이날 시위는 천도교인과 기독교인, 이정근의 제자들, 그리고 장날에 모인 주민 등 1천여 명이 참여한 가운데 만세를 불렀으며 일경은 이를 제지하고 해산시키려 하였다. 그

---

47) 이병헌, 『3·1운동비사』, 872쪽; 최홍규, 「수원지방의 3·1운동과 1920년대 민족운동」, 『경기사학』 6, 경기사학회, 2002, 271쪽.
48) 『한민족독립운동사』 3, 국회도서관, 1977, 362쪽.
49) 『한국독립운동사』 2, 국사편찬위원회, 1968, 263쪽.
50) 이용락, 『3·1운동실록』, 삼일동지회, 1969, 375~377쪽. 이성구는 수원교구에서 교구장으로 활동한 바 있다. 안낙순과 김정윤은 1915년 수원교구 건립의연금으로 15원과 1원을 각각 납부하였다. 그리고 모영철은 모영찬, 유진홍은 유진철의 오기로 보이나 이에 대해서는 좀 더 확인해보기로 한다.
51) 발안리의 만세시위 일자에 대해서는 여러 가지 논란이 제기되고 있다. 『탄운 이정근의사전기』에는 3월 30일, 일본측 정보기록에는 3월 31일, 김선진의 증언록 『일제의 학살만행을 고발한다』에는 4월 5일로 각각 기록하고 있다. 본고에서는 일제측의 정보 기록인 3월 31일로 인용하고자 한다.

러나 만세를 부르던 군중들은 이에 저항하고 계속 시위를 하자 일경은 시위행렬을 향해 발포 2, 3명이 희생되고 해산하였다.[52]

네 번째로 만세운동을 전개한 것은 수원지역에서 가장 격렬하였던 4월 3일의 우정면과 장안면의 만세운동이다. 이날 수촌리의 백낙렬은 李鳳九·鄭淳榮·洪秀光 등과 같이 집집마다 돌면서 교인과 주민들을 장안면사무소와 우정면사무소를 습격하고 방화하였다. 이어 화수리주재소를 포위 역시 방화하였으며, 주재소 안에서 총격을 하던 가와바다(川端豊太郎) 순사를 폭행하여 마침내 참살하였다.[53]

그밖에 음덕면과 마도면, 비봉면에서도 천도교인과 기독교인이 연합하여 만세시위를 전개하기도 하였다.[54] 특히 朴夏遠[55]과 丁大成가[56] 일시 구금되었다가 석방되었다.

Ⅳ. 3·1운동과 천도교인의 역할

1. 만세운동의 준비과정

수원지역 천도교인의 만세시위는 수원읍내와 우정면, 장안면, 향남면, 팔탄면, 동탄면, 성호면 등 주로 수원군의 동부지역에서 집중적으

---

52) 이병헌,『3·1운동비사』, 870쪽; 최홍규,「수원지방의 3·1운동과 1920년대 민족운동」, 272쪽.

53) 『독립운동사』2, 국사편찬위원회, 1983, 681~687쪽.

54) 이병헌,『3·1운동비사』, 872쪽.

55) 박하원은 수원교구에서 설립한 교리강습소를 수료하였다(『천도교회월보』12, 65쪽).

56) 정대성은 교직을 맡은 적은 없으나 1924년 수운탄신100주년기념사업으로 1원을 의연했다(『대신사백년기념사업회원명부』).

로 전개되었다. 이와 관련하여 만세운동의 준비과정을 수원읍내와 향남면과 팔탄면, 우정면과 장안면을 중심으로 살펴보고자 한다.

수원지역 천도교인의 만세시위 준비과정은 수원교구의 모의단계, 그리고 이의 연장선상에서 전개되었던 남양교구의 만세시위 계획으로 이어지고 있다.

먼저 수원교구의 모의단계는 서울에서 독립선언서 제작과 만세시위에 참여한 바 있는 이병헌57)이 수원교구로 내려오자 본격적으로 준비하였다. 이병헌은 3월 16일 수원교구 관내의 교역자, 즉 김인태·안정옥·김정담·나천강·이성구·안종린·홍종각·안종환 등을 수원교구로 모이도록 한 후 서울에서의 만세시위의 정황을 전달하는 한편 수원에서의 만세시위와 독립운동 자금의 모금계획을 논의하였다.58) 그러나 이날 계획을 논의하던 중 수원소방대와 일본인이 합세하여 교구실을 난입, 폭력으로 참석자 대부분이 중경상을 입었다. 즉 만세시위 모의단계에서 일본 측에 발각됨에 따라 수원교구의 만세시위는 활발하게 전개되지 못하였다.

둘째, 남양교구의 만세시위 계획은 장안면의 백낙렬, 팔탄면의 김성열을 중심으로 추진되었다. 이들은 서울의 만세시위에 참여하고 돌아와 비밀리에 독립운동 준비에 착수하였다. 당시 남양교구 순회전교사

57) 이병헌은 경기도 평택시 현덕면 권관리에서 출생하여 수원교구에서 교리강습소를 수료하고 순회교사, 전교사, 강도원, 전제원, 금융원을 역임하고 1919년 2월경 중앙총부에 진출하였다. 3·1운동과정에서 이병헌은 보성사에서 독립선언서 교정과 운반을 하였으며, 3월 1일 당일에는 탑골공원과 민족대표 33인이 모여있던 태화관의 연락을 맡기도 했다. 이후 서울 시내의 만세운동을 주도하다가 종로경찰서에서 수배령이 내려지자 수원교구로 피신하였다(이병헌, 『3·1운동비사』, 시사시보사출판국, 1959: 이병헌, 「수원사건」, 『新天地』 2, 1946.3: 성주현, 「신앙보국의 화신 이병헌」, 『신인간』 575, 1998.7).

58) 이병헌, 『3·1운동비사』, 868쪽.

인 백낙렬59)은 남양교구 관내 각 전교실을 돌며 거목골전교실의 이종근60)·우영규61)·우종열,62) 기림골전교실의 김현조63)·김익배,64) 장안리전교실의 조교순65)·김인태,66) 덕다리전교실의 김창식,67) 우정면 사기말전교실의 김영보, 고온리전교실의 백낙온,68) 덕목리전교실의 한세교,69) 안곡동전교실의 박용석·박운석,70) 팔탄면 고주리전교실의 김흥열71)을 만나 만세시위를 협의하였다.72) 그리고 김흥열은 제암리의 안종환73)·안정옥74)과 연락을 위하고 역시 만세시위를 협의하였다. 이 밖에도 백낙렬은 우정면 주곡리의 차희식, 김흥렬은 팔탄면 가재리의 이정근과도 연락을 취하였다.

이와 같이 백낙렬을 중심으로 만세시위를 준비하고 있던 남양교구는 3월 16일 수원교구에서 활동하고 있던 안종환과 안종린을 수원교구 만세시위 계획회의에 참여토록 하였다. 이날 회의에 참석하였던 이들

---

59) 백낙렬은 남양교구 금융원과 전제원을 역임하였다.
60) 이종근은 남양교구 관내 거묵동전교실 건립 발기와 남양교구 전제원을 역임하였다.
61) 우영규는 신포덕포장과 남양교구 교구장, 금융원을 역임하였다.
62) 우종열은 남양교구 교리강습소를 수료하고 공선원을 역임하였다.
63) 김현조는 남양교구 전교사, 순회교사를 역임하였다.
64) 김익배는 남양교구 교리강습소를 수료하고 전교사로 활동 중이었다.
65) 조교순은 남양교구 전교사로 활동 중이었다.
66) 김인태는 남양교구 교리강습소를 수료하고 교구장을 역임하였다.
67) 김창식은 제7회 특별기도에 참여하였다.
68) 백낙온은 남양교구 교구장을 역임하였다.
69) 한세교는 남양교구 교구장, 강도원을 역임하였다.
70) 박용석과 박운석은 천도교중앙대교당 건립기금으로 논 1,000평과 밭 2,000평을 각각 의연하였다.
71) 김흥열은 동학혁명에 참가한 바 있으며, 남양교구 전교사로 활동 중이었다.
72) 김선진, 『일제의 학살만행을 고발한다』, 미래문화사, 1983, 32쪽.
73) 안종환은 수원교구 교리강습소를 수료하고 수원교구 전교사를 역임하였다.
74) 안정옥은 수원교구 강도원, 공선원을 역임하였다.

은 이병헌과 함께 부상을 입고 돌아왔지만 지방교구 자체의 부담으로 독립운동을 전개하라는 지시에 따라 김홍열은 향남면과 팔탄면, 백낙렬은 우정면과 장안면을 각각 책임지고 추진하기로 하였다.[75] 그리고 함께 온 이병헌은 제암리 김학교의 집에 숨어 지내면서 남양교구의 만세시위계획을 지휘하였다.[76]

2. 구장회의의 주도

구장회의와 관련하여서는 우정면과 장안면에서만 보이고 있다. 3월 초부터 만세시위를 준비하던 백낙렬·김대식 등 우정면과 장안면의 각 마을 구장은 구체적인 계획과 주민을 조직적으로 동원하기 위해 3월 27일 區長會議를 개최하였다. 특히 이 구장회의는 다른 지역에서 나타나는 종교조직이나 청년·학생조직을 통해 만세운동이 전개되었던 것과는 다른 특징을 보이고 있다.

3월 27일에 개최된 구장회의에는 수촌리의 백낙렬, 어은리의 이시우, 독정리의 최건환, 장안리의 김준식, 덕다리의 김대식, 사랑리의 우시현, 사곡리의 김찬규, 금의리의 이호덕, 석포리의 차병한, 노진리의 김제윤의 아들 등 10명이 참석하였고[77] 만세시위에 관하여 논의하였다. 이날 회의에서 '보를 쌓는 일'로 개최되었지만 당시 김현묵 면장은 신문조서에서 '차병한이 일동에 대해 수일 전에 발안리에서 소요가 있었을 때 일본인 아이가 게다(일본 나막신)로 구타하는 것을 보고 분개를 견딜 수 없었으니 만세를 부르자고 말했다'고 밝히고 있듯이[78] 시위 준비

75) 김선진, 『일제의 학살만행을 고발한다』, 33쪽.
76) 이병헌, 「수원사건」, 81쪽.
77) 『한민족독립운동사자료집』 20(3·1운동 Ⅹ), 국사편찬위원회, 1994, 80쪽.

를 위한 회의였거나 차병한의 발언 이후 결과적으로 만세시위를 협의하였던 것으로 보인다. 이러한 점은 만세당일 주민들의 동원에서도 잘 나타나고 있다.

즉 구장들의 이러한 움직임은 주민을 만세시위에 동원하는데 있어서 매우 중요하였다. 당시 만세운동에 참여하였다가 검찰에서 신문조서를 받은 주민들은 한결같이 구장들이 만세시위 당일 날 강제적으로 주민을 동원하였음을 밝히고 있다. 백낙렬이 구장으로 있는 수촌리의 경우 '수촌리의 구장 백낙렬이 와서 독립만세를 부르니 나오라',[79] 또는 사환 이원준을 통해 주민들을 강제적으로 동원하였음을 밝히고 있다.[80] 석포리의 경우도 구장 차병한이 사환을 시켜 주민을 동원하였다. 이러한 점으로 보아 이날 모임은 적어도 만세시위에 대한 1차적인 모임의 성격을 가지고 있다고 할 수 있다.

3월 27일 1차 구장회의에 이어 만세시위가 있던 4월 3일 12시 독정리 최건환의 집에서 2차 회의를 가졌다. 이날 회의는 1차 회의보다 구체적으로 행동방침을 정하였다. 당시 만세시위의 증인으로 신문조서를 받은 韓冕會와 朴福龍가 이를 뒷받침하고 있다.

> 4월 3일 조선독립만세를 부르고 뒤에 협력하여 장안, 우정의 두 면사무소를 파괴하고, 그 곳에 비치된 장부와 서류를 불태우고 또 화수리 경찰관주재소에 방화하고 그곳의 일본인 순사 川端豊太郎을 살해할 것.[81]

---

78) 『한민족독립운동사자료집』 19(3 · 1운동 IX), 국사편찬위원회, 1994, 348쪽.
79) 『한민족독립운동사자료집』 19, 235~236쪽.
80) 『한민족독립운동사자료집』 20, 195쪽.
81) 『한민족독립운동사자료집』 20, 86쪽.

독정리의 소사가 와서 그 구장 최건환의 명령이라고 하면서 오늘 장안 우정 각 면사무소 및 순사주재소에 다수 몰려가 때려 부수기로 되었으니 … 장안리 각호를 돌면서 오늘 장안, 우정 두 면사무소 및 화수리주재소를 때려 부수고, 또 일본인 감독순사를 죽일 것이니…[82]

수촌리와 독정리의 경우처럼 백낙렬과 최중환이 본인이 직접 또는 사환을 시켜 주민을 동원을 한 것은 구장회의가 만세시위를 구체적으로 계획하였음을 보여주고 있다. 그리고 백낙렬과 차병한이 우정면과 장안면의 만세운동의 주도자로 지목되고 있음은 구장회의 역시 이들이 주도적으로 준비하였던 것으로 보인다.

3. 순사보 매수와 쌍봉산 모의[83]

구장회의를 통해 구체적으로 만세시위의 방향을 정한 후 화수리주재소의 오인영[84]을 매수하고 쌍봉산에서 행동반을 조직하였다. 3월 29일 오후 5시경 수촌리의 차한걸과 이순모는 오인영이 하숙하고 있는 화수리 김영춘의 집을 찾아 그를 불러낸 다음 만세시위계획을 설명하고 협조를 부탁하였다. 다음날 30일 오후 4시 차한걸과 이순모, 오인영을 비롯하여 우정면 석천리의 김재식, 매향리의 백남표, 화산리의 기봉규,

---

[82] 『한민족독립운동사자료집』 20, 87쪽.

[83] 이와 관련하여서는 다소 의심스러운 부분도 없지 않다. 당시 신문조서를 받던 순사보 오인영이 코를 킁킁거리며 불안해하고 있어 수사를 하던 井上龜雄 순사에게 의심을 받았다. 그러나 본고에서는 당시의 정황을 전달하기 위해 경찰과 검찰 진술내용을 활용하고자 한다.

[84] 오인영은 화수리주재소 순사보로 당시 25세였으며 토지조사국의 필생, 면의 고용원으로 있다가 1913년 4월 19일 순사보로 임용되어 1917년 12월 17일 화수리주재소로 발령되어 근무하고 있었다(『한민족독립운동사자료집』 19, 242쪽).

조암리의 김문명, 장안면 장안리의 최학성, 독정리의 우영규와 홍순근, 수촌리의 백낙렬 등 11명은 만세시위 당일 전개할 일을 분장하고 효율적으로 처리하기 위해 일본인 순사 살해반과 주재소 및 면사무소 방화반 등을 조직하였다. 즉 일본인 순사 살해반에는 차한걸·이순모·김재식·우영규, 주재소 및 면사무소 방화반에는 오인영·김문명·백낙렬85)·최성학·홍순근·백남표·기봉규 등을 각각 선정하였다.86)

그리고 그 실행방법으로 첫째 주민들로 하여금 한국독립만세를 부를 수 있도록 선동할 것, 둘째 주재소 및 면사무소를 포위할 것, 셋째 돌을 던지고 곤봉으로 문을 파괴할 것, 넷째 방화반의 방화, 다섯째 일본인 순사 타살 등으로 일련의 순서를 정하였다. 이러한 만세시위의 사전조직화에 대해 오인영은 비밀에 붙이기로 하고 만세시위가 성공한 후 4월 15일 5백 원을 받기로 하는 증서를 받았다.87) 그리고 수금에는 김인태·최영석·김현조·우영규·기봉규 등이 참여하였다.88) 쌍봉산 모의에 참가한 천도교인으로는 기봉규,89) 우영규, 백남표,90) 백낙렬, 김현조, 김인태 등이 참여하고 있다.

---

85) 그러나 오인영은 4월 15일 수원경찰서에서 尾澤龜太郎 순사의 신문조서에서는 백남렬로 증언하고 있다(『한민족독립운동사자료집』, 245~246쪽).
86) 『한민족독립운동사자료집』 19, 343쪽 및 『한민족독립운동사자료집』 20, 129쪽.
87) 『한민족독립운동사자료집』 19, 245~246쪽. 증서의 내용을 오인영이 다음과 같이 밝히고 있다.
　'일금 5백원정
　위 금액을 양력 4월 15일에 꼭 지급하기로 이에 서명 날인함.
　대정 8년 3월 30일.
　車漢傑 李順模 金在肅(植) 崔承(成)學 白樂烈 洪順根 白南杓 奇鳳圭 禹暎圭 金文明
　吳麟永 귀하.'
88) 『한민족독립운동사자료집』, 231쪽.
89) 기봉규는 수원교구 교리강습소를 수료하고 전교사로 활동하였다.
90) 백남표는 남양교구 전교사로 활동하였다(『천도교회월보』 62, 44쪽).

4. 주민의 동원 및 만세시위의 주도

수원지역 3·1운동의 특징 중 하나는 조직적인 주민동원이라 할 수 있다. 주민동원은 이미 구장회의를 통해 어느 정도 계획은 되었으나 실제적으로는 종교조직을 통해 이루어졌다고 볼 수 있다. 그 중에서도 교세와 종교조직의 분포가 가장 컸던 천도교가 주민을 동원하는데 지도적인 역할을 하였다.[91] 4월 3일 우정면과 장안면 만세운동에서 천도교인과 관련하여 교인과 주민동원을 살펴보면 다음과 같다.

장안면 수촌리의 백낙렬은 이날 이른 아침 자신의 집에서 李鳳九·鄭淳榮·洪秀光 등과 같이 만세시위가 성공적으로 이루어지기를 기원하고, 사환 李元俊과 함께 집집마다 돌면서 교인과 주민들을 동원하기 시작하였다.[92] 그리고 이봉구는 수촌리전교실에서 제작한 '조선독립만세, 수원군 장안면 수촌리'라고 쓴 깃발을 들고 앞장섰다. 독정리에서는 전교사 李鍾根[93]·우종열·우영규 등이, 덕다리에서는 김창식이, 장안리에서는 조교순·김인태·양순서 등이, 기림골에서는 남양교구장 김현조와 전교사 김익배 등이 교인과 주민을 동원하였다.[94] 우정면의 경우 김창식과 김익배가 사곡리로 직접 나아가 김연성과 함께 주민들을 화산리 사기말로, 백낙온은 고온리 주민을 동원하면서 매향리 낭깨, 석천리 주민을 동원하였으며, 한세교와 박운석, 박용석은 이화리 뱅곡·만곡·뱅속, 석천리 유촌동 주민을, 김영보와 최일순, 최영순, 최완순 등은 화산리 배미·장포·한말 주민을 각각 사기말로 동원하였

---

91) 조성운, 「일제하 수원지역 천도교의 성장과 민족운동」, 196쪽.
92) 『한민족독립운동사자료집』 20, 국사편찬위원회, 1994, 4쪽 및 58쪽.
93) 이종근은 남양교구 전제원으로 활동하였다(『천도교회월보』 97쪽, 55쪽).
94) 김선진, 『일제의 학살만행을 고발한다』, 35~36쪽.

다.[95]

　그밖에 주곡리에서 동원된 주민들은 백낙렬의 지휘로 장안면사무소와 우정면사무소, 화수리주재소를 습격하여 각종 서류와 기물을 파손하고 방화하였다. 이 과정에서 화수리주재소 가와바다(川端) 순사가 시위행렬에 참살 당하였으며 시위행렬 중에서는 2명의 사망과 3명이 중경상을 입었다.[96]

　주민의 동원은 당시 4월 15일 수원경찰서에 송치 신문조서를 받은 수촌리의 차인범,[97] 김흥삼,[98] 김덕삼,[99] 이학서,[100] 백익순,[101] 김종학,[102] 백남훈,[103] 김교철[104] 등은 구장으로 있는 백낙렬 또는 그의 사환 이원준의 권유와 강압적 동원으로 만세운동에 참여하였다고 밝히고 있다. 이러한 점이 우정면과 장안면의 만세운동의 주모자로 백낙렬과 천도교인으로 지목하고 있다.[105] 수원경찰서에서는 이외에도 우영규, 기봉규, 백남표, 이원준, 차인환, 김정표, 이봉구 등을 주민을 동원하여 우정면과 장안면사무소와 화수리주재소 방화 및 천단 순사의 살해범으로 엄정 수사할 것을 시달하고 있다.[106]

---

[95] 김선진, 『일제의 학살만행을 고발한다』, 39쪽.
[96] 『독립운동사』 2, 국사편찬위원회, 1983, 681~687쪽.
[97] 『한민족독립운동사자료집』 19, 235~236쪽 및 290쪽.
[98] 『한민족독립운동사자료집』 19, 249쪽 및 298쪽.
[99] 『한민족독립운동사자료집』 19, 252쪽 및 300쪽.
[100] 『한민족독립운동사자료집』 19, 253쪽 및 301~302쪽.
[101] 『한민족독립운동사자료집』 19, 254쪽.
[102] 『한민족독립운동사자료집』 19, 255쪽.
[103] 『한민족독립운동사자료집』 20, 130쪽.
[104] 『한민족독립운동사자료집』 20, 54쪽.
[105] 『한민족독립운동사자료집』 19, 232~233쪽 및 236쪽, 253~254쪽.
[106] 『한민족독립운동사자료집』 19, 281~282쪽.

한편 백낙렬은 만세시위가 끝난 후 일제의 보복을 대비하여 주민을 대피시키는데도 앞장서고 있다. 그는 '이제 수비대가 온다. 오면 총으로 사살한다. 어떻게 당할지 모른다. 그렇다면 남산에 웅거하자'라고 하며 사강리 남산으로 집결시키기도 했다.[107]

5. 기독교 및 유림과의 연대

수원지역 3·1운동에서 천도교인들은 중앙에서와 마찬가지로 기독교, 유림과 연대를 통해 만세운동을 조직적으로 전개하거나 역시 주민을 동원하는데도 적극적으로 역할을 하였다. 우선 백낙렬과 김성렬은 기독교의 안종후와 같이 서울의 만세시위에 참여하고 돌아와 비밀리에 만세운동을 준비하였다.[108] 그리고 김흥렬은 팔탄면 유학자 이정근과 연락을 취하면서 만세운동을 준비하였다. 그리고 이들을 중심으로 우정면, 장안면, 향남면, 팔탄면 만세운동을 주도하였다. 특히 구한말의 한학자인 이정근은 을사보호조약 이후 궁내부 주사직을 버리고 낙향하여 팔탄면, 향남면, 우정면, 장안면, 정남면, 봉담면, 남양면 등 7개 면에 서당을 설립하고 후학을 양성하고 있었다.[109] 그가 운영하였던 서당은 만세운동을 준비하거나 전개하는데 중요한 거점이 되었다. 특히 3월 31일 발안만세운동에서 제자들을 조직적으로 동원하였으며, 자신도 희생되었다. 특히 유림과의 연대는 중앙에서 기독교, 불교와의 연대와는 다른 양상을 보여주고 있다.

---

107) 『한민족독립운동사자료집』 20, 78~80쪽.
108) 김선진, 『일제의 학살만행을 고발한다』, 32쪽.
109) 조병창, 「수원지방을 중심으로 한 3·1운동 소고」, 단국대학교 석사학위논문, 1971, 38쪽; 조성운, 「일제하 수원지역 천도교의 성장과 민족운동」, 195쪽.

그리고 기독교와의 연대는 신문조서나 증인청취서에서도 잘 나타나고 있다. 장안면 금의리 李海鎭 이장은 천도교인과 기독교인이 만세운동의 주모자라고 밝히고 있듯이[110] 우정면, 장안면, 향남면, 팔탄면의 만세운동은 종교간의 연대를 통해 전개되었다. 특히 제암리학살사건에서 보듯이 희생자가 대부분이 천도교인과 기독교인인 것도 이를 뒷받침하고 있다.

이밖에도 동탄면에서는 기독교인과의 연대를, 성호면에서는 보통학교 졸업생과의 연대를 하고 있음을 확인할 수 있다.

Ⅴ. 만세운동에 대한 일제의 보복과 천도교

천도교인의 주도로 우정면과 장안면에서 만세시위가 점차 지속화·폭력화되자 일제는 보다 강력한 진압을 위해 일본군을 동원했다. 이미 3월 31일 발안장 시위가 있은 직후 경기도 장관과 수원군수에게 군대 지원을 요청하였다. 특히, 일제는 가와바다 순사가 참살되는 격렬한 시위는 천도교가 주동하였다고 판단하고 천도교 전교실을 비롯하여 집집마다 수색하는 한편 방화를 하였다. 그리고 마침내는 제암리에서 37명이, 고주리에서 6명이 각각 희생되었다.

한편, 일제의 보복에 앞서 화수리주재소를 습격하는 등 만세시위를 주도한 백낙렬은 '곧 수비대가 오면 많은 주민들이 사살할 것으로 보고 저녁 식사 후 남산에 웅거하자'고 주장하였으며[111] 이에 대해 군중들은

---

110) 『한국독립운동사자료집』 19, 232쪽.
111) 『한민족독립운동사자료집』 20, 국사편찬위원회, 1994, 78쪽.

수비대가 와서 총을 쏘는 일이 있다면 산에서 봉화를 올리고 일제히 만세를 부르기로 하였다.[112] 이에 따라 만세시위를 마친 군중들은 일단 해산하고 저녁 식사 후 만세시위에 사용하였던 몽둥이와 돌을 지니고 사랑리 남산으로 모여서 수비대와 결전에 대하여 논의하였다.[113] 그리고 화수리와 굴원리 주민들도 일제의 보복을 예견하고 원안리와 호곡리 방면으로 피신하였다.[114]

4월 4일 새벽이 되자 화수리주재소 습격사건을 보고 받은 일본군은 제20사단 39여단 78연대 소속 아리다(有田) 중위가 이끄는 1개 소대를 파견하였다. 아리다는 발안에서 달려와 화수리를 완전히 포위하고 마구 총질을 하였다. 그러나 이미 주민들이 다른 곳으로 피신한 것을 안 아리다는 집집마다 방화하기 시작하였다. 날이 밝자 아리다는 원안리와 굴원리로 몰려가 송낙인 등 4명을 포박해 주재소로 끌고 가 주민들의 행방을 알아내기 위해 몽둥이로 고문하였다. 이어 아리다는 수비대를 이끌고 호곡리와 원안리로 몰려가 만세시위의 주동자를 색출하기 위해 혈안이 되었다. 이들은 잠시 후 주민 30여 명을 포박하여 주재소로 끌고 와 갖은 고문과 폭행을 자행하였다. 주민들은 고문에 성한 사람이 하나도 없었으며 고문을 하다가 정신을 잃고 탈진하면 냇가에 내다버렸다.[115] 이어 아리다는 사이다와 함께 다시 수비대를 이끌고 불에 타다 남은 화수리주재소 주변을 조사하였다. 주재소로부터 얼마 떨어지지 않은 소나무 숲에서 돌무덤을 발견하고 가와바다의 시체를 찾

---

112) 『한민족독립운동사자료집』 20, 78쪽.
113) 『한민족독립운동사자료집』 19, 347쪽 및 『한민족독립운동사자료집』 20, 80쪽.
114) 김선진, 『일제의 학살만행을 고발한다』, 47쪽.
115) 김선진, 『일제의 학살만행을 고발한다』, 48~55쪽.

아낸 다음 사이다는 한각리로, 아리다는 화수리임시주재소로 돌아왔다.

이처럼 화수리부터 시작된 아리다의 일본군 보복만행은 수촌리·한 각리·조암리·석포리·장안리·어은리·멱우리·사곡리·고온리·덕 정리·독정리·사랑리·화산리·운평리·원안리·쟁마리·고주리·이 화리 등 우정면, 장안면, 팔탄면, 향남면 등 전체 마을에 걸쳐 자행되었 으며, 이 만행으로 1백여 채의 가옥방화와 20여 명의 사상, 40여 명의 투옥, 5백여 명의 주민이 고문과 폭행을 당했다.[116] 본고에서는 이중 가장 처참한 보복을 당한 수촌리와 제암리, 고주리를 중점적으로 살펴 보고자 한다.

일본군이 네 차례에 걸쳐 가장 혹독하게 보복을 가한 곳이 장안면 수촌리이다. 이것은 장안면과 우정면사무소, 화수리주재소 습격 때 '대 한독립만세 수원군 장안면 수촌리'라 쓴 깃발을 들고 항상 앞장서서 만 세시위를 주도했기 때문이다. 이 깃발은 李鳳九가 만들어 화수리주재 소를 습격할 때 주재소로 달려가다가 넘어지는 바람에 버리고 나왔다. 이봉구는 천도교인으로 1909년 2월 중앙에서 師範講習所를 개설하자 孔炳台와 같이 입학 수료하였으며 1910년과 1916년에는 수원교구 교구 장을 맡았다.[117]

4월 4일 오전 사이다는 수비대와 함께 화수리주재소 현장을 조사하 다가 이 깃발을 보고 수촌리 주민들이 선동하였을 것이라고 단정하였 다. 이리하여 수촌리는 네 차례의 보복을 당하였다. 1차 보복은 4월 5일 시도되었다. 이날 오전 3시 반경 아리다는 수비대 30여 명을 이끌

---

[116] 아리다와 일본군의 보복만행에 대한 상세한 것은 김선진의 『일제의 학살만행을 고발한다』를 참조.

[117] 「수원군종리원연혁」, 31쪽.

고 수촌리 큰말을 완전히 포위하고 총을 마구 쏘아댔다. 뿐만 아니라 교회당과 집을 닥치는 대로 방화하였으며 주민들은 마을 뒷산으로 피신할 수밖에 없었다. 이날 보복으로 가옥 24채와 5명의 주민이 부상을 당했다.[118]

2차 보복은 이날 오후 어은리를 거쳐 발안으로 나오던 수비대에 의해 자행되었다. 수비대는 수촌리에 다시 들려 불타고 남은 8채의 가옥을 샅샅이 수색하였다. 이때 이봉구가 화수리주재소 가와바다 순사를 참살할 때 피가 묻은 옷을 미처 처분하지 못하고 다락에 감추어 두었는데 이때 발견되었다. 그리고 오전 산으로 피신하였던 주민이 집으로 내려왔다가 검거되어 발안리주재소로 끌려갔다. 이들은 이곳에서 혹독한 고문을 당했다.[119]

3차 보복은 이틀 후인 4월 7일 다시 자행되었다. 이날 일본 수비대는 수촌리 가장말을 비롯하여 꽃말, 용담굴을 집집마다 돌아다니며 주민들은 협박하여 모은 다음 발안리주재소로 끌고 갔다. 이들은 밧줄에 묶여 뭉둥이질을 당했으며 피투성이가 된 채 버려졌다. 이날 끌려온 주민들은 130여 명에 달하였다.[120]

그리고 4차 보복은 그 다음날인 4월 8일 전개되었다. 수비대는 수촌리로 몰려와 만세시위를 주도한 백낙렬을 찾기 위해 혈안이 되었다. 주민들의 호응이 없자 수비대는 1차 보복 때 방화하고 남은 8채의 가옥 중 4채를 다시 방화하였다.[121]

---

[118] 김선진, 『일제의 학살만행을 고발한다』, 66~68쪽.
[119] 김선진, 『일제의 학살만행을 고발한다』, 71~72쪽.
[120] 김선진, 『일제의 학살만행을 고발한다』, 72~76쪽.
[121] 김선진, 『일제의 학살만행을 고발한다』, 76~77쪽.

이와 같이 네 차례의 보복으로 수촌리는 42채의 가옥 중 38채가 방화되었으며 천도교전교실과 강습소, 이봉구·백낙렬의 가옥 등 모두 소각되었다.

한편, 수비대는 4월 4일부터 4월 13일까지 모든 마을을 보복한 후 제암리에 보복의 손길이 뻗쳤다. 4월 15일 오후 2시 반경 사이다는 아리다를 앞세우고 제암리를 완전히 포위한 후 한 사람도 밖으로 나가지 못하게 하였다. 이어 '사이다가 할 말이 있으므로 교회로 전원 다 모이라'고 시달하였다. 이에 주민들은 이때 金學敎의 집에 숨어 있던 이병헌에게 통역을 부탁하였으나 이병헌은 자신도 검거될 상황이라 하는 수 없이 거절하고 뒷산에 숨어서 동태를 파악하였다.[122] 이에 주민들은 교회로 모였으며 수비대는 교회 정문에서 총을 세워 놓고 사람 키를 비교한 다음 하나 둘씩 들여보낸 후 문을 닫아 버렸다. 그리고 곧바로 석유를 뿌린 후 방화를 하였다.[123] 이중 洪淳鎭은 밖으로 나오다가 총에 희생되었고, 盧慶泰는 구사일생으로 탈출하여 목숨을 구할 수 있었다.[124] 이날 교회에서 참살당한 주민들은 대부분 천도교와 기독교인으로 일반적으로 23명이라 하고 있다. 그러나 이 문제에 대해서는 좀 더 고찰할 필요가 있을 것으로 사료된다. 이에 대해서는 별도로 논하고자 한다. 당시의 학살상황을 정한경은 「한국의 사정」에서 다음과 같이 기록하고 있다.

122) 이병헌, 「수원사건」, 72쪽.
123) 이병헌, 「수원사건」, 72쪽.
124) 김선진, 『일제의 학살만행을 고발한다』, 144~147쪽.

목요일인 4월 15일 낮 몇 명의 군인들이 마을로 들어와 강연이 있을 터이니 모든 남자 기독교 신자와 천도교 교인들을 모두 교회로 집합하라고 알렸다. 29명의 남자들이 교회에 가서 안에 들어앉아 무슨 일이 있을 것인가 하고 웅성거리고 있었다. 그들은 종이 창문 틈으로 군인들이 교회를 완전히 포위하고 불을 지르고 있다는 사실을 알아냈다. 대부분의 한국인들이 죽거나 심하게 다쳤을 때에도 일본군인들은 이미 불길에 싸인 교회 건물에 계속 불을 붙였다. 그 속에 있던 사람들은 탈출을 기도했지만 칼에 찔리거나 총에 맞아 죽었다. 교회 밖에는 이같이 탈출하려다 목숨을 잃은 6구의 시체가 흩어져 있었다. 남편이 교회에 불려갔는데 총소리가 나자 놀란 두 명의 부녀자가 남편에게 무슨 일이 일어난 것이 아닌가 하고 달려와 군인들의 틈을 비집고 교회로 접근하려 하자 그들을 무참하게 죽여버렸다. 19세의 젊은 부인은 칼에 찔려 숨지고 40세를 넘는 다른 한 여자는 총살당했다. 그들은 모두 기독교 신자였다. 군인들은 그런 다음 온 마을에 불을 지르고 어디론지 사라져 버렸다.[125]

이어 수비대는 학살사건 이후 제암리 집집마다 돌면서 집집마다 방화를 하여 33채 가옥 중 2채만 남기고 천도교전교실을 포함하여 31채가 불타버렸다.[126]

제암리교회에서 주민들을 참살한 아리다는 곧바로 향남면 고주리로 향하였다. 고주리는 제암리에서 불과 10분 거리 밖에 안 되는 가까운 마을이었다. 당시 고주리 주민들은 제암리의 참변을 보고 대부분 산속으로 피신한 후였다. 그러나 발안장날 만세시위를 주도했던 김흥렬 일가는 '그놈들도 사람인데 죄 없는 사람을 함부로 죽이지는 못하겠지'

---

125) 정한경, 「한국의 사정」, 『한국독립운동사자료집』 6, 독립운동사편찬위원회, 1973, 301쪽.
126) 김정명, 『朝鮮獨立運動 Ⅰ-民族主義運動篇』, 原書房, 1967, 606쪽 및 627쪽; 김선진 『일제의 학살만행을 고발한다』, 147쪽.

하는 생각으로 온가족이 피신하지 않고 그대로 집에 있었다. 수비대는 유일하게 남아 있던 김흥렬의 집으로 들이닥쳐 김흥렬을 비롯해 집안에 있던 金聖烈·金世烈·金周業·金周南·金興福 등 일가족 6명을 포박하고 백낙렬의 행방을 추궁하였다.[127] 김흥렬이 대답을 하지 않자 아리다는 김흥렬 가족을 짚단과 나무로 덮어놓고 석유를 뿌린 후 생화장을 했다.[128] 당시 상황을 이병헌은 다음과 같이 기록하고 있다.

> 그 隣洞(고죽골) 天道教인 金興烈氏 집으로 가서 金聖烈, 金世烈, 金周男, 金周業, 金興福 等 六人을 逮捕하여 結縛하여 놓고 짚단과 나무로 덮어놓고서 石油를 뿌리고 또 生火葬을 하였다.[129]

한편 3·1운동 이후 일제의 진압으로 어느 정도 만세운동이 진정되자 일반사회에서는 천도교에 대한 배척 내지 반감이 적지 않았다. 일제는 이러한 사실을 『매일신보』를 통해 선전하기도 하였다.[130] 특히 경기지역은 3월 1일 독립선언이 발표되었다는 소식을 듣고 초창기에는 '조선독립은 조선민족을 위한 이익'이라고 하여 상당한 호감을 가졌으나 만세시위가 진정됨에 따라 천도교에 대한 호감이 반감으로 바뀌었다[131]고 한 바 있는데 수원에서 이러한 현상이 보이고 있다. 즉 일제의 보복이 끝난 4월 26일 우정면 화산리전교실이 원인불명으로 파괴되었는데 일제측은 만세운동과 관련하여 천도교에 반

---

127) 김선진, 『일제의 학살만행을 고발한다』, 148~152쪽.
128) 이병헌, 「수원사건」, 81쪽.
129) 이병헌, 「수원사건」, 『신천지』2, 서울신문사, 1946.3, 81쪽.
130) 『매일신보』, 1919.4.24; 5.3; 5.22; 6.1.
131) 「조선소요사건상황」, 『독립운동사자료집』6, 독립운동사편찬위원회, 1973, 696쪽.

감을 가진 자의 소행으로 보았다.[132]

VI. 제암리학살사건에 대한 논점

그 동안 제암리학살사건(이하 제암리사건)에 대한 희생자는 23명으로 기술하고 있다. 그리고 이 23명의 숫자는 언제부터 고정화되었는지도 불분명하다. 아마도 이 숫자는 일제 측의 기록을 그대로 원용하고 있다고 본다. 그런데 3·1운동뿐만 아니라 일제와 관련된 사건에 대해서 일반적으로 학계나 학자들은 축소하거나 왜곡하였다고 주장하고 있으나 제암리사건에 대해서는 이의를 제기하지 않고 그대로 받아들이고 있는 실정이다. 일본 측은 당시의 제암리사건을 다음과 같이 왜곡·축소하고 있다.

경찰이 기독교인과 천도교인을 마을 교회에 초대하여 호의적인 상담을 가지려고 하였던 바, 그들이 모였을 때 몽둥이와 지팡이 등으로 일본군인을 공격하였고, 이 혼란한 통에 램프가 엎드려져서 교회에 불이 붙고 이 불 때문에 많은 사람이 타죽고 어떤 사람은 탈출하려다 총에 맞아 죽었다.[133]

이러한 일제의 왜곡 축소된 제암리사건에 대한 진상은 기록마다 상당한 차이를 보이고 있다. 필자는 이에 대해 각종 사료를 조사한 결과 많은 의문점이 있다고 판단하고 새로운 시각으로 접근하고자 한다. 따라서 제암리사건에 대한 접근할 수 있는 자료는 사건 담당자인 일본군

---

132) 김정명, 『朝鮮獨立運動 Ⅰ-民族主義運動篇』, 665쪽.
133) 「주서울 미국총영사 보고」(5월 12일자), 『한국기독교와 역사』 7, 121쪽.

측의 보고자료와 언더우드[134]·테일러[135]·스코필드[136]·노블[137]·로
이즈[138] 등 기독교 선교사들과 외국인이 현장 조사한 증언 및 보도내
용, 그리고 희생자들의 증언을 통해 정리하고자 한다. 우선 일본 측의
자료는 사건을 축소하거나 왜곡할 가능성이 적지 않으며, 외국인의 자
료는 현지 주민을 통한 현장조사라고 하지만 통역과 기록과정에서 오
류가 적지 않을 것으로 판단된다. 그리고 전동례, 김순이 할머니의 경
우 60여 년이 지난 후에 이루어진 것이라 사건 당시의 상황에 대한 세
밀한 부분까지 정확을 기할 수 없으리라는 점에서 사료적 한계가 있음
을 먼저 밝혀둔다.

제암리사건의 희생자의 숫자는 해방 후 1959년 정부에서 건립한 순
국기념비에 의하면 23명으로 기록하고 있으며 이것이 통설로 자리잡고

---

134) 언더우드는 선교사이며 1919년 4월 16일 제암리사건 이튿날 오후 제암리 현장을
 방문한 최초의 외국인으로 이 사건을 외부에 알린 첫 인물이다. 그의 증언은 미국
 기독교연합회가 편찬한 『3·1독립운동진상보고』에 수록되어 있으며 국제 여론화
 에 중요한 소재로 활용되었다.

135) 테일러는 프리랜서 기자로 3·1운동 당시 〈재팬 애드버타이저〉의 한국 특파원 신
 분이었다. 1919년 4월 16일 제암리 현장을 취재한 기사가 〈재팬 애더버타이저〉 4월
 29일에 보도됨으로써 일본에 사건 진상을 알렸다.

136) 제암리사건과 관련하여 가장 주목할 선교사로써, 3·1운동이 일어나자 한국인을
 돕기에 앞장서서 언론을 통해 일제의 비인도적 만행을 폭로하였다. 특히 1919년
 4월 17일 제암리학살사건 소식을 듣고 18일 사건 현장을 찾아가 사진을 찍고 조사
 했으며 같은 날 수촌리를 방문하여 부상자를 돕는 한편 수촌리의 잔학행위에 관
 한 보고서를 남겼다. 이때 조사한 보고서는 1919년 7월 기독교연합회 동양관계위
 원회가 발행한 『한국의 상황』에 실려 있다.

137) 노블은 제암리가 소속되어 있는 감리교 수원지방 감리사로 제암리사건에 대한 상
 황을 비교적 잘 기록하고 있다. 그의 기록은 1919년 11월 서울에서 열린 미감리회
 조선연회에서 행한 '수원지방감리사보고'와 제암리교회에서 복구 작업에 참여했
 던 기록은 그와 동행한 아내의 일기에 있다.

138) 로이즈는 3·1운동 당시 영국대리영사로 4월 19일 제암리를 방문하여 교회 안에
 갇혀 있다가 탈출한 유일한 생존자 노씨를 만나 사건 경위를 청취하였다. 이 기록
 은 비망록 형식으로 영국 외문성 문서에 들어있다.

있다. 그러나 사건 당시 희생자의 숫자는 기록마다 다양하게 나타나고 있는데 이를 살펴보면 다음과 같다.

① 일본인들은 이런 방법으로 12명 정도의 기독교인과 25명 정도의 한국 종교인(천도교인 25명)을 불러 모았다.[139]

② 살해당한 기독교인수는 12명인데 그들의 이름은 입수되었고, 그들에 더하여 여자가 있었는데 그들의 살해당한 남편들에게 무슨 일이 일어 났는지 알아보기 위해 왔었다. 한 여인은 40세가 넘었고 다른 한 여인 은 10세였다. 이들 시체들은 교회 밖에서 볼 수 있었다.[140]

③ 언더우드 : 교회 안에서 죽은 사람은 몇 명이나 되는가? 한국인 : 약 30명[141]

④ 그가 설명한 사건 전말도 다른 사람들의 이야기와 모든 면에서 부합 했다. 그도 역시 몇 명이 피살되었는지 몰랐으나 약 30명 정도로 보았 다.[142]

⑤ 이 사건은 헌병과 군인이 이 마을에 들어가 명령을 내릴 것이 있다고 하면서 마을 남자들을 교회에 모이게 하여 저지를 것이다. 교회에 모 인 사람들은 50여명 정도가 되었다.[143]

⑥ 명령대로 교회에 모인 인원은 30여명이었다고 하는데 병정들은 모인 사람들에게 사격을 가한 후 교회에 들어가 아직 죽지 않은 자들을 군 도와 총검으로 모두 해치웠다는 것이다.[144]

⑦ 마을에서 약간 떨어진 집안에 있던 여인들에게 조심스럽게 물어본 결 과, 살해된 기독교인은 12명이라 하며, (중략) 교회 안에서 살해된 나

---

[139] 「미국국회의사록(발췌)」, 『독립운동사자료집』 4, 309쪽.
[140] 「미국국회의사록(발췌)」, 『독립운동사자료집』 4, 310쪽.
[141] 「한국의 정세(1)」, 『독립운동사자료집』 4, 406쪽.
[142] 「한국의 정세(1)」, 『독립운동사자료집』 4, 407쪽.
[143] 「한국의 정세(1)」, 『독립운동사자료집』 4, 409쪽.
[144] 「한국의 정세(1)」, 『독립운동사자료집』 4, 413쪽.

330 · 근대전환기 서구문명의 수용과 민족운동

머지 남자들은 천도교인이며 25명이었다고 한다.145)

⑧ 약 30명이 교회 안으로 들어섰을 때 병사들이 소총으로 그들에게 사격을 개시했다.146)

⑨ 모든 기독교 신도와 천도교 교인들은 모두 교회에 집합하라고 알렸다. 29명의 남자들이 교회에 가서 안에 들어 앉아 무슨 일이 있을 것인가 하고 웅성거리고 있었다.147)

⑩ 30餘名의 敎人이 敎堂에 會集하여 何事가 有한가 疑惑하는 中 (중략) 堂內에서 死한 者 二十二人이요 庭內에서 死한 者 六人이라.148)

⑪ 예수교도 및 천도교도 있음에 알고 4월 15일 부하 11명을 인솔 순사, 순사보와 함께 동지에 이르자 예수교 회당에 집합한 교도들의 반항을 받자 사격으로 대항 사자 20명, 부상자 1명을 내고149)

⑫ 군대 협력으로 진압하고 폭민의 사망 32명, 부상자 약간명150)

⑬ 사상자 20명 확실, 부상자 1명은 도주 행위불명151)

⑭ 야소교회당에 교도 30여명 집합, 불온한 상태로 해산명령에 불응하며 폭거로 나오려고 하자 발포, 死者 約 20명, 負傷者 1, 2명152)

⑮ 천도교도와 야소교도 25여명이 야소교회당에 집합, 전부 사살153)

앞서 살펴보았듯이 제암리사건의 희생자는 기록자에 따라 다양하게 나타나고 있다. 그러나 이 기록은 크게 두 가지로 분류할 수 있

145) 「한국의 정세(1)」, 『독립운동사자료집』 4, 415쪽.
146) 「한국의 진상(2)」, 『독립운동사자료집』 4, 625쪽.
147) 「한국의 사정」, 『독립운동사자료집』 6, 독립운동사편찬위원회, 1973, 301쪽.
148) 金秉祚, 『한국족립운동사략』, 宣民社(상해), 1920; 김형석, 『一齋 金秉祚의 民族運動』 附 韓國獨立運動史(上), 남강문화재단출판부, 1993, 274쪽.
149) 「조선 3·1 독립소요사건」, 『독립운동사자료집』 6, 930쪽.
150) 金正明, 『朝鮮獨立運動 I -民族主義運動篇』, 606쪽.
151) 金正明, 『朝鮮獨立運動 I -民族主義運動篇』, 631쪽.
152) 金正明, 『朝鮮獨立運動 I -民族主義運動篇』, 627쪽.
153) 『不逞團關係雜件 朝鮮人의 部 在內地』, 일본외무성, 1919(국사편찬위원회).

다. 하나는 외국인이 현장을 취재하고 보도한 것으로 ①부터 ⑨까지이며, 다른 하나는 일본 측의 기록으로 ⑪에서 ⑮까지이다. 이 두 종류의 기록에서 외국인의 기록에는 희생자의 수가 대체로 30명으로 표기하고 있으며, 일제 측의 기록은 20여 또는 25명 정도로 나타나고 있다. 이러한 희생자 숫자의 차이는 일제 측이 고의로 희생자의 숫자를 줄이려고 하는 의도가 분명하게 엿보이고 있다.

또 하나 유의해야 할 점은 외국인의 취재기록 중 증언관계를 살펴볼 필요가 있다. 외국인의 취재는 현장중심이지만 증언한 사람 역시 두 가지로 분류할 수 있다. 하나는 제암리 주민이고, 다른 하나는 제암리 인근 마을 주민이다. 이것은 취재자료의 정확성을 확인하는데 있어서 매우 중요하다고 볼 수 있다. 앞서 본 자료중 ①, ②, ⑦은 제암리 주민이 현장 또는 주변에서 본 상황을 증언한 것이며 ③, ④, ⑤, ⑥은 제암리 인근마을 주민의 증언으로 이는 제암리사건을 주변으로부터 듣고 전언한 것이다. 이 전언한 것은 현장 또는 주변에서 본 상황보다 부정확할 수밖에 없다. 이러한 점에서 볼 때 제암리사건의 희생자의 수는 37명이 가장 정확하다고 판단된다. 그리고 이 37명의 희생자는 기독교인이 12명, 천도교인이 25명이라 할 수 있다. 이를 뒷받침하는 자료가 주서울 미총영사 앨런 홀쯔버그가 4월 23일과 5월 12일 미국무장관에게 두 차례 보고한 것이다. 그 내용은 다음과 같다.

이 달 16일에 일본군 78연대 사병들이 제암리에 들어가 남자 기독교들을 모두 마을 교회에 모이도록 명령하였습니다. 그 마을 교회는 감리교의 교회였습니다. 커티스 영사는 보고에서 '남자 기독교인들이 모두 교회에 모이자 일본군은 그들에게 일제히 사격을 가하기 시작하였습니다. 일본군은 사격을 가한 후에 총검과 군도로 생존자를 죽였습니다. 질문을 받은 마을사람들은 희생자가 약 30명에 이를 것이라고 말한 바, 이 숫자는 마을주민 숫자를 감안할 때 설득력 있는 숫자라고 믿어집니다. 학살이 끝난 후 교회에 방화하였으며, 불길은 마을의 낮은 곳으로 번져 나갔습니다'라고 쓰고 있습니다. <u>그 후에 입수한 소식에 따르면 모두 37명이 교회 안에서 학살된 바 그 가운데 2명은 남자를 쫓다 들어간 부인들이었다고 합니다.</u>[154]

저의 1919년 4월 23일자 보고서 제35호에서 보고 드린 바와 같이 저는 여기 총영사관의 커티스 영사를 제암리에 출장시켜 일본군이 촌락을 불태웠고 30명을 학살하였다는 것을 알았습니다. <u>그러나 다음에 들어온 소식에 따라 일본군은 기독교인과 천도교인을 마을 교회에 모이도록 하여 교회 내에서 35명을 학살하였다는 것을 알게 되었습니다. 이 35명 가운데 기독교인은 10명이며 천도교인은 25명이었습니다.</u> 이밖에도 교회 안에 갇힌 남편을 구하려던 부인 2명이 노상에서 사살되었습니다. ....(중략).... 총독부는 공식 사과의 표시로 매우 소규모의 구제대책을 세우고 있으며, 노블 박사에게 35명의 마을사람들이 계획적으로 살해된 감리교회 재건에 쓰라고 1,500엔(750달러)을 주었습니다.

커티스 영사가 직접 제암리를 찾아가 진상을 밝히기 전까지는 <u>일본측이 내세운 37명의 학살</u>과 마을을 파괴하게 된 구실을 다음과 같은 것이었다. 경찰이 기독교인과 천도교인을 마을 교회에 초대하여 호의적인 상담을 가지려고 하였던 바, 그들이 모였을 때 몽둥이와 지팡이 등으로 일본군인을 공격하였고, 이 혼란한 통에 램프가 엎드려져서 교회에 불이 붙고 이 불 때문에 많은 사람이 타죽고 어떤 사람은 탈출하려다 총에 맞아 죽었다.[155]

이 두 보고서는 매우 중요한 점을 시사하고 있다. 처음 4월 23일 보

---

154) 「주서울 미총영사 앨런 홀쯔버그의 보고」(4월 23일자), 『한국기독교와 역사』 7, 1997, 122쪽.
155) 「주서울 미국 총영사 보고」(5월 12일자), 『한국기독교와 역사』 7, 119~121쪽.

고한 내용에 의하면 초기에는 희생자가 30명으로 알았으나 그 후 입수된 소식에 의하면 희생자가 37명으로 확인하고 있다. 그리고 이어 재차 보고한 5월 12일자에서도 역시 희생자는 37명으로 기독교 12명, 천도교 25명으로 확신하게 보고하고 있다. 그리고 일제 측인 총독부도 희생자가 37명임을 스스로 밝히고 있다. 이러한 점으로 미루어 보아 제암리에서 희생된 사람은 23명이 아니라 37명임을 확인할 수 있다.

Ⅶ. 맺음말

이상으로 본고에서는 수원지역의 3 · 1운동에서 천도교를 중심으로 한 종교적 배경과 만세시위 전개과정, 천도교인의 역할, 그리고 일제의 보복만행과 제암리학살사건에 대하여 살펴보았다. 이를 다음과 같이 정리하면서 결론을 맺고자 한다.

첫째, 수원지역의 3 · 1만세운동은 대체로 종교단체의 활동이 다른 지역보다 두드러지게 나타나고 있다. 이러한 점은 3 · 1운동의 핵심적 세력이 천도교와 기독교의 종교단체에서 추진되었기 때문으로 풀이되지만 우정면과 장안면의 지역적 특성도 적지 않다고 본다. 천도교의 경우 1860년 4월 5일 동학이 창도된 이후 1861년에 이미 경기도 남부지역에 포교가 되었으며, 1880년대에는 수원지역에 포교될 정도로 널리 알려졌다. 이러한 동학은 1894년 동학혁명의 기본 조직으로 활동하였으며 1905년 동학이 천도교로 이름을 재정립한 후에는 근대적 조직인 교구로 전환 교육운동을 비롯하여 다양한 활동을 전개하였다. 이들은 동학혁명과 개화운동을 거치면서 종교활동과 민족운동의 주체로 성장하였다. 특히, 우정면과 장안면의 천도교 지도자인 백낙렬과 김흥렬은 반일외세의 동학혁명에 참여한 바 있으며, 3·1운동 민족대표 손병희의 지도를 받으면서 항일민족의식을 배양하였을 뿐만 아니라 3·1운동이 일어나자 앞장서서 만세운동을 준비하고 주도하였다.

둘째, 수원지역의 3·1만세운동은 전주민이 참여하는 계획적이고 민중적인 성격을 지니고 있다. 앞서 살펴본 바와 같이 천도교인은 서울과 수원에서 3·1만세시위가 일어나자 즉시 이에 호응하였다. 특히 서울에서 만세시위에 참여하였던 백낙렬과 김흥렬은 고향으로 돌아와 전주민이 참여하는 만세시위를 전개하기로 하고, 이를 위해 구장회의와 면사무소와 주재소 방화반, 순사 살해반을 편성하는 등 매우 주도면밀하게 계획하였으며, 그리고 전주민을 동원하였으며 단순히 만세시위로 그치지 않고 주재소와 면사무소 방화, 순사 참살 등 적극적이고 공세적인 만세시위로 발전하였다. 또한 면단위 만세운동에서 1천 명 또는 2천 명의 동원은 적지 않은 의미를 지닌다고 할 수 있다.

셋째, 우정면과 장안면의 만세운동에 대한 일제의 보복은 비인도적인 탄압의 만행의 탄압과 축소 왜곡으로 이어지고 있다. 우정면과 장안면에서 만세시위가 점차 지속화 폭력화되자 일제는 보다 강력한 진압을 위해 일본군을 동원했다. 이미 3월 31일 발안장 시위가 있은 직후 경기도 장관과 수원군수에게 군대지원을 요청하였다. 특히 일제는 가와바다 순사가 참살되는 격한 시위는 천도교가 주동하였다고 판단하고 천도교 전교실을 비롯하여 집집마다 수색하는 한편 방화를 하였다. 그리고 마침내는 제암리에서 37명이, 고주리에서 6명이 각각 학살하였다.

뿐만 아니라 일제는 보복만행에만 그치지 않고 이를 축소 왜곡하는 등 사실 자체를 은폐하고자 하였다. 다행이 스코필드와 노블 등 외국인 선교사와 커티스 미영사의 노력으로 밝혀졌지만 일제는 여전히 경찰이 기독교인과 천도교인을 마을 교회에 초대하여 호의적인 상담을 가지려고 하였던 바, 그들이 모였을 때 몽둥이와 지팡이 등으로 일본군인을 공격하였고, 이 혼란한 통에 램프가 엎드려져서 교회에 불이 붙고 이 불 때문에 많은 사람이 타죽고 어떤 사람은 탈출하려다 총에 맞아 죽었다고 왜곡하고 있다. 이러한 축소 왜곡은 현재의 제암리순국기념관에도 그대로 보여주고 있다. 일본 측 그것도 기독교의 일부이지만 제암리학살사건을 그들은 여전히 '제암리燒打事件'으로 축소하고 있다. 앞으로 본고를 계기로 하여 제암리사건에 대한 사건 경위를 비롯하여 희생자 수, 명단, 종교상황 등을 구체적으로 조명되기를 기대해 본다.

Ⅰ. 머리말

한말부터 일제의 침략에 저항하여 민족주의를 크게 신장시킨 민족
운동의 큰 흐름 중 하나는 1910년 일제의 강점을 전후하여 해외로 망
명, 또는 이주한 반일인사, 민족운동가들이 국권회복과 자주독립을 위
해 투쟁한 민족독립운동이다.

해외의 민족독립운동은 한인사회의 규모가 큰 西間島와 北間島를
중심으로 하는 滿洲地域[1]과 초기 露領 沿海州, 그리고 하와이와 미국

---

[1] 滿洲라는 지명은 오늘날 중국에서는 中國東北 또는 東北三省이라는 명칭으로 통
용되고 있다. 하지만 일제가 무력으로 이 지역을 침공하기 이전, 즉 滿洲事變 이전
까지는 한국과 일본, 중국에서도 滿洲라는 명칭이 보편적으로 사용되었다. 본고에

본토, 중국 관내 등지에서 그 지역 이주한인들이 형성한 한인사회를 기반으로 전개되었다. 그 중에서도 만주는 일제의 강점 이후 민족정신의 뿌리를 이어갈 수 있는 곳으로 해외 독립운동기지로 가장 먼저 시도된 지역이었고, 또한 한인사회의 규모가 가장 큰 지역이었다. 이처럼 만주가 항일독립운동기지로 성장·발전할 수 있었던 것은 우리 민족의 발상지이며 地政學的으로 또는 歷史的으로 한반도와 불가분의 관계를 지니고 있기 때문이다. 특히 1910년 일제가 한국을 강점한 이후 국내의 수많은 애국지사와 민족운동가, 종교인들이 이곳으로 망명하였으며, 이미 형성된 한인사회를 기반으로 국권회복을 위한 민족독립운동을 전개하였다.

만주는 일찍부터 중국대륙의 침략을 위한 교두보로 인식하였던 일제가 1907년 龍井을 불법으로 출병하여 統監府臨時間島派出所를 설치하였으며, 이어 1909년에는 중·일간 체결된 間島協約으로 중국과 일제의 이중적 지배를 받게 되었다. 그렇지만 1910년 중반까지는 일제의 간섭이 크지 않았기 때문에 韓人들의 항일독립운동은 비교적 활발하게 전개할 수 있었다. 그 결과 서간도와 북간도를 비롯한 만주지역에는 각종 私立學校와 軍事學校와 서간도를 중심으로 耕學社, 扶民團, 韓族會, 그리고 북간도를 중심으로 墾民敎育會, 墾民會 등 다양한 항일단체들이 조직, 설립되어 철저한 민족주의 이념으로 독립운동을 전개하였다. 하지만 1915년 중국이 일제의 요구에 굴복하여 소위 '21개 조약'이 체결되자 일제의 韓人에 대한 간섭과 통제는 더욱 심해졌고, 중국

서는 당시의 일반적으로 불려졌던 만주라는 명칭의 사용을 원칙으로 하되 지역에 따라서 압록강 유역을 西間島 또는 南滿, 두만강 유역을 北間島 또는 東滿으로 사용하고자 한다.

관헌들도 이주한인의 민족운동을 탄압하기 시작하였다. 그러나 1919년 국내의 3 · 1운동의 영향으로 만주에서도 민족운동에 대한 새로운 전기를 마련하고 大韓國民會, 大韓獨立團, 西路軍政署 등 각종 독립운동단체들이 조직 설립되면서 무장독립운동을 전개하였으며, 이와 더불어 그의 원동력이 되었던 민족교육운동, 즉 대성학교, 동흥학교 등 교육기관을 종교단체에서 설립 운영하였다. 이러한 만주에서의 민족교육운동을 포함한 항일독립운동은 종교적 기반을 두었다. 뿐만 아니라 기독교를 비롯하여 천주교, 천도교, 대종교, 청림교 등 만주에서의 종교의 조직과 활동, 그리고 이들 종교에서 전개한 교육운동은 항일독립운동의 사상적 이념만이 아니라 크게는 인적 자원의 제공이라는 측면에서 매우 중요한 점을 시사하고 있다.

이러한 의미에서 만주에서의 민족운동은 그동안 3 · 1운동, 교육운동, 무장투쟁, 종교활동을 포함한 항일운동의 다양한 관점에서 연구가 진행되었다. 그리고 1910년 이후 1920년대 재만 한인의 종교활동에 대한 연구는 단순한 신앙적인 차원을 넘어서 국권회복 또는 민족해방에 관한 연구성과는 적지 않다.[2] 그러나 1930년대 종교활동에 대한 연구

---

2) (1) 만주지역 기독교에 관한 연구성과는 다음과 같다.
徐紘一, 「1910年代 北間島의 民族主義 教育運動(1)-基督教 學校의 教育을 中心으로」, 『白山學報』 29, 백산학회, 1984; 朴永錫, 「日帝下 在滿韓國人 基督教徒의 抗日民族獨立運動-1910년대의 西間島地域을 중심으로」, 『韓國史研究』 48, 한국사연구회, 1985; 徐紘一, 「1910年代 北間島의 民族主義 教育運動(2)-基督教 學校의 教育을 中心으로」, 『白山學報』 30 · 31, 백산학회, 1985; 서굉일, 「북간도 기독교인들의 민족운동연구-1906~1921」, 『한국기독교와 민족운동』, 보성, 1986; 이만열, 「1880년대 서간도 한인촌 기독교 공동체에 관한 연구」, 『숭실사학』 6, 숭실대 사학회, 1990; 徐紘一, 「北間島 基督教 民族運動家 鄭載冕」, 『한민족독립운동사논총』, 수촌박영석교수화갑기념논총간행위원회, 1992; 徐紘一, 「日帝下 北間島 基督教人들의 民族教會 形成에 關한 研究(1906~1921)」, 『國史館論叢』 84, 國史編纂委員會, 1999; 채현석, 「만주지역의 한국인 교회사」, 『한국 기독교와 역사』 3, 한국기독교역사연구소,

는 미진한 생태이다. 이는 1930년대 종교활동이 대부분 일제의 식민지 지배정책에 부응한 친일적인 측면 내지 종교활동에 대한 인식부족으로 풀이되기도 하였다.[3] 본고에서는 1930년대를 중심으로 만주지역에

1994; 채현석,「日帝下 在滿韓人 基督敎會에 관한 硏究」, 단국대 대학원 사학과 석사학위논문, 1983; 박금해,「北間島民族敎育에 關한 一硏究-1905~1920년대를 중심으로」, 명지대 대학원 사학과 석사학위논문, 1996.
(2) 만주지역 대종교에 관한 연구성과는 다음과 같다.
金龍國,「大倧敎와 獨立運動」,『鷺山 李殷相博士 古稀紀念 論文集』, 노산이은상박사고희기념논문집간행위원회, 1973; 朴永錫,「大倧敎의 獨立運動에 관한 硏究-金敎獻 敎主 時期를 中心으로」,『史叢』21・22合輯(姜晋哲敎授 華甲紀念 韓國史學論叢), 고려대학교 사학회, 1977; 朴永錫,「大倧敎의 民族意識과 抗日民族獨立運動-壬午敎變을 中心으로」,『建大史學』6, 건국대학교 사학회, 1982; 朴永錫,「大倧敎의 民族意識과 抗日民族獨立運動(上)」,『韓國學報』31, 일지사, 1983; 千敬化,「大倧敎의 民族敎育運動에 관한 硏究-中國 東北地方(滿洲)를 中心으로」,『白山學報』27, 백산학회, 1983; 朴永錫,「大倧敎의 民族意識과 抗日民族獨立運動(下)」,『韓國學報』32, 일지사, 1983; 李炫熙,「大倧敎의 光復鬪爭과 臨政主席 李東寧」,『如山柳炳德博士華甲紀念 韓國哲學宗敎思想史』, 동기념논문집간행위원회, 1990; 金東煥,「大倧敎 抗日運動의 精神的 背景」,『國學硏究』6, 國學硏究所, 2001; 김동환,「白山 安熙濟와 大倧敎」,『國學硏究』5, 國學硏究所, 2000; 趙恒來,「大倧敎를 통해 본 大韓獨立宣言書의 理念 硏究」,『淑明韓國史論』創刊號, 淑明女子大學校 文科大學 韓國史學科, 1993.
(3) 만주지역 천주교에 관한 연구성과는 다음과 같다.
尹善子,「間島 天主敎會의 民族運動」,『韓國民族運動史硏究』, 于松趙東杰先生停年紀念論叢刊行委員會, 1997; 趙珖,「일제하 무장 독립 투쟁과 조선 천주교회」,『敎會史硏究』11, 한국교회사연구소, 1996; 申載洪,「식민지 시대 천주교의 항일 독립운동」,『민족사와 교회사 -최석우 신부 수품 50주년 기념 논총』1, 한국교회사연구소, 2000.
(4) 윤정란,「일제시대 청림교의 활동과 성격」,『한국민족운동사연구』29, 한국민족운동사학회, 2001.
(5) 그리고 천도교에 관한 연구성과는 다음과 같다.
성주현,「일제하 만주지역 천도교의 포교와 조직(1910-1920)」,『동학연구』12, 한국동학학회, 2002;「일제하 만주지역 천도교 청년단체와 신문화운동의 전개」,『경기사학』4, 2002;「만주 천도교인의 민족운동-동흥학교를 중심으로」,『문명연지』3:3, 한국문명학회, 2002;「일제하 만주지역 천도교인의 민족운동-3・1운동과 독립운동단체 참여를 중심으로」,『동학학보』5, 동학학회, 2003;『일제강점기 만주지역 천도교인의 민족운동연구』, 경기대학교 대학원 석사학위논문, 2002;「1930년대 천도교의 반일민족통일전선운동에 관한 연구-갑산・풍산・삼수・장백현지역을 중심으로」,『한국민족운동사연구』25, 한국민족운동사학회, 2000.

서 천도교의 종교활동을 교단의 조직상황과 청년당의 신문화운동을 중심으로 살펴보고자 한다.

Ⅱ. 천도교의 조직과 현황

1919년 3·1운동 이후 신문화운동을 전개하던 천도교는 그동안 지방 교구단위 또는 개인적 포교에 의해 해외포교가 이루어졌던 1910년대와는 달리 교단차원에서 해외포교에 대하여 관심을 갖기 시작하였다. 야뢰 이돈화는 북경전교실 설립을 계기로 해외포교에 대한 인식을 새롭게 하였다. 그는 해외포교는 "첫째 在內의 敎友가 對外布敎의 方策으로 精神的 혹은 物質的 後援을 不急할 것, 둘째 在外하여 直接으로 布敎에 當局者된 이들이 在內의 依賴를 專信치 말고 自進하여 獻身的 熱誠으로 在外敎友를 얻으며 따라서 精神的 物質的으로 純粹 自立自主의 本質을 치도록 노력하여 在外의 基礎는 在外로서 圖할 것"이라 하여 국내에서는 해외포교의 적극 후원을, 해외에서는 자주적 자립적인 포교방침을 밝히고 있다.[4] 또한 북경 천도교인도 해외포덕에 대한 후원으로 포교방법과 재정지원을 촉구하면서 해외포교에 대한 인식을 전환시키고 있다.[5] 이러한 적극적 해외포교로 1920년대 말 만주지역 천도교는 왕청현 백초구, 화룡현 걸만동·삼도구, 연길현 용정·국자가 광

---

3) 최봉룡, 「만주국시기 종교정책과 재만 조선인의 종교활동」, 『만주: 통합과 저항, 그리고 일상』, 만주학회 2003 국제학술대회, 2003, 73~74쪽.
4) 이돈화, 「中國 北京의 傳敎室 問題를 듣고 吾敎의 對外發展을 賀함」, 『천도교회월보』 136, 1921.11, 16쪽.
5) 北京生, 「國外布德에 대하여 國內에 在한 諸同德에게 告함」, 『천도교회월보』 136, 42~43쪽.

제촌 · 의란구 북동 · 석인구 서전동 · 유채구 · 위재구 · 두도구 · 동불사 · 옹성라자, 관전현 석주자 · 소황구, 장백현 장백종리원 등 15개 郡 단위 종리원과 용정 내에 부원촌 · 소입포강 · 평강태양촌 · 부암평 · 수북신화촌 · 대교동 · 동구 · 수남촌, 장백현 17도구 · 대리수구 등 10개의 面 단위 종리원으로 교세가 형성되었다.[6]

1920년대 후반 천도교는 교조인정문제로 신구 양파로 분규를 겪어오다가 1931년 1월 합동함에 따라 국내뿐만 아니라 만주지역 천도교 역시 합동을 하였다. 합동 당시 확인된 만주지역 천도교는 북간도 지역의 용정종리원 · 두도구종리원 · 삼도구종리원 · 연길현종리원 · 의란구종리원 · 왕청현종리원 · 동불사종리원, 서간도 지역의 영릉가종리원 · 봉성현종리원 · 관전현종리원 · 집안현종리원 · 환인현종리원 등이 유지되었다. 이는 1920년대 말 15개 종리원보다 3개 종리원이 줄어들었다. 합동 당시 천도교 조직현황은 〈표 1〉과 같다.

영릉가종리원은 1924년 崔日和 · 崔義山(崔東午) · 金秋丁 · 盧華觀 · 鮮于斌 등 10여 명의 발의로 홍경종리원으로 출발하였다. 이후 예전의 교인의 수습을 수습하는 한편 포교운동에도 적극 전개하였으나 주위의 공세가 심하여 주요 교역자들이 감금을 당하는 동시에 중국관헌으로부터 받은 퇴거령으로 벌금을 바치는 등 심한 沮止壓迫를 받아 종리원 유지 자체가 어려웠다. 그러나 1926년 창성군 明知布 주간포덕사인 文氣德과 金致禎 · 崔亨泰 등의 포교활동으로 2년 후인 1928년 영릉가에 새로 영릉가종리원을 설립할 수 있었다. 농한기에는 당원 및 농민을

---

[6] 성주현, 「일제하 만주지역 천도교의 포교와 조직(1900-1920)」, 『동학연구』 12, 한국 동학학회, 2002, 31쪽. 천도교의 지방조직은 교구, 종리원, 교회 등 시기적으로 다르게 사용하였다. 본고에서 가장 일반적으로 사용하였던 '종리원'으로 표기하고자 한다. 다만 구파의 경우에 한하여 '교회'를 쓰고자 한다.

종리원명	교직자
永陵街	원장 金泰奭, 성도집 김치정, 경도집 趙千一, 신도집 李東彬, 법도집 趙心奎, 지도집 梁明德, 감사원 申仁弼, 부령 李洸玉 李賢德 李成奎, 종리사 朴夢璉
三道溝	원장 金興迪(白樂珪), 성도집 李炳文(孫國鍊, 李昌旭), 법도집 金敬恒(劉載均), 경도집 金炳錫(金仲華), 신도집 崔承福, 지도집 金鍾現, 감사원 高元一, 종리사 劉載漢 金基化 趙得吾 金東淑 崔基豊 金鳳喆, 부령 李達鉉 高錫嬅 金學嬅 孫福連 金良三 朴一化 趙基嬅 金重革 韓仲鉉 崔基豪 蔡東海 崔昌活 孫鳳蓮 玄泰鍾 朴允寶 李炳代 金德允 崔文述 韓東碩
鳳城縣	원장 白明麟, 성도집 崔基恒, 경도집 金瑞鳳, 신도집 朴均欽, 법도집 李容翊, 지도집 白道俊, 감사원 康龍五, 종리사 金時逢 洪宗學
寬甸縣	원장 金用翊(朴永植), 성도집 朴永極, 경도집 李奉祥, 신도집 李承健, 법도집 金永洙, 지도집 金昌道, 감사원 金允泰, 종리사 裵學順 金善龍 金炳旭 金應職 金龍禧 朴湘浩 朴永極 金永瑞 明學道 李宗和 鄭錫浩, 부령 金泳洙 金昌奎 金泰河 金達淸 金贊興 崔元寬 金宗熙 韓明德 裵義芳 明學承 李奉濟 朴景鳳 金永贊 玄宗洙 李承健 金允泰 李奉俊 安晶淳 朴興鳳 吳起俊 金賢實 朱恒建
頭道溝	원장 鄭鏞謙, 성도집 金德五, 경도집 崔得衡, 신도집 金重熙, 법도집 李柱善, 지도집 李鉉洪, 감사원 金寬浩, 종리사 崔得衡 高泰赫 梁重仁, 부령 李鳳南 梁在和 朴元根 李化春 崔用河 金善嬅 金雲京 宋致京 李羲崙 金在文 申長元 金亨雨 洪運植 金正達
延吉縣	원장 金河俊(南箕伯), 성도집 南箕伯(金河映), 경도집 金泰允(朱宰建), 신도집 許弼(全仁達, 朱秉淑), 법도집 朴萬秀(이달재, 許龍哲), 지도집 李鶴石(박만수), 감사원 金河映(徐晶基), 부령 金炳粲 許明彦 朱秉淑, 종리사 朱秉國, , 부령 鄭東勳 崔岑
龍井	원장 李麟求(崔鎭五), 성도집 許成河, 경도집 金道鉉(尹晋鉉), 신도집 池東湖(金旭), 법도집 李昌珏(李麟求), 지도집 鄭廣民(金雄鍾), 감사원 崔明極(韓國用)
銅佛寺	원장 趙鳳允(元重涉), 성도집 崔錫崐, 경도집 元重涉(金炳泳), 신도집 金兌允(崔濟龍), 법도집 金炳泳, 지도집 許華允(韓永熙), 감사원 崔錫萬(김명영), 종리사 金兌聲, 부령 洪錫嬅 姜致嬅 黃成嬅, 종리사 韓東熙 吳中一 崔濟鉉 崔允, 부령 吳重嬅, 종리사 宋浩淳, 부령 李錫淳 黃容嬅 金星玉 金革 韓光洙 崔濟春
依蘭溝	원장 李仁玉, 성도집 朱敏中, 경도집 韓晶演, 신도집 韓春伯, 법도집 全成宇, 지도집 전성우, 감사원 한창연, 부령 安竹筍 金致玉
輯安縣	원장 金昌俊, 성도집 鄭麟龜, 경도집 李永根, 신도집 李天元, 법도집 金俊澤, 지도집 金永泰, 감사원 金利寬, 종리사 任成奎
新賓縣	종리사 李賢德, 부령 崔起龍 文宗周 元利俊 白基鼎 韓國浩 李尙哲 文基龍 부령 金碩泰 金貞山
桓仁縣	원장 康珽祚, 성도집 梁明德, 경도집 李禎憲, 신도집 鮮于祚, 법도집 朴說, 지도집 朴昌根, 감사원 金弼鉉, 종리사 鮮于禎, 부령 金祉哲 朴成浩 劉澤龍 朴晶波
汪淸縣	종리사 黃龍麟, 부령 林春山 林權

(출전 : 『천도교회월보』)

위한 강습회 등의 개최로 1931년 교세가 확장되자 2백여 명을 수용할 수 있는 교당을 증축하기도 하였다. 당시 교세가 확장되는 데는 1930년 평북 맹산군으로부터 이주해 온 조천일이 敬道執, 청년당부 부대표 및 신빈현농민사 교양부장 등 중요 교직으로 활동하는 한편 종리원 내에 설립한 강습소의 교편까지 맡는 등 그의 역할이 컸다고 할 수 있다.[7]

그러나 1933년 흥경종리원장으로 활동한 金泰錫은 흥경현에 천도교가 설립된 것은 1927년으로 기록하고 있다. 그는 흥경종리원 설립 당시는 동학이 처음 포교되었던 한말의 상황인 은도시대에 비유할 정도로 어려웠다고 회고하고 있다. 1930년 照陽溝 西岔洞에 교당을 신축하고 각 지역에 전도실을 설치하고 운영하였으나 1932년 여름 滿洲事變으로 교당이 소실되었으며 생활조차 비참하였다. "적나라한 알몸으로서 하늘을 장막하고 땅을 자리하여 근근이 생명을 보존할 정도"였으며 이미 개최하였던 농촌청년강습회도 겨우 마칠 정도였다. 더욱이 김태석 종리원장은 주변으로부터 잇따른 위협으로 경내 탈출을 권유받고 부득이 신의주에서 겨울을 보낼 수밖에 없었다. 이듬해 1933년 2월 조천일과 이동빈으로부터 回院하라는 연락을 받고 흥경현에 도착하였지만 그 동안 수백 호에 달하던 교인들의 집을 찾아 볼 수 없을 정도로 종리원이 폐허가 되었다. 이해 5월 조천일과 이동빈이 血誠 200여 원을 희사하여 滿人製의 瓦房 3간을 구입해 종리원을 새로 마련하는 한편 천도교에서 당세확장 등 계획을 마련하고 청소년 회원 및 내성단원을 합하여 1백여 인을 새로 모집하는 등 교세가 크게 확장되었다.[8]

---

7) 李東彬, 「신빈종리원 발전에 대하여-趙千一 동덕의 성의에 감사한다」, 『천도교회월보』 251, 1931.11, 27~28쪽.
8) 金泰奭, 「멀리 滿洲에 있는 흥경종리원 상황과 義捐人 諸氏의 芳名」, 『신인간』 71, 1933.9, 44~45쪽. 당시 흥경종리원 증축에 의연인과 의연금은 조천일 121원 50전, 이

1932년 6월 합동한 지 1년 만에 신구 양파가 다시 분리되자 만주지역 천도교도 신구 양파로 분리되었다. 구파측 천도교는 관전현종리원이 유일하며, 그 외 종리원은 신파측으로 각각 분립 활동하였다. 관전현종 리원은 신파측에서도 별도로 유지되었다. 구파측은 분리 이후 '종리원' 명칭을 '교회'로 변경하였으며, 1930년대까지 유지되었던 것으로 보인 다. 그밖에 안동현에 안동현교회가 설립되었다. 관전현교회와 안동현 교회의 직원교체 현황은 〈표 2〉와 같다.

〈표 2〉 구파측 관전현교회의 임원교체 현황

명칭	교직원	비고
관전현 교회	원장 朴永極, 성도집 金用翊, 경도집 金昌奎, 신도집 李承健, 법 도집 金永洙, 지도집 김용익, 감사원 裵義芳, 부령 金泳洙 金允泰 李昌祚 金永燦 李承健 裵基昌 金龍禧 裵義芳 鄭載健 李奉濟	월보 259호 65면
	교장 박영극, 현기원 김용익, 공선원 김창규, 금융원 이승건, 전 제원 배용찬, 심계원 김영수	월보 266호 58면
	전교사 金京洙 裵學順 金永瑞 玄宗洙 金達森 金永河 李鳳濟, 주 간 金允泰 許興彬 金光瑞 金達淳 金昌奎 金炳烈 崔賢奎 鄭載健 朴桂柱 裵義芳 金麟河 金昌洙	월보 268호 78-79면
	교장 박영극, 현기원 김용익, 공선원 김창규, 금융원 이승건, 전 제원 배용린, 심계원 김영수	월보 270호 33면
	교장 김용익, 현기원 박영극, 공선원 이승건, 금융원 김창규, 전 제원 배의방, 심계원 李昌祚, 전교사 김경수 金淸麟 김달삼 鄭錫 浩, 포덕부 주간 任成圭 배학순 김영수 김달순 김청린 김영서 이 승건 최현규	월보 275호 26-27면
	교장 박영극, 현기원 金珍尙, 공선원 이승건, 금융원 김창규, 전 제원 김창규, 감사원 이창조	월보 295호 43면
안동현 교회	교장 李楨幹	월보 290호 53면

이에 비해 신파측 천도교는 보다 다양한 포교활동을 전개하고 있다.

동빈 1백원, 崔允煥 3원, 金彌鉉 2원, 최일화 1원, 崔寅德 1원, 李承祐 1원 등이다.

1906년 북간도교구로 설립한 용정종리원은 3·1운동 이후 동흥중학교를 운영할 정도로 교세가 발전하였으나 동흥중학의 경영난, 그로 인한 교당의 매각, 만주사변 이후 각종 병란, 설상가상의 災年 등 여러 가지 원인으로 1930년대 초반까지 활동이 부진하였다. 1934년 봄까지 종리원장인 최진오의 집에서 교회업무를 처리할 정도였지만 이해 교인들의 성력으로 1동 8칸의 교당을 마련할 수 있었다. 최진오·김희성·신명의 등과 함남 명천 아간의 金仁德, 함북교회의 중진 崔泰勳 등은 '全間島를 천도교화 시키자'는 뜻을 갖고 포교활동을 활발하게 전개하였다.[9]

삼도구종리원은 1932년 4월경 1백여 명의 교인이 50여 원을 모금하여 교당을 마련하였으며,[10] 화룡현 청하사종리원도 교당을 신축하였다. 청하사종리원은 50여 호에 불과하여 종리원 운영에 어려움이 없지 않았지만 이해 11월 1일 臨時院會에서 교당을 화룡현 중심지인 石建市에 교당을 신축키로 하였으며, 12월 21일 낙성식을 가졌다.[11] 이를 계

---

[9] 金秉濟, 「북국 삼천리를 답파하고서」, 『신인간』 91, 1935.4, 46~49쪽.
[10] 「휘보 – 삼도구종리원 건축」, 『신인간』 56, 1932.6, 53~54쪽. 당시 의연금을 낸 교인은 다음과 같다. 梁聖敎 10圓, 沈在庸 7원 30전, 金鳳喆 4원 70전, 崔承福 3원, 金良三 3원, 定天寺 1원 50전, 侍天敎 1원, 金一順 1원, 李在浩 1원, 白樂珪 1원 40전, 최기호·김중혁·한중현·이룡호·유재한·김흥적·김병석·金京黙·고원일·高元壽·李晩周 이상 1원씩, 엄주항·이봉현·조봉남·김창활·김봉수·현태종·김우철·김연생·강동규·박남희·이호섭·김경항·김호여·김종현·한성규·유재하·김기화·신종묵·임명수·박병학·강윤식·최기풍·이병무 이상 50전씩, 김국세 45전, 이창욱 70전, 허성록·한태연·박홍기·이수백·이인칠·김두만·이우태·윤경섭·이만엽·강성욱·곽재순·최병률·안성철·김룡남·이경하·권덕준·최용운 이상 10전식, 손국련 59전, 최성우 80전, 김영달·이달현·한경화·채동섭·채천보·유성백·이학수·안찬옥·허청암·박윤보·이상·현병호·최인홍·이명호 30전씩, 김제우·유홍섭·오경윤·채동해·김강흘·김민항·한국영·오종건·김봉관·윤덕겸·김태범·윤명겸·고원오·최창할·김경섭·김성구·박일화·김기철·한신홍·최두영·허선상·최종택·유재균·김관섭·김천준·윤임겸 이상 20원씩, 조득오 28전, 김승철 60전.

기로 하여 청하사종리원은 白龍坪에 傳道室을 설치하였으며 공동경작 사업과 청년당 등 부문단체를 설치하기도 하였다.[12]

1933년 들어 천도교는 만주지역에 영안현, 장백현, 도문에 각각 종리 원을 신설하였다.[13] 영안현종리원은 金水山(金光熙)·金鴻齊의 포교활 동으로 설립되었다. 1932년 영안현에 정착한 김수산과 김홍제는 자신 들의 집에서 종교의식을 가지면서 포교활동을 전개하였다. 특히 영안 현 龍江洞은 마을 전체가 40여 호 밖에 되지 않았지만 모두 천도교에 입교하였다. 이들의 천도교 입교는 김수산·장임환과 이원에서 온 高 鏞喜, 책임종리사 이용한 등이 주도하였다. 이들은 교화사업으로 교리 강연, 강좌, 좌담회 등 개최하는 한편, 교실을 신축하여 무산아동을 위 한 문맹퇴치와 匪賊의 침해를 막기 위한 집단생활을 도모, 주택개량, 소비절약을 지도하였으며, 새로 들어오는 韓人에게 토지와 기타 사업 을 주선하여 편리도모를 도모하였다.[14] 이어 1933년 7월 들어 교세가 크게 진작되고 교당건축을 절감한 종리원은 '赤貧寒地의 窮狀'을 무릅 쓰고 노력한 결과 1934년 8월 14일 지일기념일에 新安鎭市의 중심가에 교당을 신축할 수 있었다. 그리고 일정한 거처도 없이 '東家西家로 南 家에서 北家로 전전하는 비참한 피난동포'를 지도하여 수리개발, 경제 기관인 朝鮮農民社, 교육기관을 조직하기 위해 노력을 기울였다.[15] 이

---

11) 「휘보-和龍縣 晴霞 신축교당」, 『신인간』 64, 1933.2, 54쪽. 당시 의연한 교인은 다 음과 같다. 任炳珠 60圓, 朴汝根 45원, 金澤慶 30원, 金海錬 30원, 崔明俊 30원, 金斗 順 30원, 金基燦 20원, 金重衡 15원, 李仁範 15원, 文正邦 10원, 朴溶夏 15원, 金世斌 5원, 邊榮植 5원.

12) 윤태홍, 「咸北과 間島一帶 巡廻記(2)」, 『신인간』 77, 1934.3, 47쪽.

13) 김병준, 「回顧 敎會 1週年」, 『신인간』 74, 1933.12, 16쪽.

14) 「北滿에 弓乙村」, 『신인간』 87, 1934.12, 43쪽.

15) 고용희, 「寧安縣宗理院 建築記」, 『신인간』 91 1935.4, 36쪽. 영안현종리원 신축 의 연인은 다음과 같다. 김수산 36원 50전, 김홍제 35원, 강달영 34원, 이행권 28원,

밖에도 영안현종리원은 山市와 남전자에 전도실을 각각 설립하였다.[16]
당시 교세의 확장은 한 보통학교의 경우 교직원이 모두 천도교인일 정
도였다.

　장백현종리원은 廉學模·朴基潤·홍성교·조성극·이용호 등의 포
교활동으로 1916년 10월경 설립되어 강습소와 장백학원 등 교육기관을
운영한 바 있었으며, 3·1만세운동 및 대한독립군비단 등 독립운동단
체에서 참여하였다.[17] 장백현종리원은 만주에서 활동이 여의치 않을
경우 국내 혜산으로 옮겨 활동하기도 하였는데, 1933년 초에 장백현종
리원을 재건하였다. 17도구를 중심으로 시작된 포교활동으로 10여 호
가 1백여 호로 증가할 정도로 교세가 급신장하였으며, 이해 11월 21일
교당을 신축하고 낙성식을 가졌다.[18]

강석철 25원, 장은 26원, 조문환 22원, 최도열 20원 50전, 안영근 18원, 현문호 14원,
강원쌍 12원 50전, 전현세 12원, 윤태희 조병희 각 11원, 이경삼 이영섭 각 10원,
최도연 10원 50전, 최동한 9원, 임춘택·김석하·곽진원 각 8원, 김형환·박용봉·
정치복 7원, 조영섭·김기영·김수율 각 6원, 이용한·이덕삼·서경묵 각 5원, 이길
호·한승학·한채문·정춘삼·석태화 각 3원, 이경재·곽훈·이방호 각 2원 최흥
빈 6원, 장임환·이덕춘·장문홍 각 1원, 조덕구 1원 50전, 박경세 2원, 김현숙·김
수형·장운백·허일성·최동한·최문석 각 1원 50전, 신현보·정헌식·한석준·강
희재·정두현·안암·이병국·이병옥·김천규·김세후·호원호·허창율·김영
학·정세평 각 1원, 이시응·김기원·오학성·임재춘·김준배 각 50전.

16) 윤태홍, 「北鮮과 間島를 巡訪하고(완)」, 『신인간』 102, 1936.5, 57~58쪽.
17) 만주지역 천도교인의 민족운동에 대해서는 성주현, 「일제 강점기 만주지역 천도교
인의 민족운동연구」, 경기대학교 대학원 석사학위논문, 2002 참조
18) 朴寅鎭, 「長白縣宗理院 新築實記」, 『신인간』 77, 1934.3, 49쪽. 당시 의연한 사람은
다음과 같다. 홍성교·이전화·최동창·이문구·鄭桂運·이화성·金正昊·李桂完·
金達淳 등이 수고, 의연인 홍성교·이전화·최동창 각 6원, 이문구·李桂完·高在
鳳 각 5원, 李桂昊 4원, 김정호 3원, 邊俊根·朴良嬅·金承烈 각 2원, 鄭桂三 1원
30전, 趙虎俊 1원 30전, 김철·李載馥·李明春·金奎協·李龍洙·金長祿·李在明·
이화성·金德禮·李寬在·朴南㠯·金殷嬅·李秉河 각 1원, 愼太輔·朴會林·朴祥
準 각 50전, 全南淳 3원 50전, 洪致明 3원, 李己白 2원, 崔仕鍊·趙南淳·組承宗·崔
鳳翰·尹昌建·崔宗洙·金經漢·董(薰)南極·李用弼·金淳化·朴成華·金承寬 각
1원, 文今朝·李萬奎·韓用文·李君直·郭鎭國·金用萬·洪性琉·金成浩 각 50전.

圖們종리원은 1927년 김기원의 포교활동으로 월청석 건평에 설립되었으며, 유기촌에서는 化成義塾을 운영하였다. 특히 이 학교는 1930년대를 전후하여 반일사상을 선전하는 기지로 활용되었다.[19] 그리고 1933년에 재건된 도문종리원은 明德街에 설치하였다.[20]

1930년대 천도교의 교세 확장 중 특별한 것은 만주인에게 성행하였던 在理敎가 천도교에 통합되어 大東溝宗理院을 설립한 것이다. 당시 순성포 종정이었던 손국영은 평소 만주국인에게 천도교를 포교할 뜻을 두고 노력하던 중 만주국에서 성행하던 在理敎의 교리와 천도교의 교리가 유사함을 알고 천도교로 개종시킬 생각을 가지게 되었다. 그리고 재리교의 최고 책임자의 양자가 되어 재리교의 교리보다 천도교의 교리가 우월함을 인식시켰으며, 마침내 재리교의 2인자인 于德盛을 입교시킬 수 있었다. 만주당국과 일본관헌의 방해로 포교가 표면적으로 전개할 수 없었지만 재리교인들이 천도교에 교리에 대한 깊은 이해와 천도교가 동양평화에 공헌한다는 인식을 받아들이면서 만주의 많은 재리교인이 천도교로 개종하였고, 마침내 재리교의 최고 領正 周先生도 천도교에 입교하고 대동구종리원을 설립하였다. 주선생은 재리교인들에게 "제군은 우리 재리교의 교리 가운데 時運時變이란 말이 있음을 기억하리라. 그런데 시운시변은 실상은 천도교의 대신사께옵서 무엇보담 철저히 선명하셨으며, 또 대신사의 말씀대로 시운시변은 정히 오늘이라고 생각할 때에 우리가 천도교에 歸依하는 것은 한갓 천명에 순응함이라 생각한다"라고 밝히고 있다.[21]

19) 「도문시 종교개황」, 『연변문사자료』 8, 연변문사자료위원회, 1997, 207쪽.
20) 秋岡, 「북국 삼천리를 踏破하고(2)」, 『신인간』 92, 1935.5, 50쪽.
21) 「만주국인의 천도교 환영, 大東溝宗理院 신설, 孫國泳씨의 노력으로」, 『신인간』 92, 1935.5, 46~47쪽.

이밖에도 1936년 공주령종리원과 연길현 金佛寺直接傳道室이 설립되었다. 공주령종리원은 프랑스에서 유학을 마치고 귀국한 孔鎭恒이 1935년 공주령 安家站에 滿蒙産業株式會社를 설립, 農場을 운영하면서 농민들을 중심으로 종리원도 함께 설립하였다.[22] 금불사직접전도실은 명천 출신 全浩錫이 현립학교 교편생활을 하면서 포교활동으로 설립되었다.[23]

그 외 구체적인 활동은 보이는 않지만 1930년대 만주지역에서 유지되었던 천도교로는 小荒溝宗理院·百草溝宗理院·依蘭溝宗理院·頭道溝宗理院·延吉縣宗理院·鳳城縣宗理院·寬甸縣宗理院·輯安縣宗理院·汪淸縣宗理院·局子街宗理院·桓仁縣宗理院·和龍縣宗理院·涼水泉子傳道室·新賓縣宗理院·연길현　灰幕洞傳道室·外溝傳道室·安東縣傳道室·牧丹江宗理院·石建坪宗理院·三合社宗理院 등이 있다.

Ⅲ. 청년단체와 신문화운동의 전개

1. 천도교의 조직과 활동

만주지역의 천도교 청년단체[24]는 대체로 3·1운동 이후에 국내의 천

---

22) 孔鎭恒, 『理想鄕을 찾아서』, 공탁공진항희수기념문집간행위원회, 1970, 29~32쪽: 『신인간』 113, 1937.6, 표지 쪽.

23) 「휘보-金佛寺直接傳道室 신설」, 『신인간』 122, 1938.4, 39쪽.

24) 천도교의 청년단체는 1919년 9월 2일 창립된 천도교청년교리강연부를 모체로 하여 천도교청년회, 천도교청년당, 천도교청년동맹, 천도교청우당 등으로 시기에 따라 변천하였다. 그리고 중앙과 지방의 경우도 그 명칭이 교리강연부 시기에는 '○○支部', 청년회 시기에는 '○○支會', 천도교청년당 시기에는 '黨○○部' 또는 ○○黨部로 사용하였다. 본고에서는 전체적인 의미에서는 '청년단체'로, 지방의 경우 청년

350 · 근대전환기 서구문명의 수용과 민족운동

도교청년회의 설립과 밀접한 관계를 가지고 있다. 이는 청년회의 조직이 중앙집권적 조직으로 구성되었기 때문이다.[25] '천도교의 교리 연구 선전과 조선 신문화의 향상 발전'을 목적으로 1919년 9월 2일 李敦化 · 鄭道俊 · 朴來弘 · 朴達成 · 申泰練 · 金玉斌 등을 중심으로 운동적 색채를 가진 청년단체로 天道敎靑年敎理講硏部를 창립하였다.[26] 이 교리강연부는 설립한 지 불과 반년 만에 지방의 천도교회가 있는 곳에 支部를 설치[27]하여 전국적인 조직을 구축하였으며, 보다 구체적이고 적극적인 신문화운동을 실현하기 위해 1920년 4월 天道敎靑年會로 명칭을 바꾸었다.[28] 이어 1923년 天道敎靑年黨으로 체제를 갖추었다.

만주지역의 경우 천도교 청년단체의 조직은 교리강연부 시기보다는 청년회 시기에 지회가 설립되었다. 청년회 시기의 만주지역 청년단체는 1923년 9월 2일 중앙에서 천도교청년회가 天道敎靑年黨을 창당, 재출범함에 따라 자연 지방당부로 재편되었다. 청년당 시기의 만주지역 청년단체는 1927년에 龍井, 寬甸黨部가, 1928년에 三道溝, 延吉, 頭道溝, 鳳城黨部가, 1929년에 興京黨部가, 1930년에 晴霞黨部, 1933년에 和龍, 圖們, 長白黨部가 각각 설립되었다.[29] 이외에도 毛甸子, 石頭城黨

회의 시기에는 '支會'로, 청년당의 시기에는 '黨部'로 표기하고자 한다. 이에 대해서는 성주현, 『근대신청년과 신문화운동』, 모시는 사람들, 2019를 참조할 것.

[25] 天道敎靑年會의 조직은 중앙과 지부의 조직으로 중앙집권적 구조를 가지고 있다. 이러한 예는 천도교청년회가 발전적으로 해체하고 창립한 天道敎靑年黨의 조직을 살펴보면 쉽게 이해할 수 있다. 천도교청년당의 조직은 黨本部, 地方部, 接의 3계층으로 되어있는데 接은 地方部에, 地方部는 黨本部에 직속하고 있다.

[26] 조기간, 『천도교청년당소사』, 천도교청년당본부, 1935, 15쪽.

[27] 천도교청년교리강연부는 창립 3개월 후 8개 지부 부원이 6백 명에 달하였다. 당시 설립된 지부는 鎭南浦, 晉州, 定平, 博川, 淸州, 三登, 江東, 成川 등이다(金鳳國, 「講硏部를 爲하여」, 『천도교회월보』 114, 1920.2, 51쪽).

[28] 조기간, 『天道敎靑年黨一覽』, 1928, 천도교청년당본부, 1쪽.

[29] 조기간, 『天道敎靑年黨一覽』, 80~101쪽 참조. 그러나 『천도교청년당소사』는 청년당

部의 활동이 있으나 언제 설립되었는지는 확인되지 않고 있다. 1930년 대 만주지역 천도교청년단체의 조직과 주요활동 인물은 〈표 3〉과 같다.

<표 3> 만주지역 천도교 청년단체 및 주요활동 인물

지역	당부	회명	일시	임원	출전
남만지역	寬甸	창립대회	1927.9.19	대표 김대본, 상무 이죽송 최태훈, 집행위원 김인서 최진걸	신 17호
		당원대회	1929.	대표 김대본, 농민부위원 최진걸, 여성부위원 김인서, 유소년부위원 김대본, 상무 양원식	신 42호
		당원대회	1930.4.25	대표 임영익, 상무 양원식, 깁행위원 임영익 양원식 김인서 최진걸	신 52호
		임명제	1934.4	대표 박영익	당 31호
	長白	창립대회	1927.9.25	대표 박기윤, 상무 허동영 양봉생, 농민부위원 이용호 주동림 김창복, 청년부위원 조성극 방경렬, 학생부위원 허동영 정도익, 소년부위원 양봉생, 여성부위원 홍성교 박임득	신 21호
		당원대회	1929.	대표 주동림, 상무 이용호 양천, 집행위원 조성극 이용호 김동인 김창복 홍성교 양천 주동림, 농민부위원 주동림 김동인, 청년부위원 조성극 이전화, 유소년부위원 양천, 학생부위원 정도익 박용하, 여성부위원 홍성교 김창복	신 36호
		재창립대회	1933.8.9	대표 이전화	당 25호
		임명제	1934.4	대표 이전화	당 31호
		당원대회	1934.5	집행위원 박남훈 이전화 고재일, 유소년부위원 김세협, 청년부위원 이창섭, 학생부위원 최충일, 여성부위원 박양화, 농민부위원 고재일, 노동부위원 홍성교, 상민부위원 이전화	당 32호
	鳳城	창립대회	1928.4.24	대표 김수옥, 상무 백명린 백옥계, 소년부위원 김수옥 백옥린, 여성부위원 백명린 김세창	신 28호
		당원대회	1930.4	부대표 백명린	신 51호
		임명제	1934.4	대표 백도준	당 31호
	興京	당원대회	1933.	대표 겸 기무 김태석, 부대표 겸 조직 이동빈, 훈련 김동훈, 선전이만기, 검찰 백정〇	당 23호

건당 10주년을 기념하기 위해 발행한 것으로 지방당부의 설립시기에 관한 오류가 적지 않다.

지역	당부	회명	일시	임원	출전
		임명제	1934.4	대표 김태석	당 31호
		당원대회	1934.6	집행위원 김태석 김동훈 최윤환 이승우 김윤관 이동빈 이만기, 검찰위원 홍관연 문화덕 최일화, 기무 김태석, 재무 이동빈, 조직 최윤환, 훈련 김동훈, 선전 이만기, 학생부 겸 청년부위원 김태석, 여성부위원 이승우, 농민부위원 최윤환, 노동부위원 김윤관, 상민부위원 이동빈	당 33호
동만지역	龍井	당원대회	1929.	대표 이창규, 기무 최명극, 재무 김희성, 부무 이인구, 집행위원 최명극 이인구 김희성 이창규 최호연 김일강 지동호	신 40호
		당원대회	1930.8.21	대표 이창규, 기무 지동호, 재무 김희성, 부무 정광민, 감사 이인구, 집행위원 이창규 지동호 김희성 정광민 최호연 최명극	신 53호
		당원대회	1933	대표 신명의, 기무 김희성, 조직(선전·훈련) 최명극, 집행위원 신명의 최명극 김희성, 검찰 한국용	당 25호
		임명제	1934.	대표 신명의	당 31호
	和龍	창립대회	1928.10.25	대표 염윤, 상무 김하영 이학석, 집행위원 염윤 박만수 박인수 김하영 이학석	신 32호
		당원대회	1929	대표 이정발, 기무 박만수, 재무 김소윤, 부무 김하영, 집행위원 이정발 박만수 기;소연 기하영 이춘원 김하봉 서창기	신 41호
		당원대회	1930.8.24	대표 김하영, 기무 이학석, 재무 남기백, 부무 박남수, 집행위원 김하영 이학석 남기백 박만수 김소윤 서창기 박주민	신 53호

지역	당부	회명	일시	임원	출전
동만지역	和龍	당원대회	1932.1.15	대표 겸 재무 박만수, 기무 서창기, 재무 남기백, 통훈 김하영 서창기 박만수 박동수 김하준 이석, 유소년부위원 박만수, 여성부위원 김하준, 청년부위원 서창기, 농민부 김하영 감사 김인달	당 10호
		임명제	1934.4	대표 김하영	당 31호
	의란구	창립대회	1928.10.20	대표 정숭우, 상무 한창연 안성국, 집행위원 전성우 한창연 안성국 이승휘 차은균	신 32호
		당원대회	1930.4	대표 전성우, 기무 유성일, 재무 주재훈, 부무 한창연, 집행위원 전성우 유성일 주재훈 한창연 이승휘 장운균 차은균	신 51호
		당원대회	1931.3.23	대표 겸 재무 김성우, 부대표 겸 기무 한창연, 재무 주재훈, 집행위원 김성우 한창연 주재훈 한현규 김의선 한운규, 유소년부위원 이승휘, 여성부위원 김성우, 농민부위원 한창연, 감사 이승휘	당 3호

		당원대회	1931.4.5	부대표 유성일, 동 후보 남호	당 3호
	삼도구	창립대회	1928.11.26	대표 유재균, 상무 이주선 한영칠, 집행위원 유재균 박승필 이주선 김종근 김병석 한영칠	신 32호
		당원대회	1933.12.24	대표 최성우, 부대표 김영임, 기무 고운성, 조직 김종현, 훈련 김정수, 선전 이주용, 검찰 고원수 김병석 겜태윤, 유소년부위원 김영임, 청년부위원 김정수, 여성부위원 고원오, 학생부위원 최성우, 농민부 박윤용, 노동부위원 조득오, 상민부위원 이주용	당 29호
		임명제	1934.4	대표 최성우	당 31호
		당원대회	1934.5	기무 김영임, 재무 김태윤, 조직겸 훈련 김정수, 선전 김종현, 검찰위원 고원수 김병석 이응룡	당 32호
	두도구	당원대회	1930.8.13	대표 이현홍, 부대료 김창식, 기무 김상언, 재무 김도정, 부무 정천원, 유소년부 김영임, 여성부 히현홍, 농민부 김도정, 농민부 이주선, 상민부 김창식	신 53호
		당원대회	1931.12.24	대표 최중희, 부대표 김도정, 기무 정천원, 재무 김창식, 선전 고태혁, 통훈 이형홍, 집행위원 정천원 이현홍 김창식 김영임 김상언 김도정 이주선 김중희 고태혁 이응용, 감사 이주선	당 9호
		임시대회	1934.1.2	대표 김창식, 기무 안경조, 조직 이청림, 훈련 기현홍	
	영릉가	창립대회	1930.7.3		신 52호
		당원대회	1930.7.5	유소년부위원 조천일, 청년부위원 김송해, 여성부위원 김치련, 학생부 김송해 김태석, 농민부 김태석 양명덕 김봉래 허정백, 노동부 김봉래, 상민부 최성극	신 52호
		집행위원회	1931.8.9	선전 최일화, 통훈 이동빈	당 6호
	동불사	창립대회	1931.3.26	대표 김병수, 부대표 조봉윤, 재무 김치준, 감사 허화윤	당 3호
	청하	임시대회	1934.1.14	부대표 박용하	당 29호
		임명제	1934.4	대표 박용하	당 31호
		당원대회	1934.8	집행위원 임평서 박용하 김천석 강제훈, 검찰위원장 이인범, 검찰위원 김희원 박재유, 기무 박용하, 재무 강제훈, 조직 이인범, 훈련 김천석, 선전 김천사	당 34호
	도문	임명제	1934.4	대표 김안석	당 31호

(신:『신인간』, 당:『당성』)

1930년대 만주지역 천도교 청년단체의 신문화운동은 크게 두 가지로 나누어 살펴볼 수 있다. 하나는 청년당부 설립 초기에는 각 당부별로 활동하였던 청년운동이 臨江統一黨部를 중심으로 전개되었으며, 다른 하나는 국내에서 농민의 이익옹호를 위해 설립한 조선농민사가 청년 당부를 중심으로 만주지역에 조선농민사 지부를 조직 활동한 것이다.

천도교 청년당원들은 1926년 동만청년총연맹 창립에 적극 참여하였으며 일정기간 중심적인 역할을 담당하였다. 그러나 동만청년총연맹이 1928년 1월 동만청년총동맹으로 조직을 개편한 이후에는 간부진으로 참여 활동한 인물이 보이지 않은 것으로 보아 소극적인 참여나 전혀 참여하지 않은 것으로 판단된다. 이는 간도 지역의 천도교청년단체가 이 시기에 臨江統一黨部를 결성·연합활동을 전개하였던 것으로 보인다.

1927년 3월 천도교청년당은 제4회 정기총회에서 '당 최고기관을 당원총회에서 전당대표대회'로 변경하는 한편 중앙집행위원 및 지방대표위원제를 실시하는[30] 등 당을 활성화하고 당원의 훈련 및 조직을 강화하기 위해 接조직을 실시하였다. 이어 이해 8월 15일 전국대표임시대회에서 그 동안 유지해오던 決議制인 불문율에 의한 당 운영의 한계를 절감하고 成文黨憲을 제정하는 등 근대적 정당형태를 지향하였다.[31] 그리고 지방에서도 黨平南道聯合會를 비롯하여 黨咸南道聯合會, 黨平北道聯合會를 개최하여 지역 특성에 맞는 청년당 운영 방안을 새롭게 마련하기도 하였다.[32]

[30] 『신인간』 12, 1927.5, 65~69쪽.
[31] 「靑年黨全國代表臨時大會會錄」, 『신인간』 16, 1927.9, 38~39쪽.
[32] 「黨의 道的活動」, 『신인간』, 19, 1927.12, 43~46쪽 참조.

이처럼 중앙에서 조직체제를 변경과 지역특성에 맞는 당 운영을 마련하게 되자 만주지역 천도교청년당도 역시 이 추세를 지향하였다. 즉 동만지역에서 청년당 활동을 활성화하기 위하여 용정당부·화룡당부·연길당부·의란구당부·삼도구당부 등 5개 청년단체는 1928년 12월 31일 각 당부 대표들이 용정종리원에 모여 林江統一黨部를 조직하고 대표에 李麟求, 상무에 지동호·이창규·김희성을 선임하였다.[33] 林江이란 명칭은 吉林의 '林'자와 豆滿江의 '江'자를 빌려온 것으로 '吉林省 중 豆滿江 沿岸 諸地方'이란 의미이다. 이와 같이 청년당이 임강통일당부를 결성하자 용정종리원 등 5개 종리원도 林江統一宗理院을 별도로 두어 청년운동을 지원하였다.[34] 아울러 이날 회의에서 다음의 내용을 결의하였다.

1. 黨常務委員大會의 지시사항을 실행할 것.
2. 接을 중심으로 당원훈련을 일층 더 노력할 것.
3. 接의 기관으로 매월 1戶 이상의 포덕을 실행할 것.
4. 여성단원을 모집하여 內修團 조직과 신포덕에 노력할 것.
5. 五款實行은 內修團에서 노력하되 신포덕에 대하여 전교인이 3개월 동안은 책임적으로 실행시킬 것.
6. 中央에 강사를 請하여 短期黨講習을 개최할 것.
7. 예산에 관한 것[35]

33) 『신인간』 33, 1929.2, 59쪽.
34) 『신인간』 33, 1929.3, 51쪽. 임강통일종리원의 임원은 임강통일당부 임원이 대부분 겸직하고 있다. 임강통일종리원 임원은 다음과 같다. 宗理院長 全子天, 誠道執 金熙盛, 敬道執 池東湖, 信道執 朴周道, 法道執 李昌珪, 知道執 李麟求.
35) 『신인간』 33, 1929.3, 54쪽.

이처럼 동만지역의 신문화운동의 활성화를 위해 조직된 임강통일당부의 주요활동 인물은 〈표 4〉와 같다.

〈표 4〉 임강통일당부의 임원진 변경상황

회의명	일시	임원	출처
정기대표대회	1929.4	대표 전성우, 상무 한창연 이승휘, 집행위원 전성우 한창연 이승휘 주재훈 안성국, 부문위원 여성부 이승휘 한운규, 청년부 전성우 김혁, 유소년부 유성일 이규근, 농민부 장운규 한창연	신인간 36호
임시대표대회	1929.6	서무과 박주도, 부무과 이창규, 재무과 지동호, 집행위원 김근원 김병만 김일강 이근	신인간 37호
정기대표대회	1929.8	대표 이인구, 기무 박주도, 부무 이창규, 재무 김희성, 집행위원 김하영 한창년 이근 이창규 이인구 김희성 박주도	신인간 40호
임시대표대회	1930.2	기무 지동호	신인간 47호
당원대회	1930.5	접회 위원 정광민	신인간 52호
당원대회	1930.8	대표 이인구, 부대표 이창규, 기무 김희성, 재무 정광민, 부무 지동호, 감사 김희철 전성우 박만수, 집행위원 이인구 이창규 김희성 정광민 지동호 최호연 김하영 한현규 김창식 김종현 문정방 한창연 김도현	신인간 53호
정기대표대회	1931.3	대표 이팡규, 부대표 겸 재무 김희성, 기무 지동호, 부무 정광민, 집행위원 문정방 이창규 지동호 김희성 이현홍 정광민, 감사 김하준 전성우 최명극	당성 3호
당부대회	1932.4	대표 겸 통훈 지동호, 부대표 겸 선전 김희성, 기무 겸 재무 허성하, 부무 박만수	당성 12호

용정당부를 비롯하여 5개 당부가 연합으로 설립한 임강통일당부는 자체적으로 활동하기보다는 참여한 黨部의 활동을 지원 또는 지도할 수밖에 없는 조직의 상황으로 구체적인 활동은 파악하기 쉽지 않다. 다만 각종 회의를 통해 결의된 내용을 중심적으로 신문화운동의 흐름을 살펴보기로 한다.

우선 임강통일당부는 동만지역에 있는 각 당부 청년단체의 원활한 활동을 지도체계를 통일화 내지 일원화를 주도하고 있다. 이는 국내로부터 멀리 떨어져 있는 상황에서 대부분의 연락체계가 임강통일당부로 집중되기 때문이다. 이에 따라 임강통일당부는 각 당부 및 중앙당과의 체계 일원화를 위해 黨常務 委員大會의 지시사항을 실행할 것,[36] 黨務進展,[37] 간도 각 당부의 모든 결의를 일일이 통일부에 보고할 것[38] 등을 주지시키고 있다.

둘째, 임강통일당부는 당원의 훈련과 조직을 강화하는데도 역점을 두고 있다. 당원훈련은 短期黨講習,[39] 黨員의 의무철저,[40] 접을 통한 自學[41] 등을 통해 실시하고 있다. 단기 당강습은 1926년 12월 천도교청년당 전국위원회의 결의사항[42]으로 전국 지방당부에서 실시하였다. 중앙당의 당원강습은 천도교의 교리 및 상식, 종교 및 윤리의 개념, 농촌문제 등을 내용으로 하고 있는데[43] 통일당부나 여타 지방당부의 경우도 이에 준하는 것으로 보인다. 그리고 自學은 당원으로 하여금 중앙당에서 출제한 '新人間自學'을 통해서 교리 또는 교사 및 당원의 의무사항 등과 관련된 학습을 하는 것으로[44] 당시 천도교의 기관지 『新人間』을 통해 학습과제를 출제하였다. 이 '新人間自學'은 1933년에는 '黨自學'으로 이어지고 있는데, '人乃天主義의 文化樹立을 위하여 이를

---

36) 『신인간』 33, 54쪽.
37) 『신인간』 47, 1930.5, 65쪽.
38) 『신인간』 52, 1930.10, 56쪽.
39) 『신인간』 33, 1929.3, 54쪽.
40) 『신인간』 52, 1930.10, 56~57쪽.
41) 『신인간』 53, 1930.11, 53~54쪽.
42) 『신인간』 8, 1927.1, 27~28쪽.
43) 『신인간』 12, 1927.5, 70쪽.
44) 김응조, 「천도교청년조직의 활동과 교단분규」, 『천도교청년회80년사』, 126~127쪽.

需應할 專門家를 養成할 目的'으로 宗敎·哲學·政治·經濟·社會·藝術·體育 등의 과목을 3년 동안 실시하였다.[45] 그리고 당원 조직은 黨의 조직을 공고히 하기 위해 接組織을 통해 이루어졌다. 接은 당의 기본단위일 뿐 아니라 최일선 조직으로 당원이면 누구나 가입해야만 하였다.[46] 통일당부에 속한 5개 당부를 포함한 만주지역 청년당의 접조직은 〈표 5〉와 같다.

〈표 5〉 만주지역 천도교청년단체의 접조직 현황

당부	접조직	출처
관전당부	제1접 김인서 제2접 최태흘 제3접 최진관 제4접 이정수 제5접 이동렴 제6접 함일형	신인간 21호
장백당부	제1접 이용호 제2접 주동림 제3접 정도익 제4접 박기윤 제5접 조성극 제6접 김창복 제7접 홍성교 제8접 박임후 제9접 김진수 제10접 박창익	신인간 21호
영릉가당부	제1접 김봉래 재2접 조용국 제3접 허정백	신인간 46호
의란구당부	제1접 유성일 제2접 김인달 제3접 주재훈 제4접 한현규 제5접 장운규	신인간 51호
의란구당부	제1접 한현규 제2접 주재훈	당성 3호
연길당부	제1접 김하영 제2접 서창기 제3접 정동훈 제4접 박동수	당성 10호

셋째, 부문운동의 진작이다. 부문운동은 1921년 4월 어린이의 정서 함양과 윤리적 대우, 그리고 사회적 지위를 인내천주의에 맞도록 향상시키기 위한 천도교소년회 결성을 계기로 하여 1926년 8월 18일 청년당

---

45) 「黨自學에 관한 要項」, 『黨聲』 23, 1933.7.
46) 청년당의 黨務釋要에 의하면 '接은 黨의 基本組織이다. 故로 黨員은 接에 必히 配屬됨을 要한다. 接 惑은 接生活을 拒否함은 곧 黨을 拒否함이다'라고 하였다.

중앙위원회에서 당세확장과 사업발전을 위하여 노동·농민·유소년·여성·학생·청년·상민 등 7개 부문으로 확장되었는데[47] 이 부문운동은 중앙뿐만 아니라 지방당부에서도 실시되었다. 통일당부도 7개 부문운동 중 지역적 특성에 따라 여성·청년·유소년·농민부에 주력하였다.[48] 농민부 활동으로는 농민사와 알선부 설립,[49] 여성부에서는 內修團 조직을 강화하였다.[50] 그리고 부문운동의 통일기관을 구성코자 하였다.[51] 그 외에도 기관지로 '林江月報'의 발행, 순회문고 운영, 현상웅변대회 개최, 동흥학교 문제해결 등을 다양한 활동을 전개하였다.[52]

이와 별도로 1930년대 각 당부별 활동을 살펴보면 다음과 같다.

삼도구당부는 1931년 通俗運動의 일환으로 강연회를 비롯하여 提燈行列, 脚戱大會, 童話大會 등을 대대적으로 개최하여 주민 수천 명과 함께 천도교를 널리 선전하는 행사를 갖기도 하였다.[53] 그밖에 장백당부에서 1927년 12월 농촌순회강연과 인일기념 강도회 개최를,[54] 청하당부는 1931년 8월 14일 당원대회를 열고 매월 지방연합회 강연회 개최를 결의하기도 하였다.[55] 그리고 포교활동으로는 장백당부가 1933년에 이르러 장백현 17도구를 중심으로 포교활동을 전개한 결과 1백여 호를 입교시켰으며,[56] 청하당부는 1932년 11월 1일 '포덕의날' 및 '당화주간'

---

47) 천도교청년당의 부문운동에 대해서는 조기간, 『천도교청년당소사』, 40~54쪽 참조.
48) 『신인간』 40, 1929.10, 56쪽 및 『신인간』 53, 1930.11, 53~54쪽.
49) 『신인간』 40, 1929.10, 56쪽.
50) 『신인간』 33, 1929.3, 54쪽.
51) 『신인간』 53, 1930.11, 53~54쪽.
52) 『신인간』 47, 1930.5, 65쪽.
53) 『당성』 13, 1932.7.1.
54) 『신인간』 20, 1928.1, 58쪽.
55) 『당성』 7, 1931.11.1.
56) 박인진, 「長白縣宗理院新築實記」, 『신인간』 77, 1934.3, 49쪽.

기념식을 가진 후 당원과 교인이 총출동하여 포덕선전지를 배포하였다.[57]

한편 계몽운동으로 講道會나 교양강좌, 당원훈련 등을 개최하였다. 강도회의 경우 대체적으로 2일 또는 3일 정도 개최되었는데, 중앙에서 파견한 김병제가 1935년 2월 4일부터 만주지역을 순회하면서 2월 6, 7일 양일간 용정당부, 9, 10일 양일간 두도구당부, 12, 13일 양일간 삼도구당부에서[58] 15, 16일 양일간 국자가당부에서, 18, 19일 양일간 도문당부에서 각각 강도회를 가진 바 있다.[59] 이밖에도 봉성당부가 1930년 2월 8일부터 7일간 黨憲釋要·接組織 充實·部門運動振作을 내용으로 黨講習會를, 영릉가당부에서 2월 19일부터 5일간 교리교사·黨憲釋要 등의 내용으로 강도회를 개최하였다.[60]

敎養講座의 경우 역시 당원의 내부결속과 한인사회에서 천도교에 대한 인식을 변화시키는데 일조를 하였다. 강좌 내용은 당시의 시대적 정세, 청년당의 主義 내지 使命 등이었다. 1930년에는 용정·의란구·삼도구·두도구·연길·화룡당부로 조직된 북간도 제1당구에서 교리·교사·黨務·肉體訓練·상식 등의 과목으로 11차례의 강도회를 개최하기도 하였다.[61] 그리고 이해 중앙에서 黨勢擴張을 위한 黨工作운동을 전개하자 동만지역의 청년당은 "諸思想과 水雲主義의 比較宣傳, 우리 運動의 理解, 部門成員의 敎人化, 資格敎人의 黨員化, 充分한 黨的訓練" 등을 집중적으로 전개하였다.[62] 특히 당적훈련에 대해서는 "精

---

[57] 『당성』 18, 1933.1.1.

[58] 김병제, 『북국 3천리를 답파하고서』, 『신인간』 91, 1935.5, 46~49쪽.

[59] 추강, 「북국 3천리를 답파하고서(2)」, 『신인간』 92, 1935.6, 48~50쪽.

[60] 「靑年黨彙報」, 『신인간』 46, 1930.4, 75쪽.

[61] 李麟求, 「布德과 敎養에 相當히 努力」, 『당성』 2, 1931.5.1.

銳한 병사는 一當百이라 하나 훈련이 충분한 당원은 一堂萬이 되는 것
이다. 이러므로 모든 방법을 다하여 남녀당원을 量的으로 늘리는 동시
에 質的으로도 충분하도록 敎養하여야 할 것"이라 하여 그 중요성을 밝
히고 있다.

2. 조선농민사의 설치와 활동

천도교청년당은 1925년 10월 조선농민사를 설립하고 각 지방에 농민
사를 조직함에 따라 만주지역에도 농민사가 설치되었다. 1925년 말경
합이빈농민사는 지부장 崔景宣,(63) 1926년 초에는 寧古塔농민사는 지부
장 張應杰, 지부원 金奉國, 고문 崔一友 宋元一, 국자가농민사는 지부
장 金熙洙, 백초구농민사는 지부장 韓一,(64) 額穆縣 蛟河鎭농민사 지부
장 尹世虎,(65) 장백현농민사는 지부장 朱東林, 지부원 金波 薛正宇(66)으
로 각각 설립되었다. 이외에도 1928년 2월 제도개선 당시까지 간도농
민사(지부장 金瑞鳳), 연길현농민사(지부장 柳東奎), 두도구농민사(지부장 金承
基), 관전현농민사(지부장 金洙玉) 등이 추가 설치되었다.(67) 또한 의란구에
서는 농민사 社友會가 조직되어 활동한 사실로 보아 의란구농민사도
설치되었다.(68)

62) 李麟求, 「東滿各地의 實施하는 몇 가지」, 『당성』 6, 1931.10.1.
63) 『朝鮮農民』 2:2, 1926.2, 표지.
64) 『朝鮮農民』 2:4, 1926.4, 광고.
65) 『朝鮮農民』 2:11, 1926.11, 20쪽.
66) 『朝鮮農民』 4:3, 1928.3, 광고.
67) 『朝鮮農民』 6:4, 1930.6, 30~31쪽.
68) 『朝鮮農民』 4:1, 1928.1, 24쪽. 연길현 의란구 太陽村에 설치된 의란구농민사는 사
   우회 설립하고 1. 4개월 1차씩 연구회 개최, 2. 농민야학을 설립하여 문명퇴치에
   노력함, 3. 허무한 미신을 타파하고 무起會를 실현함, 4. 農軍懇談會 조직과 사우모

이들 농민사는 1930년 들어 조선농민사가 천도교 측의 조선농민사와 이성환 측의 전선조선농민사로 분리되었으나 천도교 측의 조선농민사에 소속되어 활동하였다. 이어 조직을 재정비함에 따라 관전현농민사[69] · 신빈현농민사[70] · 두도구농민사[71] · 開魯縣농민사[72] · 봉성현농민사[73] · 영안현농민사[74]가 새롭게 조직되었다. 그리고 화룡현농민사도 재조직되어 활동하고 있다.[75] 그러나 이들 농민사 중 봉성현농민사, 개로현농민사, 신빈현농민사 등이 보다 활발하게 활동하고 있다.

만주지역 농민사의 활동은 조직확대활동, 경제적 이익획득 활동, 교육활동으로 크게 살펴볼 수 있다.

먼저 조직확대활동은 각 농민사별로 里洞農民社의 조직이다. 관전현농민사는 관할구역 내에 秋葉碧농민사(이사장 李元星, 비서 金成寶) · 石柱子농민사(이사장 金允基, 비서 朴元浩) · 萬昌洞농민사(이사장 金奉八, 부이사장 金昌億, 비서 朴基律)를 각각 조직하였으며,[76] 신빈현농민사는 西岔농민사(이

<hr />

집에 노력할 것 등을 결의한 바 있다.

[69] 『농민』 1:4, 1930.8, 41쪽. 이사장 金時烈, 서무 玄景松, 경리 朴榮益.

[70] 『농민』 1:6, 1930.10, 57쪽. 이사장 김태석, 부이사장 梁明德, 비서 조천일.

[71] 『농민』 2:8, 1931.8, 49쪽. 6월 26일 조직, 이사장 金道鼎.

[72] 『농민』 3:5, 1932.5, 44쪽. 개로현농민사는 1931년 12월 22일 개로현 제2향 中段農民學校에서 창립대회를 개최하고 임원 선출하였다. 이사장 林岡, 부이사장 金義恒, 기무부장 池大泉, 재무부장 金永福, 교양부장 金永燦, 경제부장 金景華, 조직부장 金道明.

[73] 『농민』 3:8, 1932.9, 표지. 봉성현농민사는 1932년 8월 21일, 이사장 鄭炳德, 부이사장 崔成玉, 기무부장 組珉厚, 재무부장 金瑞彬, 조직부장 韓永煥, 교양부장 張素石, 경제부장 張光實, 쟁의부장 金道業, 감사 安利俊으로 조직되었다.

[74] 『농민』 4:3, 1933.3, 45쪽. 영안현농민사는 김홍제 · 강석철 · 강달영 · 김수산 등의 활동으로 1933년 1월 말 사원 1백여 명이 모여 신안진에 조직하였다.

[75] 『농민』 4:1, 1933.1, 47~48쪽. 화룡현농민사의 경우 재조직에 관해서는 확인이 되고 있지 않지만 1932년 11월 농민사 이전 등의 활동으로 보아 재조직되었던 것으로 보인다.

[76] 『농민』 1:6, 1930.10, 58~59쪽.

사장 白龍球, 부이사장 李承祐, 비서 조천일)[77]에 이어 河南농민사(이사장 최은파, 총무 崔竹林)·河北농민사(이사장 최형근, 총무 박창후)가 각각 설립되었다.[78] 또한 신빈현농민사는 1933년 4월 흥경현농민사로 명칭을 변경하는[79] 한편 삼도구농민사(이사장 안광명, 총무 이시득)[80]·大南岔농민사(이사장 변태언, 총무 김영재)·大北岔농민사(이사장 김응원 총무 임용호)·小萬里溝농민사(이사장 계가순 총무 김두환)·松子溝농민사(이사장 안선규 총무 최희록)·台街농민사(이사장 김지성 총무 강천순)·嶺東농민사(이사장 유한삼 총무 정대용)·板橋子농민사(이사장 조정연 총무 김상도)·嘉禾溝농민사(이사장 계광순)·小歲子농민사(이사장 이계백, 총무 김봉익)·阿伙洛농민사(이사장 김석진, 총무 김봉제) 등 리동농민사를 조직하고 조직을 확대하였다.[81] 그리고 화룡현농민사는 自龍坪농민사(이사장 이인범),[82] 봉성현농민사는 陽津城농민사,[83] 개로현 농민사가 제1향 西段농민사·제2향 中段농민사·제3향 東段농민사·제4향 大段농민사·제5향 海流土농민사 등 5개의 리동농민사를 조직하였으며 그밖에도 청년부와 하위조직으로 청년회, 여성부와 하위조직으로 부인회, 청년회는 하위조직으로 소년군을 조직하였다.[84]

또한 이들 농민사는 조직확대를 위해 선전비라 배포, 사원모집 등을 전개하기도 하였다. 신빈현농민사는 1931년 단오날을 맞아 한인교육연구회 주최로 개최한 대운동회에 선전비라를 배포한 바 있으며,[85] 봉성

77) 『농민』 1:8, 1930.12, 43쪽.
78) 『농민』 4:2, 1933.2, 속표지.
79) 『농민』 4:5, 1933.5, 표지.
80) 『농민』 4:7, 1933.7, 속표지.
81) 『농민』 4:10, 1933.10, 속표지.
82) 『농민』 4:3, 1933.3, 표지.
83) 『농민』 4:4, 1933.4, 40쪽.
84) 『농민』 4:3, 1933.3, 56쪽.

현농민사는 양진성농민사를 창립대회에서 사원 각자가 5인 이상 책임 모집을,[86] 영안현농민사는 정기대회에서 사원 30명 모집 등을 전개한 바 있다.[87]

다음은 농민의 경제적 이익획득 활동으로 농민공생조합[88] 조직과 공동경작 등을 들 수 있다. 농민공생조합은 1930년대부터 시작된 경제 공황으로부터 농민의 어려움을 극복하기 위해 설치된 斡旋部를 확대 개편한 농민이익을 위한 경제기관으로, 1931년 4월 8일 조선농민사 제1회 중앙위원회에서 설립키로 결의되었다.[89] 이에 따라 만주지역 농민사도 공생조합을 설립 또는 준비하였다.

봉성현농민사는 1931년 8월 25일 이사회에서 공생조합을 설립키로

---

85) 『농민』 2:8, 1931.8, 49쪽.
86) 『농민』 4:4, 1933.4, 40쪽.
87) 『농민』 4:5, 1933.3, 50쪽.
88) 공생조합은 1인 5구(口)까지의 출자금·차입금·의연금·적립금을 통하여 자금을 마련하고, 농촌일용품을 공동구입하여 분배하거나 판매하는 소비부사업, 농업창고와 생산공장을 경영하고 생산물을 위탁 또는 공동판매하는 생산부사업, 농사에 필요한 자금을 빌려주는 신용부사업, 비싼 농기구를 구입하여 공동사용하는 이용부사업, 의원·이발소·목욕탕 등을 설치하여 조합원들에게 편의를 주는 위생부사업을 운영하였다.
89) 韓元彬, 「共生組合이란 무엇인가」, 『新人間』 55, 1932.5, 47쪽. 공생조합을 설치한 이유는 경제적인 문제 외에 천도교 전교를 통한 천도교 이념의 실현이란 종교적 목표도 있었다. 이와 관련하여 당시 교회에서 주장한 설치배경에 대한 주장을 제시하면 다음과 같다. 첫째 많은 창생을 접촉하고 천도교의 주의를 선전하는 것이다. 둘째 창생들에게 당면이익을 제공하면서 그들로 하여금 오늘의 현실이 그 내재적 관계에서 반드시 일층 새로운 사회로 나아가고야 말 것을 알려주며 창생들 자체로서도 사회경제를 운전할 수 있다는 것을 스스로 체험시키며 자신을 갖게 하는 의미에서입니다. 셋째 공생조합은 조합원 상호간에 경제적 부조만을 목적으로 하는데 그치지 않고 우리 당이나 농민사·노동사의 모든 일에 대하여 물질적 또는 정신적으로 원조자의 역할을 가지는 데서입니다. 그리하여 社나 黨에 대하여 대립이라든가 또는 중립의 태도를 가지지 않고 그것들과 일종의 협조적 기관이 되는 의미에서입니다(金亨傑·朴新德, 「共生組合은 왜 하는가?」, 『新人間』 58, 1932.8, 28쪽).

하고 9월 1일 개업키로 하였다.[90] 이어 9월 1일 자본금 980여 원으로 공생조합을 설립하고 의주군농민사의 농민공생조합과 연계하여 활동하였다.[91] 10월 23일 천도교종리원에서 공생조합 임시총회를 개최하고 조합장에 李允實을 선출하고 口金은 10월 30일까지 납부, 출장소 설치 등 결의했다.[92] 1932년 12월 1일 농민날에는 廉賣시장을 개설하여 210원의 수입을 남겼으며[93] 농민야학 경비로 공생조합에서 4원, 출장소에서 2원을 희사하기도 하였다.[94]

화룡현농민사는 1932년 11월 1일 개최한 사원임시대회에서 공생조합을 조속히 조직할 것을 결의하였으며,[95] 12월 22일 공생조합을 설립하고 조합장 문정방, 전무 이종건, 상무 박용하를 선임하였다.[96] 그리고 이듬해 1933년 2월 조합장 김기찬, 전무 문정방, 상무 임평서 · 김중형, 감사장 박여근으로 개편하였다.[97] 영안현농민사도 생활난으로 헤매이는 동포를 위해 農作斡旋, 농민공생조합 설립하여 거류민의 경제적 이익도모 등을 논의하였다.[98] 개로현농민사는 농민의 경제적 이득을 위해 消費品共合購入部는 농장에, 農産物共同販賣部는 현 중심가에 설치 운영하였다.[99]

그러나 공생조합은 중간상인의 농간으로 가격을 무리하게 올리는

[90] 『농민』 3:9, 1932.10, 19쪽.
[91] 『농민』 4:2, 1933.2, 60~61쪽.
[92] 『농민』 3:10, 1932.11, 표지.
[93] 『농민』 4:1, 1933.1, 48~49쪽.
[94] 『농민』 3:10, 1932.11, 속표지.
[95] 『농민』 4:1, 1933.1, 47~48쪽.
[96] 『농민』 4:2, 1933.2, 42쪽.
[97] 『농민』 4:3, 1933.3, 표지.
[98] 『농민』 4:3, 1933.3, 45쪽.
[99] 『농민』 4:3, 1933.3, 56쪽.

것을 방지하기 위하여 대량으로 물건을 구매하거나 판매하는 소비부
사업이 중심을 이루었고, 생산·판매·신용사업은 법적 규제로 애로가
많았다. 또한 농민을 본위로 한 공생조합은 현금이 없는 가난한 농민
으로부터 공생조합의 운영에 필요한 자본금을 마련하는 것이 쉽지 않
았다. 이러한 문제를 해결하기 위해 공동경작운동을 전개하였다. 국내
에서는 공동경작운동이 적지 않게 전개되었지만 만주에서는 크게 활
성화되지는 않은 것으로 보인다. 만주지역 농민사 가운데 공동경작을
실시한 농민사는 개로현농민사[100]·신빈현농민사[101]·봉성현농민사[102]
등이 있다. 하지만 이들 농민사의 구체적인 공동경작의 내용은 확인이
되지 않고 있다. 다만 공동경작을 위해 천도교종리원과 공동으로 工作
契를 조직한 바 있는데 장백현종리원[103]과 청하사종리원[104]에서 각각
조직하였다.

　세 번째로 교육활동인데 농민강좌, 농민학교 또는 농민학원 운영, 교
양훈련 등이 있다. 봉성현농민사는 창립 직후 '本社에서 강사 1인을 초
빙하여 農民講座를 개최'하기로 결의하고[105] 1932년 9월 15일 농민문제
강연회를 개최하였는데 내용은 다음과 같다.

---

100) 『농민』 4:3, 1933.3, 56쪽.
101) 『농민』 4:4, 1933.4, 40쪽.
102) 조규태, 「천도교청년당과 조선농민사」, 『천도교청년회80년사』, 2000, 295쪽.
103) 『신인간』 71, 1933.9, 56쪽. 장백현종리원의 공작계 조직상황은 북간도 17도구 공
　작계로 土店里 제1공작계장 홍성교, 간사 崔忠一 김철, 제2공작계장 李桂昊, 간사
　李洸溶 李悌泳, 三浦里 제1공작계장 이전화, 간사 全承烈 朴良嬅, 제2공작계장 변
　준근, 간사 李鳳成 金相俊 등이다.
104) 『신인간』 74, 1933.12, 54쪽. 晴霞社종리원의 공작계는 위원장 문정방, 위원 任炳
　珠 金基燦 金熙元 李仁範 姜齊勛 崔明俊 申自允, 간사 김기찬 김희원 이인범, 김
　홍적 등으로 조직되었다.
105) 『농민』 3:9, 1932.10, 19쪽.

朝鮮의 將來는 農軍의 손에-白元奎

共生組合에 대하여-金成玉

우리의 살 길은?-白世明

鳳城縣 共生組合에 대/하여-趙珉厚

社會的 動向과 朝鮮農民-鄭炳德[106]

개로현농민사는 농민학교와 농민학원을 설립하고 교육활동을 전개하였다. 농민학교는 학생 50명, 교사 3명으로 농민사가 경영하였으며, 농민학원은 각향 농민사의 청년회가 경영하였는데 제1학원은 서단청년회관에서 남녀학생 15명, 제2학원은 중단청년회관에서 20명, 제3학원은 동단청년회관에서 16명, 제4학원은 대단청년회관에서 12명, 제5학원은 해루토농민학원에서 15명이 각각 수업을 받았다.[107] 그밖에도 봉성현농민사에서는 농민야학을 개최하였으며,[108] 신빈현농민사에서는 농한기에 농민강좌 및 소년단체를 조직하여 교양훈련을,[109] 영안현농민사에서는 사원훈련을 위하여 1개월에 1회씩 연합강좌를 개최하였다.[110]

만주지역 농민사는 이들 활동 외에도 동포들을 위한 의연금 모금활동도 전개한 바 있다. 1932년 10월 10일 마적의 습격으로 농민사 사원 金洛龜·金洛浩·金承奉 등을 납치 살해할 뿐만 아니라 만보산사건으

---

106) 『농민』 3:9, 1932.10, 21~22쪽 및 『농민』 3:10, 1932.11, 35~38쪽.

107) 『농민』 4:3, 1933.3, 56쪽.

108) 『농민』 3:10, 1932.11, 표지. 당시 봉성현농민사에서 개최한 농민야학에는 공생조합 4원 공생조합출장소 2원, 이윤실 2원, 조민후 1원 50전, 장광실 李珍明 명문익 각 1원, 정병덕 金芝壽 金天民 桂成恒 金瑞允 각 50전을 희사하였다.

109) 『농민』 4:4, 1933.4, 속표지.

110) 『농민』 4:5, 1933.3, 50쪽.

로 중국인이 조선인에 대한 배척으로 60여 명이 轉轉乞食하면서 봉성현에 이르자, 동포들의 참상을 구제하기 위해 봉성현농민사와 지역유지가 의논하여 당지 韓人 3백여 호를 호별 방문하여 의연금과 의연미를 모금하였다. 이날 모금한 의연금 총액은 現小洋 19원 20전(금화로 2원 50전), 의연미는 苞米 6斗 半이었는데, 모금활동에는 농민사 사원 최성옥·조민후·김응환·계성항·김시헌, 지방유지 측 金璘會·金昌坤·金聖允·朴判承 崔鍾奎 등이 참여하였다. 이밖에도 농민사에서는 부상자에게 무료로 약을 제공하였다.[111]

Ⅳ. 맺음말

천도교의 만주지역 포교는 1900년대 초부터 이루어졌지만 이 시기의 포교는 개인적 또는 만주를 접경으로 하고 있는 교구를 중심으로 전개되었다. 1919년 3·1운동 이후 북경에 전교실 설치를 계기로 해외포교에 대한 중요성을 크게 인식하였으며, 교단적으로도 적극 후원하였다. 이러한 포교에 의해 1920년대 말 15개의 군단위 종리원과 10여 개의 면단위 종리원이 설립 유지되었다. 이 중 1930년대 초에는 3개의 종리원이 감소되었다. 그러나 이후 흥경현종리원, 영안현종리원, 도문종리원, 장백현종리원, 대동구종리원, 공주령종리원, 금불사종리원 등이 새로 설립되거나 재건되었다. 이중 대동구종리원은 만주지역에 만주인을 중심으로 교세를 형성하였던 재리교를 개종시켜 천도교로 흡수한 사례라고 할 수 있다.

111) 『농민』 3:11, 1932.12, 47~50쪽.

1930년대 천도교 종리원의 운영은 만주국이라는 특성과 마적, 토비 등의 활동으로 적지 않은 어려움에 직면하였다. 흥경현종리원은 만주 사변으로 교당을 소실하였는가 하면 교회 책임자인 종리원장에 대한 위협으로 국내로 피신생활을 할 정도였다. 당시 천도교인의 생활은 한 마디로 "적나라한 몸으로 하늘을 지붕 삼고 땅을 방으로 근근이 생명을 보존할 정도로 비참"하였다. 이러한 와중에서도 포교활동은 1930년대 청년당을 중심으로 한 신문화운동의 배경이 되었다.

1930년대 천도교의 주요활동은 국내와 마찬가지로 신문화운동이 주류를 이루고 있다. 3·1운동 이후 국내에서 전개한 신문화운동은 청년당의 중앙집권적 조직에 의해 만주지역 청년단체와 직접적인 연결고리가 되었다. 1920년대 말 국내에서 도 단위의 광역단체가 설립되자 만주지역에서도 통일임강당부가 설립되어 각 청년단체의 신문화운동을 적극 후원하는가 하면 청년단체의 일원화를 위해 당원훈련, 접을 통한 자학, 부문운동 진작 등을 전개하였다. 이밖에도 각 청년단체에서는 제등행렬, 씨름대회, 동화대회, 교양강좌 등 천도교의 사회화를 위한 통속운동을 갖기도 하였다.

뿐만 아니라 청년단체는 국내에 설립된 조선농민사의 지부를 설립하여 재만한인 농민의 이익옹호운동을 전개하기도 하였다. 조선농민사 지부의 경우 만주지역에 합이빈농민사를 비롯하여 영고탑농민사, 국자가농민사, 백초구농민사, 교하진농민사, 장백현농민사, 간도농민사, 연길현농민사, 두도구농민사, 관전현농민사, 의란구농민사, 신빈현농민사, 개로현농민사, 봉성현농민사, 화룡현농민사가 각각 설립되었다. 이들 농민사는 조직 확대를 위해 각 리단위에 里洞農民社를 설립 조직을 확대하였으며, 이를 위해 선전비라 배포, 사원모집 등을 전개하였다. 또한 농민의 경제적 이득 획득활동으로 농민공생조합을 설치하고 공동경작운동을 전개하였다. 공생조합은 봉성현농민사, 화룡현농민사, 개로현농민사 등에서 설치한 바 있으며, 공동경작은 개로현농민사, 봉성현농민사, 신빈현농민사에서 각각 실시한 바 있었다.

이밖에도 농민사는 교육활동으로 농민강좌, 농민학교 또는 농민학원 운영, 교양훈련 등을 전개하였다. 특히 개로현농민사는 중앙에 농민학교를, 각 리동농민사별로 농민학원을 운영하기도 하였다.

이러한 청년단체의 신문화운동과 농민사의 이익획득운동과 교육활동은 만주지역 한인 사회의 의식을 향상시키는데도 일정한 역할을 담당하였다고 할 수 있다.

일제하 민족종교의 비밀결사와 독립운동자금 모금운동

Ⅰ. 머리말

일제는 한국을 강점한 이후 식민지를 효율적으로 통치하기 위해 조선교육령을 제정하는 한편 천왕제 국가의 신성성과 절대성 이념을 바탕으로 한 皇道를 이식시키기 위해 부단히 노력을 하였다. 이러한 노력은 종교에도 그대로 적용되었다. 강점 이전에는 "반도의 교화를 시정의 기본방침으로 삼고, 이를 위해 외국 선교사를 일종의 국민교화를 담당하게 하는 敎化師와 같은 역할을 담당하게 하며, 정권과 교권을 엄격하게 분리하여 교권은 정신적 방면에서의 국민계몽과 교화를 담당하는 것에 국한시켜 이른바 종교의 사회화를 달성하고, 이러한 기능에 충실할 경우에는 정부가 재정지원을 통해 이를 지원한다"는 종교정책을 통해 이미 시천교나 대동교, 불교진흥회 등을 후원하는 등 주로 친일종교단체를 육성하였다. 그렇지만 강점 이후에는 보다 적극적으로 통제와 회유를 이용하여 종교를 탄압하였다.

1911년 『施政年報』에 처음으로 치안부분에서 '종교취체'라는 항목을 설정하여 종교단체의 활동을 법률적으로 통제하고 간섭하였다.[1] 특히 종교에 대한 취체는 일본종교인 神道를 비롯하여 기독교, 불교 등 공인하는 종교보다는 한국의 민족성을 일깨워주는 민족종교[2]에 대해 더 크게 적용하였다. 더욱이 민족종교에 대해서는 정치적으로는 언제든지 민족운동을 야기하고 민중을 선동할 가능성이 있으며, 사상적으로는 혁명사상을 고취하고 민족의식이 농후하다고 인식하고 있었다.[3] 뿐만 아니라 일제는 민족종교를 '類似宗敎'라 하여 '似而非化'하여 민중으로부터 격리시키고자 하였으며, 이로 인해 결국 많은 민족종교들의 활동이 위축되거나 해산 또는 소멸되기도 하였다.[4] 이와 같은 상황에서도 민족종교는 천도교를 정점으로 하여 3·1운동을 비롯하여 임시정

---

[1] 朝鮮總督府, 『朝鮮總督府施政年報』, 1911, 77쪽. 그 내용은 다음과 같다.
"宗敎取締에 관해서는 명치 35년 통감부령 제45호로 日本人의 종교선포 수속절차를 정한 바 있다. 하지만 조선인 및 외국인의 종교에 관한 것은 하등의 법규도 없어서 그로 인해 布敎所가 함부로 설치되고 있어 그 폐해가 크다. 특히 天道敎·侍天敎·大倧敎·大同敎·太極敎·圓宗宗務院·孔子敎·大宗敎·大成宗敎 등의 宗이 있는데, 그 종류가 너무 많고 잡다할 뿐만 아니라 그 움직임도 정치와 종교를 서로 혼돈하여 순연히 종교라 인정하기 어려운 것이 많아 그 취체가 불가피하다."
[2] 한국에서 자생한 종교에 대해 다양한 명칭이 혼용되고 있다. 일제하에서는 이를 類似宗敎, 해방 후에는 신흥종교, 신종교, 민족종교 등이 그 사례이다. 본고에서는 논지의 성격상 민족종교로 사용하고자 한다. 이에 대해서는 金洛必, 「민족종교 연구의 주요 쟁점」, 『韓國宗敎史硏究』 8, 한국종교사학회, 2000을 참조 바람.
[3] 村山智順, 『조선의 유사종교』, 國書刊行會, 1935, 845쪽 및 853쪽; 「思想犯罪로 본 최근의 朝鮮在來의 類似宗敎」, 『思想彙報』 22, 1940, 17~18쪽.
[4] 실제적으로 조선총독부는 치안유지법을 적용하여 민족종교의 해산을 명령하였다.

부 수립운동, 문화운동과 교육운동, 비밀결사를 통한 국권회복운동, '치성금'을 통한 독립운동자금모금운동 등 끊임없이 항일독립운동을 전개하였다. 이와 같은 민족종교의 항일운동에 대한 연구성과는 전혀 없는 것은 아니다. 그중에서도 천도교가 가장 많은 연구물이 축적되어 있으며,[5] 그리고 대종교,[6] 태을교,[7] 청림교[8] 등이 그 뒤를 잇고 있다.

이에 따라 본고에서는 기존의 연구성과를 참조하여 민족종교의 다양한 항일독립운동 중에서도 비밀결사를 통해 전개되었던 국권회복운동, 그리고 이와 연계되어 '치성금'이라는 명목으로 군자금을 모금하였던 운동에 대해 중점적으로 살펴보고자 한다. 그리고 이를 고찰하기 위해 일제강점기 발행되었던 『東亞日報』, 『朝鮮日報』, 『每日申報』 등 당시 발간된 신문과 관련 인물의 판결문, 일제 측 정보문서 등을 기본자료로 활용하고자 한다. 다만 대종교의 경우 주로 만주에서 무장투쟁 등 많은 활동은 이미 널리 알려져 있을 뿐만 아니라 연구성과도 적지 않게 축적되어 있기 때문에 본고에서는 연구대상에서 제외하였다. 천도교의 민족운동도 다양한 분야에서 연구성과가 축적되어 있어 본고에서는 그동안 다루지 않았던 부분을 중점적으로 다루었음을 밝혀둔다.

---

[5] 천도교 민족운동에 대해서는 황선희, 「동학·천도교의 민족운동에 관한 연구동향과 전망」, 『한국근대사의 재조명』, 국학자료원, 2003을 참조할 것.

[6] 대종교의 민족운동에 대해서는 황민호, 「일제하 대종교인들의 국내에서의 항일민족운동」, 『일제하 만주지역 한인사회의 동향과 민족운동』, 신서원, 2005를 참조할 것.

[7] 태을교 계열의 민족운동에 대해서는 안후상, 「普天敎 硏究의 現況과 課題」, 『韓國宗敎史硏究』 6, 韓國宗敎史學會, 1998; 김정인, 「1920년대 전반기 普天敎의 浮沈과 民族運動」, 『한국민족운동사연구』 29, 한국민족운동사학회, 2001; 성주현, 「1920년대 초 태을교인의 민족운동」, 『한국민족운동사연구』 29, 한국민족운동사학회, 2001; 김재영, 「1920년대 보천교의 민족운동에 대한 경향성」, 『전북사학』 31, 전북사학회, 2007 등을 참조할 것.

[8] 청림교의 민족운동에 대해서는 윤정란, 「일제시대 청림교의 활동과 성격」, 『한국민족운동사연구』 29, 한국민족운동사학회, 2001을 참조할 것.

Ⅱ. 비밀결사를 통한 국권회복운동의 전개

일제 강점 이후 1910년대의 지배정책은 무단통치라는 헌병경찰제였다. 때문에 일제의 국권강탈과 무단적인 폭압정치를 거부하거나 반대하는 저항세력의 활동은 많은 난관과 제약에 직면할 수밖에 없었다. 더욱이 일제는 직접적인 저항세력인 의병과 잠재적인 민족운동세력의 기반을 파괴하기 위해 무력적인 탄압과 조직적인 파괴공작을 획책하였다. 대표적인 것이 안악사건과 양기탁의 보안법위반사건, 그리고 105인 사건이라 할 수 있다. 이와 같은 조작적인 사건은 민족운동단체에만 한하지 않고 민족종교에 대해서도 그대로 적용하여 민족정신의 부활을 주장하는 민족종교를 탄압하였다. 더욱이 정치 사회단체가 해산당하고 결사의 자유가 제한된 상황에서 종교만이 그 명맥을 유지할 수 있었다. 이에 따라 국내의 민족운동은 대부분이 지하활동을 모색하지 않을 수 없었으며, 민족종교 또한 비밀결사를 통해 민족운동을 전개하였다. 1910년대 대표적인 민족종교의 비밀결사를 통한 국권회복운동은 천도교의 天道救國團, 태을교와 청림교의 비밀결사운동 등이 있다.

천도구국단은 1914년 8월 31일 천도교에서 운영하고 있는 보성사 사장 李鍾一이 민족운동의 중추적 역할을 수행할 목적으로 비밀결사의 형태로 조직된 독립운동단체이다. 이종일은 한말 독립협회 회원과 대한제국민력회 회장, 그리고 제국신문을 창간하는 등 애국계몽운동에 적극 참여한 바 있다. 이후 1906년 천도교에 입교하여 민족주의에 대해 관심을 가지면서 민족이 처한 현실적 모순을 해결하고자 하였고, 그 해결방법으로는 신앙적 차원에서 구국운동을 전개하는 것이었다. 이에 이종일은 천도교가 중심이 되어 기독교와 연합할 것을 계획하였다.[9]

그러나 상황이 여의치 못하자 이종일은 1911년 보성사를 중심으로 범국민신생활운동을 전개하고 거족적인 독립만세운동을 전개하고자 하였다. 우선 자신이 조직하였던 대한제국민력회원을 규합하는 한편 비정치적인 국민회의를 개최키로 하였다. 이어 1912년 7월 15일을 거사일로 정하고 취지문, 건의문, 행동강령 등을 작성하는 등 국민회의를 준비하던 중 일제에 발각되어 실패하고 말았다.[10]

그러나 이종일은 이에 좌절하지 않고 민족문화 수호와 전통유지운동을 목적으로 하는 비밀결사체인 민족문화수호운동본부(이하 본부)를 결성하고 불교 측의 협조를 구하였으나 성과를 이루지 못하였다. 이에 이종일은 천도교 단독으로 이 운동을 전개하기로 하고 본부를 보성사에 두고, 총재에 손병희를 추대하고 자신은 회장이 되었다.[11] 회원 1백여 명을 확보한 본부는 각종 강연회를 통해 민족의식을 고양시켜 나갔다. 뿐만 아니라 이종일은 이 운동본부를 장차 서간도의 부민단, 미주의 흥사단과 같은 민족운동단체로 발전시키고자 하였다.[12] 이에 따라 이종일은 1914년 8월 31일 본부 외에 독립운동의 중추적 역할을 수행할 비밀결사로 천도구국단을 조직하고, 명예총재에 손병희, 자신이 단장, 김홍규가 부단장, 장효근이 총무, 신영구가 섭외, 박영신이 행동대장으로 각각 선임되었다.[13]

9) 『묵암비망록』 1910년 12월 25일조; 박걸순, 『이종일의 생애와 민족운동』, 독립기념관 한국독립운동사연구소, 1997, 74~75쪽.
10) 『묵암비망록』 1911년 2월 10일조; 1912년 6월 30일조; 7월 14일조.
11) 『묵암비망록』 1912년 9월 24일조; 10월 14일조; 10월 31일조. 한편 민족문화수호운동본부의 조직은 다음과 같다. 총재 손병희, 회장 이종일, 부회장 김홍규, 제1분과위원장 권동진, 제2분과위원장 오세창, 제3분과위원장 이종훈, 기타 장효근 신영구 임예환 박준승 등이 참여하였다.
12) 『묵암비망록』 1912년 11월 27일조; 1913년 9월 9일조.
13) 『묵암비망록』 1914년 8월 31일조; 9월 25일조.

이후 천도구국단은 제1차 세계대전의 전황 등 국제정세를 분석하고 일본이 패망할 경우를 대비하여 시국선언문을 배포하기도 하였다.[14] 천도구국단은 제1차 세계대전이 한창이던 1916년 2월 민중봉기를 계획하고 당시 명성이 있던 한규설 박영효 등의 인물들과 접촉했으나 이상재로부터 "천도교 측에서 나선다면 기독교인들을 동원하겠다"는 약속만 했을 뿐 모두 거절하였다.[15] 이에 천도구국단은 보성사를 중심으로 한 단원이 중심으로 민중봉기를 위해 장총과 실탄 등을 구비하여 두었다. 1916년 11월 이종일은 손병희를 찾아 민중봉기를 주장하였으나 손병희는 수많은 인명의 피해를 염려하여 독립청원을 제안하였다.[16] 1917년 초 제1차 세계대전이 종전에 가까워지면서 미국 윌슨 대통령이 민족자결의 원칙을 천명하자 이종일은 재차 손병희를 찾아가 민중봉기를 제안하였고, 6월 이후 천도구국단을 중심으로 대중화 일원화 비폭력의 원칙으로 종교단체와 연합하여 만세운동을 전개하기로 하였다.[17] 천도구국단의 민중봉기는 결국 1919년 3·1운동으로 그 결실을 보게 되었다.

경북지역 천도교인들도 비밀결사운동에 적극적으로 참여하고 있다. 대구의 천도교인 홍주일, 이시영, 정운일 등은 1913년 1월 15일(음) 조선국권회복단의 결성에 참여하였다. 이들은 윤상태 등과 조선국권회복단을 조직하고 '단군태황조영위'라는 위패를 세우고 그 앞에서 기원을 올리는 한편 독립투쟁에 진력할 것을 맹세하였다.[18] 조선국권회복단

---

14) 『묵암비망록』 1915년 9월 7일조.
15) 『묵암비망록』 1916년 3월 3일조.
16) 『묵암비망록』 1917년 8월 31일조.
17) 『묵암비망록』 1918년 5월 6일조.
18) 『한민족독립운동사자료집』 7, 국사편찬위원회, 1988, 95쪽; 조규태, 「일제시대 경북

의 중앙총부는 대구에 두었으며, 조직은 총령, 외교부, 교통부, 기밀부, 문서부, 권유부, 결사대로 구성되었다. 이중 홍주일은 기밀부장, 이시영은 교통부장으로 선임되어 활동하였다. 그리고 정운일 외에 대구지역 천도교인 신상태와 창원의 천도교인 변상태도 단원으로 활동하였다. 뿐만 아니라 홍주일은 조선국권회복단이 학생들의 조직화와 항일사상을 고취시키기 위해 조직한 강유원간친회를 창립하는데도 참여하였다.[19] 정운일은 서병학, 최준명과 대구 부호 서창규를 만나 독립운동자금을 요청하였으나 거부하여 뜻을 이루지 못하였다. 또한 정운일은 대구의 서우순의 집에 들어가 독립운동자금을 모집하려고 하였으나 역시 소기의 성과를 거두지 못하였다.[20] 뿐만 아니라 경북지역 천도교인들은 1909년 9월 결성된 대동청년단 조직에 참여하고 있다. 고령 출신 남형우는 초대 단장, 그 외 신성모, 신상태, 김기수 등은 단원으로 활동하였다.[21] 그리고 이보다 앞서 1908년에 결성된 비밀결사 달성친목회에도 적지 않은 천도교인들이 참여하기도 하였다.[22]

태을교의 비밀결사운동은 임병찬이 조직한 독립의군부와 밀접한 관련을 가지고 있다. 충남 부여 출신의 李容珪를 비롯하여 尹炳日 李晚植 李來修 金泰泳 陳致萬 田鎔圭 孫晉衡 등은 1913년 국권회복을 목적으로 비밀결사로 독립의군부를 조직하고 각 지역에 동지를 구하는 한

지역 천도교인의 민족운동」, 『경북지역 동학연구』, 동학학회, 2007, 47쪽.
19) 『한민족독립운동사자료집』 7, 119쪽 및 297쪽.
20) 「정운일 신문조서」, 『한민족독립운동사자료집』 7, 58쪽. 이 사건으로 정운일은 피체되어 징역 10개월을 언도받고 옥고를 치렀다. 또한 홍주일은 정운일을 숨겨주었다는 죄목으로 징역 5개월, 이시영은 총을 맡아 두었다가 징역 4개월을 언도받고 옥고를 치렀다.
21) 권대웅, 『1910년대 국내독립운동』, 한국독립운동사편찬위원회, 2008, 140~143쪽.
22) 권대웅, 『1910년대 국내독립운동』, 168~181쪽. 달성친목회에 참여한 천도교인으로는 홍주일, 정운일, 신상태, 이시영, 남형우, 허백 등이 있다.

편 내각총리대신과 조선총독에 여러 차례 국권반환을 촉구하는 글을 보낸 혐의로 1914년 8월부터 1년 동안 거문도에 거주제한을 받았다. 그러나 1915년 8월 거주제한이 1년 연장되자 이용규는 분을 이기지 못하고 1916년 6월 병사하였다. 이들은 임병찬의 부하로 평소 일제의 통치에 대해 불만을 적지 않았으며, 태을교에 입교하여 포교활동에 종사하였다. 이용규 등은 1916년 4월 국권회복을 모의하고 林子文을 맹주로 하고 神術로서 조선 내에 거주하는 일본인을 척살한다는 목적을 달성하기 위해 고종황제의 칙명서와 마패를 제작하여 동지를 규합하였다. 또한 동지 규합을 위해 태을교의 포교방법을 활용하기도 하였다.[23]

충북 괴산 출신으로 서당교사인 丁鴻燮은 1926년 10월(음) 李鍾珏으로부터 "태을교는 국권회복을 목적으로 하는 단체이고 교도 10만에 달할 때 일본에 대해 국권반환을 요구할 계획"이라는 말을 듣고 태을교에 가입하였다. 이후 비밀리에 포교활동을 하다가 검거되기도 하였다.[24] 또한 경기도 이천 출신 申鉉哲은 南宮泌의 권유로 1917년 9월 태을교에 가입하여 양평 이천 여주 등지에서 국권회복을 목적으로 하는 태을교에 가입할 것을 권유하다가 피체된 바 있다.[25]

청림교의 비밀결사운동은 경기도 포천 출신 李鍾學과 鄭泰舜이 국권회복을 도모하다가 발각된 사건이다. 이종학과 정태순은 1916년 10월(음) 청림교 수령 李元植[26]의 권유로 청림교에 입교하였다. 그리고 "제1차

---

23) 「거주제한처분의 건」, 高第11227호, 1917.7.7. 지방민정휘보(『현대사자료』 25, 26~27쪽).

24) 「불온언동자 발견과 처분」 高京畿發 제61호, 1917.5.23. 지방민정휘보 (『현대사자료』 25, 25~26쪽). 정홍섭은 이 사건으로 구류 22일에 처해졌다.

25) 「불온언동처분」, 高第28099호, 1918.9.16. 지방민정휘보(『현대사자료』 25, 64~65쪽). 신현철은 이 사건으로 징역 4, 5개월을 언도받았다.

26) 이원식은 경성 출신으로 청림교를 포교하다가 1917년 1월 공주지방법원에서 궐석

세계대전은 독일이 승리하며 일본과 조선은 패망한다. 이때 조선에서는 청림교가 중심이 되어 새로운 국가를 건설한다" 또는 "독일이 동양을 공략하기 위해 병사를 파견하면 청림교는 협동작전 준비를 위해 신도 5백 명을 만주에 파견할 것"이라는 등의 국권회복계획을 말하고 洪昌大 등 18명을 청림교에 가입시키고 활동자금을 모금하였다.[27] 또한 청림교의 비밀결사운동으로 韓炳洙와 趙明福과 관련된 불온문서투서사건도 있었다. 한병수는 韓龍霜의 동생으로 한용상과 같이 청림교에 가입하였으나 형과 뜻을 달리하여 별도의 청림교를 설립하여 교세를 확장하고 있었다. 그러던 중 趙明福과 협의 1918년 2월(음) "청림교는 국권회복을 목적으로 하는 비밀결사로 동교를 신앙하면 행복을 얻을 수 있다"하고 청림교를 포교하였다. 이러한 인식을 갖고 있던 함남 고원 출신인 尹德麟은 1918년 6월 7일 서울로 올라와 "배일당의 수괴 경성부 내에 잠복하고 각 지방의 불령자를 은밀히 선동하여 불온을 기도한다"라는 문서를 총독부에 투서하였다. 뿐만 아니라 윤덕린에게 청림교도를 만주에 파견한다는 명분으로 3백 원을 받아 권집성과 이양화 등 두 명에게 주어 만주에서 활동하고 있던 呂準에게 전달하기도 하였다.[28]

한편 당시 친일종교로 널리 알려진 시천교인이 비밀결사운동에 참여한 사례도 있었다. 평남 강서 출신이며 서당교사로 활동하고 있던 崔世民, 金永河 李仁意 金寅河 등은 1917년 7월 國民大同會를 조직하여 국권회복운동을 전개하였다. 동학혁명에 참여한 바 있는 이인의는 1917년 6월 동학을 조선 국교로 하고 이를 위해 전국의 동학당원을 모

재판으로 징역 1년을 선고받았다.
27) 「불언언동자 발견 처분의 건」, 高第 303호, 1918.1.9(『현대사자료』 25, 31쪽).
28) 「청림교도의 불언언동 발견 처분의 건」, 高第 21945호, 1918.7.31(『현대사자료』 25, 54쪽).

집하고, 조선의 정치는 동학당원이 지배할 것을 金會雲, 최세민, 김인화, 김영하 등과 모의하고 '東矯正公法趣旨書'를 만들어 유력자 3백여 명을 선정하여 동지를 규합하기로 하였다. 이어 평남지역을 순회하던 이인의는 시천교도를 만나 취지서를 전달하고 조선의 정치독립을 결의하고 동지 15명을 가입시킨 바 있다.[29]

3·1운동 이후 1920년대는 일제의 지배정책이 문화정치로 전환되면서 제한적이나마 결사가 허용되었으나 민족종교는 여전히 비밀적인 활동을 전개하고 있다. 이는 민족종교를 유사종교라 하여 여전히 포교의 자유가 제한되었기 때문이었다. 이로 인해 민족종교는 감시와 탄압의 대상이었다. 이에 따라 민족종교의 비밀결사운동은 조선총독부 인사를 암살하려거나 의형제를 맺는 방법을 통해 전개되었다. 이외에도 개인적으로 독립운동단체에 가입하여 활동하기도 하였다. 이에 대해 구체적으로 살펴보면 다음과 같다.

우선 경남지역의 천도교인들은 조선총독 등을 암살하려는 비밀결사를 조직한 바 있다. 고성과 진주지역에서 3·1운동을 주도한 바 있는 황태익은 1920년 3월 9일 진주면 옥봉리에서 교인 7명과 경남결사대를 조직하였다. 이들은 4월 초순 齋藤 조선총독의 순시와 부산축항식축하식에 참석하는 정무총감을 암살을 기도하다가 피체되었다.[30]

이밖에도 평북지역의 천도교인들은 기독교인들과 함께 國民會를 조직하기도 하였으며,[31] 독립군자금 모집을 목적으로 조직된 韓勇團에

---

[29] 「불온언동자 발견 처분의 건」, 高第21023호, 1917.11.12(『현대사자료』 25, 29~31쪽).
[30] 「총독암살단 체포」, 『동아일보』 1920.6.5. 이 사건으로 황익태, 김의진, 강재순, 임태준, 노성화, 황호익, 노응범, 강대규 등이 체포되었다.
[31] 「독립운동에 관한 비밀결사 보고의 건」, 高警 第28470호, 1919.10.6(『조선독립운동』 1 분책, 118쪽).

참여하고 있다.[32] 평남 강동군에서는 李致模가 중심이 되어 비밀결사로 農民團을 조직하고 강동경찰서와 주재소에 폭탄을 투척하였으나 미수에 그쳤다.[33] 뿐만 아니라 개인적으로도 비밀결사에 가입하여 활동한 사례가 적지 않았다. 황해도 신계 출신의 李鍾謙은 獨立籌備團에,[34] 평남 용강 출신 宋景百은 평안도와 황해도를 무대로 군자금모금과 경찰관 저격 등을 목적으로 조직된 大韓獨立野團에서[35] 각각 활동한 바 있다.

한편 강원도 김화군 출신이며 태을교인인 趙俊浩는 1920년 4월(음) 禹富根과 함께 경기도 고양군의 태을교인 盧重根을 찾아가 태을교의 목적이 국권회복에 있음으로 교인을 권유, 비밀조직을 결성하기로 하고 연명부에 서명하였다. 고향으로 돌아온 조준호는 뜻을 같이 하는 朴昌萬, 金龍燮, 金光釗, 安壽喆, 韓學敎, 金在勳, 金東秀, 趙學俊 등 16명을 입교시켰다. 이어 8월에는 서울에 있던 노중근을 불러 새로 입교한 16명을 소개하였다. 그리고 그 자리에서 독립의 목적 달성을 위해 일치단결키로 하는 동시에 8명 1조로 '동맹의형제'를 맺었다. 이어 이들은 '國權回復八人組'이라는 독립단을 조직하고 조선독립의 목적 달성을 기원했다.[36] 이 사건에 관련된 인물은 다음 〈표 1〉과 같다.

---

[32] 「임시군사주비단 및 한용단원의 검거」, 高警 第13269호, 1921.5.10(『조선독립운동』 1 분책, 592~593쪽).

[33] 「폭발물 투척 및 군자금모집 범인 검거의 건」, 高警 第37284호, 1920.11.29(『조선독립운동』 1 분책, 479~480쪽);「강동서에 폭발탄」,『동아일보』 1920.9.21 및 「강동서에 폭탄은」,『동아일보』1920.9.23;「금일이 2월 7일 구회경신한 철창」,『동아일보』 1927.2.7.

[34] 「독립주비단원의 검거」, 高警 第2630호, 1920.1.29((『조선독립운동』 1 분책, 510~511쪽).

[35] 「대한독립야단원 검거의 건」, 高警 第19037호, 1921.6. 1(『조선독립운동』 1 분책, 624~627쪽).

〈표 1〉 조준호 등 태을교 비밀결사 국권회복단에 관련된 인물들

이름	주소	나이	직업
조준호	강원도 김화군 김화면 읍내리 450	38	수육상
우부근	강원도 기화군 김화면 읍내리 419	49	농업
조학준	강원도 김화군 김화면 읍내리 419	40	고물상
문상하	강원도 김화군 김화면 읍내리 506	30	농업
이천진	강원도 김화군 김화면 읍내리 506	30	단야직
김동수	강원도 김화군 김화면 암정리 950	41	농업
김재훈	강원도 김화군 김화면 읍내리 457	40	농업
이종하	강원도 김화군 김화면 생창리 71	50	농업
이동수	강원도 김화군 김화면 읍내리 510	26	침구술
문영진	강원도 김화군 김화면 읍내리 605	22	농업
김기흥	강원도 김화군 김화면 읍내리 468	31	잡화상
김광쇠	강원도 김화군 김화면 읍내리 503	32	농업
한학교	강원도 김화군 김화면 읍내리 612	32	연초조합 직원
안수철	강원도 김화군 김화면 읍내리 663	19	연초조합직원
김용섭	강원도 김화군 김화면 생창리 71	45	농업
박창만	강원도 김화군 김화면 암정리 94	27	곡물상 중매업

또한 강릉 출신 이계림도 1920년 3월(음) 형 이홍림의 권유로 태을교에 입교하였으며, 이후 조봉근 등 15명을 포교하고 표면적으로는 태을교를 신앙하지만 비밀리에 조선독립을 도모하기 위해 공동단체를 만들고 독립운동자금을 모집하였다. 또한 조선독립을 기원하는 제의를 지내기도 하였다.[37]

민족종교의 비밀결사운동은 1930년대 중반 이후에도 활발하게 전개

[36] 「강원도의 태을교도 독립단원 검거의 건」, 高警 第9437호, 1920.3.31(김정명, 『조선독립운동』1 분책, 558~560쪽).
[37] 「이계림 판결문」(경성복심법원).

되었다. 일제는 1931년 만주사변, 1937년 중일전쟁 그리고 1941년 태평양전쟁을 일으키면서 식민지 조선도 전시체제에 편입되어 경제적 뿐만 아니라 사상적으로도 통제를 받아야만 했다. 1937년 중일전쟁이 도발한 이후 일제는 '국가총동원법'을 제정하면서 전시동원체제를 법률로서 성립시킨 1938년의 시점은 식민지 조선에 대한 지배정책을 크게 변화시킨 또 하나의 전환점이었다. 국가총동원법이 조선에도 확대 적용되면서 식민통치는 더욱 확대되어 일제의 침략전쟁을 뒷받침하기 위해 인적 자원과 물적 자원을 전쟁에 동원하기 위한 국가총동원체제를 구축하였다. 이에 따라 일제는 식민지 조선에서 지배와 수탈체제를 더욱 강화해 갔고, 1930년대 중반부터는 내선일체, 황국신민화의 구호 아래 창씨개명과 신사참배를 강요하면서 민족말살정책을 강행하였다.[38] 심지어 식민정책에 저해되는 말을 할 경우 '유언비어'라 하여 치안유지법을 적용하여 통제하였다.

이와 같은 식민지 시대적 상황에서 민족종교가 제시하고 있는 '한국 중심의 세계질서 개편' 내지 '민족의 자주성, 주체성, 자존의식' 등은 당연히 탄압의 대상이었던 것이다. 즉 민족종교는 '조선독립을 표방하고 있고 일본의 패망될 것이라고 믿고 있다'라고 인식하고 있다.[39] 이와 같은 식민지 시대상황 하에서 민족종교의 일상적인 활동도 예외가 아니었다. 이로 인해 민족종교의 기본적인 신앙 활동마저 일제의 군국주의 통치 아래 여전히 비밀조직의 형태로 전개될 수밖에 없었다.

천도교는 다른 민족종교보다는 비교적 자유로운 상황이었다. 그렇

---

38) 국사편찬위원회, 『한국사』 50, 2001, 42~50쪽.
39) 「사교 검거의 상황」, 『치안상황』(강원도), 1938.12(국사편찬위원회 한국사데이터베이스).

다고 일제 식민지배정책에 대해 절대적으로 지지하는 것은 아니었다. 일제강점기 천도교인의 입교 동기나 신앙생활의 목적은 "국권회복" 내지 "민족주의 수행, 조선 독립 후의 특전적 지위 획득"이라 하여 본질적으로 민족주의를 지향하고 있었다.[40] 따라서 천도교인에게는 '조선의 독립'이 신앙의 목적이었던 것이다. 이는 넓은 의미에서 민족종교가 추구하는 가치이기도 하였다. 이와 같은 인식에 따라 천도교인은 1930년대에도 비밀결사운동을 꾸준히 전개하고 있다.

평양 출신의 한원빈은 국내에서 활동이 자유롭지 못하자 만주 장백현에서 이주한 천도교인을 모아 비밀결사 '조국광복회'를 조직하고 반만항일운동을 전개하였다. 또한 전국 각지의 천도교인을 규합하여 조선독립운동을 통일적 또는 조직적으로 전개하고 그 본부를 서울 중앙총부에 둘 것을 건의하기도 하였다.[41] 또한 천도교청년당의 핵심당원을 중심으로 비밀결사 '오심당'을 결성하여 적절한 시기에 민중봉기를 계획한 바 있다.[42] 또한 1930년에는 장학병과 이용하 등은 이광수의 민족개조론과 신생활론의 영향을 받고 겉으로는 합법적인 농촌계몽운동으로 農友會를 조직하고, 그 이면으로는 조선의 독립을 위한 정치적 투쟁을 목적으로 하는 비밀결사 革山俱樂部를 결성하기도 하였다.[43]

---

[40] 村山智順, 『조선의 유사종교』, 국서간행회, 1935, 776~779쪽. 특히 천도교인들은 '조선민족에게 행복을 수행케 하는 단체는 우리 교를 제외하고는 달리 없으며, 다른 사회단체, 사상단체는 많지만 모두 유명무실하고 오직 우리 교만이 조선민족운동의 대표단체로서 활약한다'라고 인식하고 있다.

[41] 「한원빈 판결문」(신의주지방법원). 뿐만 아니라 박인진이 관할하는 함북의 삼수 갑산 풍산지역과 중국 만주 장백현의 천도교인은 김일성 등이 조직한 재만한인조국광복회에 가입 반일통일전선운동을 전개하였다. 이에 대해서는 성주현, 「1930년대 천도교의 반일민족통일전선운동에 관한 연구」, 『한국민족운동사연구』25, 한국민족운동사연구회, 2000을 참조.

[42] 「천도교 신파 오심당 금일 70명을 송국」, 『조선일보』 1934.12.21.

太乙敎 계열의 비밀결사운동 역시 적지 않은 사례를 보이고 있다. 人道 敎는 공산주의를 선전하고 소위 '신국가 건설'을 표방하고 한다고 하여 1937년 3월 교인 80여 명을 검거하여 蔡慶大, 김행식 등 33명을 치안유지 법 위반으로 송치되었다. 채경대 등은 식민지 조선에서 '신국가 건설'이라 는 목표를 달성할 수 없다고 판단하고 1936년 활동무대를 만주 봉천으로 옮겨 180만 원을 투자하여 神農社를 창립하였다. 이 신농사의 운영은 사유 재산제를 부정하고 공동생활을 하였다.[44] 그러나 인도교가 주장하고 있는 공동생활은 사유재산을 부정하는 것이 아니라 종교적 생활공동체로 인식 할 수 있다. 이들 중 채경대를 비롯하여 교단의 핵심인사 7명이 재판에 회 부되었다가[45] 경성지방법원에서 채경대와 김정묵은 징역 10개월, 김중룡 은 징역 1년, 이조승은 징역 8개월을 언도받았다.[46] 또한 경성에서 활동하 던 인도교의 한병수도 '조선이 세계를 하나로 통합하고 지배한다'고 하는 등 그 내용이 조선 독립을 시사한다고 하여 보안법 위반으로 연천경찰서에 피검되었으며,[47] 이 사건으로 한병수는 징역 3년을, 지상일은 징역 2년을 각각 언도받았다.[48]

---

[43] 「채수반 등 3인 판결문」(고등법원); 「영변 청년 구속」, 『동아일보』, 1930.10.17 ; 「영변농우회 최고 6년역」, 1932.4.9.

[44] 「공산주의의 비사 적발」, 『동아일보』, 1937.9.5;「인도교 간부의 신국가건설 위장사 기사건에 관한 건」, 水警高秘 제1050호의 1, 1937.3.11(국사편찬위원회 한국사데이 터베이스).

[45] 「채경대 등 판결문」(경성지방법원);「수원 인도교 사건」, 『동아일보』, 1938.2.27.

[46] 「채경대 등 4인 판결문」(경성지방법원);「인도교도 4명 공판 회부」,『동아일보』, 1939.5.31.

[47] 「소화13년도에 있어서의 선내사상운동의 개황」,『사상휘보』18, 고등법원검사국사 상부, 1939.4, 15쪽;「인도교의 보안법 위반 사기사건 검거의 건」, 連高秘 제2425호, 1938.12. 2.;「용의유종 검거에 관한 건」, 高警 特秘 제258호, 1939. 2. 2(국사편찬위 원회 한국사데이터베이스). 이 사건으로 한병수 외에 지재륜, 진수남, 이덕재, 조병 훈 등이 함께 피검되었다.

[48] 「한병수 등 2인 판결문」(경성복심법원);「인도교주 등의 불온행동사건」,『사상휘보』

靑林敎과 관련된 비밀결사운동도 없지 않았다. 정서복은 1932년 보안법 위반으로 종로경찰서에 피검되었다가 병보석으로 풀려난 후 강원도 통천군에서 조선독립을 목적으로 청림교를 재건하다가 1938년 1월 교인 37명과 함께 검거되었다.[49] 앞서 1932년에도 청림교는 교주 태두섭을 비롯하여 85명이 보안법 위반으로 피검된 바 있으며,[50] 이들 중 태두섭은 징역 5년, 김일원은 징역 2년 6개월, 태극현과 윤규우는 징역 2년, 김옥환은 징역 1년 6개월, 이묵영과 최병훈은 징역 1년형을 언도받았다.[51]

仙道敎는 1929년 부교주로 있던 김중섭이 조선독립을 목적으로 김홍기를 교주로 추대하여 창교되었다. 이에 따라 일제는 선도교를 비밀결사로 인식하였다.[52] 김중섭은 원래 보천교에 입교하여 독실한 신앙을 하였으나 조선독립을 위해서는 하등의 실천적 행동이 없다고 보고 탈교하였다. 이후 김홍기를 만나 선도교를 창립하고 "1938년 3월 15일(음) 조선의 천지가 개벽하고 선도교의 세상이 된다"는 말로 포교를 하였다. 이로 인해 선도교는 1930년 9월 김용하 등 80여 명이 검거되었지만, 김중섭은 이해 10월(음) 조선독립을 기원하는 1백일 수련을 하였다. 이와 같은 선도교 활동의 발각 단서는 1931년 이재원이 조선총독부 정원에 투서를 한 사건에 연원하고 있다. 이 사건을 극비 수사하던 중 1935년

25, 1940.12, 219~224쪽.

[49] 「소화 13년도에 있어서의 선내사상운동의 개황」, 『사상휘보』 18, 17쪽;「사상범죄에서 본 최근의 조선재래 유사종교」, 『사상휘보』 22, 1940.3, 27쪽.

[50] 「靑林敎徒들의 保安法 其他 檢擧에 관한 건」, 京高秘 제163호, 1933.1.14(국사편찬위원회 한국사데이터베이스);「청림교사건」, 『사상휘보』 5, 1935.12, 181~189쪽 참조.

[51] 「조선재래의 유사종교에 관한 조사」, 『사상휘보』 10, 1937.3, 24쪽.

[52] 「선도교도의 불온계획 검거의 건」, 江高特秘 제2476호, 1937.8.21(국사편찬위원회 한국사데이터베이스).

평강군에서 당시 선도교인 사이에 널리 알려진 '조선 천지개벽에 관한 기도문'을 탐문하고 1938년 4월 교단자금 4만 6천 400여 원을 압수하는 한편 교인 785명이 치안유지법으로 검거되었다. 이들 중 128명이 경성지방법원 송치되었고,[53] 최종적으로 김중섭은 징역 5년을, 서인환은 징역 3년을, 박경룡, 안교헌, 서벽환, 김인권, 이연각, 김천권은 각각 징역 2년 6개월을, 신태순은 징역 2년, 김인갑은 징역 1년 6개월을 판결받았다.[54]

正道敎도 중일전쟁 이후 조선독립을 기도하다가 대대적인 검거를 당하였다. 정도교 창시자 이순화와 그의 아들 봉응수는 3·1운동이 일어나자 교도와 함께 조선독립을 기원하는 기도를 하다가 검거되어 수형생활을 하였다. 이후 정도교는 조선의 독립을 시사하는 발언으로 1931년 강경경찰서로부터 해산당하였다. 그러나 1936년 11월 봉응수는 정도교를 재건하였다. 봉응수는 중일전쟁이 일어나자 전쟁을 반대하고 조선 독립을 기원하다가 1938년 4월 교인 10여 명과 함께 검거되었다.[55] 性道敎 역시 신통자의 조선통치와 신조선 왕국이 건설되면 고위 관직에 오를 수 있다고 하여 1938년 8월 이민제 등 5백여 명이 검거되었으며,[56] 이들 중 이민제, 고창원, 김태운, 신현택 등 4명이 대전지방법원에 송치되었다.[57] 人天敎는 교주 전용주가 교인들에게 장차 조선이 독립이 되면 신도들이 행복한 생활을 할 수 있다고 하였는데, 이를

53) 「사교 검거의 상황」(강원도).
54) 「선도교도의 조선독립운동사건」, 『사상휘보』 21, 241~245쪽.
55) 「민족주의운동관계검거표」(『조선독립운동』 1 분책, 349쪽); 「소화13년도에 있어서의 선내사상운동의 개황」, 『사상휘보』 18, 17~18쪽.
56) 「민족주의운동관계검거표」(『조선독립운동』 1 분책, 349쪽); 「소화13년도에 있어서의 선내사상운동의 개황」, 『사상휘보』 18, 18~19쪽.
57) 「혹세무민한 사교 성도교 일당 송국」, 『동아일보』 1938.12.29.

보안법 위반을 적용하여 전용주는 징역 15년, 한일봉은 징역 1년 2개월 을 언도받았다.[58]

삼도교는 교주 咸用煥 등 12명이 1937년 3월 9일 정오를 기해 총독부 광장에서 '조선독립만세'를 전개하려다가 검거되기도 하였다. 이들은 조선독립을 위해서는 천도교와 협력해야 한다고 인식하였다. 이에 따라 교인 대부분이 천도교에 입교하는 한편 경기도 이천 출신 천도교인 엄주현을 삼도교에 입교시켰다. 삼도교는 만세운동을 준비하면서 엄 주현을 천도교 최준모에게 보내 합동으로 할 것을 제의하였으나 거절 당하였다. 이에 따라 함용환은 3월 8일 엄주현에게 커다란 기를 준비케 하고 다음날 9일 총독부 광장에 도착 정오가 되기를 기다리다가 피체 되어 미수에 그치고 말았다.[59] 또한 天地中央明流道는 교의에 따라 조 선 독립을 주장하였으며, 독립운동자금을 모금하는 한편 태백산에서 공동체생활을 하였다. 그리고 독립운동의 구체적 방안으로 태백산 만 경대에 '朝鮮獨立祈願祭場'을 축조하고 1937년 6월 조선독립기원제를 가졌다.[60]

유교 계열의 黃極敎도 비밀결사운동을 전개한 바 있다. 한말 중추원 을 역임한 김영식은 3·1운동이 일어나자 이에 자극을 받아 일제의 식 민지를 이탈하고 조선 독립의 목적을 달성시키기 위해 은세룡, 홍명선

---

58) 「인천교도의 불온행동사건」, 『사상휘보』 21, 237~241쪽.
59) 「삼도교도의 불온계획사건 검거에 관한 건」, 京鍾警高秘 제3213호, 1937.3.9(국사 편찬위원회 한국사데이터베이스). 이 만세미수사건으로 경성지방법원에서 함용환 은 징역 2년, 엄주현은 징역 1년 6개월, 김점손·김홍섭·김홍진·김홍렬·김홍 식·김홍엽·김홍권·이병렬은 각 징역 1년을 선고받았다(「함용환 등 판결문」).
60) 「천지중앙명류도의 보안법위반피의사건 검거에 관한 건」, 江高 제1230호, 1939. 12.28(국사편찬위원회 한국사데이터베이스). 천지중앙명류도의 교주 윤상명은 민 족의식을 고취시키는 방법으로 교양교육을 자주 하였다. 이러한 일련의 활동으로 천지중앙명류도는 교인 61명이 보안법위반 등으로 검거되었다.

과 논의하고 1926년 10월(음) 겉으로는 종교단체를 표방하고 이면에는 비밀결사로 黃石公教를 창시하였다. 이후 황석공교는 1932년 2월(음) 황극교로 이름을 바꾸고 교인들에게 독립의식을 고양시키는 한편, 교인 28명으로 小蠹을, 소횡 33개로 大蠹이라는 비밀결사를 조직하였다. 이들 조직은 지역별로 평남대횡, 김제소횡, 충북대횡, 충남대횡을 각각 두고 활동하다가[61] 1937년 8월 전국적인 검거 선풍으로 간부급 160여 명이 피체되었다.[62] 이들은 16개월 동안 취조를 마치고 1938년 12월 89명을 송치하여 61명은 기소유예, 10명은 기소중지, 11명은 불기소, 10명을 예심에 회부하였다.[63] 황극교 교인 정은교는 중일전쟁을 일으키는 등 현재는 일본이 왕성하지만 장차 반드시 멸망하는 시대가 도래한다고 인식하고 있다.[64]

한편 일제말기에 이르러 일본의 패망에 대한 유언비어가 돌고 현실화 되어감에 따라 민족종교의 비밀결사운동도 여전히 계속되었다.

제주 출신 보천교인 양원준은 교인들에게 일제의 패망과 조선독립을 기원하는 등 민족의식을 고취시켰다.[65] 또한 하만수와 하천수도 1945년 제주도 한림에서 일본 국체를 부정하고 조선 독립을 목적으로 하는 보천교재건을 기도하기도 하였다.[66]

---

61) 「황극교사건」, 『사상휘보』 25, 224~231쪽.
62) 「보천교의 재건사건 황극교 공판 회부」, 『동아일보』 1940.6.5.
63) 예심에 회부된 10명으로, 이들은 1938년 10월 전주지방법원에서 은세룡이 징역 4년, 김영식이 징역 3년 6개월, 오철식·조판순·김성규·노종옥·김공록은 각 징역 2년, 이하익은 징역 1년 8개월, 김정철과 김판봉은 각 징역 1년을 선고받았다.
64) 「사상용의자의 검거 취조에 관한 건」, 京高特祕 제1473호, 1938.6.25; 「보안법 및 군형법위반 피의사건 검거에 관한 건」, 京高特祕 제1473호, 1938.10.25(국사편찬위원회 한국사데이터베이스).
65) 「양원붕진 등 4인 판결문」(광주지방법원 목포지청). 이 사건으로 양원준, 양계준, 송태옥, 이두생 4명은 각각 징역 1년을 선고받았다.

이외에도 상주 동학교의 김주희와 이림채,[67] 수운교의 서병석,[68] 태극교의 임일봉,[69] 증산교의 진희문[70]과 서한춘[71]·허욱,[72] 증산선도교의 서공수,[73] 선도교의 남상필과 남동수,[74] 무극대도교의 강승태 등,[75] 도이단교의 유학용,[76] 미륵불교의 이수인,[77] 주신교의 최봉규,[78] 불법연구회의 송인기[79] 등이 일본국체의 부정, 신국가 건설 등 비밀결사운동으로 탄압을 받은 사례가 있다.[80]

---

66) 「하동만수 등 2인 판결문」(광주지방법원).
67) 이림채는 1939년 8월 대구지방법원에서 조언비어죄로 금고 8개월을 선고받았다.
68) 서병석은 1939년 1월 대정지방법원에서 조언비어죄로 금고 10개월을 선고받았다.
69) 임일봉은 오일보 등 5명과 검거되었으며, 보안법 및 육군형법 위반으로 1938년 11월 현재 경성지방법원 철원지청에 기소 중이었다.
70) 진희문은 1939년 2월 부산지방법원 진주지청에서 보안법 위반과 횡령죄로 징역 8개월을 선고받았다.
71) 서한춘은 1939년 7월 보안법 위반과 사기죄로 대구복심법원에서 징역 1년 6개월을 선고받았다. 그리고 이와 관련 인물로 강경욱 등 2명은 부산지방법원 진주지청에서 징역 10개월, 집행유예 3년을 선고받았다.
72) 허욱은 불경불언행동사건으로 광주경찰서에 검거되었다가 사망하였다. 그리고 이와 관련된 이병담 등 4명은 불경죄 및 보안법 위반으로 1939년 4월 현대 광주지방법원에 기소 중이었다.
73) 서공수 등 15명은 1939년 6월 현재 조언비어, 사기, 보안법 위반으로 광주지방법원에 기소 중이었다.
74) 남상필과 남동수는 1939년 10월 현재 보안법 위반과 조언비어죄로 대구지방법원 안종지청에 기소 중이었다.
75) 강승태와 강석구 등 19명은 1938년 8월 불경죄, 보안법 위반으로 광주지방법원 목포지청에서 예심기소 중이었다.
76) 유학용은 1940년 2월 부산지방법원에 보안법 위반으로 징역 1년 6개월, 그 외 교인 10명은 징역 1년을 선고받았다.
77) 이수인은 1939년 4월 대구지방법원에서 보안법 위반 및 사기죄로 징역 8개월이 확정되었다.
78) 최봉규는 주신교불경사건으로 1938년 12월 광주지방법원에서 불경죄 및 보안법 위반으로 징역 1년을 선고받았다.
79) 송인기는 1940년 2월 현재 불경죄로 전주지방법원에 기소 중이었다.
80) 「사상범죄로 본 조선재래 유사종교」, 『사상휘보』 22, 17~37쪽.

이상에서 살펴보았을 때 민족종교의 비밀결사를 통한 국권회복운동은 일제강점 직후뿐만 아니라 일제강점기 동안 끊임없이 이루어졌다. 1910년대는 일제의 무단통치 하에 민족운동이 지하활동을 모색하였듯이 민족종교의 활동도 비밀조직으로 전환되었던 것이다. 여기에는 기본적으로 일제의 민족종교에 대한 인식과 탄압이 그대로 적용되고 있기 때문이기도 하다. 이에 따라 태을교계의 민족종교의 포교활동도 비합법적이고 비밀적일 수밖에 없었다. 1920년대는 총독부 관리 암살을 목표로 하는 적극적 비밀결사와 개인적으로 다양한 독립운동단체에 참여하고 있다. 또 하나는 민족종교를 비밀결사로 인식하고 국권회복운동을 전개하고 있다. 그리고 1930년대는 종교의 기도운동을 통해 국권회복운동을 전개하고 있는 특징을 가지고 있다.

Ⅲ. 독립운동자금 모금운동과 민족종교의 활동

1910년 일제에 국권을 상실한 우리 민족은 독립의지를 버리지 않고 연해주를 비롯하여 만주, 중국 관내 등지로 망명의 길을 선택하였다. 이곳에 정착한 독립운동가들은 이미 형성된 이주한인사회를 기반으로 독립운동단체를 결성하거나 독립군을 조직, 독립운동을 전개하였다. 이와 같은 국외의 독립운동과 제1차 세계대전 후 민족자결의 원칙에 따라 국내에서는 3·1운동이 거족적으로 일어났다. 그 결과로 각지에서 수립된 임시정부는 1919년 8월 상해임시정부로 통합되었다. 이와 같은 일련의 민족운동의 흐름에서 국내의 많은 국민들은 만주지역에서 활동하는 독립운동단체와 상해에 수립된 임시정부를 유지해 나갈

독립운동자금을 보내기도 하였다. 독립운동단체나 임시정부에서는 독립운동자금을 모집하기 위해 국내로 요원을 파견하기도 하였다. 이러한 활동은 일제강점 이후 국내와 만주, 그리고 중국 관내를 연결하는 군자금 연결 루트를 만들기도 하였다. 여기에 민족종교도 적지 않은 역할을 담당하였다.

우선 천도교는 손병희가 정점이 되어 독립운동자금을 지원하였다. 1911년 2월 이종일이 보성사와 대한제국민력회원이 민중시위를 전개하고자 할 때 5백 원을 지원한 적이 있었다.[81] 그러나 이종일은 손병희 혼자서 군자금을 조달하기 어렵다고 보고 1914년부터 대한제국민력회원 20여 명과 보성사 사원 30여 명이 군자금 모금을 시작하여 수백 원을 모았다. 그리고 이중 1백 원을 독립의군부에 전달하였고[82] 이외의 독립운동단체에도 전달하였던 것으로 추정된다.[83] 당시 이종일은 10만 원을 군자금 모금의 목표로 정하였고,[84] 이는 무기구입과 1919년 3·1운동 지원 자금으로 활용되었다.

3·1운동 이후에도 천도교는 독립운동자금 모금에 적극적이었다. 천도교는 3·1운동 직후 일제로부터 모든 자금이 동결되어 독립운동자금을 지원할 수 없게 되었다. 이에 천도교는 박인호의 명의로 '특별성미'라는 명목으로 교인들로부터 1인당 3원 내지 10원씩 총 30만 원을 모금하였다. 이중 3천 원을 洪一昌, 金天一, 李東求 등을 통해 만주에서 독립군으로 활동하고 있는 李東輝에게 군자금으로 전달되었다. 또한 김

---

[81] 『묵암비망록』 1911년 2월 10일조.
[82] 『묵암비망록』 1914년 5월 27일조.
[83] 『묵암비망록』 1915년 11월 29일조.
[84] 『묵암비망록』 1916년 4월 22일조.

상규를 통해 6만 원이 만주지역 독립운동단체에 군자금으로 전달되었다.[85] 이 특별성금 모금에는 당시 천도교의 주요인사 중 정광조 3만원, 金永倫이 1천 870원, 李岐琓이 118원, 李仁淑이 3천 870원, 洪聖雲이 3천 원, 金台鉉이 280원, 金順成이 117원, 金今得이 280원, 申光雨가 1천 8백 원, 金文鬪이 4천 715원, 金在根이 60원, 손필규가 150원, 김종학이 285원 등을 모금한 바 있다.

그밖에 각 지역에서 오상준, 황석교, 노헌용, 이병춘, 오영창, 정용근, 정현태, 정계근, 정계완, 오응선, 홍기억, 방찬두, 정도영, 오지영, 이상현, 최사민, 오명운, 장기렴, 박화생, 김영언, 이채일, 임동호, 신태련, 김희봉 등이 독립운동자금 모금에 참여하였다.[86] 특히 강계교구는 교구장 이정화를 중심으로 1만 7천 765원을 모금하였고,[87] 북청교구도 교인 1인당 6원씩 모금하였다.[88] 북청교구 김계식과 이도재 등은 한인관리를 포섭할 목적으로 자금모금운동을 전개하여 180원을 모금한 바도 있다.[89] 그밖에 특별성미라는 명목으로 모금한 독립운동자금은 다음 〈표 2〉와 같다.

---

[85] 천도교에서 이동휘에게 독립운동자금을 지원하였던 관계로 천도교와 이동휘가 서로 연대하여 만주에서 독립운동을 계획하기도 하였다.

[86] 「의견서」, 『한민족독립운동사자료집』 9, 국사편찬위원회, 402~418쪽.

[87] 「이정화 일파의 예심결정서」, 『동아일보』 1920.5.1 및 1920.5.12, 「강계사건 예심결정」, 『동아일보』 1920.5.12. 당시 독립운동자금 모금에 참여한 인물은 이정화, 김명준, 백인옥, 양재학, 조윤학, 김명진, 최경준, 문여필, 한봉주, 김문벽, 김영순, 이병기, 장세준, 장세호, 김세훈, 허봉하, 이병운, 이윤조, 이득수, 이승주 등이다. 그리고 이 자금은 후일 강계교구에서 중일중학교를 설립하는데 사용되었다(「중일교 기성회 조직」, 『동아일보』 1921.10.3).

[88] 「소요사건에 관한 민정휘보」, 騷密 第2040호, 1920.5.10(『조선독립운동』 1 분책, 701~702쪽; 「이도재 신문조서」, 『한민족독립운동사자료집』 16, 국사편찬위원회, 1991, 54쪽.

[89] 「소요사건에 관한 민정휘보」, 騷密 第2040호, 1919.5.10(『조선독립운동』 1 분책, 701~702쪽); 「출판보안법 위반범의 예심종결 결정서」, 『매일신보』, 1919.9.17.

<표 2> 3·1운동 직후 천도교의 독립운동자금 모금 현황

이름	소속교구	모금액	이름	소속교구	모금액
김치순	신계교구	140원 30전	오계문	의주교구	64원
김영식	여주교구	225원	김구종	춘천교구	36원70전
배세창	김천교구	150원	홍성운	함흥교구	1천6백원
홍성운	신흥교구	4백원	오현서	영변교구	929원40전
박태안	성주교구	15원	이채일	영천교구	35원
홍종호	덕원교구	60원50전	전희순	진주교구	180원30전
정갑수	정읍교구	100원	이상옥	개천교구	549원10전
양재목	양평교구	45원40전	황정욱	담양교구	211원64전
신용모	영동교구	400원	김광준	순안교구	522원10전
한순회	광주교구(경)	76원18전	최규홍	순창교구	280원
이면규	파주교구	10원	김영구	괴산교구	150원20전
윤종구	양주교구	20원	이기진	시흥교구	150원50전
박창훈	진위교구	100원	서정목	진천교구	62원90전
김중화	김제교구	260원	장덕필	금성교구	146원
김진현	홍천교구	57원96전	김종학	부여교구	289원28전
김치경	철원교구	500원	이정화	강계교구	2천535원
박석홍	무안교구	577원72전	유도준	용인교구	102원30전
진우춘	안성교구	123원8전	김광한	용강교구	531원50전

(출처 : 「3·1운동과 천도교 성미」, 『한민족독립운동사자료집』 9·10, 국사편찬위원회, 1971)

또한 해월 최시형의 아들 崔東羲는 길림군정서 특파원 李探雨와 金永淳과 상의하여 독립군자금 조달방법으로 만주 길림에서 사금채굴을 계획하고 이들을 만주로 파견하였다.[90] 이들은 柳東悅을 만난 후 1919년 8월 국내로 돌아와 군자금 모금계획을 달성하기 위해 洪淳甲, 李時雨, 李曾魯로부터 단총을 구입을 하기로 하였다.[91] 이어 신문관에서 군령

---

[90] 「13도를 분담하여 군자금을 모집」, 『매일신보』, 1919. 11. 3.

[91] 「독립군자금 모집자 검거의 건」, 高警 第28169호, 1919년 10월 4일자(『조선독립운동』 1 분책, 112~113쪽).

장을 인쇄하고 각도에 愛國金領收委員을 두고 군자금을 모집하였다.[92]

그리고 앞서 살펴보았던 평남 강동군에서 결성된 농민단의 이근배, 이죽영, 최인택, 서달선, 정석홍 등은 1920년 9월 강동군 원탄면 이관식과 서상목의 집에 침입하여 상해임시정부에서 파견된 독립단이라고 밝히면서 142원과 1백 원을 각각 징수하였다.[93] 이외에도 함북 명천 출신 金桂太는 북간도에 조직된 대한국민회에 가입하여 군자금모금 요원으로 활동한 바 있다.[94] 천도교는 국내뿐만 아니라 만주지역에서도 독립운동자금을 모집한 사례가 없지 않다. 대표적인 인물이 집안현의 김충익과 장백현의 박윤기, 김병윤이다. 김충익은 서변상계교구장으로 1919년 4월 교인으로부터 403원을 모아 국내 중앙총부로 송금하였으며, 박기윤과 김병윤은 기독교인들과 연합하여 商務會를 조직, 독립운동자금을 조달하였다.[95]

이외에도 천도교인으로 독립운동자금 모금운동에 참여한 인물은 다음 〈표 3〉과 같다.

〈표 3〉 독립운동자금 모금 활동을 하였던 천도교인

이름	출신지역	활동 내역
이성룡	황해 해주	1919년 3·1운동에 참가하여 8개월의 수형을 받고, 출옥 이후 대한독립에 가입하여 친일파 최병혁을 처단
김의종	평북 선천	3·1운동 이후 중국으로 망명, 대신상점을 운영하면서 군자금 조달

92) 「이채우 등 5인 판결문」.
93) 「폭발물 투척 및 군자금모집 범인 검거의 건」, 高警 第37284호, 1920.11.29.(국사편찬위원회 한국사데이터베이스).
94) 「대한국민회 군자금모집」, 高警 第16483호, 1921.6.4(『조선독립운동』 1 분책, 611~613쪽).
95) 성주현, 「일제강점기 만주지역 천도교인의 민족운동연구」, 95쪽

홍만종	전북 익산	1922년 4월 독립운동 지하조직인 국민회에 가입 145원의 군가금을 모집하여 상해임시정부에 전달
장석함	함남 함흥	1908년 단지동맹회 조직, 1910년 신민회에 참가, 북간도에서 1919년 3.13만세운동에 참여하고 독립기성회 재무위원으로 군자금 모집 활동
최공훈	전북 옥구	3·1운동에 참가로 4개월간 옥고 치룸, 출옥 후 1922년까지 군자금 모입에 종사
김영학	전남 곡성	한방섭, 김판곤 등과 군자금 1만원을 모집키로 하고 김재우에게 요청
최석련	평북 의주	3·1운동 주도하고 최동오, 김의종, 신숙 등을 임시정부와 만주에 파견하고 군자금 지원, 1921년 7월 군자금 3천원 모집하다가 피체
박문화	평북 자성	1919년 6월(음) 천도교인을 중심으로 독립운동 의연금을 모집
김치하	평북 자성	1919년 6월(음) 천도교인을 중심으로 독립운동 의연금을 모집
장학성	평북 자성	1921년 이원보 등과 함께 맹산, 영원, 덕천 등지에서 조직된 광복군청년단에 가입하고 군자금 모금활동에 종사
김종석	평남 성천	3·1운동 주도, 1920년 대한국민회 성천지부에 가입하여 군자금 모집원으로 활동

(전거 : 국가보훈처 공훈사료관)

　　태을교 계열에서도 1920년대 초반 국권회복을 목적으로 독립운동자금을 모금한 사례가 적지 않았다. 김문하, 서석주, 김홍규, 이주범, 이군명 등이 대표적이라 할 수 있다.

　　강원도 이천 출신의 金文河도 국권회복을 목적으로 운동자금을 모금하였다. 김문하는 원래 侍天敎인이었지만 평소 배일사상을 가지고 동지를 규합하여 기회를 기다리던 중 李致洪의 권유로 태을교에 입교하였다. 그는 태을교의 목적이 국권회복에 있다면서 1921년 林璟文 등 9명을 입교시키고 국권회복을 위한 운동자금으로 각각 12원씩 거둬 이치홍에게 전달하였다. 이 사건으로 김문하, 박경문 외에 金貞植, 朴貞燦, 金景植, 李達濟, 韓龍瑞, 朴命浩, 林顯漢, 曺秉河, 金元河, 金文煥, 秦文狹, 金順發 등의 태을교인이 검거되었다.[96]

96) 「강원도의 태을교도 독립단원 검거의 건」, 高警 第13765호, 1921.5.10(『조선독립운

김문하를 태을교에 입교시켰던 이치홍도 독립군자금 모금 활동에 종사하였다. 이치홍은 함남 덕원군 출신으로 李成麟과 선도교에 가입하여 포교활동에 종사하던 중 1920년 12월(음) 李亨鳳 등 교인에게 국권회복 등 조선정치 변혁에 대한 불온언동으로 고등법원에서 징역 6개월을 언도받았다.[97] 그리고 이 사건으로 이치홍과 이성린 외에 李震厚, 朴斗煥, 咸悳熙, 李亨鳳, 朴鳳虞, 朴鳳濬, 朴時薰, 申萬淳, 宋南燮, 李元有, 丁君七, 朴寬植 등이 피체되었다. 이들은 "선도교인의 신도가 된 이상 독립적립금이라는 명목으로 금전과 물품을 내이는 것인데, (중략) 교도들은 기쁜 마음으로 금전을 제공"하였다고 밝히고 있는데, 모금한 독립운동자금은 놀랄만할 정도였다.[98] 또한 강릉 출신 박희백은 1919년 6월(음) 李鳳錫의 권유로 태을교에 가입한 후 국권 회복을 목적으로 하는 태을교에 白南俱 朴順龍 韓道順 韓常順 姜壤 등을 태을교에 입교시키고 치성금이라는 명목으로 독립운동자금을 모금하였다.[99] 이로 인해 경성복심법원을 거쳐 고등법원에서 징역 10개월로 확정 언도를 받다.[100]

양양 지역 태을교인 김홍식 등 14명도 독립운동자금 모금에 참여하였다. 김홍식은 무관학교를 졸업하고 육군 참위로 활동하다가 군대해산으로 귀향하였다. 3·1운동이 전개되자 여기에 참여할 기회를 갖던 중 태을교에 가입하고 백남구와 협의하고 교인 수백 명을 모으는 한편 독립운동자금 수백 원을 모금하였다. 그리고 기회를 보아 독립운동을

동』1 분책, 595~596쪽) 및 『동아일보』, 1921.5.13; 『조선일보』, 1921.5.13.
[97] 「이치홍 판결문」(고등법원) 및 「이성린 등 판결문」(경성복심법원).
[98] 「훔치교의 일부인 허무맹랑한 선도교」, 『조선일보』, 1921.4.26.
[99] 「태을교인의 독립운동」, 『동아일보』, 1921.4.30.
[100] 「박희백 등 2인 판결문」(경성복심법원) 및 「박희백 판결문」(고등법원).

기도하던 중 발각되어 강릉지청에서 징역 2년을 선고받았다.[101] 김홍식은 이에 불복하였고 경성복심법원에서 징역 6개월이 확정되었다.[102] 뿐만 아니라 李柱範, 이종승, 이종명 등은 강릉지청에서 징역 1년 6개월을 언도받았으나 이에 불복하고 경성복심법원에서 징역 6개월을, 그리고 김사국은 징역 3개월에 집행유예 2년을 선고하였다.[103]

전남 함평 출신의 徐錫柱도 강원도 고성군에서 태을교를 포교하고 국권회복운동을 전개하였다. 평소 조선독립운동에 투신하기로 결심하고 태을교에 입교한 서석주는 강원도 고성군 신북면의 池明漢, 金永俊, 金准鎬, 韓眞煥, 金英根, 金鎭鎬 등에게 국권회복을 목적으로 하는 태을교를 권유 입교시켰다. 이후 1921년 1월 26일 밤 신북면 西娥里 성황당에서 천제를 지니고 조선독립을 목적을 달성하자고 맹세하였다. 이에 앞서 이들은 독립운동자금을 모금하기로 하고 지명한이 두 차례에 걸쳐 80원, 김영준이 두 차례 30원, 김회호 두 차례 60원, 김영근 20원, 김진호 두 차례 210원 등 모두 4백여 원을 갹출하였다. 이 사건으로 원산지청에서 서석주와 지명한은 징역 8개월, 그 외는 징역 6개월을 언도받았다.[104] 그러나 이들은 이에 불복하고 경성복심법원에 공소하였으며, 결국 무죄로 확인되었다.[105]

경북 안동, 청송 지역의 태을교인도 독립운동자금 모금운동에 적극 참여하고 있다. 안동 출신 손재봉 등 26인은 보천교에 입교하여 정치적

---

101) 「무관 출신으로 독립운동」, 『동아일보』, 1921.10.30.
102) 「김홍식 등 14인 판결문」(경성복심법원) 및 「김홍식 판결문」(경성복심법원).
103) 「김홍식 등 14인 판결문」(경성복심법원).
104) 「김홍규 등 10인 판결문」, 『동아일보』1921.8.25; 「계혈로 맹세한 태을교도의 공소」, 『조선일보』1921.8.25; 「계혈로 맹세하고 독립운동 하던 태을교도 공소심」, 『조선일보』1921.9.30.
105) 「서석주 등 7인 판결문」(경성복심법원).

인 색채를 띄우고 조선독립을 기도하는 한편 국권회복을 위해 독립자금을 모집하였다.[106] 이들 중 안동 출신 김재원은 태을교에 입교한 후 12인조에 가입하였다. 그는 태을교의 진정한 목적은 종교와 치성금을 표방하여 다액의 군자금과 다수의 교인집단으로 비밀결사를 만들었다. 1924년 갑자년에는 국외의 독립운동과 보조를 맞추고, 이들 독립결사단과 서로 호응하여 조선독립운동을 전개, 목적을 관철시킨다는 계획에 동참하여 교인을 조직하고 독립자금 모집에 노력하였다. 그리고 그 취지에 따라 치성금 10원을 출원하고 1920년 4월 안동군 임북면 정산동 김남규 외 7명을 태을교에 입교시키고 치성금 65원을 모음으로써 조선독립 달성을 목적으로 동지를 규합과 자금모집 노력에 분주하였다.[107]

영덕 출신 권영기도 청송, 안동, 영양, 의성 등지의 태을교인 18명과 함께 국권회복을 기도하며 독립운동자금을 모금하였다.[108] 이들은 대구지방법원 안동지청에서 징역 2년 또는 징역 1년을 선고받았다.[109] 또한 영양군의 이정호 등 4명의 태을교인도 조선의 독립을 기도하며

[106] 「손재봉 등 26인 판결문」(대구지방법원 안동지청). 이 사건에 관련된 인물은 손재봉, 권헌문, 김정기, 김재원, 이학우, 김무규, 박예환, 이원연, 배동환, 신상의, 이상걸, 김은규, 김달희, 권중수, 신상용, 김택룡, 신동환, 우택락, 유택락, 신상기, 권중호, 김시열, 최상익, 김택룡 등이다. 이들은 안동지청에서 제령7호 위반으로 징역 4년 내지 2년, 1년을 각각 선도받기도 하였다.

[107] 「金在源 등 24인 판결문」(대구복심법원) 및 「김재원 등 판결문」(고등법원). 이 판결문에 의하면 김재원외에 독립운동자금 모금에 참여한 인물로는 김무규, 권중수, 신상용, 권명록, 신상기, 김성술, 홍재훈, 유한성, 유상준, 이구석, 이남호, 김구현, 김병조, 권경수, 강석희, 신봉규, 권영재, 박창규, 김상대, 신응부, 권영상, 권무현, 김봉규 등이 있다.

[108] 「권영기 등 18인 판결문」(대구지방법원안동지청).

[109] 권영기, 권영구, 전명조, 조규영은 각각 징역 2년, 신명주, 김성술, 권영훈, 이우석, 유경찬, 남재정, 이유복, 정원술, 정한모, 이명달, 이만준, 이종구, 이진우 등은 각 징역 1년을 선고받았다. 한편 이 사건으로 정한모는 국가보훈처로부터 건국훈장 애족장을 추서받았다. 그리고 권영구는 대통령표창에 추서되었다(포상자 공적조서).

정치변혁을 목적으로 독립운동자금을 모금하였으며, 안동지청으로부터 징역 1년을 선고받았다.[110] 뿐만 아니라 김천 출신 이군명은 군위, 달성 지역 태을교인 12명과 독립운동자금을 모집하는 한편 조선독립을 기도하여 제령 7호 위반으로 안동지청에서 징역 2년 또는 징역 1년을 선고받았다.[111] 그리고 청송 출신 태을교인 李琦雨는 교단의 계획을 실행하기 위해 독립운동자금을 모금하였다. 이로 인해 1921년 제령 7호 위반으로 검거되어 대구지방법원에서 징역 1년을 선고받았다.[112] 청송 출신 박주한 등 27명도 태을교를 포교하면서 암암리에 조선독립을 기도하고 치성금이라는 명목으로 독립운동자금을 모집하였다.[113]

또한 조선총독부 도순사를 재직하던 경주 출신 이인석은 1924년 7월 사직하고 보천교에 입교하여 포교에 종사하던 중 허동훈에게 독립운동에 참여할 것을 권유받고 대한독립단에 가입하였다. 이어 간도의 독립운동자금을 마련하기 위해 두 차례에 걸쳐 영일군 부호 정철검에게 1만 원을 요청하였으나 뜻을 이루지 못하였다. 이로 인해 이인석은 징

---

110) 「이정호 등 4인 판결문」(대구지방법원 안동지청). 징역 1년을 선고받은 태을교인은 이정호, 김인상, 여성백, 김철진 등이다.

111) 「이군명 등 12인 판결문」(대구지방법원 안동지청). 홍재훈, 유상준은 징역 2년을, 이군명, 임춘일, 임경갑, 홍연흠, 홍석우, 홍영우, 홍창흠, 홍순근, 장연수, 유한성 등은 징역 1년을 선고받았다.

112) 「李琦雨 판결문」(대구지방법원).

113) 「朴桂翰 등 27인 판결문」(대구지방법원 안동지청). 이와 관련된 인물은 박주한, 남동기, 이남호, 김구현, 전경준, 임병묵, 김선수, 장낙규, 하대룡, 조규복, 김병조, 김종기, 권도수, 권경옥, 김병한, 이극모, 권태종, 강대구, 김시찬, 이춘화, 김병문, 김술로, 김주노, 장주환, 배효원, 김용규, 홍기환 등이 있다. 한편 이 사건은 대구 복심법원에서 병합되는데, 이들 외에 관련된 인물로는 강석희, 전암우, 박인길, 이준용, 신봉규, 전상희, 박승조, 신용균, 신락도, 이태복, 이기백, 박필조, 권영재, 안규석, 김영식, 유완식, 김종휘, 이치균, 신철희, 손량중, 조용원, 박창규, 김상대, 권억문, 박영수, 신응부, 신응직, 권영상, 권무현, 권태철, 이원봉, 신범희, 김봉규, 권중연 등이 있다(「박주한 등 55인 판결문」).

역 8개월을 선고받았다.[114] 그리고 문경 출신 김은봉은 1924년경 정읍 보천교 본부로부터 10만 원의 독립운동자금을 요청한 바 있다.[115] 경북 의성 출신 李海雲은 1920년 4월 28일 李活, 李章頭 등 수명에게 태을교에 가입시키고 독립군자금을 모금을 기도하였다. 이로 인해 이해운은 경찰범 처벌규칙이 적용되어 구류 25일에 처해졌다.[116]

태을교인은 전국적으로 포교는 되었지만 본부가 정읍과 원평, 논산 등지에 집중되어 있어 전라북도와 충청남도 경찰부에서는 늘 주목을 받고 있었다. 그러던 차에 1920년 모처에서 비밀회의를 개최하던 李容河, 金赫中 高僞相, 金洪圭, 崔斗洪, 康泰圭, 睦源益 등 7명을 제령 7호 위반으로 검거하였다. 김홍규 등은 평소 조선의 국권회복을 희망하고 있었으며, 이들은 태을교 60방주의 하나로 조선 독립을 달성코자 군자금을 수십 만 원을 모금하였다. 최두홍은 1924년 5월경(이하 음력), 김혁중은 1917년 2월경, 김홍규는 1917년 4월경, 목원익은 1918년 1월경, 강태규는 1918년 3월경, 이용하는 1919년 1월경에 각각 태을교에 가입하였다. 이후 김홍규는 師授로 임명되어 1917년 10월경부터 1919년 12월까지 전북 김제군 만경면 金公七의 집에서 김혁중으로부터 5천 원 등 교인 4명으로부터 모두 10만 3천 7백 30원을 받아 보관하였다. 이용하는 師授로 임명되어 1918년 10월경 충남 예산군 오가면 朴勝八로부터 2백 원, 1920년 1월 예산군 응봉면 崔錫暉로부터 8백 원 등 8천 원을

114) 「李寅錫 판결문」(대구지방법원) 및 「이인석 판결문」(대구복심법원).
115) 「金殷奉 판결문」(대구복심법원). 김은봉은 상해임시정부에서 파견된 군자금모집 요원으로 보인다. 『동아일보』 1924년 4월 1일자에 의하면, "상해임시정부는 김모라는 인물을 보천교에서 제공할 독립운동자금을 받기 위해 파견하였다"라고 밝히고 있다.
116) 「李海雲판결문」(대구지방법원 의성지청).

모아 김홍규에게 전달하였다. 김혁중은 師授로 임명되어 1918년 가을 본인이 2천 1백 원을 비롯하여 서천군 비인면 蔡洙鴻으로부터 1천 5백 원 등 5천 원을 모아 김홍규에게 전달하였다. 이밖에도 김홍규는 김두 홍로부터 7만 원, 白南九로부터 1만 원, 채선묵으로부터 6천 원, 林學先 으로부터 3천 원을 받아 보관하였다.[117]

최두홍 역시 사수로 활동하였는데, 강태규 목원익 등 4명을 자신이 관리하는 六任으로 임명하였다. 그리고 목원익과 강태규로부터 치성 금을 받아 보관하였다. 강태규는 최두홍으로부터 육임에 임명된 후 자 신이 관리하는 12인조로부터 50원씩 9백 85원과 그 외 모두 1천 3백 15원 을 모아 최두호에게 전달하였고, 목원익도 육임된 후 자신이 관리하는 12인조로부터 1918년 1월부터 1918년 2월까지 1백 20원과 또 다른 교인 으로부터 120원 등 합계 240원을 모아 최두홍에게 전달하였다. 이들이 모은 치성금은 조선독립의 소요자금으로 제공되었고 안녕질서를 방해 한 혐의로 피체되었다.[118] 이로 인해 김홍규는 징역 1년 6개월, 최두홍 은 징역 1년, 김혁중·강태규·목원익은 징역 10개월을 공주지방법원 에서 각각 언도받았다.[119] 이들은 고등법원에 상고하여 면소판결을 받 았으나 김홍규와 최두홍은 기각되어 형이 확정되었다.[120]

함양 출신 태을교인 김영두 등 3인은 조선총독부의 정치에 반대하고 국권회복을 목적으로 태을교에 가입, 독립운동자금을 모금하였다. 이

---

[117] 『京城覆審法院 刑事控訴事件判決原本綴』(복사본), 정부기록보존소, 1923 및 『동 아일보』, 1921.12.29.

[118] 「김홍규 등 10인 판결문」.

[119] 『京城覆審法院 刑事控訴事件判決原本綴』 및 『동아일보』, 1921.12.29.

[120] 「김홍규 등 2인 판결문」(경성복심법원). 이중 김홍규는 독립운동 공로가 인정되어 국가보훈처에서 건국포장을 받았다.

로 인해 이들은 제령 7호 위반으로 전주지방법원에서 김영두는 징역 2년, 김홍칠은 징역 1년, 김민두는 징역 8개월을 선고받은 바 있다.[121] 평남의 태을교인 劉繼堯(중화군 중화면 정척리)·朴基澄(용강군 다미면 동전리)·崔斗浩 등은 1922년 워싱턴회의에 참가할 임시정부의 林元浩·崔俊鎬의 비용을 전담하기로 하고 金勳錫 외 수십 명으로부터 운동자금을 모금한 혐의로 검거되었으며, 유계요는 원산지방법원에서 징역 1년의 판결을 받았으나 이에 불복하고 복심법원에 공소하였다.[122]

한편 태을교 계열의 경우 독립운동자금 지원과 관련하여 상해임시정부 또는 국외의 독립운동단체와도 밀접한 연결고리가 있었다. 즉 고려공산당, 상해임시정부, 정의부 등이 보천교와 제휴하거나 독립운동자금을 지원받았다.

1922년 고려공산당에서 세계약소민족회의에 김규식, 여운형, 나용균 등 6명을 파견하기로 하였으나 비용이 만만치가 않았다. 이에 보천교에서는 최팔용과 장덕수를 통해 1만 원을 지원하였고,[123] 무사히 회의에 참가할 수 있었다.

평양 출신으로 1925년 4월 보천교에 입교한 조만식은 당시 친일단체로 인식되었던 보천교의 변화를 꾀하기 위해 김정곤, 한규숙, 이춘배 등과 협의, 정의부와 제휴하여 독립운동자금을 지원하고자 하였다.[124] 그 제휴방안은 다음과 같다.

---

121) 「김영두 등 판결문」(전주지방법원).

122) 『동아일보』, 1922.2.24.

123) 「본대로, 드른대로 생각난대로 지어만든대로」, 『지운 김철수』, 한국정신문화연구원, 1999, 14쪽.

124) 「정의부 및 보천교의 군자금모집 계획에 관한 건」 및 「조만식 신문조서」, 『한민족독립운동사자료집』 39, 국사편찬위원회, 1999, 26~151쪽 참조.

보천교는 재외독립운동을 지원할 것, 그 방법으로는 만주에서 개척사업을 일으켜 생활이 곤란한 보천교도를 이동시켜 생산기관을 조직하고 그 이익금을 독립단에 제공할 것, 이를 위하여 소요되는 자본 약 30만 원을 보천교는 지출할 것, 지출하는 데는 신용할 수 있는 연락이 있는지의 여부가 판명되지 않기 때문에 내가 무장단을 연행하여 와서 확실한 독립단의 연락이 있으니, 허위가 아닌 것을 보이면 그때 그 금액을 제공할 것, 따라서 나는 신민부의 이진산을 알고 있기 때문에 소개하겠다고 서약할 것, 무장단을 연행한 후 군자금을 모집할 것, 보천교는 모집에 관하여 자산가 조사, 길 안내 등을 하여 군자금 강요행위를 방조할 것[125]

즉 보천교에서 30만 원을 투자해 만주에 개척사업 기관을 설치하고 보천교인을 이주시킨 다음 여기서 나오는 이익금을 정의부에 제공한다는 것이었다. 그러나 이 계획은 실행과정에 준비 소홀로 뜻을 이루지 못하였다. 또한 정의부 재무부원 이춘산 등 3명이 보천교에서 마련한 독립운동자금 20만 원을 청구하려 국내에 들어왔다가 검거된 바 있다.[126] 또한 1924년 3월에도 상해임시정부에서 보천교에 독립운동자금을 모금하려고 요원을 파견하기도 하였다.[127] 뿐만 아니라 한 구술자료에 의하면 3·1운동 48인의 1인인 임규를 통해 독립운동자금으로 5만 원을 지원하기도 하였다.[128]

한편 만주지역에서 의열단에 가입 활동하고 있는 姜逸은 태을교 대표로, 裵同知(본명 裵致文, 裵浩告)[129]는 보천교 대표로 각각 상해 國民代表

---

125) 「조만식 신문조서」, 31쪽.
126) 「정의부 의용군 별동대원 잠입설」, 『동아일보』, 1925.12.11. 이 신문기사에 의하면 백백교에서도 8만 원을 제공하기로 되었다고 밝히고 있다.
127) 「보천교에 군자금 모금 혐의로」, 『동아일보』, 1924.4.1.
128) 윤이흠, 『일제의 한국민족종교 말살책』, 고려한림원, 1997, 238쪽.
129) 裵致文은 1890년 2월 17일 목포에서 출생하였으며, 3·1운동 당시 목포에서 만세

會에 참여하고 있다. 강일은 의열단 대표인 金元鳳과 具汝淳 등 친교를 맺는 한편 1923년 여름 배동지와 文承漢과 義烈團에 가입시켰으며 무기 구입에 필요한 군자금 모금을 위해 국내에 잠입하여 합천 등지에서 활동하였다.[130] 그리고 1920년 濟化敎에 입교한 權寧萬도 독립운동 자금을 모금하다가 일경에 검거되었다. 광복회에 가입 활동하던 권영만은 安鍾雲, 李載煥, 禹利見, 蘇鎭亨 등과 같이 1920년 8, 9월경 독립운동을 모금하기로 논의하고 부호를 협박하여 2천 2백 원을 강제로 징수, 상해임시정부에 제공하였다. 이에 앞서 2월에도 윤일병에게 5백 원을 징수한 바 있었다.[131] 이외에도 권영만은 폭탄을 제조하여 실험하는 등 독립운동에 적극적인 참여를 기도하기도 하였다.[132]

이처럼 민족종교의 독립운동자금 모금운동은 종교가 가지는 장점, 즉 '성미' 또는 '치성금'이라는 헌금을 통해 합법적으로 전개되었다. 그리고 이렇게 모금한 독립운동자금은 상해임시정부를 비롯하여 만주지역 독립운동단체에 제휴 등의 방법으로 지원 계획을 하거나 지원되었던 것이다.

시위를 주도하다가 피체되어 징역 1년 6개월의 옥고를 치루었다. 출옥 후 1923년 5월 상해의 국민대표회에 참석한 후 의열단에 가입하였으며 1926년 2월에는 조선공산당에 입당한 후 김철수와 접촉 조공재건을 논의하였다. 1931년에는 신간회 목포지회장을 맡기도 했다. 1982년에 독립유공자로 포상되었다(『독립유공자공훈록』8, 국가보훈처, 1990, 169쪽; 이균영, 『신간회연구』, 역사비평사, 1996, 362쪽; 『독립운동사자료집』14, 국가보훈처, 1978, 392쪽).

[130] 「의열단원 검거의 건」, 京鍾警高秘 제16789호의 3, 1923.12.26.(국사편찬위원회 한국사데이터베이스).
[131] 「이재환 등 판결문」(경성지방법원).
[132] 『權寧萬訊問調書』(국사편찬위원회 한국사데이터베이스).

Ⅳ. 맺음말 : 성격과 한계

이상으로 일제강점기에 드러난 민족종교의 국권회복운동과 이를 위한 독립운동 자금모금운동을 살펴보았다. 이를 요약하고, 민족종교의 국권회복운동과 독립운동자금 모금운동이 갖는 성격과 한계를 살펴보는 것으로 결론을 대신하고자 한다.

첫째, 일제의 강점기 민족종교의 국권회복운동은 천도교를 비롯하여 태을교계 등 대부분의 민족종교가 비밀결사운동으로 전개되었다. 일제는 민족운동세력의 기반을 파괴하기 위해 무력적인 탄압과 조직적인 파괴공작을 획책하였다. 이러한 현상은 민족운동단체에만 한하지 않고 민족종교에 대해서도 그대로 적용되었다. 즉 민족의식이나 민족정신의 부활을 주장하는 민족종교를 탄압하였다. 이에 따라 민족종교의 활동은 대부분이 지하활동을 모색하지 않을 수 없었으며, 이는 비밀결사운동으로 전개하였다. 1910년대 대표적인 민족종교의 비밀결사를 통한 국권회복운동은 천도교의 天道救國團, 태을교와 청림교 등의 비밀결사운동이 있다. 1920년대에는 천도교는 결사대 형태로, 태을교계는 여전히 비밀결사를 통한 국권회복운동을 전개하였다. 그리고 1930년대는 천도교의 경우 조국광복회 또는 청년당의 오심당 등이 있으며, 그 밖의 민족종교의 활동은 그 자체가 비밀결사운동이었다. 정도교, 선도교, 청림교, 삼도교 등이 대표적이라 할 수 있다.

둘째, 민족종교의 독립운동자금 모금운동은 일제강점기 내내 이루어지고 있다. 그리고 모금된 독립운동자금은 자체의 민족운동뿐만 아니라 상해임시정부 또는 국외독립운동단체에 지원되었다. 천도교의 경우 대표적인 독립운동자금 모금운동은 이종일과 보성사가 주최였으며,

3·1운동 직후에는 '성미'라는 명목으로 독립운동자금을 모금하였다. 태을교의 경우는 '치성금'이라는 명목을 통해 독립운동자금을 모금하였으며, 정의부 등 국외독립운동단체와 제휴를 통해 새로운 변신을 추구하기도 하였다. 그리고 경우에 따라서는 부호를 협박 강요하는 사례도 없지 않았다.

이상에서 볼 때 일제강점기 민족종교의 국권회복운동과 독립운동자금 모금운동은 종교의 기본적인 활동이었다고 할 수 있다. 이는 민족종교가 본질적으로 지니고 있는 교의에서 비롯되고 있다. 즉 민족종교가 추구하는 본질적인 교의는 한국이 세계의 중심이 된다는 것이며, 이는 곧 민족사상 또는 민족정신의 발현이었다. 또한 민족종교의 정치변혁사상은 동학사상을 연원으로 하고 있으며, 동학이 19세기 민중에게 희망을 주었듯이 민족종교의 국권회복운동과 독립운동자금 모금운동은 일제강점기 민중에게 새로운 희망을 주는 민족운동이라는 의의를 지니고 있다. 또한 민족종교가 추구하는 민족정신의 회복은 한말 민족의 정신, 혼, 얼, 정기 등을 지키고 가꾸면서 독립의 그날을 대비하면 언제인가는 반드시 독립은 달성된다는 민족주의 역사학과 동일한 맥락에서 이해할 수 있지 않을까 한다. 이러한 점에서 일제강점기 민족종교의 국권회복운동과 독립운동자금 모금운동을 포함하는 민족운동은 한국독립운동사에서 새롭게 평가되어야 한다고 본다.

그러나 앞서 살펴본 민족종교의 국권회복운동과 독립운동자금 모금운동의 한계도 없지 않다고 본다.

첫째는 민족종교와 비밀결사와의 구분이 없다는 한계성이다. 일반적으로 비밀결사는 "종교적 또는 정치적 목적을 달성하기 위하여 그 목적·조직·행동·소재 등을 비밀로 하는 결사"를 의미한다. 이는 종교가 지니고 있는 장점을 잘 살렸다고 볼 수 있지만 그 한계성을 그대로 드러내는 모순이라고 할 수 있다. 그리고 이 비밀결사적 성격은 이후 민족종교에 대한 부정적인 이미지를 더욱 강조하게 되었던 것이다. 특히 '치성금'이라는 명목의 독립운동자금은 일제의 탄압을 피할 수 있는 방법이었지만, 역으로 일제의 의해 대부분 '橫領' 또는 '詐欺'라는 명분을 제공하기도 하였다. 즉 일제는 민족종교에 대한 적용 법조항은 제령7호 또는 치안유지법 등이었지만, 또 다르게 적용한 것은 횡령죄 또는 사기죄의 적용이었다. 이는 일제가 민족종교를 탄압하기 위해 침소 붕대한 경우도 없지 않다고 본다. 여기서 민족종교를 비밀결사로 인식하고 있는 한계를 어떻게 극복할 것인가가 과제일 수도 있다. 그리고 이 과제는 오늘날까지 계속된다고 볼 수 있다.

둘째로는 민족종교의 국권회복운동과 독립운동자금 모금운동이 그 운동상의 실체가 모호하다는 점이다. 천도교의 경우 경남결사대나 오심당처럼 비밀결사의 구체적 실체가 보다 분명하지만 태을교의 경우 그 실체가 분명하게 드러나지 않고 있다. 이러한 점은 민족종교의 민족운동이 소극적인 민족운동으로서의 한계성을 갖게 한다.

셋째는 민족종교의 국권회복운동은 현실참여가 부족하였다는 점이다. 민족종교의 국권회복운동의 대표적인 것은 천자등극이나 제의를 통한 국권회복은 자기를 희생하는 국외독립운동단체의 무장투쟁 등보다 구체성이 결여된 신비주의적 성격이 강하다. 즉 차경석이 천자로 등극하고 조선의 독립이 이루어질 것이라는 예언은 결국 이루어지지 않았고, 이는 결국 한국민에게 실망을 주었다고 할 수 있다. 더욱이 차경석의 보천교는 일제에 협력하여 1920년대 대표적인 친일단체인 시국대동단 결성에 참여하게 된다.

그렇다 하더라도 민족종교의 국권회복운동과 독립운동자금 모금운동이 폄하되어서는 안 된다고 본다. 민족종교의 가치관은 어떠한 어려운 상황이라도 민족정신을 고취시키는 역할을 하였기 때문이다. 그동안 민족종교의 민족운동에 대한 연구가 아직도 미흡한 부문이 많지만 본 발표문을 통해 보다 활성화되기를 기대해 본다. 또한 외면당하였던 민족종교의 민족운동이 재평가되기를 기대한다.

논문출처

제1부 근대문명의 수용과 한국사회의 변용

■ 대한협회의 민권 인식과 근대 민권운동

「대한협회의 민권 인식과 근대민권운동」, 『한국민족운동사연구』
90, 한국민족운동사학회, 2017.3.

■ 근대전환기 철도의 부설과 근대 관광의 형성

「철도의 부설과 근대관광의 형성」,『시선의 탄생_식민지 조선의 근
대관광』, 선인, 2011.

■ 일제강점기 도로사업 추진과 지역주민의 동향 – 1920년대를 중심으로

「1920년대 도로부설과 지역주민의 동향」, 『조선총독부의 교통정책
과 도로건설』, 국학자료원, 2011.

■ 일제강점기 수원의 도시공간의 변화

「근대 식민도시의 형성과 수원」, 『수원학연구』 2, 수원학연구소,
2005.12.

제2부 근대전환기 동학·천도교의 변용

■ 동학농민혁명기의 격문 분석 – 고부기포·무장기포·백산대회를 중심으로

「동학혁명기 격문 분석」, 『동학농민혁명과 부안』, 부안문화원, 2011.

■ 동학·천도교의 근대 위생인식의 수용과 변용

「근대전환기 동학·천도교의 위생인식」, 『인문과학』 73, 성균관대학교 인문학연구원, 2019.5.

■ 동학·천도교를 통해 본 손병희의 이상과 현실

「동학·천도교와 손병희의 이상과 현실」, 『시민인문학』 37, 경기대학교 인문과학연구소, 2019.8.

제3부 일제강점기 종교계 민족운동

■ 3·1운동 민족대표와 만세시위의 전국적 확산
  – 지방조직 네트워크를 중심으로

「민족대표와 3·1운동의 확산」, 『글로벌 코리안연구』 3, 청암대학교 재일코리안연구소, 2017.12.

■ 수원지역 천도교인의 3·1운동과 제암리학살사건

「수원지역 3·1운동과 제암리학살사건의 재조명」, 『수원문화사연구』 4, 수원문화사연구소, 2001.9.

- 1930년대 만주지역 천도교와 문화운동의 전개

  「1930년대 민주지역 천도교와 그 활동」,『동학연구』16, 한국동학학회, 2004.3.

- 일제하 민족종교의 비밀결사와 독립운동자금 모금운동

  「일제강점기 민족종교의 비밀결사와 독립운동자금 모금운동」,『한국민족운동사연구』56, 한국민족운동사학회, 2008.9.

찾아보기

필자소개

┃ 성주현 (成周鉉 Sung Joo-hyun)

한양대학교 대학원 사학과 졸업(문학박사)

한국근대사 전공, 동학·천도교와 민족운동사

관동대지진 관련 연구

현재 숭실대학교 한국기독교문화연구원 HK연구교수

1923 제노사이드 연구소 부소장

『식민지시기 종교와 민족운동』(선인, 2013), 『일제하 민족운동 시선의 확대』 (아라, 2014), 『재일코리안운동의 저항적 정체성』(공저, 선인, 2016), 『근대 신 청년과 신문화운동』(모시는사람들, 2019), 『관동대지진과 식민지 조선』(선인, 2020) 외 다수의 저서와 논문이 있음